코리안 미러클 5
한국의 사회보험, 그 험난한 역정

나남
nanam

'육성으로 듣는 경제기적' 5기 편찬에 참여하신 분들

코리안 미러클 5

한국의 사회보험, 그 험난한 역정

육성으로 듣는 경제기적 편찬위원회

이계민 집필

나남
nanam

1948년 정부수립 당시 세계 최빈국 가운데 하나였던 우리나라는 유례없이 빠른 경제성장과 함께 민주화된 사회구조를 이룩했다. 20세기 중 많은 개발도상국이 경제적·사회적 실패를 거듭하며 제자리걸음을 한 것과는 달리, 글로벌 경제 10위권으로 부상한 동시에 정치민주화를 실현한 한국의 경제·사회발전은 가히 '코리안 미러클'로 칭할 만하다.

재경회와 KDI는 이러한 발전 과정에서 정책을 입안하고 실행했던 정책결정자들의 육성 증언을 생생하게 기록하기 위해 지난 2011년 '육성으로 듣는 경제기적 편찬위원회'를 발족시켰다. 그 결과물로 2013년에는 1960~70년대 경제개발 초기의 고도성장 과정을 담은《코리안 미러클 1》을 발간했고, 2014년에는 1980년대 사회적 격변기의 극복과정을 담은《코리안 미러클 2: 도전과 비상》을 선보였다. 또한 2015년에는 한국 경제기적의 밑거름이 된 중화학공업, 새마을 운동, 산림녹화 추진을 다룬《코리안 미러클 3: 숨은 기적들》을 펴낸 데 이어, 2016년에는 한국 경제사의 새로운 전환점이 된 외환위기 극복과정을 다룬《코리안 미러클 4: 외환위기의 파고를 넘어》를 출간했다.

《코리안 미러클》시리즈의 다섯 번째 기록이자 완결편인 본 편에서는 기존의《코리안 미러클》1~4권에서 심도 있게 다루지 못한 정책 가운데 사회안전망 확충과 벤처산업 육성정책을 다루고 있다. 먼저《코리안 미러클 5: 한국의 사회보험, 그 험난한 역정》은 경제개발과 불가분의 관계에 있는 사회개발을 다루고 있다. 우리나라가 정치적 불안과 두 차례의 경제위기 등 시련을 딛고 경제성장을 이룩한 기저에는 산업화 과정에서 양산된 소외·취약 계층에 대한 사회안전망을 갖추고 이를 지속적으로 보완해 왔던 노력이 있다. 《코리안 미러클 5: 모험과 혁신의 벤처생태계 구축 – 한국 벤처기업 성장사》는 21세기 지식 정보화 사회를 주도해 나갈 벤처산업을 육성하기 위해 도전에 나선 벤처기업들과 이들을 뒷받침하기 위한 산업자원부, 중소기업청 등 민관이 벤처산업 발전을 추진했던 과정을 다루고 있다.

    바쁘신데도 불구하고 흔쾌히 인터뷰에 응해 주시고, 귀중한 증언을 해주신 장관님들과 정책당국자들, 전문가들께 진심으로 감사드린다. 아울러 생생한 기록을 위해 인터뷰를 진행하는 한편 방대한 정보를 수집·분석한 집필진과 책의 주제 선정과 구성 방향을 함께 고찰하여 주신 편찬위원들께 심심한 사의를 표하는 바이다. 아울러 본 기록사업을 실무적으로 뒷받침해 주신 한국개발연구원(KDI)의 최정표 원장님과 서중해 경제정보센터 소장님을 비롯한 관련 연구진들의 노고에 감사드린다. 많은 분들의 정성과 노력의 결실로 발간된 이 책이 앞으로 중요한 사료로 활용되기를 기대한다.

2019년 3월
'육성으로 듣는 경제기적' 5기 편찬위원장
윤 증 현

경제발전과 사회복지는 필요충분조건이다. 경제성장 없이 각종 복지제도의 확대는 불가능하고, 반대로 국가 사회안전망을 소홀히 하면 경제성장의 걸림돌로 작용한다. 그런 점에서 사회복지제도 발전사를 되돌아보면서 앞으로의 교훈을 도출해내는 것은 무척 의미 있는 일일 것이다.

'코리안 미러클' 시리즈는 이번이 5번째 발간사업이다. 편찬 주최인 '육성으로 듣는 경제기적 편찬위원회'의 명칭이 암시하듯 이 사업은 제도 도입을 주도한 정책입안자들의 육성을 통해 당시의 경제·사회적 여건을 비롯해 정책추진과 그 결정과정의 애로사항, 위기극복 처방 등을 기록으로 남기는 데 그 의의를 둔다. 당초 계획은 '사회안전망에 대한 발전사'를 짚어 보려 했으나 편찬위원회 토론과정에서 너무 광범위하다는 지적이 많아 '4대 사회보험'에 국한시키기로 하고 인터뷰와 정리작업을 진행했다.

공교롭게도 이 작업이 시작된 직후인 2017년 5월 박근혜 정부가 탄핵으로 물러나고 진보성향의 문재인 정부가 들어서면서 사회복지제도 확충에 대한 관심이 무척 높아졌다. 실제로 문재인 정부의 대선공약 실천을 위한 100대 정책과제로 이른바 '문재인 케어'로 불리는 '건강보험 보장성 강화 및 예방 중심 건강관리 지원' 등을 비롯한 다수의 복지정책이 제시됐고, 하나씩 구체화되는 중이다.

특히 지난 2018년은 「국민연금법」에 따라 재정추계를 5년 만에 다시 계산해 제시하는 해였다. 보건복지부는 국민연금 재정의 장기적 지속가능성 제고를 위해 2018년 11월 복지전문가들로 구성된 연금추계위원회를 구성해 연금재정추계 및 그에 따른 제도개혁안을 작성한 바 있다. 그런데 문재인 대통령이 결재하는 과정에서 "국민의 눈높이에 맞지 않다"고 지적하면서 수정을 지시하기에 이르렀다. 특히 연금보험료 인상을 제시한 데 대해 "국민부담이 너무 높아진다"는 것이 대통령의 주요 지적사항이었다. 한편 문재인 정부는 저소득층 지원을 위한 재정의 적극적 역할을 강조하고 있어 복지정책의 재정건전성에 의문을 제기하는 사람들도 많은 것이 현실이다.

제도 도입에서부터 현재에 이르기까지 국민연금과 국민건강보험, 산업재해보상보험(산재보험), 고용보험 등 4대 사회보험이 새로 바뀔 때마다 재정확보에 대한 우려는 예외 없이 제기됐었다. 그러나 정책입안자들의 증언에서 나타나듯 이를 극복하고 오늘에 이른 과정은 현 정부의 정책당국에도 많은 참고가 되리라 믿는다.

이 책을 발간하기까지 필자는 간단한 변천사(프롤로그) 집필과 정책입안자들의 증언을 정리하는 극히 제한적 역할을 맡았다. 특히 프롤로그의 '아직도 갈 길은 멀다'에서 제시한 향후 개선과제들은 주무부처와 관련단체 및 국책연구기관에서 발간한 보고서들을 요약한 것이다. 건강보험 과제는 《국민건강보험 40년사》,[1] 국민연금은 《실록 국민의 연금》,[2] 고용보험은 《고용보험 20년사》,[3] 그리고 산재보험은 《산재보험제도의 발전방안 연구》[4] 에서 각각 발췌했음을 밝혀 둔다.

그동안 바쁘신 가운데 인터뷰에 선선히 응해 주시고 귀중한 내용을 증언해 주신 모든 분들께 감사드리며, 아울러 자료수집과 인터뷰 진행을 뒷받침해 주신 한국개발연구원(KDI) 원장님과 관련 연구진께도 감사인사를 드린다.

아무쪼록 이 책이 국가 복지정책과 사회안전망 확보라는 중차대한 정책과제에 대해 국민들의 관심을 제고하고 제도를 개선하는 데 다소나마 도움이 되었으면 하는 바람이다.

2019년 3월

이 계 민

---

1 보건복지부, 2017, 《국민건강보험 40년사》, 〈통사편〉, 국민건강보험공단, 235~279쪽.
2 국민연금사편찬위원회, 2015, 《실록 국민의 연금》, 국민연금공단, 408~462쪽.
3 고용노동부, 2016, 《고용보험 20년사》, 고용노동부, 509~533쪽.
4 김장기, 2017, 《산재보험제도 발전방안 연구》, 근로복지공단 근로복지연구원, 121~137쪽.

육성으로 듣는 경제기적 V

코리안 미러클 5

한국의 사회보험, 그 험난한 역정

차 례

한국 사회보험 70년사

들어가며

사회보험의 창시자, 비스마르크

사회보험제도를 알아보기 위해서 교과서나 관련서적을 찾아보면 가장 먼저 마
주치는 이름이 있다. 독일의 '철혈재상'(鐵血宰相)으로 알려진 오토 폰 비스마르
크(Otto Eduard Leopold von Bismarck)다. 그는 1862년 프로이센의 수상으로 등
용돼 뛰어난 수단을 발휘해 독일 통일을 이룬 인물이다. 당시 프로이센의 왕은
빌헬름 1세로, 군비확장 문제로 의회와 대립 중이었다. 이때 비스마르크가 의
회에 출석하여 다음과 같은 연설을 한다.

> 독일이 기대하고 있는 것은 프로이센의 자유주의가 아니라 그 실력입니다. …
> 프로이센의 국경은 건전한 국가 생활을 하기에 합당하지 못합니다. 당면한 큰
> 문제는 언론이나 다수결에 의해서가 아니라, 쇠〔鐵〕와 피〔血〕에 의해서만 해
> 결됩니다. [1]

---

1 김희보, 2010, 《세계사 다이제스트 100》, 가람기획, 389쪽.

오토 폰 비스마르크(1871년)

이는 군비확장 없이는 독일의 통일이 불가능함을 역설한 이른바 '철혈연설'이다. 1871년 1월 18일, 프로이센은 19세기 최대 현안이던 독일 통일을 완성했고, 같은 해 독일 제국 새「헌법」개정에 따라 통일의 공로자 비스마르크는 독일 제국 제1대 수상으로 임명됐다.

그렇다면 비스마르크가 사회보험의 창시자로 역사에 기록되는 것은 '왜'일까? 그것은 바로 사회보험의 역사가 19세기 말 독일에서 처음 시작되었기 때문이다. 당시 경제적으로 가장 앞서가던 나라는 영국이었음에도 독일이 먼저 사회보험제도를 도입한 것은 독일의 사회적 변화에 따른 필연적 결과라고 볼 수 있다. 1871년 1월 프로이센 왕을 황제로 하는 연방제 독일제국이 성립된 이후에도 통일독일의 내부 갈등은 사라지지 않았다. 특히 사회주의자들은 노동자의 불안정한 생활상을 선동수단으로 삼아 체제전복을 기도했다. 당시는 산업혁명 이후 가내수공업이 붕괴하여 공장제공업으로 전환되고 있었으며 노동의 공급이 수요를 초과하여 고용사정도 굉장히 불안했다.

따라서 사회불안 해소와 사회통합의 필요성이 제기됐고, 그 정책의 일환으로 비스마르크는 산재보험제도와 질병보험제도를 만들었다. 당시 수상이던 비스마르크는 우선 산재보험을 도입하기로 하고 상무장관에게 지시해 1881년에「산재보험법」의 초안을 작성하고 입법을 추진했다. 비스마르크는 산업재해의 보상 책임을 국가가 진다면 노동자가 국가에 고마움을 느끼고, 사회통합에 기여할 것이라 생각했다.

그러나 이런 초기 구상은 이념적으로 대립하는 좌우, 즉 사회주의자와 자유주의자 양쪽으로부터 격렬한 반대에 부딪혔다. 노동계는 산재보험이 노동운동의 자유에 족쇄를 채우려는 시도라고 비판했고, 사회주의자들은 산재보험이 노동자를 국가복지의 노예로 만드는 병영사회주의에 근거한 것이라고 공격했다. 한편, 자유주의자들은 사회보험이 국가 권력을 강화하고 관료화할 것을 우려하면서, 국가 보조도 결국은 자본가의 부담으로 귀착된다는 인식하에 반대했다. 그 결과, 「산재보험법」은 부르주아지가 장악하던 의회를 바로 통과하지 못했고 1884년에야 통과되는 진통을 겪었다.

그 사이, 산재보험에 비해 뒤늦게 입안된 「질병보험법」은 1883년 6월 5일 의회를 통과해 그 이듬해인 1884년 12월 1일부터 시행됐다. 결국, 산재보험보다 앞서 만들어짐으로써 세계 최초의 사회보험으로 등록되기에 이르렀다.[2]

사회보험의 또 다른 한 축인 연금보험 역시 비스마르크의 주도로 입안됐다. 비스마르크는 적은 금액이라도 국가연금을 받는다면 국민으로부터 국가에 대한 충성심을 이끌어낼 수 있다고 판단했고, 노령폐질보험을 만들어 1889년 의회 입법을 통해 실시했다.

영국과 미국의 사회보험

당시 선진국이었던 영국은 독일에 비해 다소 늦기는 했지만 더욱 광범위한 사회정책을 도입하기에 이른다. 토리당(Tory Party)을 누르고 집권한 자유당은 1906년에 「교육법」, 1907년에 고용주의 산재보상 책임을 규정한 「노동자보상법」, 1908년에 「아동법」과 「보호관찰법」 등을 입법한 데 이어, 노인에게 무갹출연금을 지급하도록 하는 「노령연금법」을 만들었다. 그리고 의료보험과 실업보험으로 구성된 영국 최초의 사회보험인 「국민보험법」을 1911년에 성안해 실시함으로써 복지국가의 면모를 가다듬어갔다.

미국은 이보다 훨씬 늦은 1930년대에 여러 사회보장제도를 마련했다. 그 분수령이 된 것이 루스벨트(Franklin Roosevelt) 대통령이 1935년부터 시행한 「사회보장법」이다. 미국은 자유주의와 개인주의를 근간으로 하는 국가로, 국가가

---

2 김용하, 2008, 《사회보험론》, 문영사, 32~34쪽.

국민 개개인의 사회·경제생활에 관여하는 것은 상상조차 할 수 없었다.

그러던 미국에서 정부의 개입이 수용된 것은 1929년 대공황 때였다. 1920년 대에 눈부신 번영을 누리다 갑자기 대공황이라는 엄청난 혼란에 겪게 된 미국 국민들은 심각한 생존권 위협을 받기 시작한다. 특히, 이 같은 총체적 위기에 대응하는 데 있어 개인주의적 자유기업체제가 매우 무기력하다는 사실을 깨닫게 된다. 그러나 당시 미국의 후버(Herbert Hoover) 대통령은 경제에 대한 정부 개입을 단호하게 거부하고 민간의 자선을 통해 대량실업과 빈곤문제를 해결하려 했다. 결국, 후버 대통령은 1932년 11월 대선에서 패배하고 루스벨트에게 대통령 자리를 넘겨주게 되었다.

루스벨트 대통령은 그 유명한 뉴딜정책을 구사해 국가산업 부흥에 나섰다. 또한, 1934년 6월 의회에 사회보장에 관한 교서를 보내 사회보험의 보장을 역설하여 미국의 「사회보장법」 입안을 이끌어낸다. 이 법은 미국 최초 연방정부 차원의 복지 프로그램이었으며, 명실상부하게 미국 사회보장제도의 근간을 이뤘다. 이 법의 내용은 ●연방정부가 관장하는 노령보험 ●주(州)정부가 관장하고 연방정부가 재정을 보조하는 실업보험 ●공적부조 및 사회복지서비스 등으로 구성되어 있었다.

그러나 의료보험은 의사들의 완강한 반대에 부딪혀 제외되었다. 1935년 1월 동 법안이 의회에 상정되자 각 집단은 반대입장을 표명하기도 했다. 특히, 의회의 보수적 의원들은 사회보장제도가 경기회복을 저해하고 노동자를 국가의 노예로 만드는 사회주의적 통제책이라고 비난했다. 한편, 여론은 대체로 이 법안에 호의적이었다. 1935년 6월 19일, 동 법안은 76 대 6이라는 압도적 지지로 상원에서 통과됐다. 그해 8월 14일 루스벨트 대통령이 서명함으로써 역사적인 「사회보장법」이 발효됐다.[3]

---

3 심상용·심석순·임종호, 2016, 《사회복지발달사》, '제2부 각국 사회복지의 역사', 학지사, 151~201쪽.

한국의 사회보험

사회보험의 정의는 우리나라의 「헌법」을 비롯한 관련 법률조항에 잘 설명되어 있다. 우선 「헌법」부터 살펴보자. 「헌법」 34조는 "● 모든 국민은 인간다운 생활을 할 권리를 가진다 ● 국가는 사회보장·사회복지의 증진에 노력할 의무를 진다 ● 국가는 여자의 복지와 권익의 향상을 위하여 노력하여야 한다 ● 국가는 노인과 청소년의 복지 향상을 위해서 정책을 실시할 의무를 진다 ● 신체장애자 및 질병·노령 기타의 사유로 생활능력이 없는 국민은 법률이 정하는 바에 의하여 국가의 보호를 받는다 ● 국가는 재해를 예방하고 그 위험으로부터 국민을 보호하기 위하여 노력하여야 한다"고 국가의 의무를 명시하고 있다.

이러한 「헌법」 규정을 구현하기 위한 「사회보장기본법」의 조항을 살펴보자. 우선 「사회보장기본법」은 "제 1조(목적) 이 법은 사회보장에 관한 국민의 권리와 국가 및 지방자치단체의 책임을 정하고 사회보장정책의 수립·추진과 관련 제도에 관한 기본적 사항을 규정함으로써 국민의 복지증진에 이바지하는 것을 목적으로 한다"에 이어 "제 2조(기본이념) 사회보장은 모든 국민이 다양한 사회적 위험으로부터 벗어나 행복하고 인간다운 생활을 향유할 수 있도록 자립을 지원하며, 사회참여·자아실현에 필요한 제도와 여건을 조성하여 사회통합과 행복한 복지사회를 실현하는 것을 기본이념으로 한다"고 명시한다.

사회보험의 의미를 규정한 법 제 3조를 보자.

제 3조(정의) 이 법에서 사용하는 용어의 뜻은 다음과 같다.

- '사회보장'이란 출산, 양육, 실업, 노령, 장애, 질병, 빈곤 및 사망 등의 사회적 위험으로부터 모든 국민을 보호하고 국민 삶의 질을 향상시키는 데 필요한 소득·서비스를 보장하는 사회보험, 공공부조, 사회서비스를 말한다.
- '사회보험'이란 국민에게 발생하는 사회적 위험을 보험의 방식으로 대처함으로써 국민의 건강과 소득을 보장하는 제도를 말한다.

- '공공부조'(公共扶助) 란 국가와 지방자치단체의 책임하에 생활유지 능력이 없거나 생활이 어려운 국민의 최저생활을 보장하고 자립을 지원하는 제도를 말한다.
- '사회서비스'란 국가·지방자치단체 및 민간부문의 도움이 필요한 모든 국민에게 복지, 보건의료, 교육, 고용, 주거, 문화, 환경 등의 분야에서 인간다운 생활을 보장하고 상담, 재활, 돌봄, 정보의 제공, 관련시설의 이용, 역량개발, 사회참여 지원 등을 통하여 국민의 삶의 질이 향상되도록 지원하는 제도를 말한다.
- '평생 사회안전망'이란 생애주기에 걸쳐 보편적으로 충족되어야 하는 기본 욕구와 특정한 사회위험에 의하여 발생하는 특수욕구를 동시에 고려하여 소득·서비스를 보장하는 맞춤형 사회보장제도를 말한다.

즉, 국민의 권리와 의무의 하나로 '인간다운 생활을 할 권리'를 규정했고, 그 권리를 구현하는 사회보험은 '사회적 위험을 보험 방식으로 대처함으로써 건강과 소득을 보장하는 제도'라고 규정했다.

사회보험과 사회보장

사회보험은 우리가 흔히 사용하는 사회보장과 어떤 관계일까?

사회보장은 사회보험뿐만 아니라 공공부조, 사회수당, 사회복지서비스 부문을 포괄하는 개념이다. 바꿔 말하면 사회보험은 사회보장제도의 한 유형이며, 국가재정이 자금을 담당하는 공공부조 등 다른 사회보장 분야와는 달리 주로 보험료 수입에 의존한다는 특징이 있다.

따라서 사회보장제도의 발전은 국가 경제발전과도 밀접한 관계가 있다. 국가재정이 뒷받침되어야 사회보장제도의 추진이 가능하기 때문이다. 사실 우리나라의 짧은 경제개발 역사를 감안한다면, 현재와 같은 사회보험제도를 비롯해 사회보장제도를 확충할 수 있었던 것은 '한강의 기적'으로 평가되는 급속한 경제개발이 뒷받침된 성과라 할 만하다.

일제강점기를 거쳐 1945년 해방, 1948년 정부수립에 이르기까지 우리나라의 경제수준은 세계 꼴찌를 벗어나지 못했다. 민생이 '피폐' 그 자체였음은 수많은 역사서가 적나라하게 기록하고 있다. 문제는 여기에 그치지 않았다. 동족상잔(同族相殘)의 한국전쟁으로 인해 그나마 있던 산업시설도 파괴되고 민생은 도탄에 빠질 수밖에 없었다.

그리하여 사회보장제도 수립이 어느 나라보다 절실하고 다급한 문제였다. 그러나 국가재정 상태가 좋지 않아 해결할 방도를 찾기 어려웠다. 미국의 원조를 받아 시급한 국가 재건에 사용하고 남는 돈으로 국민의 허기를 채우는 정도가 고작이었다. 이런 열악한 상황 속에서 사회보장에 대한 열망은 높았지만 실천에는 한계가 있었다.

한편 오늘날 한국의 사회보험제도는 선진국에 비해 길게는 100년, 짧게는 30년의 차이를 두고 제도 확충과 내실을 다지는 중이다.

사회보험과 민영보험

사회보험과 민영보험은 어떤 차이가 있을까? 양자는 모두 보험제도라는 점에서 형태상으로 유사하지만 차이점도 많다.[4]

우선 사회보험 가입은 강제적인 데 반해 민영보험 가입은 자발적이다. 또 사회보험은 최소수준의 소득보장을 목적으로 하지만, 민영보험은 지불능력에 따른 급여보장을 목적으로 한다. 따라서 사회보험은 사회적 적정성이 강조되지만 민영보험은 개별적 공평성이 강조된다.

이렇게 보면 사회보험의 경제적 목표는 모든 사람에게 안정성을 부여하는 것이다. 사망, 노령, 질병, 장애, 실업 등의 사회적 위험은 소득손실과 지출을 동반하기 때문에 경제적 불안정성을 야기한다. 이런 맥락에서 사회보험은 인구 대다수에게 최소한의 생활수준을 보장해 줌으로써 경제적 안정성을 부여하는 것이 목적이다.

사회보험은 개인의 경제적 안정을 추구하는 것을 넘어, 빈곤예방은 물론 국

---

4 김용하, 2008, 《사회보험론》, 문영사, 23~24쪽.

가경제의 안정적 발전을 뒷받침하기도 한다. 즉, 사회보험은 소비, 저축, 투자 등의 경제활동뿐 아니라 경기흐름에도 중요한 영향을 미친다. 예컨대, 실업보험 급여는 개인 소비와 소득을 유지시켜 재정적 안정성을 높여줄 뿐만 아니라 경기 활성화에 도움을 주는 역할도 한다.

그러나 가장 핵심적인 가치는 소득재분배이다. 사회보험은 가진 자가 더 많은 보험료를 부담함으로써 소득을 재분배하는 기능을 하며, 이는 민영보험과의 가장 큰 차이라고 할 수 있다.

경제개발계획과 사회보장정책 진화의 시대적 특징[5]

사회복지제도 변천의 5단계

우리나라의 사회복지제도 변천사를 시대별로 구분해 보면 대략 5단계로 나뉜다. 학자나 기관에 따라 약간의 차이가 있지만 큰 틀에서는 비슷하다.

주무부처인 보건복지부가 2015년 말에 발간한 《보건복지 70년사: 사회복지편》에서는 •태동기(광복~1960년) •기반조성기(1961~1976년) •제도도입기(1977~1987년) •도약기(1988~1997년) •발전기(1998년~현재)로 구분했다. 그러나 지난 2010년에 편찬된 《한국경제 60년사》에서는 •태동기(~1961년 중반) •조성기(1961~1971년) •확충기(1972~1987년) •성숙기(1988~1997년) •정립기(1998년 이후)로 나누었다.

두 가지 시대 구분은 약간의 용어 차이가 있기는 하나 대동소이하다. 다만 사회복지제도의 기반이 조성된 기간을 다르게 설정하고 있다. 《보건복지 70년사》에서는 1961년부터 1976년까지를 '기반조성기'로 구분했지만, 《한국경제 60년사》에서는 '조성기'를 1961년에서 1971년까지로 줄이고 1972년부터 1987년까지를 '확충기'로 분류했다.

---

5 이 절은 《한국경제 60년사》(한국경제60년사편찬위원회, 2010, 229~417쪽), 《보건복지 70년사: 총설편》, "제 5장 주요정책으로 보는 보건복지 70년"(보건복지70년사편찬위원회, 2015, 115~223쪽)에서 발췌해 재구성한 내용이다.

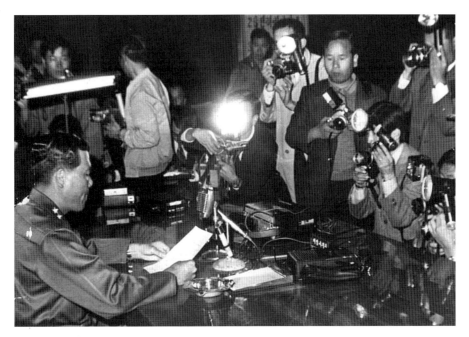

국회해산, 정당활동 중지 등을 포함한 비상계엄령이 전국에 선포되고 있는 현장 (1972. 10. 17)

그 차이는 1972년부터 1976년까지 5년이다. 이 기간은 3차 경제개발 5개년계획기간과 일치한다. 다시 말하면, 3차 경제개발 5개년계획을 사회복지 차원에서 어떻게 평가할 것인가의 문제다. 1, 2차 경제개발계획의 추진으로 경제개발은 어느 정도 이뤄진 상태였지만 빈부격차의 심화 등 사회개발 부문은 여전히 '낙후' 그 자체였다. 3차계획의 계획기조 및 목표를 보면 ●성장·안정·균형의 조화 ●자립적 경제구조 실현 ●지역의 균형적 개발 등 개발과 성장에 초점이 맞춰졌다.

더구나 1972년은 어떤 해인가? 1972년 10월 17일 오후 7시를 기해 국회해산, 일부 「헌법」 조항 효력 정지 등 4개항의 특별선언과 비상계엄령이 선포되며, 이른바 '유신'(維新)이 단행됐다. 이듬해 신년 기자회견에서는 중화학공업 육성 선언이 나오는 등 사회개발에 관심을 두려는 시도는 그다지 많지 않았다. 물론, 사회불안이 증폭되면서 사회안전망을 확충해야 한다는 문제의식은 높아졌지만 실행은 이뤄지지 못한 셈이다.

표 1-1 사회복지제도의 변천 단계 비교

한국경제 60년사		보건복지 70년사	
태동기 (~1961년 중반)	• 조선구호령, 1961년 「생활보호법」 제정, 「제헌헌법」 19조 국민생존권	태동기 (~1960년)	• 1953년 「국민생활보호법」 제정 • 전쟁 피해 시혜적 지원, 정부보다 민간 복지시설이나 원조단체, 종교단체 등이 중심 역할
조성기 (1961~ 1971년)	• 5·16~유신 이전: 군사정부 및 3공, 시급한 민생고 해결 • 경제개발 우선, 사회복지 언급 불가 시절 • 각종 사회복지법령 봇물 • 1963년 「산재보험법」 제정	기반조성기 (1961~ 1976년)	• 1961년 5·16 이후 사회복지 입법 봇물 • 1962년 사회보장제도심의위원회 규정 • 1963년 11월 「사회보장법」 제정 • 1962년 7월 사회보장제도 확립 지시각서 • 1968년 사회보장심의위원회, '사회개발의 기본구상' 발표 • 1972년 유신 이후 정치적 격변기 • 1973년 「국민복지연금법」 제정
확충기 (1972~ 1987년)	• 유신 이후 4·5공: 정치적 불안정 • 1972년 10월 17일 오후 7시 비상계엄령을 선포하고 4개항의 '특별선언'을 발표 그 내용은 다음과 같다. - 국회해산 및 정치활동 중지, 일부 「헌법」의 효력 중지 - 정지된 「헌법」의 기능은 비상국무회의 (당시 국무회의)가 대신함 - 평화통일 지향의 「개정헌법」을 1개월 내에 국민투표로 확정 - 「개정헌법」이 확정되면 연말까지 헌정 질서 정상화 • 5공: 복지사회의 구현 • 「사립교원연금법」, 「국민복지연금법」, 「사회복지사업기금법」, 「공교 의료보험법」, 「최저임금법」 • 의료보험제도 실시	제도도입기 (1977~ 1987년)	• 1970년대 후반: 사회복지 전환기 • 경제발전: 빈부격차 심화 • 5공 국정지표 복지사회의 구현: 활발한 토론 • 1981년 3월 3일 전두환 대통령 취임: 5공 출범, 대통령 단임제 • 1986년 8월 11일 하계 기자회견 '3대 복지정책 발표: - 정치적·사회적 배경: 5공 출범 이후 5년 반 이상 경과하면서 야당의 직선제 개헌 요구가 최고조에 달했고, 여당은 차기 대권 후계자 논의 등으로 혼란한 시기였기 때문에 민심수습 필요 - 경제적 배경: 저유가·저금리·저달러 등 3저호황을 구가하던 시기로 경제성장에 상응하는 사회복지 확충 필요 - 내용: 국민복지연금제, 최저임금제, 전 국민 의료보험제 실시 등 3대 복지정책 발표
성숙기 (1988~ 1997년)	• 서울올림픽 개최, 경제호황 • 1989년 7월: 도시지역 의료보험 실시 • 노태우 및 김영삼 정부 • 「국민연금법」 확대 개선	도약기 (1988~ 1997년)	• 1988년 서울올림픽 개최, 장애인 관심노령수당 지급 • 1997년 국민연금제도 개선기획단 설치 • 김영삼 대통령, "삶의 질 세계화" • 1995년 「사회보장기본법」 제정
정립기 (1998년~)	• '국민의 정부' 출범 • 생산적 복지, 「기초생활보장법」 제정	발전기 (1998년~)	• '국민의 정부' 출범 • 의료보험 통합 • 의약분업 • 「기초생활보장법」 제정 • 2014년 생산적 복지 • 「기초연금법」 제정

출처: 한국경제60년사편찬위원회, 2010; 보건복지70년사편찬위원회, 2015.

그러다가 4차 경제개발 5개년계획에서 4대 목표 가운데 하나로 '사회개발의 촉진'이 천명됐다. 경제개발도 중요하지만 사회개발이 함께 추진돼야 한다는 공감대가 형성되면서 국가시책의 전면으로 떠오른 것이다. 이렇게 보면 보건복지부가 분석했듯 기반조성기를 1976년까지 보는 관점이 일리가 있어 보인다.

한편, 김용하 순천향대 교수(전 한국연금학회장, 전 한국보건사회연구원장)는 기간 구분에 대해 "태동조성기, 제도정립기, 제도발전기 등 3단계로 구분하는 것이 바람직하다"는 의견을 제시했다.[6] 김 교수는 "사회보험제도 발전 기간에 관한 구분은 구체적인 제도발전 과정을 담아야 한다고 생각하기 때문"이라고 설명했다. 그는 "1977년 의료보험 도입 이전까지는 '태동조성기'로 하나로 묶어서 제1기로 분류할 수 있다고 생각한다"고 밝혔다. 그는 비록 초창기에 사회보장제도심의위원회(이하 사보심)가 구성됐지만(1962년) 연구의 범주를 크게 벗어나지 못했고, 산재보험의 도입이 있었으나(1963년) 사회보험제도로서의 성격을 충분히 가지지 못했다는 점에서 큰 진전으로 보기 어렵기 때문이라고 덧붙여 설명했다.

이어 "제2기는 1977년 의료보험 도입 이후부터 1995년 고용보험 도입까지 이르는 기간으로 이 기간은 참으로 우리나라 4대 사회보험제도의 원형적 모습이 갖추어진 시기로 판단되며, 제도정립기로 명명할 수 있다"고 밝혔다. 또 제3기는 1995년 국민복지기획단 이후 현재에 이르는 '제도발전기'로 과거 선진국의 제도 도입에 급급했던 제2기와 달리, 우리나라의 정치·경제·사회환경에 적응하여 변혁·보완되어온 시기라고 설명했다.

편의상 보건복지부의 시대구분에 따라 시대별 특징을 요약하되, 중요한 내용은 상호연관성을 갖고 기술하고자 한다.

---

6 김용하 교수는 2017년 4월 본서 편찬위원회가 집필내용 전반에 대한 감수를 요청한 데 대해 '시대구분에 대한 의견'을 이같이 제시했다.

태동기: 미국원조에 기댄 구호사업

우선 사회복지의 태동기(~1960년)를 보면, 정치적으로는 일제강점기와 미군정기를 지나 광복 후 자유당 정부와 4·19 혁명 이후 민주당 정부까지를 포괄하는 시기다. '복지'라는 단어가 어울리지 않을 정도로 오직 '구호'사업이 주류를 이뤘다. 일제강점기 때는 '조선구호령'에 의해 공공부조사업이 진행됐고, 미군정기와 한국전쟁 직후에는 사회불안정으로 인해 피란민과 고아 등에 대한 시혜적 응급 구호사업이 고작이었다. 그 때문에 구호사업의 주체도 정부가 아닌 민간 복지시설이나 원조단체, 종교단체 등이 중심이었다.

제도적으로는 1948년 공포된 「제헌헌법」은 제19조에서 "노령, 질병 기타 근로능력의 상실로 인하여 생활유지의 능력이 없는 자는 법률이 정하는 바에 의하여 국가의 보호를 받는다"라고 규정해 '국민의 생존권'을 보장했다는 점에서 의미가 있다. 1953년 5월에는 근로자 보호를 위한 「근로기준법」이 제정돼 그나마 복지제도의 씨앗을 뿌리는 정도였다. 전후 복구사업만큼 급한 일도 없었을 것이다.

4·19 이후 사회 형평에 대한 욕구가 분출되기 시작했다. 허정 과도정부와 장면 내각으로 이어진 제2공화국 민주당 정부는 사회복지 향상을 위한 여러 제도적 준비를 검토했지만 채 결실을 보기도 전에 군사정부에 그 바탕 자료를 넘겨주게 된다. 후에 좀더 자세히 설명하겠지만 사보심 설치 구상 등은 그 대표적 사례로 꼽을 수 있다.

제2공화국에서 사회복지정책은 우선순위가 훨씬 뒤로 밀렸을 뿐만 아니라 구체적 내용 없이 정책방향을 선언하는 데 그쳤다. 정치적 혼란을 극복하고 사회 분위기를 추스르는 것이 무엇보다 시급했기 때문이다. 그럼에도 사회복지제도는 소홀히 할 수 없는 과제였다.

이정환 교수의 제2공화국 경제민주화 제의

〈경향신문〉에 실린, 당시 연세대 상대 학장이었던 이정환(李廷煥) 교수(후일 재무부 장관, 한국은행 총재, 한국산업은행 총재 역임)의 "제2공화국에 있어서 경제민주화를 위한 제의(提議)"7는 경제개발과 사회복지를 함께 추진하되, 자본축적이 다소 느리더라도 복지국가 구현에 중점을 두어야 한다는 내용이었다.

이정환 교수는 이 글에서 "경제민주화는 국민 절대다수를 위한 경제체제 내지 경제적 환경을 조성하는 것"이라 정의하고, 경제민주화 실현을 위한 원리로 자유경쟁 원리와 복지국가 원리, 두 가지를 들었다. 이어, 이러한 경제민주화의 두 가지 원리가 상반된 논리라는 점을 지적했다. 요컨대 자유경쟁은 소득분배 불평등을 초래하고 자본축적을 가속하지만, 소득불평등 시정은 자유경쟁과 대립하고 자본축적을 더디게 한다고 설명했다. 그렇다면 이를 어떻게 조화시킬 것인가? 이러한 문제제기에 대해 그는 "설혹 자본축적 속도가 다소 느려지더라도 복지국가의 방향을 취하라고 주장하고 싶다"고 끝을 맺었다.

그가 사용한 '경제민주화'라는 용어가 눈길을 끌기도 하지만, 당시 경제상황과 국민소득 수준이 매우 열악했음에도 불구하고 복지국가 지향 목표를 제시했다는 점도 주목할 만하다.

기반조성기: 5·16과 사회개발 입법

5·16 군사정변을 계기로 한 기반조성기(1961~1976년)의 특징은 사회복지 관련법을 대량 입법했다는 점이다. 정치적으로는 4·19 혁명에 이어 등장한 민주당 정부가 1년을 넘기지 못한 채 5·16 군사정변을 맞았고, 군사정부를 거쳐서 제3공화국 시대에 들어섰다. 제3공화국은 군사정부 시절 이전 민주당 정부에서 검토해오던 정책과제를 과감히 받아들여 입법화를 시행함으로써 사회복지제도의 기반을 만드는 데 큰 역할을 했다고 볼 수 있다.

국가재건최고회의가 출범하며 시작된 '경제개발 5개년계획'이라는 장기계획 작성도 사실 그 뿌리는 자유당 정부 때인 1958년으로 거슬러 올라간다. 1958년 부흥부 산하에 신설된 산업개발위원회가 1959년 12월 31일에 처음으로 '자유경제개발 3개년계획'을 만들었고, 이는 1960년 4월 15일 국무회의에서 채택되었

---

7 〈경향신문〉, 1960년 6월 19일자와 20일자 조간 2면에 '상', '하'로 2회에 걸쳐 연재되었다.

다. 이 계획은 4·19 이후 민주적 자립경제 수립과 반독점을 지향하면서 '경제제
일주의'를 표방한 장면 정권의 '경제개발 5개년계획 수립요강'으로 발전되어
1961년 초부터 실행에 옮겨졌다.

5·16 군사정부 역시 장면 정부의 경제개발계획을 계승해 시행한다. 1962년
부터 시행된 1차 5개년계획도 일련의 과정에서 탄생한 것으로 볼 수 있다. 사실
5·16 군사정변은 정치적으로나 경제사적으로 우리나라 발전의 큰 분수령이 되
었다. 이후 '한강의 기적'으로 불릴 만큼 급속한 공업화를 이루고 국민소득 증가
에 큰 성과를 거두었기 때문이다.

사회보장정책의 진화는 정치적 변화와 긴밀한 인과관계를 가진다. 독일의 비
스마르크가 당시 가장 선진국이던 영국을 제치고 근로자 의료보험을 처음 도입
한 것 역시, 정치적 안정과 독일 국민의 통합을 위한 정략적 고심의 소산이었음
은 앞에서 살펴본 바 있다.

마찬가지로 4·19로 탄생한 민주당 정부도 사회복지제도 확충을 내세웠다.
1960년 7·29 총선거(민·참의원 선거)에서 민주당은 사회분야의 선거공약으로
노동운동의 자주적 발전 보장, 점진적인 실업보험, 건강보험, 기타 사회보장제
도 창설 등을 제시했다. 그러나 이런 '공약'(公約)은 5·16이라는 군사정변에 의
해 정권을 넘겨주면서 '공약'(空約)에 그치고 만다.

혼란을 거쳐 들어선 군사정부는 정권창출의 명분과 민심안정을 위해 '시급한
민생고 해결'이라는 슬로건 아래 1차 경제개발 5개년계획을 실시하기에 이르렀
다. 그 후 발족한 제3공화국은 절대빈곤 탈출을 위해 경제개발에 박차를 가했
다. 경제개발은 사회개발보다 우선시될 수밖에 없었으며 결과적으로 사회복지
는 뒷전으로 밀리는 형국이었다.

그 와중에도 보건사회부를 중심으로 사회보장에 대한 관심은 높았다. 1962년
3월 각계 전문가로 구성된 사보심이 설치돼 분야별 사회복지제도를 연구하는
한편, 정부에 대한 정책 건의도 이뤄졌다.

이즈음 사회보장제도의 발전을 위한, 하나의 전기로 기록될 만한 사건이 있
었다. 군사정부 시절인 1962년 7월 27일 국가재건최고회의 의장인 박정희는 최

고회의 문교사회위원회에서 홍종철 분과위원장으로부터 실업대책과 사회보장제도로서의 보험제도 시범실시를 보고받고, 이를 시행하도록 내각에 지시각서를 내린 것이다.

당시는 국가재건최고회의가 내각을 지휘·통솔하는 체제였다. 이를 계기로 내각은 그해 말 사회복지의 기본법 성격을 갖는「사회보장에 관한 법률」을 최고회의에서 제정했다. 1~3차 경제개발계획이 이뤄진 1960년대 초부터 1970년대 중반까지「사회보장법」을 비롯해 일제강점기의 '구호령'을 대신하는「생활보호법」이 제정되었다. 우리나라 최초의 사회보험제도인「산업재해보상보험법」이 1963년 11월에 입법·공포되었으며, 1964년 7월부터 시행되었다. 여기서 다루고자 하는 사회보험의 역사가 태동하는 순간이기도 하다.「의료보험법」역시 1963년 12월 16일에 제정·공포되었으나 당시 의료보험은 사회보험으로서의 강제보험이 아니라 임의보험의 형태였으며, 그마저도 1965년부터 조합인가가 이루어졌다. 이 밖에도「사회복지사업법」,「아동복리법」,「공무원연금법」,「군사원호보상법」,「선원보험법」등이 제정됐다.

사회보험제도 발전에서 이 시기에 특기할 만한 사건이 하나 있다. 1973년 12월 1일에「국민복지연금법」이 제정됐으나 그해 말 1차 석유파동이 엄습함에 따라 기업부담 등을 고려해 시행을 보류한 것이다. 이후 13년 뒤인 1986년에「국민연금법」이 제정되었으며 이는 1988년 시행된 국민연금의 모태가 되었다.

제도도입기: 정치·경제의 불균형과 사회복지 기반 구축

사회보험제도 도입기 또는 확충기로 분류되는 1970년대 중반부터 1980년대 중반까지는 사회복지제도는 물론 사회보험 기반을 구축한 시기로 볼 수 있다.

이 시기는 정치적으로는 상당히 불안했지만, 경제적으로는 1~3차 경제개발계획 추진으로 소득수준이 높아진 시기다. 그러나 소득격차 심화와 상대적 빈곤의 대량발생, 지역 간 불평등 가속화, 높은 인플레이션 등으로 사회적 문제가 많이 표출된 시기기도 하다. 그리하여 사회복지 확충에 대한 국민적 욕구가 높아지기 시작했다. 그 과정에서 국민복지연금의 시행이 연기되었고, 대신 국민

의료보험제도 도입이 이루어져 대기업 종사자를 대상으로 1977년부터 실시되기 시작했다.

1972년 10월유신을 계기로 장기집권 프로그램이 이행되면서 정치적 불안은 높아졌다. 결국 1979년 10·26 박정희 대통령 시해사건이 일어나 새로운 정권교체가 이뤄졌으나 불행히도 다시 군부통치 시대가 열리는 정치적 혼돈시대였다. 그런 사회환경 탓에 신군부에 의해 새로 탄생한 제5공화국의 전두환 정부는 국정지표로 '복지사회 건설'을 앞세우기에 이르렀다. 경제개발계획을 수정하여 사회개발정책을 병행하려는 전략을 내놓으면서 한국 역사상 사회복지에 대한 논의가 가장 성숙한 시기였다는 평가를 받는다.[8]

그동안 추진해온 경제개발 5개년계획이 5차계획부터 '제5차 경제사회발전 5개년계획'으로 명칭이 바뀜에 따라 사회개발이 5개년계획의 중심으로 부각된 것이다. 사회발전사에서 보면 하나의 분수령으로 꼽을 만하다. 이 5차계획을 준비하면서 많은 사회보장정책이 연구되었으며, 특히 5차 수정계획에서는 사회보험에 대한 구체적 안건이 담기기 시작했다.

이 기간에 새로 입법된 복지관련 입법을 보면, 「사립학교 교원연금법」, 「의료보호법」, 「공무원 및 사립학교 교직원 의료보험법」, 「사회복지사업기금법」, 「노인복지법」, 「국민연금법」, 「최저임금법」 등이 있다. 특징적인 사업으로 1976년 12월 「의료보험법」 개정을 통해 1977년부터 사회보험으로서의 강제의료보험이 실시된 것을 들 수 있다. 상시 종업원 500인 이상 사업장을 대상으로 실시해 적용대상을 확대했고, 1981년 지역의료보험이 시범사업으로 시작됐다. 또한 1981년 6월에는 「노인복지법」 제정해 고령화 시대에 대비한 노인문제에 대해 본격적으로 관심을 갖게 되었다.

그러나 이 시기의 사회복지나 사회보험은 기초를 닦는 수준에 불과했다고 볼 수 있다.

---

8 한국경제60년사편찬위원회, 2010,《한국경제 60년사》5권, 사회복지·보건 편, 242쪽.

도약기: 민주화와 경제호황, 그리고 사회복지 발전

사회복지 도약기 혹은 성숙기(1988~1997년)는 사회복지와 사회보험의 심층적 발전이 이뤄진 시기로 볼 수 있다. 여기에는 사회적 환경의 변화가 그 밑거름으로 작용했다. 우선 1987년에는 6·29 선언, 이른바 대통령 직선제 수용을 골자로 하는 '민주화 선언'이 이뤄짐으로써 그동안 억눌렸던 노동자의 권익향상 요구가 한꺼번에 분출되면서 사회 전반을 휩쓸었다. 노동권 보장과 복지욕구가 넘쳐났다. 여기에 1988년 서울올림픽 개최는 또 다른 측면에서 사회복지 향상을 가져온다. 또한 서울올림픽에 이어서 열린 서울장애인올림픽(서울패럴림픽)을 계기로 거의 전무하다시피 했던 장애인에 대한 복지제도가 확충되는 전기를 맞는다.

더구나 올림픽 전후로 '저유가', '저금리', '저달러' 등 이른바 '3저호황'(三低好況)에 힘입어 한국경제는 유사 이래 처음으로 국제수지 흑자를 기록했고, 고도성장을 이루었다. 정치권은 이를 바탕으로 복지제도 확충 공약을 내세웠다. 실제로 국민의료보험제도는 1988년 농어촌지역 실시에 이어 도시자영업자까지 적용범위를 확대함으로써 전 국민 의료보험 시대를 열었다. 그러나 그 와중에도 의료보험 통합(의보통합) 문제는 이념적 투쟁 양상을 보였다. 국회가 1989년 3월 8일 본회의에서 통합법을 의결했음에도 노태우 대통령이 법안 재의요구권, 즉 거부권을 행사함으로써 10여 년의 잠복기에 돌입한 것은 이 기간 중 특기할 만한 일이다.

1988년에 시작된 국민연금의 경우 급속한 확대발전을 이뤘으나 1990년대 중반부터 불거진 재정불안정 문제로 우여곡절을 겪었다. 김영삼 정부 말기인 1997년에 국민연금개선기획단을 꾸려 대대적 구조개편에 나섰으나 완결짓지 못한 채 김대중 정부에 그 과제를 넘겨주게 됐다.

1995년 7월부터 시행된 고용보험제도는 여러 선진국에서 오래전부터 시행되던 실업보험 형태에서 벗어나 실업예방과 직업훈련 등을 포괄하는 새로운 고용보험의 전형을 만들어냈다는 점에서 주목받았고 훗날 외환위기 극복의 밑거름으로 작용했다.

발전기: 사회복지의 질적 완성과 저변확대

사회복지 발전기 또는 정립기(1998년~현재)는 사회복지 및 사회보험이 질적으로 확충되고 완성되어 가는 시기라고 볼 수 있다. 제도시행 이래 대립하던 의료보험의 조합주의와 통합주의의 논리싸움이 종결되고 「국민건강보험법」으로 통합되면서 사회보험의 궁극적 목적에 부합하는 건강보험으로 재탄생했다. 국민연금 역시 직장근로자는 물론이고 농어촌에 이어 도시지역 거주자까지 적용대상에 포함됨으로써 명실공히 전 국민 연금시대가 열리게 되었다.

물론 이러한 사회복지 또는 사회보험 진화로 대상은 물론 사회보장의 질적 수준까지 완벽하게 발전된 모습이라고 볼 수는 없다. 하지만 선진국에 버금가는 제도로 발전했음은 부인할 수 없다.

이 시기는 1997년 말 불어닥친 외환위기로 대량실업과 경제성장의 후퇴, 국민생활의 압박 등 모진 시련을 겪은 시기다. 그렇기에 더욱 고용보험이나 국민연금 등 사회보험 혹은 사회복지제도의 확충이 절실했고, 그 결과 사회보장제도 발전의 전기로 작용하기도 했다.

특히, 한국의 사회보장 발전사에서 획기적 제도 변화가 이뤄진 것도 이 시기다. 김대중 정부는 사회복지 분야에서 많은 개혁 조치를 실시했다. 형편이 어려운 계층을 지원해 주는, 시혜적 수준에 그쳤던 그동안의 복지 개념에서 벗어나 스스로 일할 수 있는 능력을 개발하여 자립할 수 있도록 지원하는 생산적 복지를 슬로건으로 내걸었다.

사회복지정책의 근본적 변화는 1999년 9월에 제정된 「국민기초생활보장법」에서 찾을 수 있다. 기존 공공부조와 달리 「국민기초생활보장법」에서는 최소한의 인간다운 생활을 할 수 있는 것을 국민의 권리로 인식하고 그 책임은 정부가 진다는 것을 명문화했다. 모든 국민의 최저생계비를 국가가 책임진다는 의미다.

2003년에 들어선 노무현 정부는 '참여복지'의 이념을 주창했다. '선(先) 성장, 후(後) 분배'의 기조를 유지했던 역대 정부들과는 달리, 참여복지는 그 핵심으로 '성장과 복지의 균형발전'을 추구했다. 이전 정부의 생산적 복지 이념에서 정책의 무게중심을 한 단계 더 복지 쪽으로 옮긴 것이다.

2008년에 출범한 이명박 정부는 '능동적 복지'를 표방했다. "국민의 사회적 위험 예방과 해결을 위해 국가의 책임을 강화하여 국민의 기본생활을 보장하고 개인 및 사회의 적극적 협력과 함께 재기·자립의 기회를 확대하여 안정적이고 행복한 삶을 가능케 하는 복지"를 추구한다는 입장이었다.

한편 「노인장기요양보험법」과 「기초노령연금법」 제정 등으로 고령사회에 대한 복지제도의 확충이 이뤄졌다. 노인장기요양보험제도는 2008년 7월부터 시행되어 5대 사회보험제도의 완성을 이뤘다는 점에서 그 의미가 크다.

박근혜 정부 들어서는 2012년 1월 「사회보장기본법」을 전면개정, 생애주기별 맞춤형 복지의 기틀을 마련해 복지의 패러다임을 전환했다. 2014년 5월에는 「기초노령연금법」을 폐지하고 「기초연금법」을 제정해 같은 해 7월부터 시행했다.

표 1-2 5대 사회보험 조견표

한국경제 60년사	산재보험	건강보험	국민연금	고용보험	노인장기요양보험
1. 태동기 (일제강점기 이후~ 1961년 중반)		의료보험 태동기: 1948년(정부수립) ~1960년	1) 법제정: 1973년 시행보류		
2. 조성기 (1961~1971년)	1) 「산재보상법」 시행(1964년 7월~)	의료보험 준비기: 1960~1963년 「의료보험법」제정, 임의보험 시대			
3. 확충기 (1972~1987년, 민주화 이전)		도입기: 1977~1987년, 피용인 보험 확장기 (의보 정착·발전기)	2) 1986년 법제정, 사업장 확대		
4. 성숙기 (1988~1997년, 외환위기 이전)		자영업자 확장기: 1988~1998년	3) 확대기(농어촌, 도시지역): 1995년 1월~1998년	도입기: 1990~1995년	
5. 정립기 (1998년~현재)	2) 금융보험업에도 적용	전 국민 의료보험 통합시대(「국민건강 보험법」, 1998년~)	4) 조정기: 1999년 1월(소득대체율과 수급연령 낮춤)	확대기(외환위기): 1997~1998년	
6. 발전기		통합정착기: 2000년~		질적 변화기: 1999년~현재	1) 2008년 7월 1일 시행

출처: 한국경제 60년사편찬위원회, 2010.

복지정책의 요람, 사회보장심의위원회

5·16 군사정변과 민심수습

4·19 이후 장면 과도정부 시기에 사회제도 개혁 요구가 분출하자 형식적으로는 수용하는 절차를 밟았지만, 실질적으로는 사회보장이나 사회개발에 눈을 돌릴 여력은 없었다. 5·16 군사정변이 일어났다고 해서 그런 사정이 달라졌을 리만무하다. 그럼에도 민심을 다잡기 위해 사회보장의 욕구를 외면할 수만은 없었다. 결국 박정희 국가재건최고회의 의장은 민주당 정부 시절 보건사회부 내에 만들자고 건의되었던 사보심 설립을 통해 민심수습에 나서기로 했다. 1962년 3월 20일 각령 469호 규정에 근거해 사보심이 발족되었고 사회보장제도에 관한 연구 작업을 시작했다.

사실 사보심은 민주당 정부 시절 정부기구로 출범 직전에 좌절된 전력이 있다. 자유당 정부가 무너진 뒤 내각책임제의 민주당 정부가 들어서고야 겨우 정신을 차린 민주당 정부는 1960년 12월 15부터 19일까지 5일간 서울대에서 사회 각계 대표 및 지역 대표 300여 명이 참여한 가운데 '전국종합경제회의'를 열었다. 이날 회의에는 윤보선 대통령과 내각책임제하의 국가수반인 장면 총리도 참석해 치사할 정도였으니 그 규모나 중요성은 새삼 강조할 필요가 없을 것이다.

당시 보도자료에 따르면, 7개 분과로 나눠 열린 이 행사는 "제 2공화국의 경제정책 전반에 걸친 광범위한 정책자문 사항에 관해 토론하고 대정부 건의안을 마련하기 위해 민주당 정부가 개최한 건국 이래 최대 모의 종합학술대회"였다. 회의에서는 정부정책에 반영할 다양한 의견이 제안되었는데, 그중에는 사회보장제도 도입을 건의하는 내용도 있었다. '고용 및 생활수준 분과'에서 산업은행 차장 최천송은 "근로자의 근로조건과 생활보장을 위해 사회보장제도를 도입해야 한다"며 이러한 제도의 모델을 연구할 수 있는 "사보심을 설치해야 한다"고 건의했다.

이 제안은 윤보선 대통령을 비롯한 정부관계자 등이 참석한 가운데 회의 마지막 날 전체회의에서 공식제안으로 채택돼 정부에 전달됐다. 그에 따라 '사회보장제도심의위원회 규정안'이 민주당 정부에서 만들어졌고, 이 안은 법제처 심의를 거쳐 국무회의에 회부되었다. 그러나 공교롭게도 국무회의가 예정된 당일 5·16 군사정변이 일어나 이 규정안의 법제화 작업은 중단되고 말았던 것이다.[9]

이런 우여곡절 끝에 사보심은 결국 군사정부 시절에 국가재건최고회의 의결을 거쳐 되살아났다.

사회보장제도 연구의 중심축 '사보심' 발족

1962년 3월 결성 이후 사보심은 종합반, 공적부조반, 의료보험반, 노동보험반 등 4개 반으로 나누어 연구를 진행하였다.[10] 사회보장제도와 정책을 연구하는 데 목적을 두고 사회보장 분야 전문가들이 참여한 가운데 삼청동에 있는 국립사회사업지도자훈련원에 사무실을 마련하고 1962년 3월부터 본격적인 활동을 시작하였다.

초대 위원장으로 한국진 보건사회부 차관, 부위원장으로 강봉수 기획조정관이 임명되었고, 김원규 사회국장, 이용승 의정국장, 김문영 노동국장이 위원으로 참여했다. 실제 업무는 종합반, 노동반(이후 산재보험반), 의료보험반, 공적부조반 등 4개 반으로 구성하여 각각 전문위원과 전문위원보조원을 두었다. 종합반은 조만제와 남상복, 노동반은 심강섭과 민부기, 의료보험반은 최천송과 강남희, 공적부조반은 한상무와 박필재가 각각 상임전문위원과 전문위원보조원으로 임명되었다. 비상임위원으로는 학계 전문가들이 참여했는데 사회학 분야의 백창석, 법학의 김치선, 사회사업학의 하상락, 지리학의 육지수, 예방의학의 양재모 교수 등이 그들이다. 역사의 수레바퀴를 되돌려 보면 이들이 우리나라 사회보장제도의 기틀을 만든 장본인이었음을 확인할 수 있다.

---

9 최천송, 1991, 《한국사회보장연구사》, 한국사회보장문제연구소, 13~14쪽.

10 국민건강보험공단, 2007, 《국민건강보험 30년사》, 19쪽.

우리나라 사회복지 분야의 발전에 크게 기여한 사람 가운데 국가재건최고회의 시절 문교사회위원회 홍종철 최고위원도 그 역할이 상당히 두드러졌음을 각종 기록에서 확인할 수 있다. 그는 평안북도 철산군 출생으로 5·16 군사정변 이후에 국가재건최고회의 최고위원 겸 문교사회위원장을 맡아 "우리나라도 앞으로 사회보장제도를 확립해야 하고, 군사정부는 근로자와 일반국민을 위한 제도 수립을 당장 법률로 제정해야 한다"고 역설하면서 사회보장제도 도입을 중요시했다고 알려져 있다. 1962년 7월 28일 박정희 최고회의 의장이 '사회보장제도의 강화에 대한 지시각서'를 내각에 내리게 한 데에도 그의 역할이 컸다.

박정희 의장은 27일 하오에 홍종철 위원으로부터 실업자 대책과 사회보장제도를 위한 보험제도에 관한 브리핑을 들었다. 홍 위원은 실업자를 구제하고 고용을 증대시키기 위해 ●직업안정소의 최대한 이용 ●국토건설사업의 계속 추진 ●중소기업의 육성책을 강구하고 있으며 실업자 대책을 위한 광범한 연구 방안을 검토하고 있다고 보고했다. 그는 또 사회보장제도로서 복지국가 건설을 위해 사회보장제도를 지향한 일부 시범사업을 건의하고, 내각에 대해서도 우리나라에 적합한 보험제도를 연구·발전해야 한다고 보고했다.[11]

이 보고는 다음날 최고회의 의장의 '지시각서' 형태로 내각에 시달되고 「사회보장법」을 제정하는 등 사회보험제도 도입의 단초를 제공하기도 했다.

1963년 11월에 제정된 사회보장에 관한 종합적 법령인 「사회보장에 관한 법률」은 1962년 제3공화국 「헌법」이 "모든 국민은 인간으로서의 존엄과 가치를 가지며 이를 위하여 국가는 국민의 기본적 인권을 최대한으로 보장할 의무를 진다"라고 규정함에 따른 것이다. 그러나 「사회보장에 관한 법률」은 지나치게 추상적인 원칙만을 규정했다는 주장에 따라 폐지되었다.

이어서 1995년 「사회보장기본법」이 제정되었다. 이 법은 사회보장에 관한 국가·지방자치단체·가정 및 개인의 책무를 규정하고, 모든 국민이 사회보장급

---

11 〈경향신문〉, 1962. 7. 28, 1면 기사.

여를 받을 수 있음을 선언하며 사회보장전달체계의 구축 및 전문인력의 양성 등을 규정했다. 그러나 역시 기본법으로서의 원칙을 제시하고, 사회보장의 방법론은 「생활보호법」, 「재해구호법」, 「의료보험법」, 「의료보호법」, 「아동복지법」, 「심신장애자보호법」, 「노인복지법」, 「국민연금법」 등에서 구체화했다.

한편, 사회보장제도심의위원회는 1963년 말 제정된 「사회보장에 관한 법률」에 따라 법적 기구로 격상되었다. 조직명도 '제도'를 삭제하고 '사회보장심의위원회'로 개칭했다. 법적 근거가 마련됨에 따라, 1963년 12월 16일 각령 제1758호로 '사회보장심의위원회 규정'이 새로 만들어졌다.

사보심은 처음 발족할 때부터 연구기능이 전부였다. 그러다 1970년대 들어 경제성장과 사회환경 변화로 한국개발연구원(KDI: Korea Development Institute)을 비롯한 국책연구기관들이 설립되자 사보심의 연구기능은 위축되어 별다른 역할을 하지 못했다. 결국 1989년 12월 보건사회부(현 보건복지부)의 사보심 연구기능이 한국인구보건연구원(현 한국보건사회연구원)으로 넘어가 통합된다. 이로써 사보심은 연구기능이 없어지고 새로운 업무인 정책 조정기능 위주의 국무총리실 산하 조직으로 새로 발족한다.

그러나 이 역시 2013년 1월 27일 「사회보장기본법」의 전면개편에 따라 사회보장위원회로 명칭이 바뀌어 재탄생한다. 현행 「사회보장기본법」에는 "법 20조(사회보장위원회) ① 사회보장에 관한 주요 시책을 심의·조정하기 위하여 국무총리 소속으로 사회보장위원회(이하 "위원회"라 한다)를 둔다"고 규정돼 있다. 사회보장위원회는 국무총리 직속으로 설치된 심의기구다. 1995년 12월 30일 제정된 「사회보장기본법」에 따르면 총리실, 기획재정부, 보건복지부가 함께 사회보장위원회를 구성하며 5년마다 '사회보장 장기 발전방향' 등 복지와 관련된 정책을 심의한다. 위원회는 위원장 1명과 부위원장 3명을 포함해 위원 30명 이내에서 구성된다. 위원장은 국무총리가, 부위원장은 기획재정부 장관, 교육부 장관 및 보건복지부 장관이 맡도록 되어 있다.

사보심 고군분투의 산물, 산재보험법

사회보장제도심의위원회 규정 제1조는 "보건사회부 장관의 자문에 응하여 사회보장제도에 관한 사항을 조사·심의한다"고 되어 있었다. 당시만 해도 사회보장제도를 연구하고 발전시키는 조직이 없었을 뿐만 아니라, 있어도 중요한 역할을 해내기에는 역부족이었다. 사보심 역시 연구인력 및 재정의 제약 등으로 소기의 목적을 달성하는 데 한계가 있었다.

특히, 연금제도는 사회보장의 핵심적 과제였음에도 연구과제에서 제외되어 있었다. 사보심의 전문위원으로 처음부터 참여한 최천송은 그 이유를 다음과 같이 설명했다.

혁명정부가 근로자와 전 국민을 대상으로 하는 사회보험 시책의 도입으로 노동보험 하나와 전 국민 대상의 의료보험 착수를 이미 점찍어 놓고 연구방향도 그쪽으로 유도하도록 독려하고 있었다. [12]

그 이유는 분명치 않지만 모든 것을 함께하기보다는 어느 하나라도 빠른 성과를 내려고 했던 것이 아닐까? 최천송은 그러한 연구 우선순위에 대해 다음과 같은 평가도 내놓았다.

근로자를 위한 산재보험과 전 국민을 위한 의료보험이 혁명주도 세력에 의해 (사보심에) 반강제적으로 떠맡겨져왔기 때문에 (국민복지연금제도는) 연구대상으로서 우선 연구를 판별할 겨를도 주지 않고 밀려져왔다. [13]

혁명주도 세력의 판단에 따라 사회보장제도의 선발제도를 결정하고, 국민복지연금제도 연구가 후순위로 돌려졌다는 설명이다. 이런 이유로 사보심의 연구

---

12 최천송, 1991, 《한국사회보장연구사》, 한국사회보장문제연구소, 35, 42쪽.
13 같은 책, 130쪽.

는 산재보험 중심이었으며, 사보심 연구실을 통해 「산업재해보상보험법」이 사회보장적 사업의 하나로 가장 먼저 탄생했다. 사실 처음에는 실업보험 연구가 우선순위로 떠올랐으나 내부적으로 시기상조라는 의견에 따라 산재보험으로 귀결됐고, 사보심의 연구반 명칭도 '노동반'에서 '산재보험반'으로 바뀌었다는 기록도 있다. 어쨌거나 산재보험은 연구에 착수한 지 1년 만인 1963년 12월 5일 최고회의에 상정되어 「사회보장법」과 함께 탄생하게 됐다. 특히, 1963년에 이미 제정된 「근로기준법」상 업무상 재해는 기업주의 귀책사항이었고, 산재보험은 풍부한 자료로 어렵지 않게 연구되어 법제정의 성과를 거둘 수 있었다.

물론 어려움이 전혀 없었던 것은 아니다. 군사정부의 최고의결기관인 국가재건최고회의 상임위원들은 산재보험 도입 자체를 반대했다. 기업부담은 물론 정부의 예산 확보가 어렵다는 이유 때문이었다. 사보심의 최우선 과제로 추진되던 산재보험 도입의 막바지 작업이 한창이던 8월께, 주무장관인 정희섭 보건사회부 장관은 보험의 관장 주체를 민간보험사로 변경하는 문제를 검토하라고 지시했다. 물론 당시 사보심은 정부가 관장하는 것을 전제로 법안 작성을 진행해 왔었다. 결국 한 달여의 논란 끝에 사보심의 주장대로 정부가 운영하는 것으로 결론이 났다.

당시 사보심 산재보험반이 내세운 정부운영의 근거는 다음과 같다. 첫째, 재해보상과 산업안전 문제는 동전의 양면처럼 서로 분리될 수 없고 산업안전을 민간에 맡기는 것은 어렵다는 점이다. 둘째, 산재보험은 한국 최초의 사회보험으로 시범사업의 성격을 갖고 있어 산재보험제도를 실시한 후 시행착오를 거쳐 제도를 수정하는 것은 정부만이 할 수 있는 일이라는 것이다.[14]

그렇다면 「산재보험법」 제정에 적극 나섰던 정희섭 보건사회부 장관이 법안이 다 되어갈 무렵 느닷없이 업무 관장을 민간에 맡기도록 지시한 것은 무슨 연유였을까? 1963년 9월 노동청이 창설되면서 산재보험 업무를 관장하는 직업안정국장으로 부임한 심강섭 국장은 훗날 "최고회의 의원들이 예산문제를 들어 산

---

14 고용노동부, 2014, 《산재보험50년사》, 68쪽.

재보험도입 자체를 반대했는데, 정 장관이 계속 밀고 나가자 그들이 심하게 압박해 그런 일이 벌어진 것 같다"고 회고했다.[15]

1963년 10월 8일 최고회의상임위원회에서 법안 심의를 할 때도 최고위원들의 반대가 상당히 심했다. 「산재보험법」은 문교사회위원이던 홍종철 위원이 주도해 겨우 통과될 수 있었다.

임의적용 의료보험법의 탄생

'혁명정부의 관심사항'이었던 의료보험제도 연구도 최우선 사업 중 하나였지만 우여곡절이 많았다. 사보심은 출범 1년도 안 된 1963년 2월 15일에 「의료보험법」 1차 시안'을 내놓았다. 그 후 5차례의 수정 손질을 거쳐 「의료보험법」이 만들어졌다. 내각의 논의 단계를 거쳐 마련된 「의료보험법」은 민정이양을 앞둔 1963년 12월 16일 최고회의 마지막 날, 그동안 미결됐던 안건과 함께 무더기로 처리되는 대열에 끼여 우리나라 최초로 탄생할 수 있었다.

그런데 최고회의 심의과정에서 '최고회의 이주일 부의장의 법률고문인 김 모 법률고문이 수정한 내용으로 할 것'을 단서로 통과시킨 것이 문제였다. 그 법률고문은 '강제적용' 조항인 "이 법은 500인 이상의 근로자를 사용하는 사업소에 적용한다"는 내용을 삭제하고, 임의적용 방식으로 바꿔 버린 것이다. 결국, 우리나라 최초의 의료보험은 원하는 사람만 가입하는 형태의 임의보험 형식으로 출발했다. 이로 인해 의료보험이 사회보험의 원래 기능을 발휘하기는 어려웠다.

당시 법률조항을 수정한 '김 고문'의 수정의견은 두 가지로, ●법의 공평성 원칙에 의하여 일부 국민 계층을 대상으로 하는 예산 지출이나 법적 구속력을 갖는 법률제정은 불가하다 ●여하한 명목으로라도 조세 이외에 일반국민으로부터 재화를 강제징수하는 일은 불가하다는 것이었다. 나름대로 일리가 있는 주장이지만 사회보장의 일반 논리에는 맞지 않는 듯하다.

---

15 고용노동부, 2014, 《산재보험50년사》, 79쪽.

사보심 전문위원으로 법안을 성안했던 최천송은 이 상황을 다음과 같이 적었다.

제대로 된 부잣집에 출생하지 못하고 어려운 살림살이 속에 허약한 산모를 통해
겨우 햇빛을 보게 된 것이다. 그러나 그 탄생 자체부터 사산(死産)을 면하는 난산
(難産)이었던 까닭에 그 앞날도 험난했고, 장래가 그렇게 탄탄하지도 않았다.[16]

열악한 환경을 감수해가면서 만들어낸 「의료보험법」이 본질이 왜곡돼 통과
된 것에 대한 아쉬움을 이렇게 표현한 것이다.

그러나 당시의 국민경제 여건이 강제의료보험제도를 수용할 수 있을 정도가
아니었다는 점에서 '강제적용을 하지 않은 것이 적절한 판단이었다'는 평가도 있
다.[17] 이규식 박사(전 연세대 보건행정학과 교수)는 그 근거로 사보심이 의료비
현황 및 국민 부담능력을 측정하기 위해 실시한 조사를 제시했다. 당시 서울시
1,000가구를 무작위로 추출해 조사한 결과, 전체 가구의 3분의 2가 질병을 않는
가족과 살았고, 이들 중 3분의 2가 치료를 약국에서 받은 것으로 나타났다. 특
히, 당시 우리나라의 1인당 국민소득은 94.4달러(당시 환율 130 대 1)였고, 국민
의료비 지출은 66.7원에 불과해 사회보험 방식의 의료보장제도 도입은 시기상
조로 판단된다는 것이다. 그는 "당시 우리나라 상병구조가 전염성 질환 위주였
고, 국민소득이 낮아 생활 하부구조가 제대로 갖추어져 있지 못했던 점을 감안
한다면 이러한 정책 선택(임의보험)은 매우 적절했다고 볼 수 있다"고 평가했다.

이런 과정을 거쳐 성안된 의료보험제도는 소기의 성과를 거두지 못하고 1977년
강제적용보험으로 대체되기에 이른다.

사보심의 연구는 의료보험제도뿐만 아니라 여러 분야에서 이뤄졌다. 1965년
국민복지연금의 다른 이름이라 할 수 있는 '노령에 대한 연금제도' 문제가 제기
된 바 있으나 제대로 된 연구에는 미치지 못했고, 1970년대에 KDI와 함께 본격
적인 연구가 시작되었다.

---

16 최천송, 1991, 《한국사회보장연구사》, 한국사회보장문제연구소, 109쪽.
17 건강복지정책연구원 편, 2012, 《건강보험통합 평가와 개혁 방향》, 계축문화사, 12쪽.

사보심의 활동이 가장 활발했던 시기는 1960년대 중후반이다. 1966년 1월 정희섭 보건사회부 장관은 부임하면서 사회개발에 대한 새로운 접근 방법을 제시하며 경제개발계획에 맞먹는 사회개발계획 수립에 관심을 두었다. 그리고 그 연구 중심으로 사보심 연구실을 활용하기로 했다. 조직개편도 하고 외부 전문가의 활용 등으로 인력도 확충해 사회개발 모형 구축을 위한 연구를 시작한 것이다. 정희섭은 군사정부 시절인 1961년 7월부터 민정이양 직전인 1963년 12월 16일까지 보건사회부 장관을 맡았고, 민정이양 후 1966년 1월 두 번째 보건사회부 장관으로 임명되어 1969년 12월까지 역임했다. 평안남도 평원 출신인 그는 평양의학전문학교를 졸업한 의사로, 육군군의학교장과 육군의무감을 지낸 뒤 준장으로 예편한 의료인이기도 했다.

두 번째 장관을 맡은 그는 사회개발의 중요성을 역설했고, 급기야 1968년 9월에 '사회개발의 기본구상'을 내놓았다. 인구 및 노동문제와 함께 의료보건 관련 사업과 인간의 기본생활 요소로서의 의식주 문제까지, 사회보장·사회복지 문제를 경제개발과 함께 추진하는 장기적 과제와 전망을 제시했다. 그 후 1970년에 '사회개발 장기계획', 그리고 1973년에 '사회개발 사업별 전망'이 발표되어 사회개발의 기본 골격을 제시했다.

사보심이 '사회개발의 기본구상'을 정부에 제출한 것을 시작으로 「노인복지법」 제정, 연금제도 마련, 진료시설 확충, 노인 복지센터 설립, 노인 취업기회 제공, 퇴직연한 연장, 경로일 제정 등에 관한 제안이 도출되었다.[18]

1970년대 들어 사보심의 사회보장연구실은 규모와 인원이 줄어들어 유명무실한 조직으로 사양길을 걸었다. 행정조직 발전과 전문 연구기관 발족 등으로 설 자리가 좁아진 것으로 보인다. 사보심은 1989년 12월 한국인구보건연구원에 연구기능이 합병됨으로써 그 소임을 다하고 역사의 뒤안길로 사라졌다.

---

18 보건복지 70년사편찬위원회, 2015,《보건복지 70년사: 사회복지 편》, 7쪽.

박정희 최고회의 의장의 지시각서

우리나라의 사회보장제도를 확대한 사건 가운데 하나는 1962년 7월 박정희 국가재건최고회의 의장이 김현철 내각 수반에게 지시각서(국가재건최고회의 문사 제683호)를 시달한 것이다. 당시 박 의장의 지시각서 내용은 다음과 같았다.

> 국민소득을 증가시키고 실업, 질병, 노령 등의 생활 위험으로부터 국민을 보호하여 복지국가를 조속히 이룩함은 물론 우리의 궁극적 목표 … 이미 「생활보호법」을 공포하여 요구호자에 대한 부조를 실시하고 있지만 국민, 기업주, 정부가 함께 참여하여 연대적으로 국민생활을 보장하는 항구적인 사회보장제도가 경제개발과 병행하여 추진되어야 할 것이며 사회보장제도의 중요 부분인 사회보험 중에서 그 실시가 비교적 용이한 보험을 선택하여 우리나라에 적합한 제도를 연구·발전시켜 종합적인 사회보장제도를 확립토록 지도할 것 … .[19]

이에 따라 내각 수반은 같은 내용을 보건사회부 장관에게 전달하면서 '우리나라에 적합하고 용이한 보험을 선택하여 시범사업'으로 시행토록 지시했다. 이를 계기로 사회보장에 관한 다양한 법률이 제정된다. 1962년 말에는 기본법인 「사회보장에 관한 법률」이 몇 달 만에 제정되기도 했다. 1962년에 「공무원연금법」, 1963년에 「산업재해보상보험법」, 「의료보험법」, 「군인연금법」, 「국민복지연금법」 등이 잇달아 제정되면서 사회보험제도가 하나씩 영글어가기 시작했다. 그러나 그것은 내실이 다져지지 않은 형식적인 제도였다.

사실 5·16 군사정변 후 내놓은 6대 혁명공약 가운데 하나가 "절망과 기아선상에서 허덕이는 민생고를 시급히 해결하고 국가 자주경제 재건에 온 힘을 다한다"였다. 당시 국가재정은 거의 바닥을 드러낸 상태였고, 미국의 원조를 받아 겨우 지탱해가는 원조경제였기에 '자주경제 재건'의 슬로건이 나온 것이다. 이런 재정 상황으로 사회보장정책을 추진하는 것은 무리일 뿐만 아니라 사치라는 것이 당시 박정희 최고회의 의장의 생각이었음은 충분히 미뤄 짐작할 수 있다.

---

19 보건복지부, 2017, 《국민건강보험 40년사》, 국민건강보험공단, 51~52쪽.

사보심의 연구실장을 지낸 최천송이 기록한 일화 한 토막을 보면 그 분위기를 짐작하고도 남는다.

> 1968년 사회개발 연구가 한창 진행될 무렵, 정희섭(보건사회부 장관)은 국무회의 석상에서 경제개발의 보완적 사업(감히 경제·사회 균형이라는 말은 못 하고)으로 사회개발의 필요를 역설하고 보건사회부의 작업진행 사항을 공개하자, 당시 경제기획원 장관 K씨(시기적으로 보면 김학렬 경제기획원 장관)가 경제개발을 저해하는 발언이라고 지적하면서 '혹시 당신의 측근에 빨갱이가 있어서 이러한 이야기가 나온 것 아니냐'고 격노하였기 때문에 정(장관)이 사색이 되어 국무회의에서 돌아와 걱정한 일이 있었다.[20]

반공(反共)을 국시로 삼은 때인 만큼 '사회'라는 두 글자만으로도 알레르기성 반응이 나오는 것은 당연했다. 더구나 가난한 나라 살림을 뻔히 알면서 사회보장 운운하니 요샛말로 하면 "나라 말아먹을 일 있느냐?"는 투였을 것이다.

최천송은 그의 저서 《한국사회보장연구사》의 머리말에서 당시 사회보장 연구의 열악한 현실을 다음과 같이 적었다.

> 우리나라 노동자들이 퇴역한 오늘(1991년)에도 경제성장 일변도에 밀려 그 노후를 보장받지 못하는 것과 같이 소외된 사회보장 연구기관과 연구요원들은 경제개발에 밀리고, 경제성장 계획팀에 밀리고, 경제계획 연구팀에 밀리고, 거기에 더하여 사회보장 담당부 내에서도 의사결정자의 사회보장 의식 미흡에 밀리고, 연구실 지원 담당 책임자의 행정적 자행에 밀리는, 이러한 부끄러운 연구기관으로 실추된 사실(史實)을 써야 하는 심정은 어디에도 비길 데 없다.[21]

사보심 전문위원으로서 연구활동을 할 당시의 애환을 솔직히 묘사해 놓은 것이다. 그러나 어찌하랴! 시대가 그랬던 것을. 그 같은 정부주도의 불균형 성장을 통한 계획경제 운용이 아니라, 분배 우선의 균형 성장을 추구했다면 한국경제는 지금 어떤 모습이 되었을지 궁금하기까지 하다.

---

20 최천송, 1991, 《한국사회보장연구사》, 한국사회보장문제연구소, 158쪽.
21 같은 책, 2쪽.

유럽 '복지병'과 개발연대 지도자들의 복지인식

그러나 경제개발의 성공적 추진과 함께 사회개발 내지 사회보장정책의 필요성은 국가경제의 또 다른 족쇄로 작용하기에 이른다. 그 족쇄를 풀어야만 선진국, 또는 경제개발의 궁극적 목표라 할 수 있는 복지사회 건설이 가능해진다.

경제개발 5개년계획의 성공적 추진을 통해 어느 정도 소득수준이 향상되고 사회개발에 대한 욕구가 분출된 1970년대를 맞아, 사회개발정책 추진이 논의되기 시작한다. 그러나 공업화 발전론과 수출주도형 압축성장의 그늘에서 평등과 형평을 중시하는 사회개발이 여전히 뒷전에 머물러 있었음은 분명했다.

더구나 1970년대 이후 국제사회는 과도한 복지정책으로 국가재정이 파탄에 이른 나라가 많았다. 특히 '요람에서 무덤까지'를 모토로 내세웠던 영국마저 지나친 복지정책이 국가경제를 기울게 한다는 이른바 '영국병'의 소용돌이에 휘말렸다. 대처(Margaret Thatcher) 총리의 개혁정책으로 복지를 축소하는 상황이 각광받던 때였으니, 한국이 뒤늦게 먹고살 만해졌다고 복지정책을 확충하기에는 부담스러운 측면이 있었을 것이다. 국민연금이나 건강보험 등 핵심적 사회보험의 추진에도 무수한 논란과 논의가 있었다. 권위주의적 리더십과 성장우선의 개발논리에 밀려 사회복지정책은 상당한 세월을 허송하기도 했다.

그나마 사회개발정책이 한 단계 성숙한 시기는 1970년대 유신과 10·26을 거쳐 1980년대에 탄생한 제5공화국 때였다. '복지국가의 건설'을 국정목표로 제시한 제5공화국은 의료보험제도의 확충 등에 큰 노력을 기울였다. 특히, 1982년부터 시작된 제5차 5개년계획은 명칭 자체를 '경제개발계획'이 아닌 '경제사회발전 5개년계획'으로 바꾸어 계획의 목표를 안정기조 정착과 국민복지 증진으로 잡았다. [22]

---

22 이에 대한 자세한 내용은 아래 절('경제사회발전 5개년계획'의 등장과 국민연금법)을 참조하길 바란다. 1976년 12월 1일 국무회의에서 의결된 제4차 계획안(1977~1981년)의 제6장에서 '사회개발과 형평의 증진'을 내세우고 제7절에 '의료보험제도, 국민복지연금제도 등의 도입과 산재보험 확대' 등을 제시하였다. 따라서 대부분의 복지분야 공직자들이나 학자들은 4차계획부터 명칭이 '경제개발계획'에서 '경제사회발전 5개년계획'으로 바뀐 것으로 착각하고 있다. 그러나 실제로 명칭이 바뀐 시기는 5차계획 때부터이다.

5공 「헌법」은 사회복지에 대한 국가 책임을 더욱 확고히 하고 이른바 경제민주화 조항을 추가하기도 했다. 「개정헌법」 32조 2항에는 "국가는 사회보장, 사회복지의 증진에 노력할 의무를 진다"고 명시했다. 5공 말기에는 「국민연금법」, 「최저임금법」 등을 제정했고, 「생활보호법」, 「아동보호법」 등의 대폭 개정을 추진했다. 그러나 국민연금의 시행과정에서는 전두환 대통령이 사회보장정책의 확대가 '나라를 망하게 하는 것'이라는 사고(思考)를 여전히 머리에서 지우지 못했음이 여실히 드러났다.

　최근 의료보험 적용대상의 계속적 확대 및 국민연금제도의 실시를 보면, 우리나라가 복지사회 건설을 앞당겨 모든 국민의 생활을 국가가 보장하는 체제가 확립되고 있음을 알 수 있다.

경제개발계획과 사회보험

경제개발 5개년계획 성공의 뒤안길

'한강의 기적'으로 평가되는 1960~1970년대의 경제개발 성과는 그야말로 '눈부셨다'. 수출주도, 정부주도의 장기 경제개발계획의 수립과 추진은 쾌속성장의 밑바탕을 이뤘다. 1962년에 시작된 제1차 경제개발 5개년계획과 1967년에 시작된 제2차 경제개발계획은 목표를 상회하는 실적으로 연평균 8.6%라는 높은 성장률을 기록했다. 국가경제 규모의 확대뿐만 아니라 국민소득 수준도 획기적으로 늘어났다. 1961년 82달러에 불과했던 1인당 국민소득(GNP)은 1972년에 310달러로 4배 가까이 늘어났다.

　그러나 이러한 급속성장에 항상 뒤따르게 마련인 소득격차 심화, 빈곤층 대량 발생, 물가상승, 지역 간 소득불평등 등 많은 사회문제가 대두되며 어두운 그늘이 짙어지는 양상을 보였다. 더구나 우리 사회는 10년 남짓한 기간 동안 4·19혁명과 5·16 군사정변, 그리고 10월유신으로 이어지는 정치·사회적 격변을 겪었다. 그 때문에 사회불안정은 갈수록 증폭되었고 이에 적극적으로 대처해야 하는 사회환경이 조성되었다.

1970년대에 들어서면서 사회개발정책의 필요성이 급속히 대두된다. KDI 등 국책연구기관의 보고서 역시 사회보장정책을 다룬 연구가 많아지기 시작했다. 물론 보건사회부를 비롯한 사회 분야 부처에서는 복지정책의 강화를 목청 높여 주장했음은 너무도 자명한 사실이다.

특히, 앞서 설명한 바와 같이 1962년 3월에 발족한 보건사회부의 사보심은 사회보장제도 연구의 요람답게 대외적으로는 큰 소리를 내지는 못했지만 건강보험은 물론 국민연금, 실업보험제도 등 모든 분야에 관해 연구논문과 정책방안을 제시했다. 1968년에는 '사회개발의 기본구상'을 제시함으로써 정부의 노인복지, 연금제도, 의료보험 등 사회보험정책의 실현에 상당히 기여했다.

그러나 당시까지만 해도 사회보장제도는 보잘것없었다. 1961년부터 시행된 공무원연금제도와 1963년부터 독립적으로 운영된 군인연금제도는 어느 정도 활성화되었고, 일반 근로자 대상으로는 1963년부터 실시된 업무상 재해에 대한 산업재해보상보험제도가 실시되는 정도였다.

본격적 사회보험의 하나인 국민연금제도는 1972년 KDI를 중심으로 심층연구가 진행됐다. 사실 KDI의 초대 원장인 김만제 박사는 국민복지연금에 애착이 많았다. 일부에서는 내자동원을 위한 방편의 하나로, 당시 김만제 원장을 비롯해 KDI가 국민연금제도 도입에 발 벗고 나섰다는 지적이 있었다. 서상목 박사는 인터뷰에서 "이는 당시 연금제도 구상을 내놓은 분들을 모욕하는 것"이라고 반박했지만 그렇다고 전혀 근거 없는 얘기도 아님은 여러 자료에서 나타난다.[23]

처음 KDI가 내놓았던 연금제도의 명칭 자체도 지금과는 다른 '사회보장연금제도'였다. 그러나 1973년 법안이 성안될 때는 '국민복지연금'으로 바뀌었고, 지금은 '국민연금'으로 바뀌었다. KDI가 주도했던 「국민복지연금법」은 1973년에 국회를 통과하고 1974년부터 시행하도록 결정되었으나 1973년 말의 1차 석유파동으로 시행이 연기되고 말았다.

---

23 이 책의 서상목 인터뷰 110~111쪽 참조.

사회복지 확대에 대해 당시 경제기획원을 필두로 하는 경제부처들은 다른 사회부처에 비해 소극적이었다. "나눠 먹을 파이를 키우는 게 먼저다"와 같은 이른바 '선성장, 후분배'의 논리에 복지정책을 담당하는 부서들은 내심 속앓이를 할 수밖에 없었다. 사회개발을 강화하려면 막대한 국가재정이 필요한데, 이를 장악한 곳은 경제기획원을 비롯한 경제부처였기 때문이다.

그러나 중동 붐을 타고 경제가 급속한 성장을 이루면서 사회개발의 사회적 욕구는 더욱 높아졌다. 1977년부터 시작된 제4차 경제개발 5개년계획은 이러한 사회개발 수요를 감안해 5개년계획상 처음으로 '사회개발의 촉진'을 '자립경제 기반확충', '기술혁신'과 함께 3대 추진목표의 하나로 설정하기에 이른다.

훗날 경제학자들은 물론 5개년계획의 주무부처인 경제기획원에서도 형평성을 증진시키기 위한 복지정책 추진이 4차 경제개발 5개년계획의 가장 뚜렷한 특징이었다고 평가한다.[24] 그러면서도 분배개선을 위한 사회개발의 추진도 장기적 경제성장을 뒷받침할 수 있는 범위 내에서 추진되어야 할 것을 전제로 함께 적시했다는 점은 눈여겨볼 대목이다.

주민등록번호를 만들게 된 사연

1971년 KDI가 설립되고 나서 김만제 원장의 주도로 적극 추진한 사업은 국민복지연금제도였다. 처음의 명칭은 '사회보장연금제도'였다. 1973년 5월에 작성한 〈사회보장연금제도를 위한 방안〉의 '머리말'에는 이렇게 적혀 있다.

본 보고서는 1972년 11월 25일 본 연구원에서 준비, 작성한 〈사회보장연금제도를 위한 방안〉(잠정)을 좀더 구체화하여 그동안의 연구결과를 종합한 것이다. 본 보고서의 초점은 사회보장연금제도를 위한 법안의 작성 및 제안과 이 제도에 의한 기여금 및 연금지급액의 보험 통계적 예측치를 제시하는 데 있다.

1973년 5월 한국개발연구원장 김만제

---

24 경제기획원, 1982, 《개발연대의 경제정책: 경제기획원 20년사》, 166쪽.

최초 국민복지연금제도의 초안이었던 셈이다. 그러나 그해 말 법안이 성안되어 「국민복지연금법」으로 명칭을 바꾸고 국회를 통과했음에도 이듬해 시행이 보류되고, 1986년에 법안을 다시 만들(개정) 때는 국민연금으로 또다시 명칭이 바뀌었다. 이런 과정을 거치는 사이 필수적으로 만들어야 하는 것이 연금보험료 징수와 수급관리를 위한 개인별 식별번호이다. 미국에서 사용되는 소셜 시큐어리티 넘버(social security number), 즉 사회보장번호가 그것이다.

김대영 전 건설부 차관

미국 스탠퍼드대 통계학 박사 김대영(金大泳·전 건설부 차관)[25]이 KDI에 초빙된 때는 1971년 8월. 그는 수석연구원으로 오자마자 이 작업부터 했다. 본인은 미국의 사례를 참조해 간단히 만들었다지만 대한민국 역사에 남는 작품이 될 줄은 미처 몰랐을 것이다. 김대영의 얘기를 들어보자.[26]

이계민 1971년도면 KDI 초창기 아닌가요? 핵심연구는 어떤 것이었나요?

김대영 당시 계량분석실장이어서 모든 계량적인 연구를 총괄하고 있었지요. 1970년대 초반 우리나라는 행정 전산화를 추진하기 위해 동분서주했습니다. 그런데 여기에서도 주민을 식별할 주민등록번호가 필요했지요. 그런데 당시 주민증번호가 체계적으로 만들어진 것이 아니라서 금세 포화상태가 되어 새로운 번호를 인식할 수 없는 상태가 되었어요. 그래서 번호체계를 새로 만들어야 하는 지경에 이른 겁니다.

---

25 김대영은 1937년생으로 KDI에서 근무하다 1982년 경제기획원 기획국장으로 자리를 옮겨 제15대 건설부 차관, 대한주택공사사장, 해외건설협회 회장을 역임했다. 이후 자산운용사인 '이지스자산운용'을 설립해 운영했으며 2018년 10월 작고했다.
26 김대영 전 건설부 차관과의 인터뷰는 2018년 2월 28일 오전 여의도에 위치한 이지스자산운용 회장실에서 진행됐다.

그래서 제가 당시 '사회보장연금제도'를 위해 만든 번호가 있는데 이를 활용하면 어떻겠느냐는 제안을 정부에 했습니다. 이미 국민복지연금제도는 시행이 보류된 상태였으니까요. 그랬더니 당시 총무처 산하 전자계산소장 김영욱(金永旭)[27] 박사가 행정진신화위원회에서 한번 제안 설명을 해달라고 했어요. 이 위원회에는 내무부를 비롯해 많은 부처의 전문가가 참여하고 있었습니다. 그래서 "이 체계는 1억 명 이상을 수용할 수 있도록 설계되었기 때문에 남북통일이 되어도 사용할 수 있다"고 설명했지요.

문제는 주민식별에서 가장 중요한 '체크디지트'(check digit) 번호의 자릿수를 하나로 하느냐, 둘로 하느냐였어요. 보통 서구 유럽 등에서는 번호의 핵심이 되는 맨 뒤의 체크디지트를 두 자리로 부여합니다. 그것은 100만분의 1의 오차도 허용하지 않는 정밀한 체계입니다.

이계민 우리나라는 '체크디지트'가 한 자리 아닙니까?

김대영 우리가 두 자리로 결정해 한 자리를 더 운용한다면 엄청난 비용이 듭니다. 그래서 한 자리만 해도 충분하다고 생각했습니다. 물론 한 자리로 운용해도 앞서 말한 대로 1억 인구를 수용할 수 있으니 남북통일 후에도 사용할 수 있다는 설명도 곁들였습니다. 그렇게 해서 만들어진 것이 현재 우리가 사용하는 주민등록번호입니다. 국민복지연금제도 연구의 부산물인 셈이지요.

이계민 사회복지연금 관련 추계는 어떻게 나왔나요?

김대영 당시 사회복지제도 연구는 박종기 박사가 맡고 있었고 저는 재정추계치를 만드는 작업에 간여했지요. 그런데 당시만 해도 미래추계가 불가능할 정도였어요. 임금이 매년 20~30%씩 올라가고 물가도 10% 이상씩 뜀박질했으니까요.

---

27 김영욱은 서울공대와 테네시대 공학박사로 그 뒤 과학기술처 과학기술심의관, 정보관리관을 거쳐 1980년부터 아주대 교수로 재임했다. 1991년에는 산업자원부 산하 생산기술연구소장을 맡기도 했다.

그래서 안정이 되기까지는 재정추계 자체가 의미가 없다고 판단했습니다. 실제 재정추계는 김유일 박사가 담당했습니다.

KDI 창립 초창기 이야기를 담은 《홍릉 숲속의 경제 브레인들》에서 김대영은 주민번호 창안 과정을 좀더 자세히 회고하고 있기에 여기에 옮겨본다.

KDI 시절의 추억으로 또 하나 빼놓을 수 없는 일이 있다. 우리 국민은 누구나 태어나면서 출생 신고를 하면 주민등록번호가 주어진다. 그러나 이 주민등록번호는 아무렇게나 순서대로 주어지는 것이 아니다. 이 주민등록번호 시스템은 1975년 주민등록제도를 처음 실시할 때 정부의 부탁으로 내가 만들어 준 것이다. 사실 힘든 연구 작업도 아니었고, 내가 가진 통계학적 지식으로 미국의 소셜 시큐어리티 넘버, 즉 사회보장번호의 시스템을 참고해 간단하게 만든 것을 그대로 사용하고 있다.

우리나라 주민등록번호는 앞쪽 6자리 숫자 집단과 뒤쪽 7자리 숫자 집단으로 구성되어 있다. 앞의 6자리 숫자가 생년월일을 표시하고 있다는 것은 누구나 다 안다. 그리고 뒤의 7자리 숫자 중 첫 번째 숫자가 남자(1)나 여자(2)를 표시한다는 것 역시 잘 알려진 사실이다. 그러나 그 뒤부터는 왜 자기가 그런 숫자를 갖게 됐는지 모르고 있다. 이 뒷부분 7자리 숫자 집단에는 발행자만 알고 검증할 수 있는 비밀 시스템이 들어 있기 때문이다.

간단히 설명하면 2번부터 5번까지의 4개의 숫자는 시·도·군·구 등을 가리키는 지역번호로서 발행지역이 4자리 숫자로 표시되어 있다. 6번째 숫자는 해당 지역에서 그 번호를 부여하는 순서 기호, 그리고 마지막 숫자는 체크디지트라고 해서 앞의 6개 숫자 중 어느 하나만 바꾸어도 7개 숫자의 조합이 맞지 않아 위조를 가려낼 수 있는 검증용 숫자이다.

한마디로 말해 우리가 가지고 있는 주민등록번호는 마지막 숫자로 각자의 번호를 체크하여 그 진위를 가려낼 수 있도록 짜인 통계적 조합시스템이다.[28]

28 정인영(편저), 2002, 《홍릉 숲속의 경제 브레인들》, 한국개발연구원, 335~336쪽.

우리나라 「주민등록법」은 1962년 처음 만들어졌으나 별도의 주민증은 발급하지 않았다. 그러다 1968년 1월 이른바 '북한무장공비 청와대 습격사건'인 1·21 사태 이후, 간첩 식별을 위해 주민등록증을 발급하기 시작했다. 그러나 당시의 주민등록번호는 앞뒤 6자리씩 12자리의 무작위 일련번호로 이뤄졌다. 따라서 이 번호로 늘어나는 인구를 수용하기에는 어려웠다. 현재와 같은 13자리의 주민등록번호가 부여된 것은 1975년부터로, 그때부터 지금과 같은 주민등록증이 발급되기 시작한 것이다.

김대영으로부터 국민연금과 관련한 당시의 이야기를 좀더 들어보자.

김대영 1972~1973년 당시 박종기 박사가 사회보장제도를 연구하고 저는 추계치를 만드는 작업을 했습니다. 그때만 해도 인플레이션이 워낙 심해서 미래 추계가 무척 어려웠습니다. 어려웠다기보다 불가능에 가까웠지요. 물가상승률이 너무 높았으니까요. 그래서 경제가 안정되기까지는 국민연금 수급추계는 힘들다고 판단했습니다.

더구나 적용대상이 지극히 한정돼 있었잖아요, 처음에는 대기업만을 대상으로 해야 했기 때문에. 지급될 때까지는 저축이 가능하지만, 그렇다고 산업자금으로 쓰기에는 규모가 충분하지 않다는 결론까지 냈습니다.

그런데 당시 김만제 원장은 산업자금에 관심이 많았고, 박 대통령은 국민복지에 관한 관심이 상당했습니다. 여기서 출발했습니다. 물론 당시 박 대통령도 복지제도를 확대하면 나라가 망한다는 생각이 있기는 했지만 대통령이니까 복지를 생각했습니다. 회의석상에서 공식으로 한 얘기만 듣고 속마음을 단정하기는 어렵지만 어쨌든 그런 구도였어요.

당시 재정추계를 하는 데 김유일 박사(훗날 부산대 교수)가 고생을 많이 했지요. 저는 계량분석실장이어서 관리하는 입장이었고, 실제 계산과 추계는 그분이 했습니다. 추계라는 것이 여러 가지 가정을 세워서 하는 일인데 그 가정이 워낙 불안정하고 급속도로 변하니까 고생할 수밖에 없었습니다.

국민연금, 의료보험, 고용보험의 우선순위 논란

사회보험제도를 만들어 실시해야 하는데, 무슨 제도를 먼저 시행할 것인가에 대한 고민도 없지 않았다. 특히, 제도 시행의 우선순위를 두고 경제기획원을 비롯한 경제부처와 보건사회부를 필두로 하는 사회부처의 생각은 매우 달랐다.

경제부처는 어려운 나라 살림을 생각해 국가재정이 많이 투입되는 사업은 되도록 피하고자 했다. 같은 사회보험제도라 해도 국가재정이 많이 들어가지 않는 방향으로 설계하고 실시하기를 주장했다. 그러나 사회부처는 가난하고 어려운 처지의 국민을 돕는 데 정부가 사회보장제도로서 일정부분 역할을 해주어야 한다는 주장을 내세웠다. 요새로 말하면 경제부처는 '선택적 복지'를 주장한 반면, 보건사회부 등 사회부처는 '보편적 복지'를 선호했던 셈이다.

그러나 정책결정에 대한 힘은 최고지도자를 제외하면 경제개발연대 등 경제부처에 실릴 수밖에 없었다. 개인이나 기업, 국가를 막론하고 돈 보따리를 쥔 주체가 힘을 쓰게 마련 아닌가.

산재보험이 실시된 것이나 공무원연금, 군인연금, 사립교원연금 등 특정 직업의 연금이 먼저 실시될 수 있었던 것도 그런 까닭이다. 산재보험은 노동자와 기업인이 부담하고 정부 돈은 들어가지 않는다. 공무원, 군인, 교원 역시 그들이 보험료를 내고 보험금을 받아가는 형태여서 경제부처가 반대할 명분이 없었다. 물론 지금의 상황은 다소 다르지만 당시에는 그런 논리였다.[29]

개발연대의 사회보험 도입 우선순위를 놓고도 많은 논란이 있었다. 특히, 강제적용 방식의 의료보험과 국민연금을 놓고 정부 내 부처는 물론이고 학자 간 논의도 분분했다.[30] 보건사회부 등 사회부처는 의료보험(강제보험) 제도의 시행이 우선되어야 한다는 주장이 많았지만, 경제기획원 등 경제부처는 국민복지연금제도의 도입을 선호했다.

---

29 상세한 내용은 이 책의 이재갑 인터뷰 376쪽 참조.
30 상세한 내용은 이 책의 김종인 인터뷰 308~310쪽 참조.

그러나 국민연금제도는 당장 재정의 도움 없이도 시행할 수 있다는 점에서 경제부처의 전폭적 지원 아래 우선순위가 주어졌고, 구체적 실시안이 마련됐던 것이다. 그 과정에서 주무부처인 보건사회부는 연금국이라는 국민연금 담당 부서를 먼저 신설하기도 했다. 국민연금제도는 1972년 말 법제정을 끝내고 시행준비를 마쳤지만 그해 말의 석유파동으로 시행에 들어가기도 전에 기업부담 증가를 이유로 1년에 두 차례나 연기가 결정되었으며, 시행날짜를 대통령령에 위임하는 등 사실상 무기한 연기되면서 중단되고 말았다.

국민연금 시행보류와 의료보험 도입

국민연금의 시행 연기의 반사이익을 얻은 것은 의료보험제도 시행이라 할 것이다. 1973년 시행하려던 국민복지연금제도는 미뤄지고, 대신 의료보험제도가 1977년 7월 1일부터 500인 이상 사업장을 대상으로 의무가입 형태의 강제시행에 들어가게 된다. 이는 경제개발에 이어 사회복지제도의 본격적 시행을 알리는 신호탄이었다.

사실 사회보험제도로 보면 의료보험의 시행이 마땅히 우선되어야 한다. 세계 각국의 역사도 그렇다. 우리나라에서도 사회복지제도 중 의료보장과 의료보험제도의 도입이 가장 큰 관심의 대상이었다. 일제강점기나 미군정기 등은 논외로 하더라도, 그 이후 자유당 정부 시절인 1959년 3월에 건강보험제를 도입할 것이라는 다음과 같은 기사가 〈동아일보〉에 실렸다.

> (1959년 3월) 14일 보건사회부에서 알려진 바에 따르면 건강보험제도를 실시하리라고 한다. 동 보험제를 실시하기 위하여 방금 초안을 작성 중에 있다 한다. 그런데 동 건강보험제도가 실시되면 병든 사람이 무료로 치료도 할 수 있다 한다. 한편 동 보건사회부에서는 이에 구체적인 방안을 세우기 위하여 지난 13일 연세대 교수 양재모 씨와 14명의 권위자를 초청하여 동 건강보험제도에 대한 토의를 하였다 한다. [31]

31 "건강보험제 구상, 보사부서 초안 작성", 〈동아일보〉, 1959. 3. 15, 3면.

그런가 하면 자유당 정부가 무너지고 허정 과도정부를 거쳐 1960년 9월 30일 내각책임제로 바뀐 뒤 처음으로 열린 국회 시정연설에서도 장면 총리는 "국민의료의 균점과 질병예방의 충실을 기하기 위해 국민보건행정의 조직화를 도모하겠다"고 밝혔다. 특히, 1960년 12월 27일 〈동아일보〉는 건강보험제도 실시와 사보심 발족을 예고하는 다음과 같은 기사를 실었다.

보건사회부는 명 94년(단기 4294년을 뜻하는 것으로 1961년에 해당)부터 사회보장제도의 하나인 건강보험제도를 실시하리라 한다. 이 제도는 명년부터 발족케 될 사회보장제도심의위원회 규정에 의해 '건강보험제도연구위원회'에서 전적으로 취급될 것이다. 보건사회부는 이 제도의 실시를 위하여 준비 사업비로 약 1,000만 환의 예산을 세웠으며 이에 따른 전임직원 2명을 채용한다.
또한 건강보험제도의 실시는 세브란스의과대학과 서울의과대학에서 조사된 국민의료량을 토대로 실시된다. 새로운 재료는 명년 1월 중순부터 전국에 걸쳐 지역별, 산업별 및 각급 학생의 건강조사를 실시한다.
보건사회부는 이미 이 제도의 구체적 실현을 위하여 전국에 산재해 있는 의료인의 실태를 조사 완료했고, 선진 각국의 사회보장제도에 대한 문헌 등 수집이 완료되고 있다.[32]

역대 정부가 사회보장제도 중에서도 의료보험제도에 가장 큰 관심을 보이고 있었음을 대변하는 기록들이다. 강제적용의 의료보험제도 도입에 대해서는 뒤에서 상세히 기록하겠지만 무엇보다도 박정희 대통령의 지시가 계기가 되었다. 경제기획원이 펴낸 《경제기획원 20년사》는 다음과 같이 밝히고 있다.

1976년 1월 15일 박 대통령이 연두 기자회견에서 저소득층에 대한 국민의료보호 제도를 확립해 내년부터 시행하도록 지시한 데 이어 2월 10일 보건사회부 연두순시에서는 새마을진료권 확대, 특히 경제기획원이 4차 5개년계획 내용을 발표한 지 이틀 만인 6월 19일 '제 3차 경제개발 5개년계획 4차년도 평가와 1976년도 1/4분기 심사분석보고회의'에서 국민의 기본생활에 있어서 의식주 이외에 '의료'

32 "건강보험실시: 신년도부터 직장별로", 〈동아일보〉, 1960. 12. 27, 3면.

를 덧붙여야 할 필요성이 있다고 지적하고 4차계획에 이를 반영하도록 하라고 지시하였으며 이에 따라 당원(경제기획원)은 당초 구상하였던 국민복지연금제도의 실시를 연기하는 대신 의료보험제도를 실시키로 방침을 수정하게 되었다.[33]

이처럼 사회보장제도 발전의 이면에는 경제개발 5개년계획이라는 정부주도 계획경제의 틀이 작동했음을 알 수 있다. 경제개발과 사회안정은 별개일 수 없고 괴리가 크면 클수록 사회불안은 가중되기 마련이다.

'경제사회발전 5개년계획'의 등장과 국민연금법

특히, 그동안 '경제개발 5개년계획'으로 명명됐던 5개년계획은 1982년부터 1986년을 계획기간으로 하는 5차계획부터 명칭이 달라졌다. 사회개발 의지를 강조한 '제 5차 경제사회발전 5개년계획'으로 바뀌 경제개발뿐만 아니라 사회발전계획을 함께 포함하고 있음을 명칭에서부터 강조하고 나선 것이다. 경제기획원은 당시의 명칭변경에 대해 다음과 같이 설명했다.

> '경제발전'과 함께 '사회개발'도 중요시하겠다는 것이며, '개발'에서 풍기는 양적 위주의 성장전략에서 '발전'에서 풍기는 질적 위주의 성장전략으로 전환하겠다는 의지를 나타내는 것이었다. … 5차계획부터는 기존의 개발전략의 추진방식에 대하여 반성이 시도되었다는 데 큰 의미가 있는 것이다.[34]

5차계획을 준비하는 과정에서 '사회개발종합계획 시안'이 별도로 작성되고 검토됐다는 사실은 사회복지 발전사에서 적지 않은 의미가 있다.

내용에서도 큰 진전이 있었다. 1977~1981년을 계획기간으로 하는 제 4차 경제개발 5개년계획은 4대 목표 가운데 하나를 '사회개발의 촉진'으로 삼을 만큼 사회개발에 눈을 돌렸다. 그러나 이때의 사회개발은 사회복지제도 확충보다 상하수도나 주택 등 생활환경 개선에 중점을 두었고, 별도의 항목으로 사회보

---

33 경제기획원, 1982, 《개발연대의 경제정책: 경제기획원 20년사》, 166쪽.
34 같은 책, 237쪽.

장 기반 확립을 내세웠다. [35]

국무회의에서 의결된 4차계획안 제 6장 "사회개발과 형평의 증진" 중 제 7절 사회보장의 기반 확립에서는 "모든 국민의 기본적인 최저임금 수준과 생활안정 보장을 위한 사회보장제도의 기반 확립과 제도의 정비에 역점을 둔다"는 기본 방향을 제시했다.

계획의 정책수단으로는 의료보험제도의 수립 실시, 국민복지연금제도의 실시, 산재보상의 확대 등을 명시했다. 구체적 내용으로 의료보험의 경우 "기업체와 지역단위의 자율적 조합 형성으로 운영하고, 보험료는 보수의 3~8% 수준에서 근로자와 기업주가 공동부담하도록 할 것"이라고 제시했다. 국민복지연금의 경우 "18세 이상 60세 미만의 모든 국민을 대상으로 실시하고 보험료는 보수의 3~7%에서 근로자와 기업주가 공동부담하도록 할 것"이라고 명시했다. 또 산재보험의 경우 "실시대상을 현재 15인 이상 사업장에서 5인 이상 전 산업부문으로 확대할 것"이라고 제시했다.

결국, 의료보험은 1977년 7월부터 실시되고, 산재보험 적용확대 등은 이뤄졌으나, 국민복지연금은 1974년 연기된 뒤 시행에는 이르지 못했다. 그런 연유인지 제 5차 경제사회발전 5개년계획[36]에서는 "국민복지연금제도의 실시"라는 제목만 있을 뿐 구체적 내용은 없고, 의료보험 및 산재보험 확대적용 내용만을 담고 있다.

수정 5차계획, 국민복지연금 실시준비 명시

그러던 것이 경제상황의 호전 등으로 1983년 12월 수정 발표한 제 5차 경제사회발전 5개년계획 수정계획[37]에서는 '국민복지연금제도 실시준비'라는 제목으로 3페이지에 걸쳐 실시의 필요성에서부터 외국의 사례, 그리고 구체적 정책 대안에 관한 상세한 내용을 담았다. 이는 국민연금제도 시행이 그만큼 절박했음을 의미한다.

---

35 경제기획원, 1976, '제 4차 경제개발 5개년계획'(1976년 12월 1일 국무회의 통과 안), 258쪽.
36 경제기획원, 1981, '제 5차 경제사회발전 5개년계획'(1981년 8월 경제계획심의회 통과 안), 93쪽.
37 경제기획원, 1983, '제 5차 경제사회발전 5개년계획 수정계획'(1983년 12월 22일 발표 안), 80쪽.

주요내용을 살펴보면 ● 계획기간 중 국민연금제도 실시준비를 위한 기획단 설치·운영 ● 갹출료율, 급여수준 조정 등으로 재정 중립적 연금제도 개발 ● 복지연금 실시 시 퇴직금제도의 점진적 흡수방안 ● 퇴직금의 사외적립 실시 등 기득권 인정방안 강구 및 제도 개선 ● 산재보험제도 등과의 연계 및 조정방안 강구 등이다. 1985년부터 2060년까지의 재정추계도 내놓았다. 구체적 방안을 강구하고 있음을 반증한 것이다. 결국, 많은 연구와 노력이 뒷받침되어 계획의 마지막 연도인 1986년에 법안을 제정하고 1988년 1월부터 시행되는 성과를 얻었다.

사실 이러한 5차계획의 수립과 수정 등은 5공정부의 의지와도 맞닿아 있었다. 10·26 이후 국가보위비상대책위원회(이하 국보위) 체제의 과도기를 거쳐 1980년 10월 27일에 확정된 제9차 「개정헌법」(5공 「헌법」)에서는 제9조에 "모든 국민은 인간으로서의 존엄과 가치를 가지며 행복을 추구할 권리를 가진다"고 규정하고, 그 외에도 국가의 사회복지 추진 의무, 근로자의 적정임금 보장, 환경권, 소비자 보호 등의 복지권을 강화하였다. 새 헌법에 따라 선출된 전두환 대통령은 1981년 3월 3일 취임사에서 3대 고통(빈곤, 전쟁, 탄압)으로부터의 해방을 주장했고, 제5공화국의 4대 국정지표 가운데 하나로 복지사회 건설을 포함하였다. 특히, 전두환 대통령은 1986년 8월 11일 하계 기자회견에서 3대 복지정책 추진을 발표하며 「국민연금법」 개정작업을 공식화했으며, 그해 말 「국민연금법」을 통과시키면서 우리나라 사회보장 역사에 또 하나의 큰 족적을 남겼다.

결과적으로 국민연금보다 의료보험 시행이 선행됐음은 이미 살펴본 바 있지만, 의료보험의 진화 과정 자체에서도 '조합주의냐, 통합주의냐'를 놓고 첨예한 대립과 논쟁이 이어졌다. 이러한 문제는 결국 정부재정의 역할과 기능을 어떻게 설정할 것인가에 귀착된다고 볼 수 있다.

우여곡절 끝에 1986년에 제정된 「국민연금법」 역시 국민연금 설계에서 정부의 역할을 어디까지 할 것인가, 또 재정수지는 어떻게 될 것인가를 두고 설전이 계속되었고, 이는 지금도 지속되고 있는 문제다. 어찌 되었든 간에 법제정에 이어 1988년 1월부터 국민연금제도가 실시된 것은 우리나라 사회보험사의 크나큰 분수령을 이루게 된다.

민주화 시대를 맞다

봇물 터진 노동자 권익 확대 요구

사회복지 변천사에서 1988년부터 1997년까지를 성숙기 또는 도약기로 분류하는 데는 모든 자료나 학자의 견해가 일치한다.

1987년과 1988년은 우리나라 국가발전사에서 또 하나의 큰 분수령이 되는 해이다. 이 기간 동안 10 · 26 사태 이후 국보위 시절을 거쳐 「헌법」 개정을 통해 제5공화국이 출범했다. 이와 동시에 7년 임기 간접선거 형태였던 대통령 선거제도가 1987년 6 · 29 선언과 함께 대통령 직선제 수용이 이뤄지면서 6공 「헌법」이 탄생했고, 이른바 '민주화 시대'를 맞았다.

특히, 노태우 대통령 시대인 6공의 출범은 지금까지 경제성장을 빌미로 억눌렀던 노동운동과 사회복지 욕구가 한꺼번에 분출되는 계기가 되었다. 이른바 민주화 시대로 일컬어지는 1987년 6월까지만 해도 우리나라 노동조합은 단위조합 기준으로 2,700여 개에 불과했다. 그러나 1989년에는 7,800여 개로 3배 이상 늘어났는데 이 지표만 보더라도 그 변화를 짐작할 만하다. 이 시기 대표적 변화는 두 자릿수의 임금인상과 노동복지 수요의 폭발이었다. 그만큼 노사분규도 극도로 많아졌고 그 부작용 또한 적지 않았다.

더구나 인구구조 변화로 인한 노인복지 문제, 1988년 서울올림픽을 계기로 등장한 장애인복지 문제 등 수많은 현안이 불거졌고, 그에 따른 노인복지제도나 장애인복지제도 등이 큰 진전을 보는 시기이기도 했다. 1988년 서울올림픽은 '개발도상국 대한민국'을 세계에 '선진국 대우' 반열로 밀어 올리는 데 결정적 역할을 했다.

그뿐 아니라 경제적으로는 매우 호황을 누리던 시대다. 이른바 '3저호황'을 구가하던 시대였다. 국제유가가 많이 떨어져 저유가 시대가 계속됐고, 달러 환율이 떨어져 우리나라의 수출이 급증한 데다, 금리가 낮아 투자와 소비가 늘어나는 호황을 구가했다. 1986년부터 1988년까지의 3년간은 연평균 성장률이

10%를 웃돌았으며 우리 역사상 처음으로 경상수지 흑자를 기록하는 성과를 거두기도 했다. 이런 경제성과를 바탕으로 사회복지제도는 하나씩 추가되고 확대 실시되면서 완성도를 높일 수 있었다.

특히, 1992년에 출범한 김영삼 정부는 「사회보장기본법」을 제정하면서 사회보장에 관한 원칙을 새로 제정했고, 이는 정책기반을 다지는 계기가 되었다. 1995년 3월 23일 김영삼 대통령은 '삶의 질 세계화'를 선언하고 이를 구체화하기 위한 국민복지기획단을 설치했고, 1995년 12월에는 1963년 11월에 제정된 「사회보장법」을 폐지하는 대신 「사회보장기본법」을 제정했다. 「사회보장기본법」은 사회보장에 관한 국민의 권리와 국가 및 지방자치단체의 책임과 사회보장제도에 관한 기본적 사항을 규정한다. 「사회보장기본법」의 제정은 유명무실했던 「사회보장법」을 새롭게 고쳤다는 것 이외에도 새로운 사회보장의 역사를 창출하기 위한 초석이었음이 분명하다. 특히, 사회보장심의위원회, 사회보장 장기발전 방향의 수립, 사회보장을 위한 민간참여 및 비용부담을 명시했다는 점은 크나큰 진전이 아닐 수 없다.

전 국민 의료보험 시범실시, 그리고 통합 거부권 행사

1977년 도입된 의료보험제도는 적용대상 기업의 점진적 확대에 이어 1988년 1월 1일부터 농어촌지역으로 확대실시가 이뤄졌다. 시범실시 등을 거쳤지만 막상 실제 현장에는 많은 부작용이 수반되기도 했다. 그럼에도 1989년 7월 1일부터는 도시지역 의료보험을 전국으로 확대 실시함으로써 강제의료보험이 도입된 지 12년 만에 전 국민 의료보험을 달성하는 성과를 거뒀다. 아울러 보험료 납부 능력이 부족한 저소득층에게 의료급여를 지급하면서 전 국민 의료보장체계를 어느 정도 완성했다.

그러나 형식상 농어촌과 도시지역 주민까지 의료보험이 적용되기는 했지만 의료보험제도의 통합문제는 갈수록 첨예한 대립으로 일관됐다. 1987년 민주화 시대 이후 통합의 목소리가 높아지는가 싶더니, 결국 이른바 3김으로 일컬어지는 야당 당수들이 1989년 3월 4일(토요일) 긴급회동을 갖고 '의료보험통합법안' 등 쟁점 법안을 통과시키기로 합의하기에 이른다. 야당은 3당 당수 간 합의에 따라 야당 안과 전국민의료보험대책위원회의 청원 안을 절충해 단일 안을 급조했고, 1989년 3월 8일 보건복지위원회와의 본회의에 상정해 여당을 포함한 국회 만장일치로 통과시키는 저력을 발휘했다.

그러나 그것으로 끝이 아니었다. 법안 통과 후 보험료 부담의 과중과 통합관료화 문제 등을 우려하는 언론의 비판이 높아졌다. 급기야 노태우 정부는 3월 16일 국무회의를 열어 통합법안에 대한 재의요구안을 가결하고, 3월 22일자로 '의료보험통합법안'에 대한 법안 재의를 대통령이 국회에 요구함으로써 통합이 무산되는 결과를 낳는다.

이후 수많은 논란과 대립이 이어지면서 조합주의와 통합주의는 더욱 첨예한 갈등의 소용돌이에 휘말렸다. 그러나 3당 통합이 이뤄지고 거대여당이 출현하면서 의보통합의 대치상황은 물밑 속의 소용돌이로 변해 내용의 확대가 이뤄지는 정도에 그쳤다. 그러던 중 1996년 11월 새정치국민회의(전 평민당, 국민회의)와 자유민주연합(전 민주공화당, 자민련)의 정책공조로 의료보험 조직의 2단계 통합을 담은 「국민건강보험법」이 공동 발의되면서 변화의 바람이 일기 시작했다. 1997년 대선을 앞둔 상황이라 각 정당이 민심 얻기에 더욱 신경을 곤두세우면서 의보통합 논의 역시 급물살을 탔다. 결국 1997년 11월 18일 '국민의료보험법안'이 통과되어 공무원 및 사립학교 교직원 의료보험관리공단(이하 공교공단)과 지역조합이 통합(재정은 별도계리)되는 결과를 낳았다. 그나마 대선을 앞두고 진전이 이뤄진 셈이다.

국민연금 재정부실과 연금개혁

1986년에 법이 통과되고 1988년 1월 1일부터 시행된 국민연금제도는 풍성한 경기 덕에 순조롭게 적용되었다. 1992년에는 10인 이상 사업장 근로자를 대상으로 실시되던 국민연금제도를 5인 이상 근로자 사업장으로 확대적용했다. 1994년에

농어촌지역 확대 모의실험에 이어 1995년 1월부터 농어민까지 국민연금 당연적
용 대상으로 확대적용하려 했으나, 시범사업 과정에서 많은 문제점이 노출되어
서 6개월 늦춰진 1995년 7월 1일부터 확대적용됐다. 당시 적용대상은 농어촌지
역 거주자는 물론 도시지역 거주 농어민까지를 포괄했다.

그러나 이런 확대 실시과정에서 여전히 많은 문제점이 등장했고, 특히 재정
안정 문제가 대두되면서 1997년 김영삼 정부 막바지에는 '국민연금제도 개선기
획단'이 발족되었다. 이어 국민연금의 구조적 개혁과 도시지역 확대 논의가 이
뤄지는 계기를 맞는다.

박세일 사회복지수석의 등장

연금개혁 논의는 제도 도입 이후 꾸준히 제기되었지만, 본격적 논의가 시작된
것은 김영삼 정부가 사회복지수석실을 신설하고 당시 청와대 정책기획수석이던
박세일을 사회복지수석으로 임명하면서부터라고 볼 수 있다.

김영삼 정부는 취임 후 전반기 국정지표를 '신한국 창조'로 내세웠다. 그러나
1994년 11월 호주 시드니에서 열린 아시아태평양경제협력체(APEC: Asia Pacific
Economic Cooperation) 정상회담을 마친 후, 집권 후반기 국정지표를 '세계화'로
선언했다. 특히, 1995년 3월 코펜하겐 UN 사회개발정상회의를 마치고 나서는
"삶의 질 세계화를 위한 기본구상"을 발표하기에 이른다. 정부는 보건복지부 장
관과 KDI 원장을 공동위원장으로 하는 국민복지기획단을 발족해 복지정책 개
혁방안을 마련토록 했다.[38]

기획단 보고서는 여러 분야를 다루며 작성되었고 국민연금과 관련된 내용[39]
도 광범위하게 다루었다. 구체적 정책으로 실행되기도 했지만, 근본적 개선은
실행되지 못했다.

그런데 1995년 12월 20일 개각과 함께 청와대에 사회복지수석실이 만들어지

---

38 상세한 내용은 이 책의 서상목 인터뷰 131~132쪽 참조.
39 상세한 내용은 이 책의 서상목 인터뷰 133쪽 참조.

고 박세일 수석이 부임하면서 국민연금 개혁 논의가 활발해지기 시작한다. 특히, 당시 우리나라 공적연금의 재정문제를 다루며 연금전문가로 알려진 문형표 박사가 청와대에 행정관으로 입성한다. 문형표는 청와대에 들어가자마자 평소 재정안정화 문제에 지대한 관심을 두던 김용하, 안종범 등 연금전문가들을 규합하여 연금 수급구조 개편 등에 대한 연구활동을 시작하고 개혁 대안과 실천 방안 등을 제시했다. 그러나 이러한 청와대의 노력은 각 부처의 이해상반과 주무부처의 소극적 대응 등으로 큰 성과를 거두지 못한 채 난관에 부딪힌다. 청와대 내의 수석 간에도 공감대가 충분히 형성되지 못했고, 특히나 정권창출에 큰 영향을 미칠 정도로 기득권 계층의 저항이 클 수 있었다는 점에서 정치적 결단이 요구되는 사안이었기 때문이다.

1998년 하반기로 계획된 국민연금 도시자영업자 확대적용을 앞두고 보건복지부로서는 걱정이 많을 수밖에 없었다. 보건복지부는 수차례의 내부회의는 물론 관계부처 회의를 통해 공적연금 개혁과 연금재정 안정화 방안을 만들 국민연금제도개선위원회를 구성, 범정부 차원에서 개선안을 다루기로 했다. 이에 따라 1997년 5월 16일 사보심 제1차 회의에서 '국민연금제도 개선기획단'을 설치 운영키로 하고 그해 6월 16일부터 활동을 시작했다. 12월 29일에 최종보고서를 김영삼 대통령에게 보고하며 활동을 마쳤다.

이는 국민연금제도 발전의 중요한 전환점을 이루었다. 국민연금 개혁방안은 김영삼 정부에서 심층적 분석과 노력이 이뤄졌지만 실제 법개정 등을 통한 제도 개선은 임기 내에 추진하지 못하고 김대중 정부에서 실행된다.[40] 물론 그것도 쉽게 이뤄지지 못하고 1년여의 여야 대치 과정을 거쳐야 했다. 마침내 1998년 12월 31일에 도시지역으로 적용을 확대하고 급여수준은 60%로 하향조정하며 수급연령은 65세까지로 단계적으로 올리는 내용의 「국민연금법」 7차 개정이 이루어졌다.

---

40 상세한 내용은 이 책의 서상목 인터뷰 138쪽 참조.

고용보험제도 도입

민주화 시대 이후 노동자에 대한 복지욕구는 크게 증가했다. 임금인상 요구와 노동 관련법의 개정 등은 물론 그동안 역대 정부가 터부시했던 실업보험 실시에 대한 요구가 정책 현안으로 등장했다.

이 기간에 특히 노동운동 활성화를 계기로 고용보험제도의 입법 청원이 노동단체로부터 빗발치기 시작했다. 그에 따라 노동부는 이때부터 일본을 비롯한 외국의 고용보험제도를 연구하는 한편, 「고용보험법」, 「고용정책 기본법」, 「직업안정법」 등 4개의 고용보험 관련법을 만들어 입법예고를 거쳐 국회에 제출했다. 김영삼 정부 초기인 1993년 12월 1일 「고용보험법」이 국회를 통과해 시행준비를 거친 뒤 1995년 7월 1일부터 시행에 들어갔다.

고용보험은 근로자가 실직한 경우 생활안정을 위해 일정기간 동안 급여를 지급하는 실업급여사업은 물론, 구직자에 대한 직업능력 개발·향상 및 적극적인 취업알선을 통한 재취업 촉진과 실업예방을 위한 고용안정사업 및 직업능력 개발사업 등의 실시를 목적으로 하는 사회보험이다. 이는 실업보험 범위를 넘어선 고용안정 및 직업능력 개발까지를 아우름으로써 실업을 사전에 예방하는 기능까지 포함한 것이다.[41]

이러한 고용보험 시행으로 우리나라에서 흔히 말하는 4대 사회보험이 모두 시행되었다. 물론 사회보장제도로서의 실질적 효과를 얼마나 거두었느냐와 같은 질적인 내용은 당시로서는 사실 빈약한 수준이었지만, 일단 시행되었다는 점에서 새로운 역사의 시작을 알렸다.

---

41 이 책의 정병석 인터뷰 348~349쪽 참조.

외환위기 극복과 사회보험 내실화

수훈 갑 고용보험제도

역사는 항상 어떤 계기를 맞으며 새로 쓰이기 마련이다. 1998년 이후를 사회보험의 발전기 또는 정립기로 보는 것은 그 이전에 갖춰진 제도의 외형적 틀을 확장하고 내용을 채우는 내실화 과정이 급속히 추진됐기 때문이다.

이러한 변화는 역사적 순리이자 지극히 당연한 수순으로 보이지만, 한 가지 촉매제 역할을 했던 것이 바로 우리나라 경제가 혹독한 시련을 겪은 'IMF 외환위기'라고 볼 수 있다. 국가부도 사태에 직면해 은행을 비롯한 수많은 기업이 무너지면서 실업자가 대거 발생했고, 국가경제는 국제통화기금(IMF: International Monetary Fund)의 신탁통치를 받으면서 '경제주권'까지 박탈당했으니 참으로 암울한 시대였다. 그 고통과 수치는 참담하다 할 정도로 클 수밖에 없었다.

그러나 더욱 심각한 문제는 이런 힘든 현실에 대처할 만한 마땅한 사회보장정책이 없다는 점이었다. 무서울 게 없을 정도로 성장해오던 우리 경제인 만큼 사회보장제도를 게을리했던 과거가 현재 얼마나 큰 고통으로 다가오는지 현장에서 체험하게 된 것이다. 그런 아픔이 결국 사회보장과 사회보험의 확충을 서두르는 새로운 계기로 작용했다는 점에서 국가발전의 위기이자 기회라는 표현이 걸맞을 것이다.

1997년 11월 21일 정부는 IMF에 이른바 구제금융으로 알려진 '유동성 조절자금'(stand-by credit)을 요청했고, 12월 3일 최종적으로 IMF와 지원협약을 맺으면서 인고의 세월이 시작되었다. 김영삼 정부 임기는 2~3개월 정도 남았으며, 차기 정부를 이끌어갈 인물로 김대중이 대통령으로 당선된 상황이었다. 외환위기 극복의 숨 가쁜 스토리는 새 대통령 당선자를 중심으로 엮이기 시작했다.

IMF 신탁통치를 함께 인계받은 DJP〔김대중(DJ) + 김종필(JP)〕 '국민의 정부'는 무엇보다 먼저 실업대책을 마련해야 했다. 다행히 그 당시에 1995년에 제정된 고용보험제도가 존재했다. 이마저 없었더라면 줄 이은 기업도산으로 양산된 수많은 실업자들이 생계를 유지하기 어려웠을 것이다. 물론 제도 자체는 완벽

하지 못했으나 급한 대로 1998년 1월 1일부터 고용보험 적용대상을 확대해 실업급여와 고용안정사업 확충에 나섰다. 1998년 한 해에만 무려 다섯 차례의 법개정을 통해 고용보험 적용대상을 전 사업장으로 확대했다.

1995년 첫 시행에서 고용보험은 상시 고용 30인 이상 사업장에, 고용안정과 직업능력 개발사업은 70인 이상 사업장에 적용했으나 1998년 1월 고용보험 대상을 고용보험 10인 이상 사업장, 직업능력 개발사업은 50인 이상 사업장으로 다시 확대했다. 이후 4차례에 걸쳐 「고용보험법」 및 시행령 개정을 통해 적용대상을 추가 확대해 1998년 10월 1일부터는 근로자를 1인 이상 고용하는 모든 사업장과 임시·시간제근로자까지 보험을 적용하는 것으로 확대 실시했다.

이 같은 고용보험 적용대상 확대는 1998년 2월 6일에 서명한 노사정위원회의 '경제위기 극복에 관한 사회협약' 내용보다 훨씬 앞서가는 조치였다. '사회협약'의 3항 고용안정 및 실업대책 항목의 '고용보험사업 확충 및 적용확대'에는 ●이직 전 6개월 이상 보험료를 납부한 실직자에게 실업급여 지급 ●실업급여의 최저 지급기간 60일 연장 및 최고 지급수준을 최저임금의 70%로 상향조정 ●전국적인 고용불안이 발생하는 경우, 일정한 기간 동안 실업급여 지급기간을 30~60일간 연장하는 특별연장급여제도 도입 ●영세사업장의 근로자 보호를 강화하기 위해 고용보험 적용 사업장을 1998년 7월 1일부터 5인 이상 사업장으로 확대 ●1999년 7월 1일부터 임시 시간제근로자 등에 대하여 고용보험 적용 등의 내용을 담았다.

1999년 이후에 실시하도록 예정된 내용들을 1998년 10월까지 완료한 셈이다. 기업이 도산하고 실업자가 넘쳐나는 사회 현실을 그나마 버틸 수 있도록 역할을 한 것이 고용보험제도라고 볼 수 있다.

국민연금의 도시지역 확대

1998년 말 법개정에 따라 도시지역 거주자까지 가입대상 범위를 확대하고 급여수준의 축소와 수급연령 조정 등의 개선방안이 마련됐지만, 순탄한 진행을 기대하기는 어려웠다. 1999년 도시지역까지 확대한 국민연금의 지역가입자는 구성이 매우 다양했다. 5인 미만 영세사업장의 사업자와 근로자, 노점상 등 1인 사업자, 비정규직근로자, 단시간근로자, 특수형태 근로자, 농어민, 가사노동자, 실업자 등이 모두 지역가입자에 포함됐다.[42]

한마디로 관리가 어려운 모든 가입대상자를 총망라했던 셈이다. 가장 기본적인 소득파악에서부터 보험료 징수와 보험급여 등 어느 것 하나 제대로 이뤄질 수 있는 내용이 아니었다. 보험료 징수도 어렵고 관리도 힘들다 보니 자연스레 국민연금의 혜택을 누리지 못하는 사각지대가 광범위하게 존재했다.

노무현 정부 들어 2003년 정부는 이러한 국민연금 사각지대 해소 방안을 내놓았다. 5인 미만 사업장 종사자를 지역가입자로 관리해오던 것을 1인 이상 사업장 종사자는 모두 사업장가입자로 편입하여 관리하기로 한 것이다. 사업장가입자로 전환되면 사업장 단위로 납부이력 관리와 보험료 징수가 가능해 그나마 관리가 수월해지기 때문이다. 이러한 작업은 2003년 7월, 2004년 7월, 그리고 2006년 1월 등 3단계로 나누어 진행되어 사업장가입자로 모두 전환되었다.

그러나 이러한 사각지대 해소 노력에도 현실은 좀처럼 개선되지 못했다. 국민연금공단 자료에 따르면 지역가입자의 보험료징수율이 여전히 60%대에 머물러 있고, 납부 예외자도 쉽게 줄지 않아 사각지대 해소 문제는 예나 지금이나 최대 과제로 남아 있다. 전문가들은 그 이유를 다음과 같이 설명한다.

- 국민연금은 장기 사회보험제도라서 보험료 납부 후 급여를 받기까지 오랜 세월이 걸리기 때문이다.
- 국민연금은 사회보험이므로 연금을 받기 위해서는 최소 가입기간이라는 수급조건 충족이 필요하다. 이는 특히 여성이 노령연금 수급권에서 배제되는 가장 중요한 이유이기도 하다.
- 자영업자 비율이 높다는 점이다. 이는 사회보험 방식인 국민연금을 운용하는 데 좋지 않은 조건이다.
- 가장 핵심적 문제는 소득활동 및 소득파악 인프라가 미비하다는 점이다.[43]

---

42 국민연금사편찬위원회, 2015, 《실록 국민의 연금》, 국민연금공단, 268쪽.
43 같은 책, 330~332쪽.

이런 점을 고려하면 국민연금의 사각지대 해소는 앞으로도 상당한 기간이 필요하다는 게 여러 전문가의 진단이다. 노무현, 이명박, 박근혜, 문재인 정부를 이어오면서 국민연금 사각지대 해소는 다양한 방법으로 보완되며 추진 중이다.

의료보험의 완전통합 논의

국민의 정부 출범과 동시에 모든 국정의 기준은 '사회적 합의'라는 노사정위원회의 '경제위기 극복을 위한 사회협약'에 근거하게 되었다. 앞서 설명한 고용보험 확대도 그렇지만 사회협약의 '사회보장제도 확충' 편에는 "의료보험의 통합·일원화 및 적용확대를 위하여 1998년 중 관계법령의 개정을 추진한다"는 항목이 명시되어 있다.

특히, 이념대립으로까지 번진 의료보험의 통합문제는 여전히 극한 대립의 평행선을 좁히지 못하던 상태였고, 의보통합 문제는 더욱 거센 논란의 중심에 서게 되었다.

복지의 패러다임 전환과 함께 수많은 논란과 대립을 불러왔던 의료보험과 관련해, 1989년 3월 국회에서 여야의 만장일치로 「국민의료보험통합법」이 통과됐다. 그러나 당시 노태우 대통령의 거부권 행사로 「국민의료보험통합법」은 시행되지 못하고 찬반 대립만 여전한 채 사회문제의 표면에서 잠수하는 양상을 보였다.[44]

그동안 야당을 중심으로 '의료보험통합법안'을 제출했으나 실현을 보지 못한 채 거듭 해를 넘기다가, DJP 연합의 국민의 정부 시절 「국민건강보험법」 제정 (1999년 1월 6일)으로 의보통합이 2000년 7월부터 이뤄졌고, 거의 동시에 의약분업이 실시됐다. 수십 년간 대립해온 의보통합 문제가 종지부를 찍는 이 순간 역시 역사의 한 페이지에 남았다.

---

44 상세한 내용은 이 책의 차흥봉 인터뷰 229~230쪽 참조.

완성으로 가는 길목

기초생활보장제도와 사회보험 확립

사회보험제도의 기틀을 정비한 국민의 정부는 우리나라 사회보장제도의 근본이념과 골격을 바꾸는, 제도적 개혁을 이루는 성과도 거둔다. 1999년 9월에 제정한 「국민기초생활보장법」이 그것이다. 이전의 사회보장제도에서 근간을 이뤘던 국민생활보호제도는 기본적으로 근로능력의 유무에 따라 생계비를 지원하는 제도였다. 즉, 생활이 어려운 사람에 대한 시혜적 차원의 공공부조제도이지, 국민이면 누구나 보장받을 수 있는 생존권적 권리가 아니었다. 그 때문에 대다수 국민이 예상치 못했던 급작스러운 위기로 어려움을 겪을 때 최후의 생활안전망으로서의 역할을 할 수 없었다.

기초생활보장제도는 그런 점에서 복지의 패러다임이 대전환되었다는 의미가 있다. 특히, '가난은 국가의 책임'이라는 견지에서 최저생계비 이하의 모든 국민에게 기초생활을 국가가 보장하고, 더 나아가 저소득 빈곤층이 사회적 소외와 빈곤구조로부터 항구적으로 탈피할 수 있도록 자활·자립할 권리로 보장한다는 특징을 가진 제도다. 공공부조정책의 획기적인 진전이라고 할 수 있다.[45]

이런 기본적인 개혁정신을 바탕에 깔고 김대중 정부는 이른바 '생산적 복지'를 정책목표로 내세웠다. 생산적 복지는 영국이 1970년대 말부터 1980년대에 걸쳐 IMF의 구제금융을 받으면서 경제적 위기를 타개해가기 위해 도입한 개념이다.[46]

당시에는 복지제도의 남용으로 각종 사회안전망이 개인의 노동의욕을 떨어뜨려 생산의 효율성을 저해한다는 비판이 있었다. 영국에서는 실업자가 실업수당을 수령하기 위해서는 실업기간 중 새로운 능력을 학습하거나 기존 능력을 제고할 수 있어야 한다. 다만 소득지원은 직업의 유무와 관계없이 최저생계비의

---

45 한국경제 60년사편찬위원회, 2010, 《한국경제 60년사》, 5권, 사회복지·보건 편, 246쪽.
46 〈매일경제 경제용어사전〉(http://public.mk.co.kr/common/include/ecdic/index.html).

지원이 필요한 사람에게만 지급된다. 실직자는 직업센터를 찾아가 일자리를 찾고 있으며 일자리가 생기면 즉시 일할 수 있다는 의지를 보여야 한다. 직업센터가 요구하는 직업훈련을 거부하거나 면담이나 직업 계획 프로그램에 불참하면 수당 지급이 중단되거나 감소할 수 있다.

한마디로 일할 의사가 없거나 준비를 소홀히 하면 실업수당을 받을 수 없다는 것이 '생산적 복지'의 골자다. 앞서 설명했듯, 과거에 논의됐던 실업보험제도의 수준을 넘어 직업 안정사업과 직업능력 개발을 통해 실업의 예방 기능까지를 갖춘 것이 고용보험제도이며, 결국 그 궁극적 목표는 생산적 복지정책의 일환으로 볼 수 있다.

4대보험 내실화 방안 발표

그동안 제도적 기반을 마련했다면, 국민의 정부는 사회복지제도의 내실을 채우는 데 큰 노력을 기울인다. 우선 4대보험은 관리주체만 다를 뿐 모든 국민을 대상으로 하는 공적 보험이므로 이를 통합 관리하는 방안을 검토했다.

사회보험 통합논의는 1980년대에 시작된 의료보험의 통합주의와 조합주의 간 논쟁에서 그 뿌리를 찾을 수 있다. 그러다 1995년에 발족한 국민복지기획단은 4대보험의 보험료 부과기준의 단일화 등에 대해 문제를 제기하였다. 사회보험 통합논의가 정책이슈로 다뤄지기 시작한 것은 김영삼 정부 시절부터다. 1997년 9월 9일의 '노사개혁위원회'에서 사회보험 통합이 과제로 선정됐다. 이때 노사개혁위원회는 장기적으로 4대보험을 통합하되, 단기적으로 고용보험과 산재보험, 국민연금과 건강보험의 적용·징수 통합을 추진하기로 의결했다. 이른바 2 대 2 통합(건강보험 + 국민연금, 고용보험 + 산재보험)을 의결했던 것이다.

이후 국민의 정부와 함께 출범한 '노사정위원회'에서도 이 과제는 계속 유효한 대책으로 다루어졌다. 1998년 2월에 열린 제 1기 노사정위원회에서 다룬 '경제위기 극복을 위한 사회협약' 90개항 가운데 '사회보장제도 확충' 분야에는 사회보장 예산 확대, 사회보험 2 대 2 통합방안 강구, 4대보험과 노동복지정책의 연계성 강화, 의료보험 통합·일원화 및 적용확대를 위한 법령 개정을 1998년 중 추진 등 11개항이 포함되었다.

이런 논의과정에서 1998년 6월 22일 제4차 고위당정정책조정회의[47]는 국무총리실에 사회보험통합추진위원회를 설치하여 사회보험 통합을 추진하도록 정부에 요구했다. 정부는 1998년 10월 1일 사회보장심의위원회(위원장 김종필 국무총리)에서 4대 사회보험의 관리·운영을 효율화하고 국민 편의를 증진하기 위한 방안을 마련하기 위해 '4대사회보험 통합추진기획단'을 설치, 운영하기로 의결했으며, 11월 6일에 기획단을 발족시켰다.

기획단은 송자 명지대 총장(전 연세대 총장)을 단장으로, 정경배 한국보건사회연구원장, 박훤구 한국노동연구원장을 상임위원으로 하여 사회보험 전문가와 한국노동조합총연맹(노총), 한국경영자총협회(경총) 등 각계 대표를 포함한 28명으로 구성되었다. 이러한 구성으로 거의 2년에 가까운 연구와 통합모형 제시 및 공청회 등을 거쳐 2000년 10월에 최종보고서를 발표했다. 당시 기획단이 확정한 최종 권고안의 주요내용을 간추리면 다음과 같다.

관리조직 통합방안: 단계적 2 대 2 통합(연금 + 건보, 고용 + 산재)

- 1단계로 기존의 관리조직을 유지하면서 징수·자격관리 업무만 각각 한 곳에서 위탁하여 통합 관리한다.
- 2단계로 관리조직을 2 대 2(연금 + 건보, 고용 + 산재)로 통합한다. 장기적으로 4대보험 간 정보공유체계의 구축을 추진하면서 징수·자격관리 업무의 완전통합을 강구한다.

기능별 통합방안

- 보험료 부과기준과 관련하여 근로자에 대해서는 건강보험·국민연금을 과세대상 소득기준으로 통일 후, 궁극적으로 4대보험을 개인별 임금총액 기준으로 일원화한다.

---

47 국민회의와 자민련의 연합정부여서 양당 관계자가 김종필 국무총리 주재로 회의를 열었다.

- 자격 및 징수관리 부문으로 준비단계에서는 사업장 관리정보를 일원화하고 서식을 표준화하며 본격적 통합을 위해서는 2단계로 구분한다. 1단계로 건강보험·국민연금 간 개인별로 통합 관리하고, 2단계로 2 대 2 조직통합에 의한 개인 통합관리(조직통합)를 추진한다.
- 급여 및 재정관리 측면으로 보험재정과 급여는 모두 분리하여 운영하며, 각 사회보험의 장기적 재정추계 및 전망을 효율적으로 수행할 수 있는 전문부서를 설치한다.
- 정보전산 관리 측면에서 이상의 내용을 원활히 하기 위해 정보공유체계 구축을 목표로 한다. 그러나 이는 장기의 개발기간과 많은 예산이 필요하므로 국무총리실 산하에 실무기획단을 구성하여 추진한다. 48

이러한 기획단의 노력에도 구체적 성과로 이어지지는 못했다. 그러나 이를 계기로 사회보험의 적용·징수 등 분야의 통합이 필요하다는 공감대를 형성한 것은 큰 성과로 꼽힌다. 또 이후의 제도 개선에 참고자료로 많이 활용된 점에서 높이 평가할 만하다.

특히, 노무현 정부인 '참여정부'에서도 12대 국정과제 가운데 하나인 '국민통합과 양성평등의 구현'과 관련해 중점과제로서 사회보험 부과·징수업무 일원화를 선정해 추진했으나 실질적 변화는 얻지 못했다.

통합과제에 대한 논의로, 대통령 자문 '빈부격차·차별시정위원회'에서 2004년 11월부터 본격적 작업에 들어가 2005년 말 최종안을 확정했다. 이어 국무회의 의결을 거쳐 2006년 10월 27일 사회보험 적용징수 업무통합 혁신방안을 반영한 4개의 법률개정안49을 입법예고했다. 국세청 산하에 '사회보험료징수공단'을 신설하여 적용징수 업무를 통합하고, 보험공단은 급여 중심의 서비스기관으로 전환하는 것이 주요내용이었다. 2006년 11월 16일 국회에 제출했으나 상임위 논의 등을 거치면서 심의가 지지부진하다 본회의 의결을 거치지 못하고 말았다.

---

48 국민연금공단, 2008, 《함께 나누고 함께 누려요: 국민연금20년사》, 국민연금공단, 183쪽.
49 사회보험료 의무 부과 등에 관한 법률안, 「고용보험법」 일부개정 법률안, 「산업재해보상보험법」 일부개정안, 「고용보험 및 산재보험의 보험료 징수 등에 관한 법률」 폐지 법률안.

여기에 정권교체로 2008년 2월 이명박 정부가 들어선 데다 5월 말 17대 국회의 임기가 만료되면서, '사회보험료징수공단' 설립 문제는 빛을 보지 못하고 법안이 폐기되고 말았다. 그러나 이명박 정부에서 2011년 1월부터 4대 사회보험료를 국민건강보험공단에서 통합징수하는 것으로 매듭지어 지금에 이른다.

건강보험 통합과 의약분업

건강보험 발전의 역사에서 통합주의·조합주의 대립은 논쟁의 중심을 차지해왔다. 개발연대에 도입된 의료보험제도는 기업의 입김 등이 작용해 조합주의로 시작되었고, 그때부터 조합주의와 통합주의의 다툼이 시작된 셈이다. 원론적 차원에서 보면 사회보험으로서의 의료보험은 가진 사람이 더 내고 가난한 사람이 덜 내 그 재원을 통합해 운영함으로써 사회보장의 원리를 살려가는 것이 순리다. 그러나 당시에는 워낙 경제개발이 뒤처진 상황이라 통합주의를 택하면 기업부담이 늘고 경제성장에 걸림돌이 될 것이란 생각이 지배적이었다. 그렇게 출발한 의료보험은 틈만 나면 통합주의 주장이 대두되었으며, 이러한 대립은 건강보험 역사의 대부분을 차지한다.

건강보험의 통합과정은 크게 3단계로 나눠볼 수 있다. 우선 1차는 김영삼 정부 말년이던 1997년 12월 31일, 직장의료보험을 제외한 공교의료보험공단과 지역의료보험을 통합하는 「국민의료보험법」이 여야 만장일치로 국회를 통과하고, 1998년 10월부터 지역조합과 공교공단을 합쳐 재정을 통합 관리하는 '국민의료보험관리공단'이 새로 출범한 것이다. 그러나 이러한 1차 통합은 재정상태가 좋은 직장의료보험이 제외되어 사실상 큰 의미가 없었다고 볼 수 있다.

김대중 정부 출범과 함께 의보통합 논의는 새로운 국면으로 전개된다. 1998년 2월 6일 사회협약기구인 노사정위원회에서 '경제위기 극복을 위한 사회협약'을 발표하면서 55항에서 "의료보험의 통합·일원화 및 적용확대를 위하여 1998년 중 관계법령의 개정을 추진한다"라고 명시함으로써 국민의 정부는 통합을 위한 새로운 돌파구 마련에 나섰다.

1998년 3월 23일에 보건복지부 산하에 '의료보험통합추진기획단'이 설치되었으며 「통합의료보험법」 준비작업에 돌입했다. 기획단장은 송자 명지대 총장이 맡았으며, 1998년 정기국회에 의료보험통합법안을 제출하는 것을 목표로 작업에 착수했다. 기획단은 작업을 서둘러 종래의 의료보험이 아닌 '국민건강보험'으로 명칭을 바꾸는 내용의 「국민건강보험법」을 1998년 8월 8일에 입법예고했다.

이어 1998년 12월 3일 보건복지부가 국민건강보험법안을 국회에 상정했고, 여야의 논란 끝에 여야 안을 통합하여 보건복지위 단일안을 만들어 1999년 1월 6일 국회를 통과했으며, 2000년 1월 1일자로 의료보험을 완전통합한다는 내용의 「국민건강보험법」이 1999년 2월 8일에 공포되어 시행에 들어갔다. 법대로 2000년 1월 1일에 통합이 이뤄지지는 못했지만, 6개월 늦춘 2000년 7월 1일 국민의료보험공단과 직장조합 139개가 통합되며 국민건강보험공단이 출범했다. 다만 당시 재정통합은 2003년 7월에야 이뤄졌다. 명실공히 건강보험의 통합이 이뤄진 것이다.

물론 진통도 없지 않았다. 2001년 새해 벽두부터 건강보험 재정이 파탄 지경에 이르렀다는 언론보도가 이어졌고, 결국 감사원의 특별감사에 이어 국회 국정감사에서 책임추궁이 이어졌다. 건강보험 통합과 동시에 의약분업을 실시하면서 이를 달성하기 위해 의사들이 요구한 의료수가(醫療酬價)를 대폭 인상한 것이 그 주범이었다는 게 당시 정책책임자들의 설명이다. 그 후, 재정개혁에 대한 논의는 학계나 정가의 단골메뉴로 등장한다.

고용보험의 전국민화

외환위기를 기회로 '초스피드'로 발전한 고용보험은 이후 경제·사회환경의 변화에 걸맞은 내실화에 중점이 두어졌다. 비정규직이나 일용직근로자는 물론 근로자이면서도 사업주인 영세자영업자들에 이르기까지 사회보험의 사각지대가 많았다. 특히, 고용보험은 그러한 사각지대를 보완하는 대표적인 사회보험이다.

고용보험은 2004년 고용형태 측면에서 보험 적용을 대폭 확대하였다. 종전에는 1개월 미만 임금근로자에게 고용안정사업 및 직업능력 개발사업만 적용했으나 2004년부터는 이들에게도 실업급여를 적용토록 확대했다. 2006년부터는 영세자영업자 대책의 일환으로 자영업자에 대해서도 고용보험 임의가입을 허용했다.

또 2012년부터는 자영업자도 고용보험의 구직급여 혜택을 받을 수 있도록 허용했다. 그뿐 아니라 사회환경의 변화에 따라 고용보험의 대상사업도 넓혀 모성보호나 출산장려, 노령시대에 적합한 급여 제공 등 사회보험 사각지대의 해소를 위한 노력을 기울였다. 특히, 2012년 2월 시범사업을 거쳐 2012년 7월부터 전국적으로 시행된 '두루누리 사회보험료 지원사업'은 주목해볼 만한 사업이다. 근로자 10인 미만 사업장의 저임금근로자를 대상으로 고용보험과 국민연금 일부를 지원함으로써 사회보험료 미납 문제를 다소나마 해소하겠다는 방안으로 만들어진 사업이다. 여기서 월평균 급여가 190만 원 미만인 근로자 및 해당 사업주에게 사회보험료를 각각 최대 90%까지 지원해 준다.

기초연금제 도입

김대중 정부 시절인 1998년 12월 31일에 개정된 「국민연금법」은 농어촌지역 적용확대와 함께 5년마다 재정계산을 하도록 명시한다. 재정상태를 5년마다 한 번씩 재점검하고 개선방안을 찾자는 의미였다. 그 조항이 처음으로 적용되는 해는 2003년이었다. 정부는 재정계산을 위해 2002년 3월 19일 보건복지부 장관 자문기구로 '국민연금발전위원회'를 설치하여 국민연금의 장기 재정추계 및 재정안정화 방안을 비롯해, 연금제도 사각지대 해소 방안, 급여구조 개선 등 3개 주제를 검토하도록 했다.

보건복지부는 이 위원회의 검토 결과를 토대로 공청회 등을 거쳐 2003년 8월 19일 「국민연금법」 개정안을 입법예고하고, 법정 시한인 10월 말에 재정안정화 방안이 포함된 「국민연금법」 개정안을 국회에 제출했다. 내용은 보험료 인상과 급여수준 삭감이었다. 그러니 쉽게 통과될 리가 없었다. 당시 야당이던 한나라

당도 기초연금제 도입을 적극 주장함으로써 당장 결실은 없었지만 논의에 시동을 건 셈이었다.

결국, 2004년 6월 16대 국회의 임기 만료로 계류 중인 법안은 자동 폐기되는 수순을 밟는다. 이후 17대 국회에서는 정부는 물론 여당인 열린우리당과 야당인 한나라당이 각각 「국민연금법」 개정안을 제출하고, 국회는 '국민연금제도개선특별위원회'를 구성해 논의했으나 합의에는 이르지 못했다.

그러던 차에 2006년 2월 유시민 보건복지부 장관이 새로 부임하고 나서 그해 6월 2일 국민연금 신개혁안을 국회에 제출한다. 신개혁안은 국민연금의 소득대체율을 2028년까지 단계적으로 40%로 낮추고, 보험료율은 2017년까지 단계적으로 인상하기로 하는 내용이었다.

그런데 신개혁안에는 '기초노령연금 도입'이 포함되었다. 국회는 2007년 4월 2일 본회의를 열어 정부와 여당이 제시한 수급률 60%의 '기초노령연금법안'을 통과시켰다. 2007년 6월 29일 국회 보건복지위원회를 통과한 「기초노령연금법」은 급여의 포괄 범위를 65세 이상 노인의 70%로 확대한다는 내용을 포함했다. 이 개정안이 「국민연금법」 개정안과 함께 2007년 7월 3일 국회 본회의를 통과함으로써 2차 연금개혁 과정이 마무리된다. 「기초노령연금법」은 2008년 7월부터 65세 이상 노인의 60%가 국민연금 평균소득액(A값) 5%의 정액급여를 받되, 2009년 1월부터 70%가 받도록 부칙에 명시했다. 또 급여액은 5%에서 2028년까지 10%로 단계적으로 조정된다고 규정했다.

그런데 2008년 7월 기초노령연금이 지급되기 이전인 2007년 하반기 대통령 선거운동 기간에 한나라당과 이명박 후보는 기초노령연금과 국민연금을 통합해 기초연금과 소득비례연금으로 이원화하겠다는 공약을 제시했다. 2002년 대선 때 이회창 후보가 제시했던 공약을 반복한 것이다. 그러나 대통령 당선 이후 100대 국정과제에 65세 이상 노인에게 20만 원을 지급하는 기초연금제도 시행을 포함했으나 적극적으로 나서지 않아 결국 다음 정권으로 미뤄지는 결과를 가져온다.

2012년에 치러진 대선 역시 노인복지를 중심으로 하는 기초연금제의 도입이 큰 이슈로 등장했다. 하루가 다르게 고령화인구가 급증하면서 그 위력은 갈수록 커질 수밖에 없었다. 박근혜 후보는 2012년 대선에서 "기초연금과 국민연금을 통합하고, 모든 노인에게 A값의 10%(20만 원)를 지급하겠다"고 공약했다. 당선 후 이러한 공약 이행을 둘러싸고 진영 보건복지부 장관이 사퇴하고 박근혜 대통령이 기초연금공약 후퇴를 사과하는 우여곡절을 겪지만, 2014년 5월 2일 그해 6월의 지방선거를 앞두고 야당과 시민단체의 반발에도 「기초연금법」이 통과되어 2014년 7월부터 시행되었다.

국회를 통과한 「기초연금법」의 주요내용은 다음과 같다.

- 수급자의 범위는 기초노령연금과 마찬가지로 소득하위 70%로 제한된다.
- 국민연금수급자는 국민연금 균등부문 급여의 2/3에 해당하는 급여를 기초연금완액 급여에서 삭감하고 지급한다.
- 국민연금수급자인 기초연금 수급자는 국민연금 급여산식 균등(A) 부문에서 발생된 급여가 기초연금완액의 상한을 넘더라도 최저보증급여에 해당하는 부가급여를 통하여 기초연금완액의 절반은 받는다.
- 기초연금은 기초노령연금이 국민연금평균소득 상승률에 연동하던 것과 달리 물가에 연동하여 지급된다.
- 재원은 기초노령연금과 마찬가지로 국고와 지방자치단체가 분담한다.

기초연금은 2014년 7월 25일 최초로 지급되면서 노령화 시대의 새로운 족적을 남겼다.

제4차 국민연금 재정계산과 제도개선 방안 [50]

기초연금의 도입이 다층연금제도의 초석을 마련했다는 점에서 의미가 크지만 국민연금제도의 근본적 개편 또한 매우 시급한 과제가 아닐 수 없다. 그런데도 발전을 위한 발걸음은 더디기만 한 것이 현실이다.

국민연금제도의 가장 큰 근본과제는 재정고갈 문제다. 처음부터 '저부담·고급여' 구조였던 데다 생각보다 빠른 인구노령화 등으로 국민연금의 재정안정 문제가 초미의 과제로 떠오른 것이다. 사실 국민연금의 도입은 처음부터 연금보험료율을 단계적으로 상향조정하기로 되어 있는 시나리오였다. 그런데 앞서 살펴본 대로 1998년 외환위기 이후인 김대중 정부시절 제1차 제도개혁이 이뤄진 이후 아직까지 소득의 9%인 보험료율은 올리지 못하고 그대로 유지하고 있다.

물론 「국민연금법」에 따라 5년마다 실시토록 돼있는 '재정추계'에 근거해 전문가 그룹으로 구성된 국민연금제도발전위원회가 개선안을 건의해왔지만 법률개정 과정에서 정당 간의 논란만 불러일으킬 뿐 제대로 된 개편은 진전을 보지못했다. 정치권이 어느 정권을 막론하고 국민들의 부담증가를 수반하는 연금보험료율 인상을 꺼려온 탓이다.

문재인 정부도 예외일 수 없다. 지난 2018년 12월 24일에 열린 국무회의에서 '제 4차 국민연금 종합운영계획안'을 의결해 국회에 제출했지만 이 역시 어떤 결과를 가져올지 불 보듯 뻔하다. 정당 간 뜨거운 논쟁만 하다 유야무야되는 것 아니냐는 우려를 갖게 하는 것이다. 그동안 추진된 국민연금제도 개편 과정이 이를 뒷받침해 준다. 지난 1998년 제1차 제도개혁 이후에 이뤄진 세 차례의 재정계산과 이를 근거로 한 제도개선 방안이 국회에 제출됐지만 근본적 개혁은 이뤄지지 못했다. 그동안 이루어진 재정계산과 제도개혁 내용을 요약해 보면 〈표 1-3〉과 같다.

---

50 자세한 내용은 보건복지부가 지난 2018년 12월 24일 발표한 '제4차 국민연금 재정계산을 바탕으로 한 국민연금 종합운영계획'을 참조하기 바란다.

표 1-3 국민연금제도 개혁 및 재정계산 추진 경과

구분	내용
1998년 제1차 제도개혁	• 소득대체율 인하: 70% → 60% • 연금 수급연령 상향조정: 60세 → 2013년 61세 → 2033년 65세
2003년 제1차 재정계산	• 당시의 보험료율(9%)과 급여수준(60%) 유지 시 2036년에 수지적자 발생, 2047년까지 기금 보유 • 재정안정화 방안으로 3개 안 제시: ① 급여율 60%, 보험료율 19.85% ② 급여율 50%, 보험료율 15.85% ③ 급여율 40%, 보험료율 11.85%
2007년 제2차 제도개혁	• 소득대체율 인하(60 → 40%)를 주요내용으로 하는 「국민연금법」개정(2007. 7) *소득대체율은 2008년 60 → 50%로 인하, 이후 매년 0.5%p씩 인하하여 2028년에 40%에 도달 • 기초노령연금 제도 도입
2008년 제2차 재정계산	• 2007년 제도개혁으로 2044년에 수지적자 발생, 기금보유 시기는 2047년 → 2060년 13년 연장 • 추가적 재정안정화는 제3차 재정계산 시 검토키로 결정
2013년 제3차 재정계산	• 2차 추계와 유사하게 2044년에 수지적자 발생, 기금소진 시기는 2060년 • 재정안정화 방안으로 2개 안 제시: 1안-부분적립방식을 장기적으로 유지하되 보험료율 상향, 2안-부과방식으로 연착륙 및 대안적 재정안정화 방안 모색

출처: 보건복지부 보도자료, 2018. 12. 24, '제4차 국민연금 재정계산을 바탕으로 한 국민연금 종합 운영계획', 1쪽.

    2018년은 5년마다 재정계산을 새로 실시하는 제4차 재정계산의 해였다. 보건복지부는 2017년 7월부터 전문성과 대표성을 갖춘 인사들로 '국민연금추계위원회', '국민연금제도발전위원회', '국민연금기금운용발전위원회'를 구성하고 재정계산 및 제도발전 방안을 연구해왔다. 또 2018년 8월 17일 공청회를 개최하고, 그 결과를 발표한 바 있다. 보건복지부는 공청회 논의 결과를 반영해 '국민연금제도 개선안'을 만들었고, 이 안을 2018년 11월 7일 문재인 대통령에게 보고하고 법률개정을 위한 자료로 국회에 제출할 예정이었다.

    그러나 11월 7일 보고를 받은 문 대통령은 복지부의 개편안에 대해 '퇴짜'를 놓았다. 가장 중요한 이유는 연금보험료 인상이다. 문 대통령은 "국민연금 인상 부분이 국민 눈높이에 가장 맞지 않다"고 지적하면서, "국민의견이 더 폭넓고 충실히 반영되도록 수정 · 보완해야 한다"고 지시한 것이다.

당시 초안은 공식발표된 것은 없지만 1안은 "문재인 대통령 대선공약을 적극 반영해 소득대체율을 현행 45%에서 장차 50%까지 끌어올리고, 보험료율도 현행 소득의 9%에서 13%로 올리겠다"는 내용이며, 2안은 "보험료율을 9%에서 12%로 올리되 소득대체율은 지금처럼 45%를 유지하겠다"는 것이다. 3안은 "보험료율을 9%에서 15%로 대폭 올리고 소득대체율도 45%에서 40%로 낮추겠다"는 내용이었던 것으로 알려져 있다. 말하자면 모든 안에서 보험료율 인상을 제시하고 있었다. 문 대통령은 이 점이 불편했고, 정치적 부담까지 고려해 수정을 지시한 것이다.

결국 정부는 내용을 수정해 2018년 12월 24일 국무회의에서 4가지 정책대안을 담은 '국민연금 종합운영계획안'을 의결하고 대통령 재가를 받아 국회에 제출했다. 그 4가지 방안은 •현행유지 방안 •기초연금 강화방안 •노후소득보장 강화방안 ① •노후소득보장 강화방안 ② 등이다.

제1안인 현행유지 방안은 소득대체율을 2028년까지 40%로 인하하고, 보험료율도 현행 9%로 유지하는 것이다. 제2안인 기초연금 강화방안은 소득대체율을 40%로 인하하고, 보험료율은 9%로 유지하되 기초연금을 2022년 이후 40만 원으로 인상하여 기초연금을 강화하는 내용이다. 제3안인 노후소득보장 강화방안 ①은 소득대체율을 2021년 45%로 올리고, 2031년부터 보험료율을 12%까지 인상하는 내용이다. 2021년부터 5년마다 1%p씩 올리겠다는 것이다. 마지막 제4안인 노후소득보장 강화방안 ②는 소득대체율을 2021년 50%까지 올리고, 2036년까지 보험료율을 13%까지 올리는 것이다. 역시 2021년부터 5년마다 1%p씩 인상한다는 것이다. 처음 복지부가 마련했던 안보다 보험료율 인상폭이 낮아지고, 기초연금 인상이 추가된 셈이다. 한편 재정계산 결과를 보면 제3차 추계(2013년)에서 국민연금수지적자 시기가 2044년, 그리고 기금소진 시점은 2060년으로 각각 예측됐는데 이번 제4차 추계(2018년)에서는 그 시점이 앞당겨져 수지적자는 2042년, 기금소진은 2057년으로 앞당겨진 것으로 나타났다.

국회는 정부가 내놓은 4가지 안을 검토해 「국민연금법」을 개정하게 되는데 전례에 비춰보면 쉽지 않을 것임은 분명하다. 국민연금에 대한 국민의 관심이 워낙 큰 데다 경영계와 노동계 등 이해당사자마다 각기 다른 의견을 내놓고 있을 뿐만 아니라 여야 정당 간 의견도 상충되는 과제들이 많기 때문이다.

우리나라 사회안전망의 핵심인 국민연금 개혁은 험한 길을 재촉하는 나그네의 초조함에 다름 아닌 듯하다.

노인장기요양보험 도입: 5대 사회보험 구축

사회보장 관련 교과서를 보면 '5대 사회보험'이란 용어가 나온다. 우리가 흔히 말하는 국민연금, 건강보험, 고용보험, 산재보험 등은 4대 사회보험이라고 한다. 여기에 '장기요양보험'을 더해 5대 사회보험이라고 부른다. 갈수록 늘어나는 노인문제에 대처하려는 방안의 하나로 만들어진 것이 장기요양보험이다. '제5의 사회보험'이라고도 불리는 장기요양보험은 독일과 일본에서부터 만들어진 것으로, 일본에서는 개호(介護) 보험이라 부른다.

원래 노인환자는 건강보험 대상이 맞지만 인구의 노령화로 인해 그 수가 크게 증가하여 건강보험 재정에 심각한 부담을 주게 되었다. 이에 따라 노인환자 중 장기요양을 필요로 하는 사람을 병원이 아니라 자신의 집이나 요양시설에서 보호하고, 그 비용을 사회보험 방식으로 조달하는 것이 장기요양보험이다.

보건복지부는 2006년 2월 7일 '노인수발보험'이라는 이름으로 국무회의를 통과하여 2006년 2월 15일 국회에 이를 제출했으나, 심의에 1년 2개월이 걸렸다. 결국, 2007년 4월 2일 「노인장기요양보험법」이란 이름으로 국회에서 의결돼 2008년 7월부터 시행에 들어갔다.

주요내용을 간추려보면 다음과 같다.

- 가입대상은 모든 건강보험 가입자이고, 급여 수급대상자는 65세 이상 노인 또는 65세 미만이라도 노인성 질환으로 6개월 이상 혼자 일상생활을 유지하기 어려운 사람으로, 장기요양등급판정위원회의 등급 판정을 받아 장기요양 인정을 받은 사람이다.

- 장기요양급여는 시설급여와 재가급여로 구분된다.
- 현금급여로 가족요양비, 특례요양비, 요양병원간병비가 있다.
- 보험제도의 관리는 국민건강보험공단이 하며 보험료는 건강보험료와 통합 징수하되 각각은 독립된 회계로 한다.
- 보험료율은 국민건강보험료율의 4.05%로 하며 재정은 보험료와 국고지원 (보험료 예상 수입의 20%), 그리고 본인부담금으로 한다. [51]

특히, 최근 들어 치매노인 수가 크게 늘고 있는 점을 감안하여 치매노인에 대한 요양급여의 확대 필요성이 제기되었다. 요양급여 대상인 장기요양 인정 판정 등급을 하향조정하여, 치매환자에 대한 요양급여를 대폭 확충하고 있다.

노인장기요양보험제도의 도입으로 우리나라의 사회보험제도는 형식상 완전한 형태를 갖춘 셈이다. 하지만 사회보험제도가 제대로 운용되고 있는지는 좀더 살펴볼 필요가 있다.

영원한 숙제라 할 수 있는 보험가입 사각지대가 아직도 크고, 소득파악이 객관적으로 이뤄지지 못하는 현실에서 보험료 부담의 형평성에 대한 이의 제기가 많은 것 또한 현실이다. 제도는 갖췄지만 실질적 내용을 채우는 데는 좀더 오랜 세월이 필요할 듯싶다. 선진국이 100~200년에 걸쳐 이뤄낸 사회복지제도를 50~60년의 기간 동안에 압축해 도입한 것만으로도 그 의미는 작지 않다고 본다. 이제부터 내실화를 다져나가야 할 때다.

---

51 국민복지70년사편찬위원회, 2015, 《국민복지70년사: 사회복지 편》, 254쪽.

아직도 갈 길은 멀다

건강보험: 저출산·고령화사회 대비[52]

건강보험제도는 2017년으로 출범 40년이 됐다. 우리나라는 세계에서 유례를 찾기 힘들 정도로 이른 시일 내에 성공적으로 전 국민 의료보험을 정착시킨 나라로 꼽힌다. 특히, 그동안 쌓아온 의료보장사업에서 이제는 건강보장으로 진화하는 단계를 맞고 있다. 건강검진제도를 통해 사전적이고 예방적인 의료서비스를 받도록 하는 것이다. 더구나 지난 2008년 7월부터 시행된 장기요양서비스의 정착과 발전은 우리 건강보험제도를 한 단계 상승시키는 계기로 작용했다.

그렇다고 해서 이제 모든 것이 완성됐다고 말하기는 어렵다. 우리 앞에 놓인 국내외 환경변화는 건강보험에 대한 새로운 도전을 강요하기 때문이다. 무엇보다도 상상하기 어려울 정도로 빨리 진행되고 있는 저출산·고령화 현상은 국민건강보험과 노인장기요양보험제도의 재정적 근간을 흔들 수 있는 위험요인으로 작용하고 있다.

물론 저출산·고령화는 국민연금을 비롯한 모든 사회보험에 위협적인 존재지만, 특히 국민건강보험과 노인장기요양보험에는 더 큰 영향력을 행사하는 현상이다. 저출산·고령화로 수혜인구가 급증하는 반면, 보험료 납부인구는 줄어들면 보험 재정을 안정적으로 운영하는 데 많은 어려움이 가중될 것이다.

이에 대처하는 방안으로 크게 다섯 가지 정도를 정리해 볼 수 있다.

첫째는 무엇보다도 근본적인 해결책으로서 저출산을 극복하는 것이다. 저출산 극복은 생산가능인구 비율을 높임으로써 노인인구 부양 비율을 감소시키고, 아울러 보험료 납부인구 증가와 수혜인구 감소를 가져올 것이다. 그런 점에서 가장 바람직하고 효율성이 높은 대책이다.

---

52 이 부분은 보건복지부가 2017년 7월에 발간한 《국민건강보험 40년사》《통사편》, '건강보험의 주요 성과와 과제', 235~279쪽)에서 발췌해 정리한 내용이다.

둘째는 건강수명 연장이다. 2015년 현재 우리의 건강수명은 73세이고, 기대수명은 82세이다. 즉, 우리나라 사람은 평균 약 9년 동안 건강하지 못한 상태로 노년을 보내는 셈이다. 건강수명을 높이기 위해서는 현재의 예방·건강증진사업을 너욱 확대하고 강화할 필요가 있다.

세 번째 대안은 새로운 재정확충 방안을 마련하는 것이다. 현재 국민건강보험과 노인장기요양보험의 재원은 보험료와 정부 지원금, 그리고 담뱃세로 구성되어 있지만 앞으로 이것으로는 충분치 못할 것이다. 그렇다고 보험료 인상으로 대처하는 데도 한계가 있다. 따라서 건강에 부정적 영향을 주는 담배에 부여하는 부담금 이외에 주류 부담금 등 건강을 위한 부담금을 신설하는 것도 한 방안이다.

네 번째는 형평적 부과체계를 이른 시일 내에 완성하는 것이다. 지역가입자와 직장가입자 간의 상이한 부과체계는 보험료 부과징수에 대한 국민적 불만과 저항의 대상이 되어, 한 해에도 수많은 민원이 발생한다. 소득중심의 합리적 부과체계 개선은 장기적으로 보험료 수입을 어느 정도 안정시킬 수 있을 것이다.

다섯째로, 현재 양출제입(量出制入)의 1년 단위 단기보험으로 운영되는 건강보험의 재정운용 방식이 갖는 한계를 보완하는 방안을 강구해야 한다. 즉, 저출산·고령화로 주 부담층과 주 수혜세대 사이에는 20~30년의 차이가 있다. 따라서 미래의 과도한 재정부담을 미리 적립하는 방식을 검토할 필요가 있다. 예컨대 현세대가 20~30년 후 수혜세대가 되었을 때 사용할 수 있도록 국민건강보험과 노인장기요양보험의 재정 일부를 지금부터 적립해가는 방식 등이 있을 것이다.

건강보험과 관련해 시급히 해결해야 할 또 다른 과제는 보장성 강화를 통한 국민의료비 부담 해소 문제다. 사회보험방식으로 건강보험을 운영하는 대표적인 나라의 보험료율은 조금씩 차이가 나지만 2015년 기준으로 독일은 14.6%, 프랑스는 13.9%, 일본과 대만은 각각 9.5%와 8.8%인 데 비해 우리나라의 보험료율은 6.12%로 가장 낮다. 이는 뒤집어 말하면 저부담-저급여 체계로 다른 나라보다 '비급여' 부분이 많다는 것과 다를 바 없다. 결국, 비급여가 많다는 것은 환자 본인부담이 높아지고 국민의료비 부담 과중을 초래함을 의미한다.

따라서 비급여 관리 및 해소는 국민의료비 부담 해소로 이어진다. 이를 위해서는 대략 일곱 가지의 방안을 생각해 볼 수 있다.

첫째, 적정부담-적정급여로의 전환이다. 지극히 당연한 해법이다. 보험료율을 다른 나라 수준으로 올리는 것이다. 둘째, 비급여 진료비용을 공개하는 것이다. 의료기관별 비급여 진료비를 공개함으로써 진료비를 효과적으로 관리할 수 있다. 셋째, 비급여 진료의 표준화·코드화를 추진하는 것이다. 이를 통해 의료기관별 비급여 항목의 가격과 빈도를 관리할 수 있다. 넷째, '비급여 진료 유형별 분류'가 필수적이다. 비급여 진료비의 발생 유형과 체계적인 관리가 이뤄져야 한다. 다섯째, 비급여 항목 가운데 급여화 가능 항목의 급여화를 진행하는 동시에 급여, 심사기준 정비가 필요하다. 여섯째, 현재의 지불제도인 행위별수가제를 포괄수가제 내지 병원수가제로 전환하는 방안에 대해 검토할 필요가 있다. 일곱째, 비급여 축소 방안의 하나로 선별 급여제도 적용대상을 확대하는 것이다. 선별 급여제도는 지금까지 비용 효과성이 낮아 100% 본인부담으로 제공되던 비급여 항목 중 치료가 필요한 항목을 선별하여 본인부담률을 50%나 80%로 낮춰 적용하는 제도이다.

이런 여러 가지 방안을 보완하면서 비급여를 줄이고 국민의료비 부담을 경감해 나가는 것이 매우 중요한 과제다.

건강보험을 통해 질병 치료비용을 경감하는 것도 중요하지만 건강수명 향상을 통해 의료비를 절감하는 것도 건강보험제도의 효율적인 운용 방안 가운데 하나로 꼽힌다. 건강검진사업을 통해 건강수명을 늘리면 그만큼 의료비 지출도 줄어든다. 따라서 건강검진사업을 더욱 효과적으로 추진하는 방안을 강구하고 실효성을 높여야 할 것이다. 아울러 만성질환 관리 대책도 개선해가야 한다. 만성질환자의 경우, 종합병원이나 상급병원보다는 1차 의료기관을 이용하는 것이 바람직하다. 아울러 만성질환으로 굳어지기 전에 예방하고 관리하는 시스템을 갖추고, 중앙정부와 지방자치단체가 각각 수행하는 만성질환자 관리를 통합해 새로운 서비스 모델을 구축하는 것이 필요하다.

국민연금: 가입과 수급의 사각지대 해소[53]

국민연금은 1988년 1월 제도시행 후 1999년 4월 도시지역 확대적용까지, 불과 10여 년 만에 진 국민 연금시대를 열었다. 우리나라의 경제가 '압축성장' 했다면 국민연금은 '폭풍성장' 했다고 할 만하다. 그러나 이러한 급속성장의 결과, 내실부족 등 많은 문제점을 안고 있다. 현재 국민연금의 문제점과 발전 과제 등을 요약해 보기로 한다.

국민연금이 당면한 가장 큰 과제는 연금 가입과 수급 측면에서 사각지대가 크다는 점이다. 우선 가입 측면에서 살펴보면, 2016년 말 현재 국민연금 가입대상 연령인 18~59세 경제활동인구 중 공적연금 가입자 비중은 90.1%에 달해 선진국 수준이다. 그러나 가입대상자 중에서 보험료를 내는 납부자 비중은 64.8%로 가입자 비중과는 큰 차이가 난다. 경제활동인구가 아니라 18~59세 총인구를 기준으로 보면 가입자 비율은 71.1%(국민연금 65.6%, 기타 공적연금 5.5%)이고, 보험료납부자는 49.76%에 불과하다. 다시 말해 18~59세 총인구의 절반 정도가 공적연금 적용의 실질적 사각지대에 있다는 얘기다. 따라서 앞으로 더 많은 국민이 공적연금 수급자가 되려면 국민연금의 적용률과 보험료납부율이 더 높아져야 한다.

다음으로 국민연금 수급 측면에서의 사각지대 실태를 보자. 2016년 말 현재 65세 이상 인구 중 국민연금 수급자 비중은 38.09%이며 공무원연금이나 사학연금 등 기타 공적연금까지를 포함해도 그 비중이 40%를 넘지 않는다. 나머지 60%의 고령자는 사회보험 방식의 공적연금 수급에서 제외된 것이다. 그뿐 아니라 수급자에게 지급되는 급여액도 늘어나고는 있지만 아직은 너무 낮은 수준이다. '용돈연금'이라는 얘기가 나오는 이유이기도 하다. 2016년 말 기준으로 전체 월평균 급여액은 35만 원[54]을 약간 상회하는 수준이다. 연금급여의 적절성

---

53 이 부문은 국민연금사편찬위원회가 2015년 4월에 발간한 《실록 국민의 연금》, 제 5장 '국민연금제도의 발전과제'(408~462쪽)에서 발췌, 보완한 내용이다.

54 "2016년 말 현재 전체 월평균 급여액은 352,590원", 국민연금연구원, 2016, 《2016 국민연금 생생통계: FACTS BOOK》.

을 따져보는 지표 중 하나인 소득대체율을 보면 40년 가입 평균소득자를 기준으로 40%에 불과하다.

앞으로 국민연금 수급자의 급여수준을 높이기 위해서는 보험료납부율 제고를 통한 가입기간 연장이 필요하다. 아울러 적정 소득신고를 유도함으로써 급여 산정 기초소득의 향상도 뒤따라야 한다. 이를 위해 무엇보다도 먼저 관계부처 간 절대적 협력 등을 통해 소득파악 노력을 배가해가야 할 것이다.

우리나라의 저출산·고령화는 세계의 유례를 찾아볼 수 없을 만큼 급속도로 진행되고 있다. 이런 환경은 국민연금의 사각지대 해소에도 악영향을 미칠 가능성이 크다. 우리나라의 생산가능인구(15~64세 인구)는 2016년 정점을 찍은 후 2065년까지 계속해서 감소할 것으로 예측됐다. 이러한 생산가능인구의 감소 현상은 국민연금 가입자가 감소한다는 의미와 같다. 가입자 감소는 재정악화로 이어지고 제도에 대한 불신을 초래할 가능성도 있다는 점을 염두에 두고 대책을 마련해 나가야 한다.

국민연금이 안고 있는 두 번째 과제는 국민연금과 기초연금과의 관계를 어떻게 정립할 것인가의 문제다. 국민을 대상으로 하는 공적연금을 재원 형태를 기준으로 분류하면 사회보험형과 조세형으로 대별된다.

우리나라는 사회보험형인 국민연금을 먼저 시행했지만, 광범위한 사각지대가 발생하자 이를 메우기 위한 대책으로 여러 가지 조세형 연금을 도입했다. 예컨대 노령수당, 경로수당, 기초노령연금, 기초연금 등이 있다. 이름은 달라도 모두 국민연금 사각지대 해소를 위한 보완책으로 시행된 것들이다. 문제는 이러한 조세형 연금이 국민연금의 균등부분(A값)과 기능이 유사해 중복 가능성이 있다는 점이다.

이를 해소하는 방법으로 3가지 방안을 생각해 볼 수 있다.

첫 번째 방안은 국민연금의 균등부분(A값)을 소득비례부분(B값)과 분리하여 이를 기초연금으로 일원화하고, 국민연금은 소득비례연금으로 개편하는 것이다. 기초연금은 노인빈곤 해소 또는 완화에 중요한 역할을 담당하고, 소득비례연금은 노후생활의 안정적 보장에 초점을 둔다면, 제도 간 역할분담이 명확해진다고 할 수 있다.

두 번째 방안은 균등부분과 소득비례부분으로 구성된 현행 국민연금을 그대로 유지하고, 기초연금의 역할과 기능만 재조정하는 것이다. 국민연금 내실화를 기하되 기초연금은 그 역할을 축소하여 국민연금을 보완하는 제도로 자리매김하는 것이다.

세 번째 방안은 제3의 길이다. 국민연금과 기초연금 사이의 관계를 깔끔하게 정리하는 것이다. 즉, 이원화 구조를 실현하는 것이다. 그런데 이를 정리하려고 애를 쓰면 쓸수록 기초연금 규모만 비대해질 가능성이 크다는 점이 문제이다. 왜냐하면 정당이나 정치인이 기초연금 급여수준 인상과 대상자 폭을 점차 확대하려는 보편주의적 유혹에서 벗어나기 쉽지 않기 때문이다.

따라서 연금의 근본적 개혁을 위한 첫 번째 과제는 정당정치가 잘 이뤄져야 한다는 것이다.

두 번째 과제는 신뢰할 수 있는 자료의 생성과 공개를 바탕으로 연금개혁을 추진해야 하며 사회적 합의를 거치는 과정에 다양한 주체가 참여해야 한다는 점이다. 정부는 국민에게 개혁의 필요성을 설득해야 하는데, 특히 인구 고령화 문제 및 연금제도에 대한 불신과 오해를 해소하고 국민의 이해를 높이는 노력이 무엇보다 절실하다.

세 번째 과제는 가장 중요한 것으로 재정안정화 문제다. 현재 국민연금의 재정상태는 부과방식 연금을 운영하는 다른 선진국에 비해 상당히 좋은 편이다. 우리나라는 급여 삭감과 보험료율 인상, 그리고 수급연령 조정 등 제도개혁을 추진한 바 있다. 이러한 공적연금제도 개혁은 세계적으로도 매우 이례적이다. 특히, 연금급여를 줄여가는 방식이 그렇다.

그럼에도 불구하고 재정불안은 여전하다. 가장 큰 이유는 상황변화에 따른 적정기여와 적정급여를 담보할 만한 기여와 급여의 균형체계가 마련되어 있지 않기 때문이다. 현재 보험료율에 비해 급여가 높고 고령화가 급속히 진행되어, 미래세대의 부담이 급속히 증가할 것은 불 보듯 뻔하다.

국민연금의 장기적 재정안정화를 위해서는 우선 보험료율과 급여수준을 어느 정도 균형에 이르도록 조정하거나 수급 개시연령을 조정하는 것이다. 이런 측면에서 국민연금을 축소하여 소득비례연금만으로 운영하고, 기초연금을 모든 국민에게 기초생활 보장이 되도록 깔아주는 방법은 오래전부터 거론되어 온 개선 방향 가운데 하나다.

현재 급여에 필요한 지출이 많지는 않다. 9%의 보험료율로도 충분히 유지할 수 있을 뿐만 아니라 적립금도 쌓이고 있다. 다만, 부과방식으로의 전환은 신중해야 한다. 인구구조에 취약하기 때문이다. 이런 관점에서 연금재정 안정화 대책으로 인구구조 변화를 꼽을 수 있다. 저출산은 경제활동인구의 감소로 연금수입 감소의 원인이 되고, 고령화는 연금급여 지출증가를 초래한다. 출산율을 높여 생산인구를 증가하는 것이 하나의 대책이 될 수 있다.

네 번째 중요과제로 짚어볼 문제는 다층 노후소득 보장체계의 구축을 통한 국민연금의 역할 재정립이다.

우리나라는 그간 개혁 노력으로 공적연금 지배형에서 공적연금 우위형으로 넘어간 것으로 보인다. 외형적으로는 다층화가 상당히 진행됐다. 공·사연금의 균형적 발전에 대한 대체적인 공감대도 형성되고 있다. 그러나 공·사연금의 어떤 제도든 내실이 미흡하다는 점이 풀어야 할 과제다.

공적연금과 사적연금은 기본적으로 상호보완 속에서 발전되어야 한다. 어느 하나가 모든 걸 대신할 수 없고 위험분산 차원에서도 어느 하나가 과도한 역할을 하는 것은 바람직하지 않다.

공적연금으로서 국민연금의 내실화는 발등의 불이다. 노인빈곤 완화와 사회연대 강화에 초점을 두고 개선해 나가야 한다. 특히, 비정규직 근로자 및 영세자영업자 등으로 구성된 사각지대를 조기에 완화하는 것이 급선무다.

아울러 사적연금의 활성화도 적극적으로 추진할 필요가 있다. 퇴직금제도를 포함한 기업연금은 정규직근로자 중심이다. 전체 근로자의 40%를 차지하는 비정규직근로자는 적용에서 제외된다. 기업연금의 점진적 의무화와 같은 촉진책을 조기에 마련해 시행해야 할 것이다.

개인연금의 경우도 생각해볼 점이 많다. 개인연금은 태생적으로 부담능력이 있는 계층이 세제혜택이라는 유인을 통해 가입할 수밖에 없는 제도다. 노후보장 강화를 위해서는 가능한 한 중·저소득 계층도 가입할 수 있는 유인 기제를 갖춘 제도로 재편할 필요가 있다.

다섯 번째로 생각해 볼 수 있는 과제는 기금운용에 관한 것이다. 기금을 어떻게 운용하느냐에 따라 미래의 운용 수익 및 그에 따른 미래세대의 보험료 부담이 크게 달라질 수 있기 때문이다. 더구나 인구 고령화가 지속되면서 국민연금의 수익률 제고는 중요한 재정안정화 기제로 작용하고, 국민경제의 투자재원으로서 미래 생산력과 고용을 향상하는 동력으로도 작용한다고 보면 그 의미는 무척 크다.

그러나 실제 이를 실현하는 방안은 그다지 명쾌할 수가 없다. 세계경제나 국내 경제상황에 따라 많이 달라지기 때문이다. 따라서 최소한 국민연금이 경제 및 금융시장에 미치는 영향을 최소화하고 효율적으로 운용하여 연금의 지속가능성을 최대한 확보하기 위해서는 장기 자산운용 전략을 마련해야 한다.

다만 분명하게 지적할 수 있는 것은 수익성과 안정성의 균형을 이루어야 한다는 점이다. 공적연금인 만큼 공공성을 무시할 수는 없다. 그렇다고 수익성을 무시해서도 안 된다.

마지막 중요과제는 제도관리의 효율화이다. 국민연금은 애초부터 보건복지부와 연금공단이 관리하고 있다. 보건복지부는 연금 관련 정책의 수립 및 전반적인 관리 감독을 맡는다. 연금공단은 가입자 관리, 연금지급, 기금관리 등의 실무적 차원의 업무를 수행한다. 그러나 보건복지부와 연금공단만으로 모든 어려움이 해소되리라는 것은 지나친 기대다.

국민연금의 내실화를 위해 먼저 정책부서인 보건복지부, 가입자 정보를 수집·관리하는 국세청 등 정부부처와 긴밀히 협조할 필요가 있다. 국민연금 조기 내실화를 위한 범국가적 계획을 수립하고 역량을 집중해야 한다. 아울러 고객 만족의 극대화를 위해 선진적 정보통신기술에 기초하여 가입자 및 수급자 관리의 현대화와 과학화를 지속해서 추구해야 한다. 마지막으로 실제 집행조직인 공단조직 체계를 효율적으로 개편할 필요가 있다. 국민의 욕구에 적합한 헌신된 서비스를 제공할 수 있는 인력과 조직을 갖추는 노력이 어느 때보다 절실하다.

국민연금의 내실화를 위해 무엇보다 중요한 것은 국민의 관심과 이해라고 볼 수 있다. 지난 40년 동안 발전한 국민연금을 이해하고 협력하면서 균형 잡힌 사회를 향한 노력에 동참하는 것이 필요하다.

고용보험: 사회·경제·노동구조 변화에 따른 비전 제시[55]

고용보험제도의 중장기적 비전과 개선은 전체 사회보장 틀 내에서 다른 제도와의 관계, 사회적 자원 배분 및 재원 조달 측면에서 고용보험에 요청되는 커다란 개선 방향에 기반을 두고 이루어질 필요가 있다. 비단 고용보험에 국한된 얘기는 아니지만, 특히 고용보험은 향후 장기적으로 변화할 경제구조와 노동시장구조, 삶의 패러다임 변화 등에 대한 적응능력도 고려해야 할 것이다.

우선, 현재 제기되는 제도개선 과제를 먼저 짚고 다음으로 경제구조와 노동시장구조 변화에 따른 고용보험제도의 발전비전을 다루고자 한다.

당면한 개선과제로 전체 실업자 사회안전망, 혹은 고용안전망의 완성도를 높이기 위해 실업급여와 국민기초생활보장제도 사이의 제2차 안전망으로서 취업성공 패키지와의 역할을 재정립하고 한국적 실업부조로 정착해 나가야 한다. 이를 위해 좁은 의미의 근로자만을 피보험자로 하고, 완전 실업자에게만 실업급여를 지급한다는 전통적인 패러다임을 넘어, 피보험자의 범위를 넓히고 급여 지급대상을 확대하는 방향으로 패러다임을 전환할 필요가 있다.

다음으로 고용안정사업이나 직업능력 개발사업, 모성보호사업의 경우, 피보험자뿐만 아니라 모든 국민을 대상으로 하는 적극적 노동시장정책 및 사회적 재생산을 지원하는 사업의 성격을 갖는다. 따라서 고용안정사업의 경우, 고용 보험사업과 일반회계를 통해 이루어지는 다양한 재정 지원 일자리 사업과의 통합적인 사업 추진을 위한 재원 조달 및 거버넌스 구축, 나아가 세부 사업의 재구조

---

55 이 내용은 고용노동부가 2016년 1월에 발간한 《고용보험 20년사》의 제11장 '지난 20년간 고용보험의 성과와 향후 발전 방향'(황순덕 한국노동연구원 고용보험평가센터 소장, 509~533쪽)에서 발췌한 것이다.

화가 필요하다. 직업능력 개발사업 역시 고용보험 가입 여부를 기준으로 재원이 달라지는 현행 체계로부터 고용 지위 및 재원과 무관하게 수요자의 욕구에 맞는 훈련을 유연하게 제공하는 사업으로 개선되도록 직업훈련 체계 전반을 재조정해야 한다. 모성보호급여 역시 고용보험의 틀을 넘어 보편성을 높이기 위해 일반회계, 고용보험, 건강보험 사이의 역할을 재정립해야 한다.

한편, 노동시장과 경제구조의 변화에 따른 개선과제도 많다. 무엇보다 전통적인 정규직과 비정규직의 구분을 넘어서는 특수형태업무 종사자나 프리랜서로 분류될 수 있는 새로운 일자리가 다양한 영역으로 확산되면서 노동시장의 구조가 변화하고 있다. 따라서 노동법적 측면에서 이들의 성격을 명확히 재규정하고 그에 맞는 보호 방안을 마련하는 것도 중요한 과제다. 아울러 사회적 보호의 필요성이란 관점에서 보호대상 근로자를 확대하는 것도 불가피하다.

인구구조의 변화에 따른 대응책으로, 생산가능인구에 해당하는 여성뿐만 아니라 경제활동 참여를 희망하는 65세 이상 노인에게도 생산적인 사회참여의 기회를 확대해야 한다. 또한 노동의 질을 높이기 위한 평생 학습 체계가 실질적으로 뒷받침돼야 한다.

경제와 노동시장구조의 변화에 대응하는 개선책도 중요하지만 고용보험제도가 지향해야 할 장기적 비전을 설정하는 것도 매우 중요하다. 한마디로 표현한다면 "노동시장 진입에서 은퇴까지, 노동생애 전 과정을 조정하는 제도로서의 고용보험 역할 확대"로 요약할 수 있다.

이를 위한 정책의 기본 방향은 첫 번째로 노동시장 지위 개선과 경제 전체의 효율성 향상을 동시에 달성할 수 있도록 고용보험이 개인의 노동시장 이행을 지원할 수 있게 제도를 재설계하는 것이다. 두 번째는 개인의 수요에 따라 지원이 이루어지도록 고용보험을 통한 지원방식을 재구조화하는 것이고, 세 번째는 고용보험제도와 다른 제도와의 연계를 강화할 수 있도록 거버넌스와 전달체계를 재정비하고 재원조달 구조도 재정립하는 것이다. 마지막으로, 고용보험제도 및 고용서비스의 장기적 발전비전을 뒷받침할 수 있도록 인프라를 확충해야 한다.

산재보험: 사회보장적 특성을 지닌 독립체계 구축[56]

우리나라에서 산재보험제도의 도입은 1964년 7월에 이루어졌다. 시기적으로 군사정권이라는 상황에서 도입되었으며, 사업주 연대방식에 의해 보험 재정 확보가 가능하다는 점에서 타 사회보험보다 우선하여 도입됐다. 사업주 연대에 따른 보험 재정 확보는 국가 부담을 그만큼 덜어 주는 기대효과를 만족시킬 수 있었다. 특히, 이러한 산재보험의 도입은 경제성장계획과 결부되어 사회·경제발전에 상당히 기여했다고 평가할 수 있다.

최근 들어 산재보험제도의 변화는 사회보장성 강화와 예방 활동의 사업 전개를 위한 제도 개편이 주를 이뤄왔다. 업무상 재해의 인정 기준 등 관련법 체계의 정비와 법정 재활급여의 도입, 특수형태 근로종사자의 특례적용제도 도입, 산업재해보상심의위원회의 기능 정비, 업무상 질병 관련 연구 등의 사업을 추가로 실시하기 시작했다. 시대적 환경 변화에 따른 제도 개선인 셈이다.

그러나 이제는 과거와 같은 「근로기준법」의 법적 테두리 안에서 산재보험제도의 사회적 역할을 이끌어내는 것은 한계점에 도달했다. 산재보험은 이제 과거의 법적 책임성 관계에서 벗어나, 사회보장적 특성을 수용하여 독립되고도 새로운 발전 체계를 구축할 필요가 절실해졌다.

다른 사회보험도 마찬가지지만 새로운 발전 방안을 탐색해야만 하는 이유는 많다. 우선, 역사적으로 발전 환경이 과거와는 판이해졌다. 특히, 저출산·고령화사회의 도래, 그리고 4차 산업혁명이라는 경제·사회의 변화로 산재보험의 제도적 진화와 사회보장적 발전 기반 구축이 무엇보다 시급해졌다.

우선 산재의 판단 기준이 되는 업무상 재해와 직업병에 대한 명확한 기준 설정이 필요하다. 업무상 질병에 대해서는 재해 근로자의 입증 책임을 완화하기 위한 노력이 필요하다. 특히, 질병 역학조사의 수행 과정에 근로자의 참여를 보장하고 결과 공개 등을 통해 공정성을 최대한 확보해야 한다.

---

56 이 내용은 근로복지공단 근로복지연구원이 2017년에 발간한 《산재보험제도 발전방안 연구》(제5장 '산재보험제도 발전의 분석 결과와 논제 탐색', 121~137쪽)에서 발췌하여 정리한 것이다.

다음으로 보험 적용의 확대 및 대상 부문 재조정 문제도 제기된다. 특히, 사회보장적 관점에서 산재보험의 적용확대를 어디까지 볼 것인가에 대한 기준 설정은 매우 중요하다. 또한 특수형태 근로종사자의 보험적용 확대를 위한 노무 제공 실태와 보험료 징수 및 관리 가능성 등에 대한 구체적인 기준 제시가 필요하다.

보험급여 체계는 현실 적합성이 무엇보다 중요하다. 특히, 보상과 요양의 적합한 치료 및 신속한 의료전달체계의 구축은 서둘러야 할 과제다. 아울러 산재보험에 있어서 재활사업은 최근 들어 가장 이슈가 되고 있는 사업 영역이다. 재활사업 추진의 실질적 사업 효과 제고를 위한 평가 체계의 구축과 활용, 그리고 효과적인 재활사업 운영을 위한 실천적 대안 마련이 절실하다.

2018년부터 출퇴근 재해가 도입됨으로써 재정지출 요인이 크게 늘어날 가능성이 높다. 재정 및 징수관리와 관련해 출퇴근 재해 도입에 따른 요율 개편 방안, 개별 실적 요율제도의 개편, 적립금과 연금 부채 등을 고려한 적정 적립금 규모의 검토 등도 소홀히 할 수 없는 과제다.

사회가 복잡해지고 변화가 큰 만큼 제도와 인식의 개선이 절실한 것은 산재보험제도라고 예외일 수는 없다. 산재보험제도 개선의 실천이념으로서 사회연대의 원리에 의한 사회보장성 강화 및 이를 실천하기 위한 집행기관의 공정성 확보가 절실하다.

그런 점에서 산재보험제도는 「근로기준법」에서 분리된 산재보험의 독자적인 발전 체계와 근로자 개념의 확대조정, 평균임금에 관한 정리와 일정부문 임금 적용 기준 마련에 따른 보험급여 방식의 재검토, 산재환자 돌봄 서비스의 발굴과 지원방안 마련 등이 필요한 개선과제로 지적되고 있다.

아울러 건강보험과 산재보험의 장기요양 및 간병급여 등에 대한 중복 보험금의 합리적인 정리, 그리고 사회보험 시스템의 통합 관리방안 마련을 위한 재설계, 보험 사각지대의 발굴과 지속적인 개선 노력 등도 주요 개선과제가 되고 있다.

노인장기요양보험: 수급자 중심의 질적 발전[57]

노인장기요양보험제도는 고령이나 노인성 질병 등의 사유로 일상생활을 혼자서 수행하기 어려운 대상자에게 신체활동과 가사활동 등의 서비스를 지원하는 제도로 2008년 도입됐다. 이전에는 저소득 계층 노인에게만 이 같은 서비스가 제공되었다면, 노인장기요양보험 도입 이후에는 소득수준과 관계없이 장기요양 서비스가 필요한 노인 전체로 그 대상이 확대되었다. 그 결과, 중산층 노인의 경우 경제적 부담이 적지 않았던 병원 입원비 문제가 상당부분 해소되었고, 가정에서 수발할 경우 발생했던 가족의 직장생활이나 사회활동 제약 등의 문제 역시 상당부분 해소되었다.

노인장기요양보험제도는 10년이 채 안 되는 동안 양적 성장이라는 측면에서는 큰 성과를 거두었지만, 질적 성장을 위한 과제도 적지 않다. 첫째, 지금까지 공급자 중심의 시각에서 노인장기요양보험제도를 설계해 왔다면 앞으로는 수급자 중심으로 시각을 전환할 필요가 있다. 둘째, 제도 도입 초기에는 조기에 장기요양 시설을 확충하는 것이 우선적 목표였지만 이제는 시설의 질적 수준을 높이기 위한 다양한 노력이 절실하다. 셋째, 장기요양 수급자 가운데는 장기요양 서비스뿐만 아니라 의료 서비스도 필요한 이가 많으므로, 이를 포함해야 할 필요가 있다. 넷째, 장기요양 서비스 개선을 위해 필요충분조건이라고 간주되는 요양보호사의 처우를 개선하고 직무교육 등을 강화할 필요가 있다. 다섯째, 급속한 저출산과 고령화의 영향을 반영한 중장기 장기요양 재정추계에 입각하여 노인장기요양보험 재정안정성 확보를 위한 대책을 강구해야 한다. 여섯째, 장기요양 수급자에 대한 장기요양 서비스 제공 중심에서 더 나아가 예방, 건강 증진을 포함할 필요가 있다. 일곱째, 국민건강보험과 노인장기요양보험의 상호협력 관계를 보다 강화해야 할 것이다. 노인장기요양보험과 국민건강보험은 별개의 영역이 아니라 서로 밀접하게 관련되어 있음에 유의해야 한다.

---

57 이 부분은 보건복지부가 2017년 7월에 펴낸 《국민건강보험 40년사》(《통사편》, '건강보험의 주요 성과와 과제', 274~276쪽)에서 발췌해 정리한 내용이다.

나가며

지금까지 '한국 사회보험 70년사'를 4대 사회보험 중심으로 간략하게나마 살펴보았다. 진쟁의 폐허를 딛고 경제발전을 이뤄오는 과정에서 지금과 같은 수준의 사회안전망을 구축한 것은 경제성장의 역사인 '한강의 기적' 못지않게 소중한 '복지제도 성취' 덕분일 것이다.

사람은 누구나 처음 태어나는 순간부터 사망하여 자연으로 돌아가는 순간까지 다양한 위험 속에서 살아간다. 그런데 이러한 위험은 혼자 힘으로 감당하기 어려운 경우가 대부분이다. 이런 위험을 극복하기 위해 탄생한 것이 사회보험이다. 이는 국가가 전면에 나서기도 하지만 민간 스스로 사회공동체적 입장에서 상부상조하는 형태를 취하기도 한다. 사회보험은 개인의 위험을 공동체가 극복하도록 도와주는 데 그치는 것은 아니다. 개개인의 위험극복을 사회공동체가 돕고, 국가가 나서서 누구나 인간답게 살 수 있는 최소한의 보호를 통해 국가공동체의 강건함을 다짐으로써 새로운 국가발전의 원동력을 마련하는 것이다.

문제는 이러한 사회보장체계를 만들어 시행하는 데는 그것을 감당할 만한 국가나 사회, 또는 기업이나 개개인의 경제적 능력이 뒷받침돼야 한다는 사실이다. 앞서 이 정도의 사회안전망 구축도 '자랑스러운 성과'라고 표현한 것은 '가난한 국가에서 허리띠를 졸라매며 추진한 경제성장'의 열악한 여건에서 만들어낸 성과이기 때문이다.

지금까지 짚어 본 한국의 사회보험 발전사가 힘겹고 험난한 역정(歷程)이었음은 이미 밝혀진 사실이다. 그러나 우리의 사회안전망은 아직도 선진 복지국가들에 비해 훨씬 못 미치는 수준이다. 게다가 우리의 사회안전망 확장의 앞길도 간단치 않으리라는 의견이 지배적이라는 점도 문제이다. 특히 급속히 진행되는 국가와 사회의 환경변화는 엄청난 시련을 예고하고 있다. 세계에서 가장 빠른 속도로 진행되는 저출산·고령화의 변화는 극복해야 할 난제 중 난제다. 또한 세계적 경제전쟁 시대를 맞아 저성장의 늪을 벗어나지 못하는 우리 경제의 현실은 '필요재원을 어떻게 확보할 것인가?'라는 사회보장정책의 가장 근본적인

과제를 안겨준다. 2000년대 들어 떠오른 '보편적 복지'와 '선택적 복지'를 둘러싼 진보와 보수의 논리대결은 아직도 진행 중이다.

지난 2017년 5월 보수정권인 박근혜 정부가 탄핵으로 물러나고, 진보정권인 문재인 정부가 새로 들어서면서 사회복지제도 확충 문제가 급물살을 타는 것이 현실이다. 복지확대에 대한 기대도 크지만, 국민의 세금을 기반으로 하는 복지 지출이 급속히 확대될 경우 '건전재정의 기틀'을 훼손시키지 않을까 하는 우려의 시각도 있다. 국가 재정건전성이 무너지면 어떤 결과를 가져오는지는 최근 그리스나 베네수엘라 등 유럽과 남미 여러 나라의 국가위기 상황이 잘 설명해 준다.

그러나 복지국가 건설이라는 국가발전의 궁극적 목표를 달성해야 하는 것도 국가가 성립되면서부터 주어진 임무다. 따라서 지금이야말로 사회안전망 구축을 위해 어느 때보다 중대한 기로에 서 있는 시기이며, 위기를 극복할 지혜가 가장 절실한 때다.

한국은 항상 위기에 몰리면 더욱 강해지고, 새로운 성장동력으로 국가발전의 성과를 거둬왔다. 빈곤으로부터 탈출한 경제개발 시대를 시작으로 1970년대 석유파동, 그리고 IMF 외환위기 극복에 이르기까지, 우리는 급변하는 환경에 슬기롭게 대처하면서 국가경제가 한 단계 도약하는 새로운 질서를 창출해낸 전례가 있다. 우리가 추구하는 복지사회를 위한 사회안전망 역시 같은 논리로 발전을 거듭하리라 믿는다.

'과거는 미래의 거울'이라 했던가. 지난날의 사회보험 발전사를 돌아보는 것은 단순히 기록을 남기기 위해서라기보다 과거의 잘못을 반성하고 새로운 미래의 발전방향을 찾기 위한 것이다. 그런 취지에서 우리나라의 국민연금, 국민건강보험, 고용보험, 산재보험 등 4대 사회보험을 대상으로 이들 정책을 입안할 당시 선봉에 섰던 인사들의 증언을 통해 그 험난한 역정을 살펴보고 오늘에 주는 교훈을 찾아보고자 한다.

국민연금 도입, 깃발을 들다

1

미국 스탠퍼드대 경제학 박사로 KDI에 영입돼 부원장을 지냈으며, 이후 정계에 입문해 13·14·15대(1988~1999년) 국회의원을 거쳐, 국민연금 주무부처인 보건복지부 장관(1993. 12~1994. 12. 보건사회부 장관, 1994. 12~1995. 5. 보건복지부 장관)을 역임했다. 명지대, 동아대, 인제대 등에서 후학을 지도하면서, 현재는 한국사회복지협의회 회장으로 봉사하고 있다. 충남 홍성 출신으로 경기고와 미국 앰허스트대를 졸업하고 스탠퍼드대에서 경제학 박사학위를 받았다.

서상목

전 보건복지부 장관

들어가며

국민연금의 오늘이 있기까지 결코 순탄한 일만 있었던 것은 아니다. 5·16 군사정변 이후 군사정부 시절에 사회보장제도 연구를 위해 발족한 사보심에서조차 국민연금은 산재보험과 의료보험에 우선순위가 밀려 연구대상에서 제외됐다. 군사정부가 민심수습을 위해 빨리 가시적 성과를 얻을 수 있는 산재보험과 의료보험을 우선 연구하도록 했기 때문이다.[1] 군사정부가 어느 정도 자리를 잡아가던 1962년 말 정부가 발표한 사회보장제도의 시행 내용에서도 국민연금은 빠져 있었다.

> 우리 국민의 꿈이었던 사회보장제도가 내년 7월부터 우리나라에도 22만 명
> (1963년도 대상 인원)을 대상으로 하여 실시된다. 1963년도부터 5년 동안을 시
> 범사업 연도로 정하여 노재보험, 실업보험, 의료보험 등 3개 부문으로 나눠진
> 사회보장제도는 30% 내지 50% 이내의 국고보조와 피보험자의 공동부담으로
> 실시될 예정이다.[2]

1960년대 중반까지도 노인을 대상으로 하는 연금제도는 연구조차 제대로 이뤄지지 못했다. 그러던 것이 1968년 사보심이 〈사회개발 제 1집 기본구상〉[3]이란 보고서를 내면서 '노령인구의 증가에 대비하여 취업 근로자에 대한 양로보험의 도입'이라는 주제를 정식 발표하여 문제제기가 이뤄졌다. 다음해인 1969년에는 사보심에 의해 '양로보험 기초조사'가 실시되었고 이를 바탕으로 공적연금제도를 원용한 적립주의 방식의 노령연금제도 도입요강이 제시된 바 있다.[4] 그

---

* 이 장은 이계민 전 한국경제신문 주필이 2017년 9월 28일에 사회복지협의회 회장실에서 서상목 전 보건복지부 장관과 진행한 인터뷰를 토대로 집필하였다.
1 최천송, 1991, 《한국사회보장연구사》, 한국사회보장문제연구소, 130쪽.
2 〈경향신문〉, 1962. 12. 24, 7면.
3 같은 책, 131쪽.
4 같은 책, 131쪽.

러나 이에 대한 연구는 행정당국의 소극적 대응으로 답보 상태였다가, 1970년대에 들면서 노령연금제도의 도입에 대한 연구가 본격화되기에 이른다.

그 중심에 자리잡았던 사람이 박종기와 민재성이다. 박종기는 김만제 KDI 원장과 함께 최초로 제도를 연구했고, 민재성은 사보심 연구위원으로 있다가 후에 KDI로 자리를 옮겨 KDI 연구진과 함께 1973년 말 「국민복지연금법」을 만들어내는 데 실질적인 역할을 했다. 그러나 불행히도 이 「국민복지연금법」은 1차 석유파동으로 시행이 연기됐다. 처음에는 1년간 시행을 연기했으나, 그 후에도 연장을 거듭하던 끝에 결국 "시행날짜는 대통령령으로 정한다"고 하고 무기한 연기되었다. 당시 성장위주 경제정책으로 인해 사회복지 확대 주장은 '세상물정 모르는 이상주의' 정도로 치부되던 때였던 만큼 이를 시행하는 데 애로사항도 이만저만이 아니었다.

고양이 목에 방울 달기처럼 누군가가 나서서 박정희·전두환 두 대통령 목에 방울을 달아야만 했다. 절대권력자였던 두 사람 마음속 생각을 바꾸지 않으면 관련 논의가 한 발짝도 앞으로 나갈 수 없는 국면이었다. 정말 어려운 일이었다. 그럼에도 불구하고 두 사람이 초기에 지녔던 국민연금에 대한 부정적 인식을 접고 결국 제도의 도입을 허용하기에 이른다. 그 배경에는 소수의 유력 경제관료와 전문가들의 열정과 집념이 있었다.[5]

국민연금사편찬위원회가 펴낸 《실록 국민의 연금》의 제1장(제도의 도입) 서문이다. 국민연금제도의 연구와 도입 노력은 정부수립 이후 수많은 학자와 관료에 의해 이뤄졌지만 정치지도자들의 서로 다른 생각과 이념으로 좌절 혹은 중단되었다. 이런 어려움을 극복하고 국민연금제도가 도입될 수 있었던 것은 정치지도자들을 설득하고 부정적 관료집단을 이해시키려고 노력한 전문가들의 열정이 있었기 때문이다.

---

5 국민연금사편찬위원회, 2015, 《실록 국민의 연금》, 국민연금공단, 25쪽.

국민연금 역사의 숨은 주역

KDI 탄생과 사회개발의 역사

'서상목'. 그는 국민연금 도입에 '열정과 집념'을 불태운 전문가 집단의 선봉장 가운데 한 사람이다. 국책연구원에서 한국에 맞는 제도를 연구하고 경직된 최고지도자의 생각을 긍정적인 방향으로 바꾸었으며 이후 주무부처 장관으로 취임해 제도발전의 기틀을 다졌다. 미국 스탠퍼드대 경제학 박사로 KDI에 영입되어 부원장을 지냈으며 13~15대 국회의원을 지냈고(1988~1999년), 국민연금 주무부처인 보건복지부 장관(1993년 12월 22일~1995년 5월 15일)을 역임했다. 명지대, 동아대, 인제대 등에서 후학을 지도하면서, 현재는 한국사회복지협의회 회장으로 봉사하고 있다.

평생을 국민연금과 함께해온 그에게 국민연금제도의 역사 속에 숨은 얘기를 들어 본다.

이계민　우리나라에서 사회보장제도라는 것이 정착될지 개발연대에는 생각도 못하지 않았습니까? 그동안의 자료를 살펴보니 당시 보건사회부에서 사보심을 구성해 연구는 많이 했지만, 대외적으로 발표하고 정책화하는 등의 노력은 부족했던 것 같습니다. 실제로 정책을 발표하고 추진했던 것은 오히려 KDI와 경제기획원 등을 중심으로 이뤄졌던 것 같아요. 예산편성권을 가지고 있으면서 가장 힘이 센 부처가 경제기획원이었고, 그 산하에 KDI가 있었으니 그럴 만도 합니다.

서 장관께서는 경제학뿐만 아니라 사회복지연금제도 등도 연구하셨고, 주무부처인 보건사회부(이후 보건복지부) 장관도 지내셨습니다. 간략하게나마 우리나라의 사회복지제도, 특히 사회보험제도의 발전과정을 소개해 주시고, 그에 관한 구체적인 얘기를 나눴으면 좋겠습니다.

이계민 전 한국경제신문 주필이 서상목 전 보건복지부 장관과 인터뷰를 진행하였다.

서상목 우리나라 사회개발의 역사는 KDI의 역사와 함께한다고 봅니다. 우선 KDI는 1971년에 설립되었습니다. 가장 처음 김만제 원장이 박종기 박사와 함께 〈국민복지연금제도〉라는 보고서를 내놓습니다. 그 당시 KDI는 지금과는 다릅니다. 박정희 대통령이 직접 설립한 기관이었고, 대통령이 여름휴가 때 김만제 원장을 불러 정책에 관한 얘기도 듣고 운동도 같이 할 정도로 가까웠습니다. 박 대통령은 중요한 정책을 결정하기 전에 KDI 원장을 꼭 불러서 의견을 들었습니다. 물론 부총리나 관계장관들에게도 보고를 받았지만 별도로 KDI 원장의 의견을 들었어요. 그러다 보니 당시 규모는 지금보다 작았지만 대통령의 사랑을 독점하는, 그런 정책연구기관이었습니다.

이런 점들을 봤을 때, 〈국민복지연금제도〉 보고서를 1972~1973년에 내놓았다는 것은 KDI가 초기부터 사회개발에 관심이 많았음을 입증합니다.

이계민 김만제 원장이 박종기 박사와 함께 사회복지연금에 관한 공동 보고서를 작성해 태완선 부총리의 결재를 받아 대통령에게까지 보고했다는 기록이 있습니다. 기록에는 1972년 11월로 나와 있습니다. 그러나 잘 추진되지는 못한 것 같아요. 사회복지제도에 대한 당시 인식이나 상황은 어땠나요?

서상목 1960년대 후반의 박정희 대통령 발언을 보면 '선성장 후분배' 원칙을 분명히 천명했습니다. 파이를 키우고 그다음에 나눈다는 것이죠. 즉, 대통령은 사회복지에 크게 비중을 두지는 않았던 것 같습니다. 그러다가 1970년대 들어 대통령이 사회복지에 관심을 두게 된 것은 KDI의 공로가 컸다고 생각합니다. 특히, 김만제 원장의 집요한 설득이 대통령의 마음을 돌려놓았다고 합니다.

1973년 말 「국민복지연금법」이 제정되는 과정에서의 KDI와 김만제 원장의 활약상은 《실록 국민의 연금》에 상세히 나와 있다.[6] 여기서 소개된 내용을 바탕으로 1973년 말 「국민복지연금법」이 통과되기까지 상황을 정리하면 대략 다음과 같다.

김만제 원장이 어떤 이유로 국민연금에 관심을 갖게 되었는지는 분명치 않지만 그의 부름을 받고 사회보장연금제도 연구보고서를 낸 박종기 박사는 훗날 "김 원장이 스스로 흥미를 느껴서" 그런 것이라고 술회했다. 김만제 원장은 1972년 7월께 자신이 스카우트한 수석연구원, 박종기 박사에게 국민연금 도입에 대한 타당성 검토를 주문한다. 미국에서 사회보장제도를 연구한 경험이 있는 박 박사는 9~10월에 미국을 방문해 학계 권위자와 브루킹스 연구소 등의 자문을 듣고 관련 보고서 초안을 만들었다.

김만제 원장은 이 보고서를 그해 11월 25일 태완선 당시 경제기획원 장관에게 보고하고, 11월 30일에 박정희 대통령에게도 보고했다. 김 원장은 보고할 때 연금제도가 지닌 복지기능 강화라는 사회개발적 측면보다 투자재원 조달에 긍정적 효과를 기대할 수 있다는 경제적 측면에 방점을 두고 설명했다고 한다. 당시까지만 해도 박 대통령은 사회보장제도는 시기상조라고 믿고 있던 터였는데 이 보고를 받고 나서 국민연금 도입에 대한 구체적 연구를 지시한 것으로 알려져 있다.

---

6 국민연금사편찬위원회, 2015, 《실록 국민의 연금》, 국민연금공단, 51~56쪽.

서울 홍릉숲에서 열린 KDI 연구원 건물 기공식(1971. 4. 14, 출처: KDI 연우회)

"연금제도 도입은 KDI가 책임지고 구체적 방안을 연구·개발하고, 필요 시 관련부처의 협조를 얻도록 하세요."

그리고 1973년 1월 12일 연두 기자회견에서 사회보장연금제도의 도입준비에 대해 밝히고 1974년 실시를 천명했다. 사실 당시 연두 기자회견은 1972년 10월 유신 이후 정치개혁과 남북문제 등에 초점을 두었기 때문에 언론에 기록된 기사를 살펴보면 사회보장연금제도의 시행은 지극히 사소한 과제처럼 다뤄졌다.

이런 과정을 거쳐 1973년 9월 20일 '국민복지연금제'의 기본요강을 발표했다. 언론에 보도된 기사의 첫머리를 옮겨 보면 이렇다.

정부는 내년부터 실시할 국민복지연금제도의 기본요강을 확정, 현행 공무원연금과 군인연금을 제외한 모든 사회보장제도를 이에 흡수, 통합하기로 하는 한편 60세 이후의 최저생활 수준을 유지케 하기 위해 피용자와 사용자가 똑같이 매달 급여액의 4%씩을 기여금으로 적립, 오는 1981년까지 총 6,324억 원의 기금을 마련키로 했다.

20일 상오 태완선(太完善) 경제기획원 장관은 이경호(李坰鎬) 보건사회부 장관, 최각규(崔珏圭) 재무부 차관이 배석한 합동 기자회견에서 이같이 밝히고 4%씩의 기여금 징수는 피용자와 사용자에게 동일하게 「국세징수법」에 의거, 원천징수하며 「근로기준법」에 의한 퇴직금제도는 이 제도 실시와 병행, 계속 존속시키겠다고 밝혔다.[7]

여기서, 피용자와 사용자가 똑같이 급여의 4%씩을 갹출하기로 했다는 점이 주목할 만한 대목이다. 그러나 근로자 부담이 너무 크다는 반발과 함께 1973년 11월 7일 정부가 국무회의에서 최종안을 통과시킬 때는 피용자 3%, 사용자 4%로 조정된다.

이 법안은 국회에서 1973년 12월 1일 국회의결을 거쳐 확정되었다. 그러나 1973년 말의 석유파동으로 국민복지연금제도 시행은 뒤로 미뤄지게 된다.

'거지대장'의 국내 최초 빈곤연구

이계민 서 장관께서 국민복지연금과 인연을 맺은 것은 언제입니까?

서상목 선진국의 역사를 보면 공적연금은 100년 전부터 시작됐습니다. 그러니까 1880년대 비스마르크 때부터 출발합니다. 심지어 남미 국가도 2차 세계대전 이전에 공적연금이 모두 있었죠. 우리나라도 경제개발이 이뤄지면서 1960년대에 수출산업을 일으켰고 1980년대에는 중화학공업으로 중심이 넘어왔지만 그 이전에 농촌개발을 해왔거든요. 그때부터 새마을운동이 시작됐고 따라서 우리도 사회복지에 관심을 가질 수밖에 없었어요. 당시 경제기획원 경제기획국에 사회개발과가 있었습니다.

1978년 KDI에 들어와 보니, 조직이 3부로 구성되어 있었습니다. 1부가 거시경제, 2부가 산업개발, 3부가 사회개발부였죠. 국민연금안을 제시한 박종기 박사

---

7 〈매일경제〉, 1973. 9. 20, 1면 머리기사.

가 당시 사회개발부장이었고, 사회개발을 연구하는 다른 쟁쟁한 학자도 많았죠. 주학중 박사는 소득분배를 전공했고, 연하청 박사는 의료보험을 연구했지요. 저는 빈곤을 연구했어요. 원래는 저도 소득분배가 전공이었는데 주학중 박사가 있었고 의료보험도 선배인 연하청 박사가 있어서 어쩔 수 없이 빈곤문제를 다뤘지요. 그렇게 해서 빈곤을 연구하기 시작했습니다. 우리나라에서 최초로 '절대빈곤', '상대빈곤', '빈곤선' 등의 개념을 연구했고, 빈곤이 1970~1980년대에 어떤 식으로 변천되었는가 등을 연구했습니다.

그러던 차에 1981년 전두환 정권이 들어서면서 빈곤대책을 만들어 달라는 겁니다. 그래서 1981년에 최초로 빈곤 대책, 영세민 대책을 연구하면서 〈빈곤의 실태와 영세민 대책〉 보고서를 만들었습니다. 이것이 그 분야의 최초 연구보고서가 되었어요. 이 보고서가 기초가 되어 「사회보장법」이 개정됐어요. 이 보고서가 '한국의 베버리지 보고서'라는 얘기도 들었습니다. 잘 아시겠지만 영국의 베버리지 보고서는 1942년에 작성된 것으로, 영국 사회보장제도의 근간을 이루는, 복지국가 건설의 초석으로 알려져 있습니다.

당시 KDI는 단순한 연구에 그치지 않고, 연구보고서를 내고 이를 바탕으로 법을 개정해서 정책으로 발전시키는 역할을 했습니다. 요새는 연구자의 연구결과가 정책으로 반영된다는 것은 꿈같은 얘기입니다만, 그때는 거의 대부분 정책으로 발전했어요.

제가 잘나서가 아니고, 그런 것을 필요로 하는 시대였습니다. 복지분야의 역사적 연구를 많이 했고 정책 기여도 컸다고 자부합니다.

이계민 당시 '거지대장'이란 얘기를 들었다는데 어떤 배경이 있었는지요? 영세민 대책을 만들면서 그런 얘기를 들으신 것으로 압니다.

서상목 그때만 해도 빈곤을 연구하면 당시 중앙정보부의 감시대상이 됐어요. 빈곤연구자는 '체제전복 세력이다', '친북세력이다', '우리나라의 치부를 드러내서 체제를 전복시키려는 목적이 있다'는 인식이 강했지요. 하지만 저는 정부의 요청으로 정식인가를 받고 대한민국 최초로 빈곤을 연구한 겁니다. 거기서 영세민 대책이 처음으로 만들어진 것이고요.

그런 과정에서 부랑인 수용소나 판자촌 등을 모두 뒤지고 다니니까 '거지대장'이란 말이 나왔지요.

이계민 기록을 보니, 국무총리실을 통해 영세민 대책 연구 의뢰가 있었다던데요.

서상목 1981년 초, 전두환 정부가 출범한 지 얼마 안 돼 문희화 박사에게 연락이 왔어요. KDI 연구조정실장을 하다 총리실 조정관으로 가신 문 박사는, 당시 정부가 서울의 많은 부랑인들에게 관심이 있으니 이에 대해 어떻게 대처할지 연구해 달라고 요청했습니다. 그때 군사정권은 '서울에 부랑인이 왜 이렇게 많은가? 이 사람들을 농촌에 이주시켜 농사를 짓게 하면 도시 미관도 좋고 그들도 충분히 생활할 수 있을 텐데…' 하고 생각한 겁니다. 그래서 그에 대한 연구를 의뢰한 거죠.

그러나 저는 "그런 연구는 하지 않겠다. 그냥 빈곤의 실태를 연구해서 정책 건의를 하겠다"라고 말했어요. 문 박사가 공무원 출신이었으면 이런 반응을 수용하지 않았을 것입니다. 그런데 문 박사 자신이 KDI 박사 출신이니, 융통성 있게 "그렇게 하시오!" 한 것입니다.

그래서 약 6개월에 걸쳐 연구하고, 〈빈곤의 실태와 영세민 대책〉이란 보고서를 냈습니다. 전국의 부랑인 수용소는 거의 빠짐없이 방문해 실태조사를 하고 판자촌에 가서 사진도 찍으며 보고서를 완성했죠. 보고서 첫머리에는 판자촌 컬러사진을 40~50장을 실었습니다. 그랬더니 당시 청와대 경제수석이자 저의 스탠퍼드대 경제학과 선배인 김재익[8] 박사가 전화를 했어요.

---

8 한국은행에 재직하는 중에 도미해 1968년에 하와이대에서 경제학 석사, 1968년과 1973년 사이에 스탠퍼드대에서 통계학 석사학위와 경제학 박사학위를 취득했다. 1973년 박사학위를 얻은 해에 귀국해 한국은행에 적을 둔 채 청와대 비서실로 들어가 김용환 경제수석 밑에서 자문 역으로서 관계에 첫발을 내디뎠다. 이때 부가가치세 도입의 이론적 바탕을 마련했다. 1974년 경제기획원으로 자리를 옮겨 비서실장, 경제기획관을 거쳐 경제기획국장이란 요직을 차지했다. 1980년 전두환 대통령은 김재익을 청와대 경제수석으로 임명했다.

"서 박사, 오늘 이 보고서를 가지고 수석비서관 회의를 했는데, 사진 좀 뺐으면 좋겠어요. KDI 같은 국책연구기관이 이런 보고서를 내놓으면 북한이 남한은 모두 이렇게 못산다고 선전할 것이 틀림없습니다."

그래서 결국은 그 사진은 빠졌고, 연구결과는 그대로 실었습니다. 내용은 크게 3가지였는데, 정부는 그중 두 가지를 정책으로 받아들였어요.

우선 첫 번째는 영세민을 근로소득이 있는 사람과 없는 사람으로 나눠 구분하면 좋겠다는 것이었습니다. 근로능력이 있는 사람은 일할 수 있게 도와주고, 근로능력이 없는 사람은 최저생계비를 지원해 주면 좋겠다는 입장이었죠. 영국에서 1990년대에 도입된 워크페어(workfare), 즉 근로복지제도라고 해서 실업자가 복지혜택을 받기 위해서는 일정한 근로를 해야 하는 제도를 말하는데요. 이 개념을 영국보다 먼저인 1981년에 도입해 근로능력 있는 사람이 일할 수 있게 도와주는 것으로 방향을 잡았습니다.

두 번째는 빈곤의 세습화는 막아야 한다는 것이었습니다. 그때부터 저소득층에 대한 학비지원 등이 영세민 대책의 핵심으로 강구되기 시작했지요.

세 번째는 전국에 사회복지사무소를 만들자는 것이었습니다. 전국을 다녀 보니 내무부 공무원들이 때가 되면 쌀 갖다 주고 연탄 갖다 주고 돈 갖다 주는 식으로 공공부조 영세민 사업을 집행하더라고요. 그래서 일본에서 하듯이 전문가적 접근을 해야겠다고 생각했습니다. 시·군 단위로 사회복지사무소를 설치하자고 했더니 그건 수용이 안 됐어요. 그때 한참 '작은 정부'가 유행했습니다. 1979년 영국에서는 대처가 집권하고 1980년 미국에는 레이건 행정부가 들어서면서 신자유주의가 유행할 때죠. 그래서 우리나라도 작은 정부로 방향을 수정해야 하는데, 전국적 복지행정 기구를 새로 만드는 것은 곤란하다고 해서 그 제안은 거절당했습니다. 저는 자존심도 상하고, 그건 아니라고 생각했죠.

그러다 1987년에 '사회복지전달체계'에 관한 보고서를 작성했습니다. 1988년에 정치권으로 나왔으니 KDI에서 나오기 직전의 보고서입니다. 거기서 사회복지사무소 설치 문제를 다시 내밀었습니다. 그랬더니 정부가 전문적인 사회복지추진 조직이 취약하다는 점을 인정한다면서 1988년부터 읍·면·동에 '사회복지

전문요원'을 선발·배치하는 제도를 시행했습니다. 사회복지사무소 설치는 아니지만 비슷한 제도가 생긴 거죠. 결과적으로 넓은 의미에서 보면 당시 영세민 대책에서 건의한 3개안이 모두 채택된 셈입니다.

그러고 나시, 1993년 말에 제가 보건사회부 장관으로 임명됐어요. 부처 수장이 됐으니 '이제는 내가 한다'고 마음먹고 사회복지사무소 설치를 추진하기 시작했지요. 처음에는 새로운 복지사무소는 안 된다며 거절당했는데, 그때만 해도 전국에 보건소 조직이 있었지요. 그래서 보건소 조직을 사회복지사무소로 개편하면 되겠다고 생각하고 추진하려 했지요.

그런데 차관을 비롯한 공직들이 시범사업이라도 해봐야지 무조건 개편하기는 어렵다고 반대가 많았어요. 그래서 결국 2년 동안 시범사업을 하고 추진하려 했는데, 2년 뒤엔 제가 보건복지부 장관에서 물러나 더 이상 추진하지는 못했습니다.

결국은 정부가 그 아이디어를 채택하지 않았어요. 나중에 들어 보니 보건 쪽 사람들과 복지 쪽 사람들이 서로 융합되지 않아 합칠 수가 없다는 것이에요. '내가 김영삼 정부 말년까지 장관을 했더라면 어떤 식으로든 만들어냈을 텐데' 하는 아쉬움이 듭니다.

국민복지연금제도, 내자동원을 위함은 아니었다

이계민 　장관 시절 얘기는 아껴 두었다 조금 뒤에 더 듣겠습니다. 국민연금 얘기로 돌아가서, 박정희 대통령은 1973년 1월 12일 연두 기자회견에서 "사회보장 연금제도를 1974년부터 시행하겠다"고 발표했습니다. 앞서 간단히 소개했지만, 1973년 말에 「국민복지연금법」을 제정해 1974년부터 시행하기로 했지만 1973년 말 1차 석유파동으로 시행이 연기돼 버렸지요.

그 뒤 국민연금제도가 정책의 뒷전으로 묻혔다가 5공정부가 출범하면서 다시 수면 위로 올라왔습니다. 당시 5공정부의 4대 국정목표 가운데 하나가 '복지사회 건설'이었죠. 그러나 사실 당시 전두환 대통령도 사회복지제도 확충에 매우 부정적인 생각을 가졌던 것으로 압니다. 그런데 1981년 1월 국무회의에서 김만제 KDI 원장이 '복지국가 건설을 위한 기본구상'을 보고했죠. 당시 전두환 대통령의 반응은 어땠고, 또 어떤 계기로 그런 보고가 추진되었는지요?

서상목　그전에 국민연금과 관련해 한 가지 말씀을 드리고 싶습니다. KDI가 국민복지연금제도를 도입한 이유는 사회복지보다는 내자동원을 위함이었다는 인식이 사회복지계에 정설로 널리 퍼져 있더라고요. 깜짝 놀랐습니다. 그래서 저는 그게 아니라고 열심히 설명했습니다. 저도 경제학자지만 경제학자가 사회복지를 하면 안 된다고 생각하지는 않습니다. 경제발전과 소득분배 관련 논문을 썼지만, 복지국가가 되지 않으면 카를 마르크스가 얘기했듯 자본주의는 공산주의로 넘어갑니다. 결국은 자본주의가 복지제도를 하나씩 도입하면서 노동자의 권익도 보호하고 제도적 개혁도 했기 때문에 공산주의가 먼저 망하고 자본주의는 지속적으로 발전해온 것이지요. 이런 점을 잘 아는 경제학자가 복지를 하면 안 된다는 생각은 할 수 없지요.

　그래서 김만제 원장이 취임 후 처음으로 내놓은 보고서는 국민연금제도를 다뤘습니다. 함께 보고서를 만든 박종기 박사는 재정학을 전공했지만 KDI에 오기 전에 미국의 공적연금 연구소에서 근무한 경험이 있는 연금전문가입니다. 그런 분들에게 내자동원을 위해 국민복지연금 도입을 건의했다고 말하는 것은 모욕입니다. 저는 그건 아니라고 자꾸 강조합니다.

　다만 이런 것은 있을 수 있지요. 저도 전두환 대통령에게 이런 얘기를 했습니다. 당시 복지라면 무척 부정적이어서 경제부총리만 해도 경제부처를 설득하는 논리가 필요했지요. "복지연금을 부과방식이 아닌 적립방식으로 하면 돈이 일정기간 동안 많이 쌓이기 때문에 상당기간은 그 돈을 사회간접자본 건설 등에 사용할 수도 있어 경제발전에도 도움이 됩니다", 이렇게 설명한 것이지요.

　결국, 주목적은 사회복지 추진이고, 내자 활용은 부차적 문제이지요. 그런데 내자동원을 위해 복지연금제도를 제시했다는 주장은 정말 주객이 전도된 것입니다. 이 점을 분명히 밝혀 두고 싶어요. 초창기 KDI에 계셨던 분들에게도 그런 사실에 대해 확인했습니다.

그러나 사회복지연금제도의 시행이 내자동원을 위한 것이라는 '오해'는 충분히 받을 만했으며, 그것도 중요한 요소였음은 부인할 수 없다. 1973년 5월에 KDI가 작성한 보고서 〈사회보장연금제도를 위한 방안〉의 첫머리에 있는 '사회보장연금제도의 목적'은 다음과 같이 규정되어 있다.

1) 노령, 장해 및 사망으로 인한 생활의 불안과 위협을 제거함으로써 근로자로 하여금 보다 안정된 자세로 제반 사회경제 생활에 참여할 수 있는 보장된 사회 기풍을 조성하는 데 있음.
2) 이 제도를 통해 축적된 기금을 생산적 투자에 투입함으로써 1970년대에는 경제성장과 고용확대에 이바지하며 1980년대에는 소득재분배 기능을 통하여 사회계층 간 소득의 격차 및 생활수준의 불균형을 예방하는 데 커다란 역할을 할 것임.

어찌 보면, 앞의 목적은 교과서에 나와 있는 지극히 당연한 목적이고, 실질적으로는 2항의 축적된 기금의 생산적 투자가 주목적이라고 생각할 수도 있다. 그뿐 아니라 정부가 1973년 9월 20일 '국민복지연금제도 법률안'을 발표한 데 따른 당시의 언론 반응도 연금기금의 내자동원을 우려해 "중화학 내자 노려 사회보장 뒷전 … 주객전도"라는 제목의 기사를 보도했다.

피고용자와 기업으로부터 거둬들이는 연기금의 대부분을 중화학 개발을 위한 국민출자채권 인수나 재정자금예탁으로 돌림으로써 연금관리의 수익성 원칙과는 거리가 먼 것 같은 인상을 주고 있다. 국민복지의 증진이라는 정책목표에도 불구하고 이처럼 내자동원 측면에 보다 치중하고 있는 것은 사회보장제도 실시의 의의를 크게 줄이는 것이다. [9]

---

9 〈동아일보〉, 1973. 9. 21, 3면.

그런가 하면 복지정책 결정과정을 연구한 상당수의 학자[10]는 "국민복지연금 제도는 유신 전에 중장기 사회개발계획의 일환으로 논의되던 것을 10월유신 이후 국가적 중대 과제가 된 중화학공업의 실현을 위한 내자동원 수단으로 그리고 유신 이후 처음 실시되는 제 9대 총선을 의식한 지지동원 카드로 대통령의 관심을 끌었고, 결국 이의 도입이 결정됐다"고 분석했다. 말하자면 대통령의 정치적 계산에 의한 결단이었다는 것이다.

이계민 어느 자료에서, 1973년에 법제정이 이뤄진 「국민복지연금법」의 내용과 1986년에 만들어진 「국민연금법」의 내용은 많이 다르다는 분석을 읽은 적이 있습니다. 혹시 내자동원 효과 등과 같은 점에서 차이가 난 것인가요?

서상목 당초 1973년에 법을 만들 때 KDI 안과 보건사회부 안이 있었습니다. KDI 안은 자기가 낸 것(기여금)을 (국민연금으로) 가져가는 식의 내용이 중심이었습니다. 보건사회부 안은 일본 후생성 연금모델을 많이 참작했는데 자기가 낸 것을 돌려받는 내용뿐만 아니라 사회적 기능, 즉 소득재분배 기능이 추가되었죠. 결국은 절충된 안으로 결론이 났고, 또 시행은 연기됐지요.

그러다 1986년에 만들어진 국민연금의 내용은 결국 보건사회부 안에 가까웠습니다. 그때 일본의 후생성 연금을 모델로 삼아 구성했습니다. 특히, 실시하기 어렵기 때문에 처음에는 적게 내고 많이 가져가는 식으로 시작해 점차 기여금을 올리자고 했습니다. 물론 1970년대 안을 만들 때는 제가 관여를 안 했기 때문에 잘 알려진 사실에 따라 이 정도로만 설명할 수 있습니다.

---

10 양재진 외, 2008, 《한국의 복지정책 결정과정: 역사와 자료》, 나남, 109쪽.

대통령에게 안정화 정책을 설득하다

이계민 그렇게 시행이 미뤄지면서 잠자던 국민연금제도가 수면 위로 올라온 것이 1980년대 중반이지요. 어떤 계기로 본격적으로 논의되고 1988년에 시행이 가능했는지 얘기를 들었으면 합니다. 당시까지만 해도 전두환 대통령은 '사회복지를 하면 나라 망한다'고 생각했다는데요.

서상목 우선 전두환 정권의 정책기조가 무엇이었는지 짚어 볼 필요가 있습니다. 전두환 정권은 복지사회 건설을 국정목표로 내세웠습니다. 처음에는 실세인 3허[11]씨들이 군사혁명을 정당화하기 위해 복지사회 건설을 내세운 겁니다. 그러던 중 김재익 경제수석이 기획국장을 하다가 청와대 경제수석으로 발탁되었고, 김 수석은 강경식 장관과 함께 안정화 정책을 만들었지요. 1970년대 후반에는 급격한 경제성장으로 인플레이션이 심했기 때문에 우선 물가안정이 중요하다고 생각했습니다(그 주요내용이 1979년 4월에 나온 4·17 안정화 조치입니다. 그런데 그해 박정희 대통령 시해사건이 일어나 정책을 제대로 추진해 보지 못한 셈입니다). 그런데 박정희 대통령에게 퇴짜를 맞아서 정책으로 채택되지는 않았습니다. 그러다 전두환 정권에서 경제수석으로 발탁되자, 그 안을 가지고 김재익 수석이 전두환 대통령에게 안정화 정책을 설득했습니다.

"안정이 무엇보다 중요합니다."

결국, 임금동결이다, 예산동결이다, 엄청난 조치들을 취했지요. 그러다 보니 정권실세인 3허씨들은 '김재익은 엉뚱한 친구다. 이 양반 때문에 우리는 망

---

11 전두환 정권시절의 역사를 설명하려면 이른바 핵심실세였던 '3허(許)'를 빼놓을 수 없다. 1979년 10·26 이후 국보위 체제를 거쳐 1981년 새 헌법에 의한 5공정부가 탄생한 이후 핵심요직은 군부출신 인사들이 차지했다. 청와대 핵심 중 핵심요직인 사정수석비서관과 정무1수석비서관 등을 맡아서 국정을 좌지우지한 사람들이 바로 이 3인방이다. 군출신인 허삼수 씨와 허화평 씨는 1979년 12·12 당시 국군 보안사령부의 인사처장과 사령관 비서실장을 각각 맡았던 인연으로 발탁돼 훗날 정계에 진출해 국회의원을 지냈다. 〈조선일보〉 기자출신인 허문도 씨는 1980년 전두환 씨가 보안사령관과 중앙정보부장을 겸임 조치하면서 중앙정보부장 비서실장으로 전두환 씨와 인연을 맺은 뒤 1984년에 정무1수석비서관을 역임했고, 문화공보부 차관과 통일부 장관 등 정부 일을 주로 했다. 당시 언론통폐합의 주역으로 알려졌다. 허문도 씨는 지난 2016년 고인이 됐다.

한다. 지금 정치적으로 인기도 없는 정권인데 복지를 해야 한다. 국민에게 뭔가를 줘야 하는데 엉뚱한 임금동결에 예산동결을 이야기한다'라고 판단하고 대통령에게 쳐들어갔지요. 그런데 전두환 대통령은 이들을 맞아서 의외로 이렇게 얘기합니다.

"너희들이나 나나 경제를 뭘 아느냐. 김재익은 스탠퍼드대 경제학 박사다. 경제는 김 수석에게 맡기자."

이렇게 김 수석을 감쌌지요. 그러다 1980년 1월 3일 새해 첫 번째 국무회의가 열렸는데, 그때 '복지국가의 기본구상'을 KDI에서 제안하도록 주문이 왔어요. 김만제 원장과 제가 국무회의에 참석해서 국민복지연금제도를 포함해 많은 내용을 발표했습니다. 그날 대통령은 전혀 반응이 없었고, 경제과학심의회의 위원장이던 장덕진 씨만 "지금은 사회복지가 조금 빠른 것 아닌가?" 하는 정도의 의견을 냈죠. 저는 당시 전두환 대통령이 그 내용을 잘 이해하지 못했다고 봅니다. 3허씨들과 김재익 수석과의 경쟁에서 김 수석이 이긴 겁니다. 그러니까 김 수석이 있는 한 국민복지정책은 좀 힘든 상황이었지요.

그러다 버마 아웅산 테러사건[12]이 터집니다. 1983년 10월 9일에 김 수석을 비롯한 많은 장·차관이 유명을 달리하는 사건이었죠. 그 후속조치로 1984년 초에 KDI의 김만제 원장과 사공일 부원장이 각각 재무부 장관과 경제수석으로 가고, 한국은행 출신인 안승철 원장이 새로 부임합니다. 당시 저는 나이가 너무 젊어서 원장은 안 되고 부원장을 맡게 됐습니다.

그래서 1984년 초에 청와대에 원장·부원장 신임인사를 해야 했습니다. 그냥 갈 수 없어서 '국정 7대 과제'를 작성한 뒤 가져가서 설명했습니다. 그중 네 번째 과제가 '국민연금 시행'이었습니다. 그것은 제가 넣었지요. 안 원장은 처음 오셨고, 현안을 잘 모르실 때였으니까요. 그런데 보고 도중에 전 대통령이 국민연금 대목에서 "이게 뭐야?"라고 큰 소리로 의문을 제기한 겁니다. 안 원장은 놀라서

---

12 1983년 10월 9일에 버마(현 미얀마)의 수도 랭군(현 양곤)의 아웅산 묘소에서 한국 대통령을 암살하려는 북한 공작원에 의해 저질러진 폭파사건. 이 사고로 김재익 경제수석을 포함한 대통령 공식 수행원과 수행 보도진 17명이 사망하고, 10여 명이 중경상을 입었다.

얼굴이 굳어지고 긴장했지만 저는 그동안 여러 번 보고한 경험이 있어서 부연설명을 했죠.

"이제 연금제도가 성숙하려면 20~30년이 걸립니다. 그런데 노령화 시대가 빨리 오기 때문에 이에 대비해 국민연금제도를 지금부터 시행해야 합니다."

그랬더니 전 대통령이 이런 말을 해요.

"서 박사 말이야! 당신은 외국에서 오래 살아서 한국을 몰라! 이렇게 하면 한국은 망해!"

큰 소리로 야단을 칩니다. 거기서 대꾸할 수도 없고 논쟁할 수도 없고 그래서 혼나고 그냥 나왔지요. 그러고 나니 정부 내에서 소문이 쫙 퍼졌어요.

"KDI가 국민복지연금제도 꺼냈다가 혼만 났다."

이런 소문이 나니 그때부터는 아무도 국민연금 얘기를 꺼내지 못하고 정책추진은 꿈도 못 꾸는 상황이 되었죠.

국면연금 연구는 제가 책임지겠습니다

서상목 그러나 의료보험제도가 이미 도입된 상태였기 때문에 공적연금을 해야 한다는 것은 상식에 속한 일이었죠. 그래서 경제기획원의 경우, 더구나 경제개발 5개년계획을 짜야 했으니 공적연금 도입의 필요성을 느꼈을 겁니다. 그 가운데 정부는 제 5차 경제사회발전 5개년계획 수정계획을 짜면서 1984년 8월 16일에 보건사회부에 '국민복지연금실시 준비위원회'를 만들었지만 소기의 성과는 거두지 못했습니다. 이 위원회는 보건사회부 장관을 위원장으로, 경제기획원, 재무부, 국방부, 노동부, 총무처, 보건사회부 등 7개 관계부처 차관과 노사 대표 2명, 기타 위촉된 인사 5명으로 구성되었으며 그 산하에 실무조정위원회를 두었습니다. 실무조정위원회는 경제기획원 차관보를 위원장으로 구성했는데 별다른 성과는 거두지 못했어요.

그러던 중 그해 말쯤, 그러니까 1984년 말쯤 KDI 원장에게 정부(국민복지연금실시 준비위원회)로부터 국민복지연금에 대한 연구 의뢰요청이 전달됩니다.

당시 제가 안승철 원장에게 이렇게 얘기했습니다.

"이것을 합시다. 연구책임은 제가 맡겠습니다."

보통 부원장은 연구책임을 맡지 않는 것이 관례였는데 자청해서 연구책임자로 참여했지요. 그때 민재성 씨란 분이 있었는데 이분은 사보심에서부터 국민연금을 연구해오신 분이었습니다. 박종기 박사가 이분을 스카우트했어요. 이분은 국민연금에 관해 구체적으로 연구도 많이 하고, 일본 사례도 많이 분석하고, 보고서도 많이 낸 분입니다. 저는 이분을 믿고 7~8명을 팀원으로 해서 1985년 말에 대략 보고서를 만들었지요.

그런데 이미 대통령께 호되게 야단맞은 일도 있어서 대통령 결재를 맡을 방법이 없는 거예요. 그러던 차에 1986년 1월 7일 때마침 김만제 전 원장이 재무부 장관에서 경제기획원 장관 겸 부총리로 부임하게 됩니다. 역사의 아이러니라고 해야겠지요. 그래서 저는 '때는 이때다'라고 생각하고 취임인사를 드리러 가겠다고 했어요. 그러고는 그때 가서 "축하합니다" 하고 간단히 취임인사를 끝내고, 만들어 놓은 중간보고서를 내놓은 겁니다. 그랬더니 김 부총리는 "다 됐어?" 하고 큰 관심을 보였습니다. 본인이 1970년대 초에 하려고 했던 거니까 관심이 많았겠지요.

"추진해야지!"

김 부총리의 답은 간단했습니다.

그래서 얼마 전 안승철 원장과 청와대에 들어가서 보고하다가 야단맞은 사실을 얘기했지요. 그랬더니 김 부총리는 "아니야, 아니야, 걱정하지 마! 결재는 내가 맡아줄게" 이렇게 얘기하시는 겁니다. 저는 "부총리님만 믿고 보고서를 놓고 갑니다" 이렇게 인사하고 나왔습니다.

그리고 한동안 연락이 없어서 이번에도 허탕인 모양이라고 생각했죠. 그런데 4월 들어 전두환 대통령의 유럽 4개국 순방이 예정되었어요. 그때만 해도 유럽 각국에서는 쿠데타를 일으킨 전두환 정권에 대한 인상이 좋지 않았어요. 그렇지만 우리나라 경제가 성장하고 워낙 중요한 나라가 되니까 영국 여왕도 만나는 등 외교적 성과를 크게 거두게 되었습니다.

뒤늦게 알아차린 일이지만 김만제 부총리가 얼마나 대단하신 분인가 하면, 그때까지 기다린 것입니다. 1월에 보고했는데 4월까지 기다린 것입니다. 사실 대통령의 외국 순방은 귀국할 때는 홀가분하지요. 더구나 유럽에서 환대를 받았으니 진 대통령의 기분도 좋았다고 해요. 그때를 이용해 귀국 비행기 안에서 사공 수석과 함께 국민연금 얘기를 꺼냈다고 합니다. 미리 계산에 넣고, 작전을 세웠던 것이라 보아야지요.

당시의 상황을 《실록 국민의 연금》은 이렇게 전한다.

김 부총리가 사공 수석에게 신호를 보내자 그가 대통령에게 조심스럽게 얘기를 꺼냈다.
　"각하, 듣기 싫은 얘기일 수도 있습니다만, 우리가 방문한 영국, 독일 등의 국가가 부국인 이유는 은퇴자가 노후에 빈곤을 걱정하지 않고 안정된 삶을 살고 있기 때문 아니겠습니까. 따지고 보면 다 연금제도 덕분이지요. 이들 나라는 1900년을 전후해 국민의 노후를 위한 연금을 도입해 지금은 제도가 완전히 성숙되었습니다. 우리는 1974년에 도입하려다가 석유위기 때문에 미뤄오고 있는데 지금 도입하더라도 가입자가 연금을 받는 시기는 2000년대입니다. 우리 경제도 많이 성장하였으므로 국민연금제도를 정비하여 국민이 노후를 빈곤 걱정하지 않고 살게 해줘야 할 때가 아닌가 싶습니다. 경제적으로도 큰 부담이 없습니다. 자신이 낸 돈을 모아 두었다가 받아가는 형태이기 때문입니다. 의료보험처럼 당장에 혜택을 주는 제도가 아니라서 인기는 없을지 모릅니다만 그렇다고 의료보험처럼 적자를 보는 일도 없을 것입니다. 당분간 자금이 쌓여가는 방식이니까요. 생각을 바꿔 국민연금 도입을 진지하게 고려해야 할 때가 아닌가 싶습니다."
　사공 수석 이야기를 아무 말 않고 듣더니 전 대통령은 신중하게 답했다.
　"참 질긴 사람들이구먼. 내가 그렇게 안 된다고 말해왔는데 말이지. 시행한 지 10년 다 되어가는 의료보험도 적자를 내는 곳이 많아 제대로 정착이 안 되고 있잖소. 그런데 의료보험과 국민연금은 다르다 이거지요? 좋습니다. 도입을 검토해 보세요."[13]

---

13 국민연금사편찬위원회, 2015, 《실록 국민의 연금》, 국민연금공단, 83~84쪽.

서상목　김 부총리가 귀국해서 저를 부르셨습니다. 그래서 들어갔더니 "내가 결재를 맡았다" 하셨습니다. 그런데 조건부 결재라는 겁니다. 그러면서 이렇게 지시를 했다고 전합니다.

"서상목 박사가 만들었다고 하는데 서 박사가 직접 노총과 경총에 가서 설득하고 동의를 받아오라고 해요!"

노총과 경총은 퇴직금 문제 때문에 국민연금 도입에 관해 합의가 안 되고 있었습니다. 전 대통령이 제 이름을 찍어서 지시했다는 것입니다. 그래서 저는 "알겠습니다" 하고 나와 설득에 나섰습니다. 당시 경제기획원 사회개발과장인 맹정주 과장을 비롯한 실무진과 함께 한국노총에 먼저 갔습니다. 산별 위원장 등 10여 명이 앉아 있었습니다. 가서 일단 이렇게 말을 꺼냈지요.

"제가 보기에는 노총 역사상 지금의 노총 지도부가 가장 이상한 지도부로 기록될 것 같습니다."

그랬더니 "당신 지금 무슨 얘기를 하는 거야" 하면서 무슨 말이냐고 묻는 겁니다. 그래서 얘기를 했지요.

"어느 나라나 공적연금 도입은 노조가 앞장서는데, 이렇게 어렵게 만들어서 부총리가 대통령께 결재까지 맡아왔는데 노총 때문에, 노총이 반대해서 도입이 안 된다면 그게 역사에 좋게 기록되겠습니까? 이상한 지도부 아닌가요?"

그러고 나서 설명과 함께 협상을 했지요.

"퇴직금 다툼인데 이론적으로 보면 국민연금을 하면 퇴직금 적립금 의무를 모두 없애야 합니다. 대신, 반 달치만 살리고 반 달치만 의무 적립하도록 하겠습니다. 받으시겠습니까?"

그러니 노총에서도 받아들였어요. 그래서 다음에는 경총으로 달려갔지요. 거기에 가서 노총 가서 합의한 내용을 설명하면서 이렇게 설득했지요.

"이론적으로는 경총의 얘기가 맞지만 정치적으로 봤을 때 이것을 안 받으면 자칫 한 달치에 더 얹어서 국민연금까지 부담할 수 있을 것 같습니다. 국민연금은 시대적으로 할 수밖에 없습니다."

경총도 받아들였어요. 그렇게 하고 나서 김 부총리에게 합의를 이끌어냈다

이계민 전 한국경제신문 주필

고 보고했습니다. 그때부터 본격적으로 진전되었어요. 사실 국민연금제도의 법제화는 KDI가 연구해온 안이 거의 그대로 반영되어 만들어졌습니다. 정부 안이 거의 우리 보고서대로 통과될 수 있었던 것은 민재성 씨의 공로가 크다고 봅니다.

1970년대 초반의 KDI 안은 연금제도의 지속가능성을 우선 고려해 소득비례 연금 방식을 생각했고, 보건사회부 안은 현실을 감안해 일본 사례를 많이 참작했지요. 그런데 민재성 씨가 참여하면서 보건사회부도 거부감이 적도록 새로운 KDI 안을 만들어냈습니다. 당시 KDI는 '국민연금제도의 기본구상과 경제사회 파급효과'를 주제로 한 연구보고서를 내놓았고, 1986년 6월 12일에 이 보고서를 발표하고 공청회를 가졌습니다.

역시 가장 큰 쟁점은 퇴직금제도와의 조정이었습니다. 여기서부터 인내심이 필요한 절충작업이 이뤄졌습니다. 마지막 단계에서 초기 5년간의 연금보험료율 3%는 퇴직부담금에서 연금보험료로 전환하지 않고 필요한 연금보험료율 3%는 노사가 절반(1.5%)씩 부담하고, 이후 5년간은 연금보험료율 6%는 퇴직금전환금 2%를 제외한 나머지 4%를 노사가 절반(2%)씩 부담하며, 1998년 이후의 연금보험료 9%는 퇴직금전환금 3%를 제외한 6%를 노사가 절반(3%)씩 부담하는 것으로 확정했습니다. 이런 과정을 거쳐 법조문화(法條文化) 작업은 보건사회부가 맡아 실시했고, 그해 말(12월 17일)에 법이 통과됐지요.

이계민 그렇게 보면 법조문 작업 이전의 추진은 경제기획원과 KDI가 주도했다고 봐야겠네요?

서상목 그렇다고 봐야지요. 처음에는 KDI가 대통령께 야단맞았지만, 결재를 맡은 사람이 KDI 원장 출신인 김만제 부총리였고, 노조와의 협상도 제가 맡았지요. 사실 당시에 김만제 부총리가 부임하지 않았다면 국민연금 도입이 어떻게 진행됐을지 의문입니다. 만약 김재익 수석이 그대로 있었다면 또 달라졌을 거예요. 사공일 경제수석이 김 수석의 안정론을 이어받긴 했지만 김 수석만큼 철저한 안정론자는 아니었거든

서상목 전 보건복지부 장관

요. 김 수석은 임금동결, 예산동결을 주장할 만큼 과격한 안정론자였습니다. 보통 사람은 할 수 없는 일이었죠.

또 하나, 1986년은 우리 경제가 3마리 토끼를 다 잡은 해였습니다. 물가상승률이 한 자릿수를 달성했고, 경제성장률도 8~9%를 달성했고, 역사상 처음으로 국제수지 흑자를 기록했지요. 단군 이래 최초로 3마리 토끼를 잡았습니다. 경제가 초호황을 누리던 해여서 국민연금 가입자의 부담도 가볍게 시작할 수 있었습니다. 그래서 제도 도입을 수월하게 하는 데 큰 효험을 보았습니다. 물론 약간 꾀를 부린 셈이지요.

처음에는 연금보험료를 급여의 2.5%로 시작해서 5%, 7.5%, 10%로 단계적으로 올리려고 했습니다. 그런데 실제 법안에서는 3%, 6%, 9%로 5년마다 한 번씩 3단계로 인상하되 한 자릿수에 그치도록 했지요. 3% 보험료를 내고 소득대체율을 70%로 해서 비판을 많이 받았습니다. 잘 아시겠지만 소득대체율이란 연금 가입기간 평균소득의 몇 퍼센트를 연금으로 받느냐는 것이지요. 그런데 당시 소득대체율을 70%로 정한 이유는 당시 많은 선진국의 공적연금이 70% 정도였고, 또 공무원연금 등 우리나라의 다른 공적연금도 70% 정도였기 때문이었습니다. 그냥 선심 쓰려고 높게 책정한 것은 아니었어요. 다만, 우리는 작게 시작

해서 15%까지 점차 천천히 보험료를 올리려 했는데 그렇게 되질 못했지요.

그런데 지금은 오히려 뒷걸음질 치고 있어요. 국민연금의 소득대체율이 40%에 불과한데, 그것도 가입기간을 따지면 금액으로 30만 원 정도에 불과해요. 평균소득의 10% 정도에 머물고 있습니다. 그러니 '용돈연금'으로 전락했다는 얘기를 듣지요.

재정안정만 강조하면서 연금수급을 줄이고 있는데 지금 방향을 잘못 잡았습니다. 제대로 된 연금을 만들어 주고 보험료를 올리는 것이 맞는 방향입니다. 방향이 잘못 잡혀 있어요.

전 국민 보편적 복지 시대의 개막

국민연금, 전 국민 의료보험 실시 선언

이계민   전두환 대통령이 1986년 8월 10일 기자회견을 통해서 국민연금 도입, 전 국민 의료보험과 최저임금제 실시 등을 약속했습니다. 그 뒤 1986년 말에 1973년에 만든 「국민복지연금법」을 전면개편, 「국민연금법」을 만들었습니다. 그런데 법개정 당시에 국민연금의 관리주체라든가 연금의 활용 문제 등에 대해 관계부처나 기관 간에 상당한 이견이 있었을 것 같은데 무엇이 가장 큰 쟁점이었나요?

서상목   KDI의 최종보고서가 6월에 나왔습니다. 그때 이미 관계부처 간 협의를 통해 많이 정리된 상태에서 제시되었기 때문에 큰 논란은 없었어요. 예컨대 관리기구는 당초의 보건사회부나 국세청이 아닌, 별도의 공단을 만들어서 관리하는 것으로 했고, 연금운용도 공공성, 수익성, 안정성의 원칙하에 운용하는 것으로 했습니다. 그래서 6월에 나온 연구보고서 중 보험료 2.5%가 3%로 바뀌고, 3단계로 단순화된 것 이외에는 연구보고서 그대로 법제화됐습니다. 공청회를 하고 나서 보고서를 냈기 때문에 이의가 많지 않았어요. 더구나 앞서 지적한 대로 보건사회부와 어느 정도 의견이 조율된 상태에서 최종보고서가 나왔기 때문에 큰 쟁점은 없었습니다.

보험료 징수를 국세청에 맡기지 않았다는 비판도 제기됐지만 그것은 국세청이 스스로 하지 않겠다고 발을 뺀 것입니다. 소득파악이 워낙 부담스러운 일이거든요. 그래서 공단을 만들어 징수업무까지 맡겼지요.

「국민복지연금법」(1973년 제정)과 「국민연금법」(1986년 전면개편)에 대한 전문가들의 비교 평가를 요약해 보면 그 차이점을 명확히 알 수 있다. 《실록 국민의 연금》에서는 이렇게 지적한다.

적립방식을 일부 채택하여 후세대의 부담을 줄인 점은 결과적으로 잘한 일로 평가받을 수 있을 것이다. 그렇지만 저부담 - 고급여의 지속불가능 구조로 출발한 것은 문제였다. 이후 급격한 개혁(1998, 2008년)의 단초를 제공한 점, 예상되는 저출산 · 고령화에 따른 인구구조 변화에 대응력이 강한 연금제도로 구축하지 못한 점도 반성이 필요한 대목이다. 하지만 부담이 줄어들고 경제성장에 미치는 마이너스 파급효과도 적다는 점에서 현행 수정 적립방식제도가 지닌 장점은 결코 과소평가될 수 없다.[14]

이계민 앞에서 국민연금의 성공적 시행의 배경으로 단군 이래 최대호황이라는 경제적 여건을 짚었는데 또 다른 요인은 없었나요?

서상목 경제상황 이외에는 의료보험제도의 경험을 들 수 있겠습니다. 1977년에 종업원 500인 이상 기업부터 시작된 강제의료보험이 10인 이상 사업장까지 확대되었지요. 그 경험이 사회보험에 대한 인식과 필요성을 제고했다고 봐요. 징수하는 노하우 등도 쌓이고요.

---

14 국민연금사편찬위원회, 2015, 《실록 국민의 연금》, 국민연금공단, 100쪽.

국민연금 확대과정에서 생긴 문제들

이계민   그런데 1995년부터 농촌지역 확대 등이 이뤄지면서 상당히 복잡한 문제들이 발생했지요? 1992년 대선 때 이미 국민연금의 농어촌지역 확대 등에 관한 공약이 나와서 이를 성급하게 이행하려다 보니 그런 것 아닌가요? 그때 여당인 민주자유당에 있으실 때죠?

서상목   민주자유당 정책조정실장을 맡아서 대선공약을 책임지고 있었습니다. 당시 황인성 정책위 의장이 정책전문가가 아니어서 제가 1992년 대선에서 공약작업의 총책임자를 맡았습니다. 국민연금을 만든 사람이니까 당연히 국민연금 농어촌 구조 개선을 위한 확대를 공약에 집어넣었지요. 그리고 나서 장관이 되기 이전에 민주자유당 정책조정실장을 하면서 농어촌 특별지원사업으로 42조원을 확정했습니다. 정책조정실장을 하다가 김영삼 정부 출범 후 국회의원 신분을 유지하면서 1993년 12월 22일에 보건사회부 장관이 됐지요.

국민연금의 농어촌지역 확대에는 정부보조가 들어갑니다. 소득이 낮은 사람의 보험료 3분의 1을 정부가 대주고, 그다음에 행정비용을 전액 국고로 부담한다고 되어 있었습니다. 큰돈은 아니지만 정부 돈이 들어간다고 하면 경제기획원은 무조건 싫어하지요. 그래서 당시 주무장관인 제가 대선공약이라고 밀어붙여서 1995년 7월 1일부터 농어민 및 농어촌지역에 대한 국민연금 확대적용이 시행에 들어간 겁니다.

3당합당의 거대 여당인 민주자유당은 1992년 대선에서 공식적으로 77개항의 대선공약을 발표했다. 1992년 11월 3일의 일이다. 당시 공약 발표 순서로 33번째가 '농어민연금제 실시와 농업재해보상 강화'다. '선진화되는 농어업, 살기 좋은 농어촌'을 만들겠다는 농어업 분야 공약은 24번부터 33번까지 모두 9개항으로, 대통령 직속 농어촌위원회 설치와 농지소유상한 확대, 그리고 가장 큰 관심거리였던 '쌀 수입반대'도 약속했다.

그러나 1993년 12월에 타결된 우루과이라운드는 쌀 시장개방으로 이어져 민심이 흥흥해졌다. 그에 따라 농어촌에 대한 지원은 특단의 대책으로 우선 추진되었다. 그런데 이런 사회적 배경하에서 실시된 농어촌지역 국민연금은 피해계층에 대한 지원방안의 하나로도 인식됐다. 정부는 농어촌지역의 최저등급 소득자가 납입하는 보험료의 3분의 1과 농어촌연금에 대한 관리·운영비 전액을 지원하기로 한 것이다.

다만 연금 적용대상을 농어민 직역중심으로 적용할 것인가, 아니면 농어촌지역 거주자 전체로 적용할 것인가에 대한 논란이 있었다. 그리고 농어민 직역을 중심으로 할 경우 부업소득자 등과 농어민을 구분하기 어렵다는 관리상의 난점이 있었기 때문에 지역중심으로 매듭짓게 된다.

그러나 농어촌지역의 연금제도를 정착시키는 일은 상식적으로도 쉽지 않은 과제였다. 보험료 징수미납이나 징수유예가 많았다. 당시 농어촌에 부모를 둔 도시인을 대상으로 자기 봉급의 일부를 각출해서 부모의 보험료를 대신 내주는 이른바 '효도연금 보내기 운동'까지 등장했다. 그러나 이 운동은 오래 지속되지 못하고 곧 중단되고 만다.

이계민　농어촌지역에서 연금제를 서둘러 추진한 것이 무리는 아니었나요?

서상목　대선공약에 따라 예정대로 추진한 것이지요. 또 무리하지 않으면 정책을 완성하기 어렵습니다. 다만, 재정지원 문제가 있었지요. 예산실의 반대가 심했어요. 또 보험료징수율이 10％대에 불과했어요. 농민이 보험료를 안 내면 어떻게 하겠어요. 할 수 없죠.

이계민　지금도 그 문제, 즉 징수율이 낮은 것은 여전하지 않은지요?

서상목　지금도 항상 문제지요. 안 내면 어떻게 하겠어요. 잡아갈 수도 없고. 그래서 그때 설득을 열심히 했지요. '이것은 수지맞는 장사다. 농촌에는 정부보조까지 들어간다'고 했지요. 충청남도 홍성이 제 고향인데 거기서는 시범사업도 했습니다. 당시 친구들에게 "가입해 두면 수지맞는다"고 얘기했는데 몇 년 안 내고 수십만 원씩 받으니까 지금도 고맙다고 인사하는 친구가 있어요.

사실은 1998년 도시자영업자 확대시행이 진짜 어려웠죠. 도시자영업자 확대 시행도 제가 장관을 하면서 정부 차원에서 시행연도를 특정해서 1998년으로 못 박아 발표해 버렸지요. 물론 그때 제가 장관을 하지는 않을 거라고 생각했지만 시기는 확정해 두어야겠다고 결심했던 것입니다.

1998년은 김대중 대통령 시절이지요. 당시 소득파악 문제 등이 많이 발생해 도시자영업자 확대를 연기하려 했지만 김종필 씨가 밀어붙여 시행되었습니다.

도시자영업자 확대실시의 연기와 강행을 두고 이뤄진 다소 재미없는 드라마의 우여곡절을 알아보자.

김영삼 정부는 국민연금제도 개선 기획단의 논의를 바탕으로 도시자영업자 확대적용을 담은 개정안을 1998년 2월 21일 정부 안으로 최종 확정했지만, 김대중 정부가 출범하면서 수차례 개정을 거친다. 결국 개정 내용을 반영한 「국민연금법」 개정안이 1999년 5월 8일 국회에 제출된다. 그러나 이 개정안은 보건복지위에서 여야 간의 합의가 이뤄지지 못함에 따라, 8개월간이나 본회의에 회부되지 못하고 장기계류 상태에 놓여 있었다. 그러다가 1998년 12월 17일 국회에서 의결되고 12월 31일 법률로 공포돼 시행에 들어갔던 것이다.

주요 골자는 1999년 4월부터 도시지역의 자영업자, 5인 미만 사업장 근로자, 임시 일용직근로자, 시간제근로자 등 도시지역 전 주민으로 대상을 확대하는 것이었다. 물론 국민연금 재정안정을 위해 40년 가입 평균소득자에게 지급하던 국민연금 소득대체율을 과거 소득의 70%에서 60%로 하향조정하고, 노령연금 수급연령을 종래의 60세에서 단계적으로 늘려 2033년 이후에는 65세로 한다는 것 등도 개정 내용에 포함됐다. 그런데 도시자영업자까지 확대하는 문제는 쉽게 해결되지 않았다.

국민연금의 도시지역 확대사업은 서울특별시 및 광역시를 비롯한 16개 시도에서 일제히 시행되었다. 1998년 말부터 1999년 1월 말까지의 준비기간을 거쳐, 1999년 2월 5일부터 소득신고가 시작되면서 다양한 형태의 민원이 속출하기 시작했다. 그도 그럴 것이 소득파악이 제대로 되지 않은 상황에서 "권장소득액을 사전에 제시하고 권장소득의 80% 미만으로 신고할 때는 직권으로 소득을 결정한다"는 노사정 합의 내용이 적용되면서 도시지역 주민의 반발이 극심했던 것이다.

각계각층에서 불만의 목소리가 높아지자 당황한 것은 여당인 국민회의였다. 여당은 이러한 불만이 코앞에 닥친 1999년 3월 말의 수도권 재보궐 선거와 다음해 (2000년)에 예정된 총선에 부정적 영향을 미치지 않을까 노심초사했다. 결국 국민회의는 공동 여당인 자민련과 협의해 '국민연금 확대실시를 연기한다'는 데 의견을 모으고 3월 11일 김대중 대통령과의 주례회동에서 이를 보고한다. 김 대통령은 이에 "자민련과 상의해서 잘 처리하라"는 지시를 내린다. 그런데 김종필 총리는 이날 일부 언론사 간부와 점심식사를 하는 자리에서 "국민연금이 예정대로 실시될 수 있도록 잘 협조해 달라"고 당부했다는 보도 내용이 있다.[15]

그래서 여기서부터 어설픈 드라마가 연출되었다. 자민련과도 협의한 상황인 만큼 '국민연금 확대 연기'는 잠정 확정됐다고 생각한 김원길 국민회의 정책위의장은 '연기' 사실을 비공식적으로 발표했다. 언론은 3월 12일 일제히 이를 보도했고 이날(12일) 김종필 총리 주재로 열리는 고위당정정책조정회의에서 확정할 계획이라는 전망도 덧붙였다.

그런데 12일 열린 정책조정회의에서는 이상한 기류가 나타나기 시작했다. 이날 회의에서 김 총리는 회의 중간에 김모임 보건복지부 장관을 따로 불러 "차질없이 진행하도록 준비를 철저히 하라"고 지시했다.[16] 김 장관은 이날 국회 보건복지위원회에 출석해 "국민연금을 예정대로 시행할 것"이라고 확인했다. 이 사건을 계기로 김원길 국민회의 정책위원장은 사의를 표명했고, 김대중 대통령 (당총재 겸임)은 15일 사표를 수리하고 후임에 장영철 의원을 임명해 사건은 일단락됐다.

---

15 "국민연금 혼선 정책위 의장 교체", 〈매일경제〉, 1999. 3. 16, 6면.
16 "국민연금 '강행' '연기' 혼선", 〈매일경제〉, 1999. 3. 13, 4면.

김종필 총리는 무슨 이유로 강행을 고집했을까. 김 총리는 자신의 뜻과 다르게 국민연금 확대 연기방침이 흘러나오자 심한 불쾌감을 드러내며 12일 고위당정정책조정회의, 13일 국정과제협의회에서 '국민연금 강행'을 지시하고 정치권을 강하게 질책했다는 것이 당시 언론의 분석이다.

이렇게 강행은 이뤄졌지만 문제점은 고스란히 노출되었다. 적용대상자의 절반이 넘는 대량의 납부유예자가 발생했다. 소득을 신고한 가입자 중 실제로 보험료를 납부한 가입자 비중은 절반에 불과해 대규모 사각지대가 발생한 것이 가장 큰 문제였다.[17] 결국, 정부는 도시지역 확대 이후 제기된 여러 문제를 해결하기 위해 다양한 방안을 준비해 실시하기에 이른다.

이계민 국민연금의 도시지역 확대실시 개정법안이 합의에 이르지 못하고 상당기간 표류한 큰 이유 중 하나가 1993년에 제정된 「공공자금관리기금법」(「공자법」) 때문이었다고 알고 있습니다. 그것이 결국 수익성을 떨어뜨리고 재정불안의 원인을 제공했다는데요. 당시 '법에서 공공기금의 여유자금을 재정투융자 특별회계에 예치하도록 강제했는데 이런 법이 왜 나오느냐, 정부가 연금 등을 다 가져다 쓴다'는 비판도 제기된 것 아닌가요?

서상목 그게 문제였지요. 제가 장관일 때는 아니고 당의 정책조정실장일 때입니다. 그래서 그런 법을 추진한다는 것은 알기는 알았지요. 사실은 그게 필요하지는 않았는데 「공자법」이 제정됐어요. 모든 기금에 정부가 관여하는데, 신정부(김영삼 정부) 들어서 '신경제 100일 계획'을 발표했지요. 경제 활성화 대책이었습니다. 그런데 김영삼 대통령은 신경제계획을 생각하고 그런 자금동원을 구상했습니다. 동상이몽이었죠.

경제 활성화를 추진하려는 경제팀이 각종기금에서 돈을 갖다 쓰려면 「기금관리기본법」에 따라 국회 승인을 받도록 되어 있었어요. 그렇기 때문에 국회를

---

17 국민연금사편찬위원회, 2015, 《실록 국민의 연금》, 국민연금공단, 218쪽.

거치지 않고 쓸 수 있도록 「공공자금관리기금법」을 만들어 버린 겁니다. 그러다 보니 공공기금의 '공공성'을 얘기하기만 하면 "또 기금을 가지고 마음대로 쓰려고 한다"는 아주 좋지 않은 인상을 주었어요. 그런 점에서 정부가 많은 불신을 받았다고 봅니다.

「공공자금관리기금법」은 1993년 말에 제정되어 1994년 1월부터 실시된 법으로, 국민연금기금을 비롯한 각종기금과 체신예금 등의 여유자금 전액을 통합관리하고 이를 재정투융자 등 공공목적에 활용하기 위해 공공관리기금을 설치, 운영한다는 것이었다. 각종기금의 여유자금을 공공관리기금에 의무적으로 예탁하도록 한 것이다. 이에 대한 비판론이 고개를 들면서 국민연금의 확대실시에도 제동이 걸렸다.

국민연금 확대실시와 관련해 법개정 논의가 물꼬가 트인 것은 이에 대한 대안이 제시되면서라고 볼 수 있다. 김대중 정부 출범 직전 이뤄낸 사회적 합의인 '노사정 합의'에서 국민연금에 대해 「공공자금관리기금법」 5조(의무예탁제)의 적용을 폐지하기로 합의한 데다, 외환위기에 따라 정부정책이 IMF의 감독을 받던 1998년 3월 19일에 세계은행이 「공공자금관리기금법」의 폐지를 권고했기 때문이다. 그에 따라 1999년 1월 29일, 「공공자금관리기금법」에서 국민연금 예탁조항은 삭제됐다.

1995년, 사회복지 원년 선언

이계민 1993년 말 보건사회부 장관 재임 중에 농어민연금 도입을 위해 1, 2차 모의적용 실험도 하고, 1995년 1월에 「국민연금법」 3차 개정을 통해 그해 7월부터 시행하는 등 큰 노력을 기울이셨습니다. 그중에서도 1995년을 '사회복지 원년'이라고 선언하셨어요. 왜 사회복지 원년을 선언했는지요? 혹시 앞서 말한 자금의 활용 등을 통해 사회복지 투자를 활성화하자는 뜻이었나요?

서상목 기금활용과는 전혀 상관없는 일이었고요. 우선 1994년 말에 「정부조직법」이 바뀌면서 보건사회부가 보건복지부로 명칭이 변경되었습니다. 장관을 1년 반 남짓했습니다만 장관 타이틀이 두 개입니다. '마지막 보건사회부 장관'이자 '초내 보건복지부 장관'을 지냈죠. 그리고 정부부처 이름에 복지라는 단어가 처음 들어간 것이 이때입니다. 그래서 이것을 활용해야겠다는 생각으로 연초 대통령 업무보고에서 "복지부 관리들이 신이 났습니다. 보건복지부 탄생을 계기로 1995년을 '사회복지 원년'으로 선언하겠습니다"라고 보고했습니다.

사실은 일본의 선례를 따른 것이지요. 일본은 지난 1973년을 '복지원년'으로 선언하고 사회복지 투자를 대폭 늘렸습니다. 당시의 다나카〔田中〕 내각은 사회복지의 확대를 도모하는 획기적 조치를 단행했습니다. 하지만 아이러니하게도 바로 그해 가을에 1차 석유파동이 전 세계를 휩쓸었고, 일본은 그 어떤 나라보다 적극적으로 사회복지를 축소함으로써 위기에 대응하려고 했습니다.

우리나라 경제가 일본을 대략 20년 간격으로 뒤따라가니까 당시에 우리도 '복지원년'을 선언할 때가 됐다고 본 것이지요. 더구나 예산을 쥐고 있는 부총리를 보건복지부 장관이 설득하기도 쉽지 않아서 솔직히 복지예산을 위해 대통령의 힘을 빌리자는 생각이 있었습니다. 그래서 '복지원년' 선언을 했지요.

그런데 그해, 그러니까 1995년 3월에 덴마크의 코펜하겐에서 UN 사상 처음으로 사회개발정상회의가 열릴 예정이었습니다. 그래서 누가 가는지 알아보니 우려했던 대로 국무총리가 참석한다는 것입니다. 곧바로 청와대를 대상으로 로비를 좀 했지요. "세계 90여 개국 정상이 참석하는데, 그런 자리에는 대통령이 가서서 정상외교를 해야 합니다. 대통령이 안 간다는 것은 이해가 안 됩니다"라고 설득했지요. 그게 받아들여졌고 결국 대통령 참석으로 바뀌었습니다. 물론 주무장관으로 제가 수행했지요. 대통령을 모시고 가면서 틈날 때마다 "문민정부의 사회복지에 대한 국민의 기대가 무척 큰데 보건복지부로서는 돈이 없어 아무것도 할 수가 없습니다. 워낙 돈이 많이 드니까요. 대통령께서 관심을 두셔야 합니다"라고 건의했죠.

당시 김영삼 대통령은 세계화 추진에 몰두해 있을 때입니다. UN 사회개발정상회의에 갔다 온 뒤 얼마 지나지 않아 청와대 세계화 회의에서 '삶의 질 세계화 선언'을 하고, 앞으로 늘어나는 예산의 80%는 안전과 복지에 쓰겠다고 천명하고, 또 '국민복지기획단'을 만들겠다고 발표도 했습니다. 역사적인 사건이었죠. 그게 1995년 3월 말쯤일 겁니다. 저는 회의가 끝나고 나서 대통령께 가서 "각하, 감사합니다"를 연발했어요. 사회개발정상회의 참석 시 건의했던 것에 그렇게까지 적극적으로 반응하실 줄은 전혀 몰랐거든요.

그런데 뒤에 알고 보니 제 얘기도 있었지만 박세일 수석도 비슷한 노력을 했다고 해요. 어쨌든 깜짝 놀랄 일이었습니다. 그렇게 해서 국민복지기획단이 만들어졌어요. 그해 6월에 제가 장관을 그만두고 나왔습니다.

국민복지기획단 설치는 김영삼 정부 세계화 추진의 핵심과제로 꼽힌다. '삶의 질 세계화'를 위한 기본구상의 핵심을 이루기 때문이다.

우선 세계화 선언부터 짚어 보자. 김영삼 대통령은 1994년 11월 15일 인도네시아 보고르에서 열린 APEC 정상회의에 참석하고 필리핀과 호주를 방문할 예정이었다. 그런데 순방 일정 막바지인 11월 17일, 시드니에서 기자간담회를 열고 느닷없이 우리나라의 '세계화 장기 구상'이란 거창한 화두를 던졌다. 이른바 '세계화 선언' 또는 '시드니 선언'으로 역사에 기록된 사건이다. 특히, 이 세계화 선언은 집권 전반기에 내건 '신한국 창조'라는 국정지표가 퇴색하면서 집권 후반기 국정지표로서 '세계화'가 등장하는 계기가 된다.

당시 세계화의 의미가 무엇인지도 명확하지 않았고 그때 유행하던 '글로벌화'와는 어떤 차이가 있는지가 논란의 대상이 될 정도였으니, '뜬금없다'는 표현도 지나친 것은 아니었다. 김영삼 대통령은 1994년 말 전면개각을 통해 이홍구 총리와 홍재형 부총리를 기용하고 청와대 정책기획수석으로 서울대 교수 박세일을 발탁했다. 박 수석은 '세계화 구상'의 장본인으로 알려져 있으며, 삶의 질 세계화의 일환인 국민복지제도 개혁에서 중요한 역할을 했다는 것이 훗날 대체적 평가이다.

삶의 질 세계화는 앞서 서상목이 적시한 '코펜하겐 UN 사회개발정상회의'를 계기로 급진전을 보였다. 김영삼 대통령은 3월 11일부터 이틀간 열린 사회개발

정상회의 참석 직후인 1995년 3월 23일에 세계화추진 보고회의를 개최하고 '최소한 인간다운 삶의 보장' 등 5개 실천원칙과 ● 취약계층을 위한 공적부조 확충 ● 고령화 시대를 맞아 노인복지 확대 ● 여성 사회진출 확대지원 ● 사회보장제도 개선 ● 사회 인진체계 확립 ● 21세기형 환경개선 종합대책 마련 등 6개 주요 정책과제를 골자로 하는 '삶의 질 세계화를 위한 기본구상'을 발표했다.

또 이 기본구상의 중장기 계획을 수립하기 위한 '국민복지기획단' 설치를 지시했다. 국민복지기획단은 정부 차원의 대응과 협력을 위해 국무총리실, 재정경제원, 내무부, 농림수산부, 보건복지부, 노동부 등 정부부처 실장(차관보)급 고위직 공무원 7인을 정부위원으로 하고, 학계 5인, 연구기관 4인, 언론계 2인, 기타 2인 등 다양한 분야에서 민간위원 13인을 선발하여 구성됐다.[18]

그런 과정을 거쳐 1995년 4월 25일 '국민복지기획단'이 출범했고 5월 8일부터 활동을 시작했다.

서상목　국민복지기획단의 마무리는 후임으로 임명된 이성호 장관이 하셨습니다. 그런데 제가 퇴임하기 전에 국민복지기획단의 구성을 미리 만들어 놓으면서, 특히 단장은 보건복지부 장관과 KDI 원장이 공동으로 맡도록 해놓았습니다. 만약 경제부총리가 단장이면 대장 노릇을 혼자 다 해버리니 안 될 것 같아서 부총리를 대신하는 사람으로 KDI 원장을 투입한 거죠.

그 기획단의 연구결과 보고서가 1995년 12월 말에 나왔습니다. 이 보고서가 한국 최초로 정부 차원에서 만든 복지 청사진입니다. 한국판 베버리지 보고서라고 봅니다. 거기에 국민연금뿐만 아니라 모든 분야의 사회복지정책에 대한 최초의 청사진을 제시한 것입니다. 여기서 보면 국민연금의 경우 처음으로 이원화 구조를 제시했습니다. 다시 말하면 기초연금과 소득비례연금을 나눠서 이원화하자는 내용이 있습니다. 사회복지를 전공한 분들의 얘기를 들어 보면 그 보고서가 정권이 바뀌더라도 매우 충실하게 이행되고 있다고 합니다.

---

18 국민연금사편찬위원회, 2015, 《실록 국민의 연금》, 국민연금공단, 190쪽.

여담입니다만, 몇 년 전 한국의 사회복지 역사를 연구한다는 일본인이 저와 인터뷰를 하자고 했어요. 2시간 동안 진행되었는데 왜 인터뷰를 하느냐고 물으니 "내가 보기에는 국민복지기획단의 보고서가 한국 복지정책의 전환점이 됐다고 생각한다"더군요. 그러면서 당시에 장관이었으니 그 얘기 좀 해달라고 하는 거예요. 한국사람들은 별로 주목하지 않는데 일본사람이 그 보고서를 얘기하니 매우 인상 깊었습니다.

국민복지기획단의 보고서 내용을 요약하면 대략 8가지 정도로 요약할 수 있다.

- 국민연금을 1998년까지 도시자영업자, 일용직, 5인 미만 사업장 근로자에게 확대한다.
- 연금 급여수준을 세대 간 형평성 차원에서 단계적으로 하향조정하고, 평균수명 연장에 따라 연금 수급연령을 장기적 계획하에 상향조정한다.
- 여성의 연금 수급권 확보를 위해 이혼 시 연금액을 2분의 1씩 분할하는 연금분할제도 도입을 검토한다.
- 장기적으로 현행 일원화 연금구조를 기초연금과 소득비례연금으로 이원화하는 1인 1연금제를 채택한다.
- 반환일시금제를 폐지하며 국민연금과 특수직역연금 간 연계방안을 마련한다.
- 「공공자금관리기금법」에 따른 재정투융자 목적으로 예탁되는 여유자금의 규모를 조정하고, 공공부문, 금융부문, 복지부문에 대한 장기적 배분방안에 관한 합의가 필요하며, 현금성 자산에서 주식이나 채권으로의 자산배분 등 금융부문에 대한 효율적 투자를 추진한다.
- 사회보험의 보험료 부과기준을 일원화하고 징수체계를 단일화하며 정보공유체계 구축
- 퇴직금을 연금으로 전환하는 방안을 검토하고, 보험사의 지불능력 제고와 세제혜택이 여유계층에게만 집중되지 않도록 보완 등이다. [19]

---

19 국민연금사편찬위원회, 2015, 《실록 국민의 연금》, 국민연금공단, 191~192쪽.

국민복지기획단은 1995년 12월 29일 공청회를 열고 이 같은 내용을 골자로 하는 '삶의 질 세계화를 위한 국민복지 기본구상'을 발표하고, 이듬해인 1996년 2월 15일 김영삼 대통령에게 최종안을 보고하고 활동을 종료했다.

이계민 앞서 국민복지기획단 보고서에 국민연금의 이원화 방안이 담겼다고 했는데 이는 어떤 의미가 있나요?

서상목 사실 국민연금을 시행할 당시 처음부터 그렇게 설계했어야 해요. 솔직히 고백해서, 제가 공적연금을 많이 공부한 전문가였다면 그렇게 했겠지만 전문가가 아니라서 그렇게 못했어요. 이원화는 우선 기초노령연금을 만들어 모든 대상자에게 급여하고, 나머지는 소득비례연금으로서 보험료를 받은 대로 보험금을 지급하면 됩니다. 즉, 소득재분배 기능은 기초노령연금에서 담당하고 나머지는 낸 만큼 받아가는 소득비례연금으로 하는 것이지요. 소득재분배 기능은 기초연금에서 담당한다는 것입니다.

그런데 이것을 지금 하려니까 국민연금 가입자의 반대가 심합니다. "왜 내가 낸 돈을 노인에게 나눠 주느냐"는 것이지요. 처음부터 그렇게 설계했더라면 반발 없이 시행이 가능했으리라 생각해요. 그랬더라면 지금과 같은 혼란도 없었을 것이고요. 지금 노인빈곤율이 45%에 이릅니다. 진작 그렇게 했더라면 노인빈곤 문제도 해결됐을 텐데 아쉽습니다. 국민연금도 재분배 기능이 있는데 여기에 기초연금까지 더해지니 문제가 많고 복잡하기만 합니다. 지금이라도 기초연금을 하면 국민연금은 비례연금으로 바꿔야 합니다. 그런데 재정에서 돈을 줘야 하는데 돈이 없으니 그것도 못 하지요. 처음에는 기초연금이 없었기 때문에 그렇게 설계했지만, 지금은 균등부분을 없애야 합니다. 처음에는 균등부분이 너무 큽니다. 소득분배 기능이 너무 크다는 얘기입니다.

그렇다 보니 중소득층 이상이 국민연금을 받더라도 생활을 할 수 없는 실정이죠. 지금이라도 바꿔야 합니다. 여기서 '용돈연금'이란 말이 나오는 것입니다.

국민연금제도 개선기획단의 발족

이계민 복지기획단의 임무가 끝나고는 박세일 수석이 주도해 전반적 복지제도 개선을 논의했는데 당시에는 특수직역연금 문제에 대한 논의는 없었나요? 예컨대 국민연금과 특수직역연금의 통합문제 등에 대해서요.

서상목 그전에도 특수직역연금과 연계해 운용해야 한다는 전제가 있었습니다. 앞에서 설명한 보고서에도 연계방안을 강구한다는 대목이 있습니다. 그리고 궁극적으로는 하나로 통합해야 한다는 생각이 있었던 겁니다. 그래서 처음 국민연금의 소득대체율이 70％에 이르렀고요. 소득대체율이 비슷해야 나중에 통합이 가능할 것 아닙니까. 공무원이나 군인은 힘이 있으니 이들은 적자가 나도 소득대체율을 낮추지 않습니다. 그런데 국민연금은 50년 후에 적자가 난다는 전제하에 소득대체율 70％를 1998년에 60％로 낮추고, 2005년에 이것을 다시 40％로 낮춥니다.

전 세계 연금 역사상 이런 사례가 없어요. 다른 특수직역연금은 당장 적자가 나는데도 보험급여를 낮추지 않는데, 국민연금은 40년, 50년 뒤에 적자가 난다며 급여를 낮추는 겁니다. 이 문제를 실무적으로는 문형표 씨가 처음 제기했습니다. 보험료를 단계적으로 올리기로 처음부터 설계되어 있었는데 그것은 실행하지 않으면서 자꾸 급여를 낮추는 것이 문제였지요.

더구나 지금 엄청난 자금이 쌓여 있잖아요. 그게 문제가 됩니다. 그러니 급여를 낮추는 것은 신중하게, 천천히 해도 된다고 봅니다. 적자가 날 즈음에는 보험료를 올리면 됩니다. 세계에서 공적연금에 대한민국만큼 돈이 쌓이는 예도 없습니다.

그런데 경제학자들이 이 문제를 너무 일찍 제기해서 반쪽 연금을 만들어 놓았습니다. 더구나 소득대체율을 60％, 40％로 낮춘 것은 모두 진보정권에서 진행했습니다. 김대중 대통령 때 70％에서 60％로 낮췄고, 노무현 정권에서 다시 60％에서 40％로 내려 버렸습니다. 보수정권이 후하게 만들어 놓은 것을 진보

정권에서 깎아 버린 결과를 가져왔습니다. 아이러니라고 할 수밖에 없죠. 물론 국민연금제도 개선기획단에서 시동은 걸었지요.

국민복지기획단은 임무를 성공리에 마무리했는데, '국민연금제도 개선기획단' 이 만들어진 것은 무슨 사연인가?

국민복지기획단이 내놓은 '삶의 질 세계화를 위한 기본구상'에 담긴 정책방안 은 어떻게 정책으로 구현되었을까? 사실 구체적인 정책화는 지지부진했다. 그 러다 청와대가 연금개혁 문제에 다시 불을 지피는 계기가 마련된다. 박세일 사 회복지수석은 국민복지기획단 전문위원으로 활동했던 문형표 박사를 1996년 초에 청와대 행정관으로 발탁하고, 함께 활동했던 연금전문가들을 묶어 공적연 금 개혁을 위한 협력 활동을 벌이도록 했다. 문형표를 위시해 김용하(서울대 교 수), 안종범(성균관대 교수) 등 연금전문가들이 연금개혁 연구활동에 참여했다.

이들은 공통적으로 공적연금의 문제점으로 재정안정화를 꼽았다. 청와대는 보건복지부와의 협의 등을 통해 연금개혁을 추진키로 했으나 다만 연금개혁은 대선공약으로 제시된 '1998년 도시지역 확대실시' 이전에 이뤄지는 것이 바람 직하다는 결론에 이른다. 그러나 정책 환경은 녹록지 않았다. 특히, 주무부처 인 보건복지부는 1998년 중 도시자영업자를 중심으로 한 도시지역 확대에 더 역점을 두고 있었다. 1997년 5월 16일에 열린 사회보장심의위원회(위원장 고건 국무총리) 제1차 회의에서 '전 국민 연금 확대적용에 대비한 제도개선 과제'를 논의하면서 '선 구조개혁, 후 도시지역 확대'라는 청와대의 입장에 반하는 보건 복지부의 입장이 강화되기에 이른다. 이런 기류에 정치적 영향력이 큰 손학규 의원이 1996년 11월에 보건복지부 장관으로 임명된 것도 하나의 이유였을 것으 로 짐작된다.

다만 제1차 사회보장심의위원회에서는 산하에 '국민연금제도 개선기획단'을 설치하기로 의결했다. 제도개선기획단은 단장으로 박종기 인하대 교수를 임명 하고, 위원으로는 학계 7명, 연구기관 7명, 사회단체 4명, 언론기관 2명, 공무 원 3명 등 총 23명을 구성했다.

그런데 이런 제도개선기획단의 인선이 알려지자 다음날 언론은 기사와 논설을 통해 이구동성으로 질타를 시작했다. 이날 회의의 논의 가운데 오는 2033년이면 국민연금 재정이 고갈될 것이라는 전망과 함께 보험료 인상과 급여 축소를 대안으로 들고 나왔기 때문이다. 자칫 '개악'으로 결론이 날 우려가 있다는 것이 그 이유였다. 〈경향신문〉 사설 내용 중 일부를 소개하면 다음과 같다.

연금의 재정불안이 전적으로 낮은 보험료와 높은 연금급여 때문인가 한 번 따져보자. 정부나 연금관리공단의 기금운영에 대해 그동안 수익성이 낮은 곳에 투자하거나 국책사업에 전용하여 기금수익을 감소시켜왔다는 비난이 적지 않았다. 이 같은 부실운영에 대한 개선은 없이, 보험료 인상과 보험금급여 축소와 같은 손쉬운 수단으로 연금제도를 고치겠다는 것은 행정편의주의라는 비난을 면하기 어려울 것이다.[20]

이계민　처음 연금급여를 깎으려고 했던 것은 국민연금제도 개선기획단이었습니다. 당시의 내용은 어떤 것이었나요?

서상목　기획단에서도 완전한 합의를 이룬 안은 없었다고 합니다. 다만, 다수 위원이 선택한 최종안에 소수 의견을 병기해 주는 방식으로 보고서를 매듭지었다고 해요. 주요 골자는 • 우선 현행 일원체계를 기초연금과 소득비례연금의 이원체계로 개편하고 • 급여수준을 40년 가입 평균소득자 기준 70%에서 40%로 대폭 하향조정하되, 이 중 기초연금은 16%, 소득비례연금은 24%를 보장하며 • 연금수급연령을 2013년부터 5년마다 1세씩 연장하여 65세까지 올리며 • 보험료는 단계적으로 조정하여 2020년 이후 12.65%까지 인상한다는 것으로 알고 있습니다. 소득대체율을 40%까지 대폭 낮추고 보험료는 대폭 올리는 것이었지요. 당시 주역이 문형표 박사였습니다.

---

20 〈경향신문〉, 1997. 5. 17, 3면, 사설.

국민연금제도 개선기획단은 1997년 6월 16일부터 실질적 활동을 시작해 1997년 12월 27일 김영삼 대통령에 대한 최종보고를 끝으로 임무를 다했다. 그러나 그 연구의 핵심인 국민연금 이원화 등은 결국 실현되지 못한 채 묻히고 말았다. 다만, 나머지 개선안은 정부의 「국민연금법」 개정안에 많이 반영됐다. 김영삼 정부에서 시작된 「국민연금법」 개정안은 김대중 정부 시절인 4월 말에 국무회의를 통과했고, 5월 8일 국회에 제출됐으나 이 역시 오랜 계류기간을 거쳐 1998년 말에야 법이 통과되는 우여곡절을 겪었다.

이계민 국민연금제도 개혁의 논란은 1997년 대선에서도 큰 이슈였지요? 당시 대선캠프에서 활동하지 않으셨나요?

서상목 이회창 후보를 돕고 있었지만 선거 전체를 관리하느라 개별 정책에 신경 쓸 여유는 없었어요. 대선에서 연금문제가 논란이 되자, 김대중 후보와 이회창 후보 그리고 이인제 후보까지 TV 토론에 등장했던 것은 기억합니다. 1997년 대선 당시 이회창 후보의 공약은 국민연금의 이원화였습니다. 그때 처음으로 대선후보가 공식적으로 국민연금 이원화 공약을 내건 것입니다. 이미 설명했습니다만 기초연금과 소득비례연금으로 나누자는 것이었지요.

국민연금의 미래에 대해

국민연금의 이원화는 멀었다

이계민 근래에 와서 국민연금제도가 많이 바뀌었는데 내용이 어떤 것인지 잘 모르겠어요. 큰 줄거리라도 얘기해 주실 수 있나요?

서상목 근간이 바뀐 것은 없어요. 소득대체율이 낮춰진 것도 그대로 있고, 보험료율도 9%로 20년 이상 그대로 있고, 이원화 문제도 전혀 개선되지 못했지요.

이계민 기초연금제도가 도입됐지 않았습니까? 그게 이원화 아닌가요?

서상목 1996년부터 노인빈곤 문제가 사회적 이슈로 정치권에 등장하기 시작합니다. 그해 4월에 치러진 총선을 앞두고 야당인 민주당(속칭 꼬마민주당)은 국민연금에서 배제된 65세 이상 노인에 대한 국가노령연금제를 실시하겠다는 공약을 내놓았습니다. 자민련에서도 무기여 노령연금제도를 도입하겠다고 약속했어요.

정치권에서 그런 움직임이 일자, 정부도 1996년 10월에 국무총리실에서 경로연금제 도입 및 공적연금제도 개선회의를 갖는 등 관심이 높아지기 시작했습니다. 결국, 여야 정치권은 1997년 7월 25일에 무갹출 노령연금인 경로연금제도 도입을 골자로 하는 「노인복지법」 개정안을 통과시킵니다. 그런데 2004년 한나라당이 국민연금급여 종류에 기초노령연금과 기초장애연금을 추가하는 법개정안을 제출하지만, 햇빛을 보지 못하고 묻혀 버리고 맙니다.

그러다 2005년 김근태 보건복지부 장관이 국회에 '국민연금개혁특별위원회 설치'를 제안하고 받아들여짐에 따라, 기초노령연금 도입을 비롯한 국민연금 개혁안이 논의되는 등 국민연금 전반에 대한 개혁안이 논의되기에 이르렀지요. 그러나 이 역시 쉽게 해결되지는 않고 여야의 지루한 공방 끝에 2007년 7월 3일 국회 법제사법위원회와 국회 본회의를 통과함으로써 기초노령연금의 도입을 비롯해 연금급여 내용 조정과 보험료 인상 등을 포괄하는 국민연금 개혁안이 법개정으로 완료된 것입니다.

이어 2012년 대선에서 기초노령연금을 기초연금으로 전환하겠다는 박근혜 후보의 공약이 나옵니다. 물론, 문재인 후보도 공약을 했지만 기초연금의 재원을 박근혜 후보가 제시한 급여액의 10%보다 적은, 급여액의 5%를 제시했습니다. 이게 선거의 당락에 영향을 미쳤다는 분석도 있습니다. 어쨌든 박근혜 정부 출범 이후 기초연금과 국민연금의 연계를 놓고 논란을 벌이다 결국 기초연금은 전액 조세로 조달하고 최고 20만 원 범위에서 지급하기로 확정해 실시하고 있습니다.

그런데 그 정도로 국민연금의 이원화라고 말하기는 어렵지요. 조금 더 충실한 급여가 있어야 합니다.

연금 사각지대 해법은 재정확충

이계민 국민연금 발전사를 대략적인 줄거리나마 짚어 본 것 같습니다. 그런데 앞으로의 과제가 더 크다고 봐야겠지요? 저출산·고령화로 부양해야 할 노인인구는 늘고 일할 사람은 줄어드는 현상 때문에 국가 사회보장제도의 운용이 무척 다급한 과제로 대두되고 있습니다. 국민연금이 앞으로 해결해야 할 문제와 그에 대한 의견을 말씀해 주시면 감사하겠습니다.

서상목 우선 연금의 사각지대가 크다는 문제가 있습니다. 숫자를 보니까 보험료 납부자가 18~59세 총인구의 50% 정도이고, 가입자 비율이 약 63%이며, 65세 이상 인구에서 국민연금을 받는 사람이 33.7%, 군인 및 공무원연금까지 합치면 37.6%에 이릅니다. 그러니까 60% 이상이 아무 연금도 받지 못하고 있는 겁니다. 노인빈곤율이 45%에 이르는 심각한 상황이죠.

이러한 연금 사각지대 해결의 관건은 기초연금을 확충하는 것입니다. 최소한 빈곤선에 있는 노인은 없어야 해요. 이번 정부 들어 기초생활수급자의 부양의

140

무자 조항을 단계적으로 없애겠다는데, 소득이 전혀 없는데 아들·딸이 있다고 해서 지원이 안 되면 곤란하지요. 아이들이 도와줄 수 없는 상황이 됩니다. 그러니 노인자살률이 높지요.

부양의무자 조항을 없애고 기초연금은 10%를 주는데, 줄려면 다 주고 아니면 정말 어려운 사람들에게 최저생계비만큼을 주어야지요. 지금은 이도 저도 아닌 나눠 먹기에 불과해요. 그래서 공적부조제도에서 부양의무 조항을 없애고 기초연금을 너무 많은 사람에게 주지 말고, 최저생계를 이어갈 수 있는 수준까지 주는 것이 필요합니다. 이것만 개선해도 좋은 성과를 거둘 수 있어요. 대한민국의 노인빈곤율이 45%고 자살률은 OECD의 6~7배에 달해요. 외국의 경우 국민소득이 일정수준 이상 높아지면 자살률이 갈수록 떨어지는데 우리는 오히려 더 높아져요.

제대로 된 노후생활을 할 수 있는 사람은 군인이나 공무원, 교원 퇴직자밖에 없어요. 국민연금 10만 원 받는 사람이 부지기수예요. 그러니까 우선 부양의무 조항을 없애고 기초연금을 올려서 최저생활을 유지하도록 해결해야 합니다. 이것은 지금 정부가 해야 할 일입니다.

이계민 돈이 문제 아닙니까? 재정부담이 커지는데요.

서상목 무슨 문제예요. 돈을 좀 쓰면 어떻습니까? 한 10조 원쯤 쓰면 어때요. 대한민국이 복지국가입니까? 늙어서 먹고살 게 없어 자살하는 나라가 대한민국입니다. 1995년에 제가 복지원년 선언을 했습니다. 그런데 20년도 더 지난 오늘날에도 노인자살률이 높다는 것은 말이 안 됩니다. 많은 사람이 관심이 없어서 그래요.

이계민 기초연금을 올리더라도 국민연금은 그대로 놔두어도 되는 걸까요?

서상목 기초연금과 국민연금을 함께 개선해야지요. 기초연금을 올려서 주고 나머지를 소득비례연금으로 바꾸면 보험료를 올려도 문제가 안 생깁니다. 기초연금으로 최저생계비 정도를 줘야지요. 이것은 당장 실행할 수 있는데 아무도 노인문제에 관심을 두지 않고 있어요. 나이가 많아지면서 자살률이 높아지는 곳은 대한민국밖에 없어요.

이계민 많은 전문가가 다층연금제도를 말하던데, 다층연금제도란 무엇인가요?

서상목 다층연금제도는 이런 개념입니다. 우선 1층은 기초연금이자 최저빈곤선이고, 2층은 국민연금, 3층은 기업연금, 4층은 개인연금입니다. 그 다층연금을 언제 실현하겠어요? 그러니까 우선 기초연금부터 실천하는 것이 중요하지요. 이런 문제를 오래전부터 진지하게 생각하고 대안을 제시했는데 아무도 받아들이려 하지 않아요.

이계민 기금운용 문제는 어떻게 보시나요? 일각에서는 국민연금이 투자기업의 경영권에 참여해 수익성을 확보해야 한다는 얘기까지 나오는데요?

서상목 국민연금공단이 계속해야 한다는 입장과 운용위원회를 구성해야 한다는 입장이 있는데, 지금까지 공단이 해왔는데 새삼스럽게 바꾸는 것은 바람직하지 않다고 봅니다.

그런데 500조 원, 600조 원을 움직이는 운영위원회가 지방인 전주(全州)에 내려가 있어서야 되겠습니까. 이것은 난센스입니다. 600조 원을 움직이는 사람들이 전주에 있으니까 우수한 인력이 다 나가요. 그런데 그걸 바꾸려면 법을 개정해야 한다고 하네요. 참, 이런 난센스도 시정하지 못한다니 한심합니다.

이계민 수익성과 안정성, 공공성 가운데 어떤 것에 방점을 두어야 하는지를 묻고 싶습니다.

서상목 과거에 기획재정부가 공공성 운운하면서 「공자법」을 시행하는 바람에 신뢰를 잃었는데 지금은 또 전부 수익성에 방점을 두는 것 같아요. 저는 일자리를 만드는 사업에 투자하는 것이 좋다고 생각해요. 왜 해외투자를 통해 해외 일자리에 기여하는지 모르겠어요. 공공성, 안정성, 수익성이 균형을 이뤄야지 어느 한곳에 치중되어서는 안 된다는 생각입니다.

말만 하면 어쩝니까? 일을 해야지요

이계민 개인적 질문입니다만 보건사회부 장관에는 어떻게 발탁되셨나요?

서상목 제가 무엇을 해보겠다고 한 적은 한 번도 없어요. 그런데 노태우 대통령 시절인 1988년 어느 날, 제 친구인 이병기 비서관(훗날 비서실장)이 노 대통령의 의견이라면서 "국회에도 경제전문가가 필요한데 너 전국구 국회의원 안 해볼래?" 하고 묻는 겁니다. 그동안 KDI 원장이 두 번이나 바뀌었는데 나이가 어리다고 원장도 안 시켜 주고 해서 즉석에서 가겠다고 응답했죠. 그래서 1988년에 정치권으로 갔지요. 그런데 1992년 대선 김영삼 후보캠프에서 김대중 후보가 후보 간 토론을 하자고 제안한 겁니다. 그런데 맞장토론을 하면 김대중 후보를 당해내기 어렵지요. 그래서 정책 토론회를 하자고 하고, 제가 정책 토론회에 나가서 점수를 좀 따기도 했습니다.

그러던 어느 날 어떤 사람이 "당신이 재무부 장관에 내정됐다"고 알려 주더라고요. 그리고 얼마 후 저녁을 먹는데 김영삼 대통령에게 전화가 왔어요. 미국 갔다 온 얘기, 영부인 힐러리 얘기를 장황하게 하더라고요. 그러더니 보건사회부 장관을 맡아 달라는 겁니다. 당초 재무부 장관을 염두에 뒀다가 보건사회부 장관으로 바꾸자니 미안해서 앞에 장황한 얘기를 한 겁니다. 그래서 보건사회부 장관에 갔습니다.

이계민 자서전 격인 《말만 하면 어쩝니까? 일을 해야지요》(행림, 1996) 라는 책에 보니까 보건사회부 장관 시절인 1994년 의료보장 개혁안을 만들었다고 되어 있습니다. 어떤 내용이었나요?

서상목 응급의료 체계와 치매에 관한 것이었어요. 또 하나는 의료분야 R&D 사업입니다. 그때 처음으로 의약 R&D 예산을 만들고, 오송단지를 만들었습니다. 오송단지는 순전히 제 작품입니다. 수도권 밖에 바이오단지로 적합한 지역 세 군데 정도 알아보라고 의정국장에게 지시했더니, 후보로 세종과 오송, 탕정을 가져왔어요. 그중에 오송이 적합하다고 판단하고 단지를 만든 것입니다. 그런데 오송단지의 규모를 대폭 축소하면서, 오송과 같은 단지를 이명박 정부 때 대구에 똑같이 만들었어요.

이계민 정치인 기질이 풍부하다는 평가가 있던데 정치에 미련은 없나요?

서상목 정치에는 전혀 소질이 없습니다. 다시 정치할 생각 없습니다.

서상목. 그는 지금도 한국사회복지협의회 회장을 맡아 사회보장제도 실천 현장을 지휘하고 있다. 한국사회복지협의회는 「사회복지사업법」 33조의 규정에 따라 설립된 민간 사회복지기관 중 유일한 기타 공공기관이다. 보건복지부의 주요 복지정책에 대한 시행 위탁기관으로 정부의 사회복지사업을 뒷받침하는 조사연구, 교육훈련, 사회복지 조성 등의 고유 목적사업 등 공공사회복지 증진 업무를 효과적으로 수행하며, 정부정책과 민간사업의 연계 협력을 조성하는 전달자 및 중재자 역할을 수행하면서 민간 사회복지사업의 효율성 제고를 도모하는 기관이다. 서상목은 보건복지부 장관을 지내며 전문가로 인정받고 많은 업적을 남겼다. 다만 흠이라면 정치인이라면 한 번쯤 겪었을 법한 「정치자금법」 위반 이력이다.

  서상목의 보건복지부 장관 시절, 공(功)과 과(過)를 평가해 볼 수 있는 신문 기사 한 토막을 소개하면서 인터뷰를 마무리하고자 한다. 종래의 보건사회부가 보건복지부로 바뀌면서 장관으로 유임된 직후인 1995년 연초 사무관 이상 본부 간부 160명이 모여 진행된 보건복지부 '세계화전략개발 연찬회' 분위기를 전달한 기사이다.

보건복지부 '변신' 깃발 꽂았다

'줏대' 없었던 과거 반성 … 일관된 정책 철학 모색
힘 있는 장관 유임에 '사기충천'

보건복지부가 때 아닌 '철학' 사색에 나섰다. '만년 2류 부처'라는 자조와 무력감에 젖어 있던 보건복지부에 지난 연말 개각 때 서상목 장관의 유임이 발표되고 해가 바뀌면서 무언가 새로운 기류가 감돌고 있다. … 이날 보건의료 부문 세계화 전략에 대한 주제발표에 이어 진행된 토론 시간에 한 젊은 여성 사무관은 질문을 통해 고위간부들의 무철학을 공박하고 "보건복지부의 경영진단이 필요한 게 아니냐"고 다그치기도 했다. 또 토론자로 나선 한 고참 서기관은 "국민 입장에서 정책수립을 위한 철학 정립과 사고의 발상이 절실하다"고 동조했다.

보건복지부 안에 확산되고 있는 이러한 변화의 흐름은 그동안의 보건의료와 복지정책이 장기 비전이나 철학적 바탕 없이 그때그때의 상황에 따라 미봉책이 수립, 집행돼왔다는 뼈아픈 자기반성 위에서 출발한 것이어서 관심을 끌고 있다. … 대다수 보건복지부 직원들은 이런 변화의 계기를 서 장관의 유임에 따른 자존심의 회복에서 찾고 있다. 즉, 그동안 보건복지부 장관들이 정치권이나 군 출신, 지역 또는 여성 안배 차원에서 임명돼와 정책의 일관성이 결여되고 직원들도 보신에만 급급해왔으나 당과 정부에서 상당한 발언권이 있는 것으로 알려진 서 장관의 유임은 이런 관례를 깨는 의미 있는 일로 받아들여지고 있다.

이와 함께 지난 1993년 말 취임한 서 장관이 의료보장개혁위원회와 사회보장심의위원회를 발족시켜 의료보장 개혁과 21세기 사회복지정책과제를 강력히 추진하고 있고 지난해 말에는 충북 청원에 300만 평 규모의 보건의료 산업단지 조성과 함께 산하 연구기관의 전면개편이라는 야심 찬 구상을 내놓았다. … 보건복지부의 이러한 변신 노력이 개방 국제 세계화 지향이라는 분위기에 편승한 일과성 몸짓으로 끝나 버릴지, 아니면 21세기 성장산업으로 말해지는 보건의료 산업을 주도하는 '1류 부처'로 다시 태어날지는 좀더 두고 보아야 할 것으로 보인다. [21]

---

21 진재학, 〈한겨레〉, 1995. 1. 15, 13면.

사회보장의
원칙을 세우다

2

행정고시 13회 출신으로 보건복지부에서 잔뼈가 굵은 공직자로 유독 국민연금과 관련된 부서에서 일을 많이 했다. 국민연금제도 도입준비가 한창이던 1986년 5월 연금기획과장을 맡았고, 이후 연금보험국장, 사회복지정책실장, 기획관리실장을 거쳐 차관으로 승진해 사회복지정책의 기틀을 다지는 데 큰 역할을 했다. 공직 퇴임 후 공주대 교수와 홀트아동복지회 회장, 그리고 한국장례문화진흥원장을 역임했다. 충남 당진 출신으로 서울대 문리대를 졸업하고 미국 예일대에서 병원행정학 석사학위를, 평택대에서 사회복지학 박사학위를 받았다.

이종윤

전 보건복지부 차관

들어가며

사회보험에서 대상으로 삼는 사회적 위험은 사람이면 누구나 직면하는 생로병사(生老病死)의 위험을 말한다. 처음 태어나는 순간부디 사망하여 자연으로 돌아가는 순간까지 사람은 다양한 위험에 노출되기 마련이다. 근대적 사회보험이 도입되기 이전에는 이러한 위험에 자기 스스로, 아니면 가족 단위로 대응하는 길밖에 없었다. 그러나 이제는 이것이 국가의 책임으로 굳어진 지 오래다. 독일 프로이센의 재상 비스마르크가 최초의 사회보험인 산재보험과 의료보험을 만든 것은 국가 공동체를 견고하게 만들자는 취지였음은 잘 알려진 내용이다.

우리나라의 사회보험은 산재보험과 국민건강보험, 국민연금, 그리고 고용보험의 순으로 도입됐다. 이는 4대 사회보험이라고 일컬어진다. 여기에 지난 2008년 7월 '제5의 사회보험'으로 불리는 '노인장기요양보험'이 실시되었다. 그 내용과 질에서는 아직도 보완해야 할 과제가 많지만 명실공히 복지국가의 틀을 완성한 셈이다. 이 책은 4대 사회보험을 중점적으로 다루지만, 여기서 간략하게나마 노인장기요양보험의 개요를 소개하고자 한다.

노인장기요양보험은 고령이나 노인성 질병 등의 사유로 일상생활을 혼자 수행하기 어려운 노인 등에게 신체활동 또는 가사활동 지원 등 장기요양급여를 제공하는 사회보험제도다. 그동안 가족에게만 지워졌던 노인부양이라는 짐을 사회가 나눠 '품앗이' 하겠다는 뜻에서 만들어진 제도이다. 우리나라의 노인장기요양보험제도는 건강보험제도와는 별개의 제도로 도입·운영되지만, 제도운영의 효율성을 도모하기 위해 국민건강보험공단에서 함께 운영하고 있다.

소득수준과 상관없이 국민건강보험 가입자(피부양자 포함)는 기본적으로 장기요양보험 수급대상이 되고, 건강보험 가입자 또는 의료급여 수급권자 중 혼자서는 일상생활이 곤란한 65세 이상 노인은 물론, 치매와 뇌혈관성 질환 및 파

---

* 이 장은 이계민 전 한국경제신문 주필이 2017년 11월 29일에 은행연합회회관 16층 뱅커스클럽에서 이종윤 전 보건복지부 차관과 진행한 인터뷰를 토대로 집필하였다.

킨슨병 등 노인성 질환을 앓는 65세 미만도 대상이다.

우리나라의 사회복지제도는 선진국에 비해 뒤늦게 실현되었지만, 이만큼의 사회복지체계를 갖추게 된 데에 누구보다 공직자의 열정이 큰 힘이 되었음은 두말할 나위 없다. 이종윤도 이 열정적인 공직자 가운데 한 사람이다.

이종윤은 행정고등고시 13회로 1973년 공직에 입문해 2000년 8월 보건복지부 차관을 끝으로 공직에서 물러날 때까지 30여 년 동안 보건복지 행정을 섭렵했다. 전 국민 국민건강보험의 실현은 물론, 국민연금제도의 정착에 그의 손길이 미치지 않은 영역이 없다. 보건복지부 연금과장, 연금보험국장을 거쳐 대통령 비서실 교육문화비서관, 보건복지부의 사회복지정책실장, 기획관리실장, 보건복지부 차관을 역임하고 국립 공주대 교수와 홀트아동복지회 회장 등을 지냈으며 한국장례문화진흥원 이사장을 맡고 있다. 서울대 문리대를 졸업하고 미국 예일대 병원행정학 석사(MPH), 평택대 사회복지학 박사로 늦은 나이에도 실력 연마에 여념이 없다.

눈부신 경력에서 알 수 있듯이 우리나라 사회복지의 산증인이라고 할 수 있는 이종윤에게 국민연금 도입과 발전에 대한 지난 얘기를 들어 보자.

국민연금의 기반과 체계 만들기

국민연금의 제도 정비

이계민　귀한 시간 내주셔서 감사합니다. 보통 사회보험을 4대보험이라고도 하는데 노인장기요양보험을 포함해 5대보험이라고 하는 교과서도 있습니다. 그중에서도 국민복지연금은 1973년에 법을 만들었다가 석유파동으로 연기되었고, 1988년부터 다시 시행되었지요. 당시에 어떤 직책을 맡고 계셨나요?

이종윤　1986년에 새로 법을 만들 때 연금과장을 했습니다. 연금과 인연을 맺은 것은 사실 과장 때부터였어요. 제가 1984년부터 1986년까지 외국유학을 했습니다. 1986년 5월에 정부에서 빨리 돌아오라고 해서 졸업식 참석도 못 하고 돌아왔더니 연금문제가 있었던 거죠. 정부에서 보내준 국비유학으로 예일대에서 2년 석사과정을 마치고 돌아왔는데, 당시 보건사회부 장관이 이해원(李海元) 장관이셨어요. 귀국한 날에 돌아왔다고 신고하니까 당장 오늘부터 일하라고 하셔서 집에 가지도 못하고 첫날부터 밤을 꼬박 새웠습니다. 그때 상황이 그만큼 급박했습니다.

이계민　그게 국민복지연금인가요?

이종윤　1973년도에 만든 법이 「국민복지연금법」이고 1986년은 '복지'가 빠지고 「국민연금법」이었죠. 1985년에 전두환 대통령이 유럽을 순방하고 돌아오는 길에 김만제 부총리가 연금이 필요하다고 설득해서 결정된 거예요. 당시 김만제 부총리께서 대통령이 허락했으니 빨리 실행하자고 얘기가 된 거죠. 대통령을 4월 말에 설득하고, 장관 소집은 아마 5월이었을 거예요. 그 과정에서 저를 담당자로 지목해서 허겁지겁 귀국한 거죠.

　　1973년도에 연금제도가 미뤄졌으니 보건사회부에서는 상당히 아쉬워했죠.

이계민 전 한국경제신문 주필이 이종윤 전 보건복지부 차관과 인터뷰를 진행하였다.

그렇게 늘 아쉬움이 있었는데 대통령이 허락하셨다고 하니 보건사회부에서는 다들 환영하는 분위기였어요. 그런데 시간이 너무 촉박했습니다. 불과 서너 달 사이에 법을 만들어야 했습니다. 다만 1973년도 법이 이미 있어 안심할 수 있었습니다. 그 기본 틀을 참고하면 되겠다고 생각했습니다.

10여 년 넘는 기간 동안 변화된 사회상을 반영하여 조정하면 되겠다고 생각했는데, 문제가 그렇게 간단하지 않았습니다. 워낙 연금에 대한 이해도가 떨어져 있었기 때문이죠. 우리나라가 의료보험을 1977년부터 시행했기 때문에 사회보험에 대해 어느 정도 알고는 있었지만, 연금은 의료보험과는 전혀 다른 개념이었거든요. 의료보험은 피부에 와닿는 실익이 있는데 연금은 납부하고도 20년 이후에야 받습니다. 국민은 당장 내일 어떻게 될지도 모르는 상황에서 연금의 필요성을 이해하기 어려웠을 것입니다. 그래서 법을 만들기는 쉽지만, 국민에게 받아들여지기는 어려웠습니다. 참 애를 많이 먹었던 기억이 있습니다.

그래도 KDI에서 서상목 부원장, 박종기 박사, 민재성 연구원 등이 국민연금 연구를 많이 했고요. 1973년에 연금시행이 연기되기는 했지만, 보건사회부 나름대로 전임과장들이 연금기획과를 없애질 않고 사회보험국에 그대로 두었어요. 연금보험국을 사회보험국으로 바꿔서 의료보험을 하는 기구로 만들면서도 연금기획과는 그대로 뒀기 때문에 참 다행이었습니다. 언제 실시될지도 모르면서 이에 대비해 조직을 그대로 둔다는 게 어떤 면에서 보면 비효율적이겠지만, 당시는 연금기획과를 그대로 뒀기 때문에 보건사회부 나름대로 연금을 연구할 수 있었던 바탕이 됐습니다. 그래서 보건사회부와 KDI 연구자료를 참고할 수 있었습니다.

전 국민 대상 '국민연금' 홍보

이종윤 그런데 이렇게 연구는 됐지만, 관건은 과연 현실에서 국민이 받아들일 것인가였죠. 당시 연금에 대해 여론은 반대의견이 절대다수였습니다. 우선 근로자가 반대했고요. 월급에서 연금을 떼어간다고 하니 반대를 많이 했죠. 특히, 당시에는 여성의 고용안정성이 매우 낮았기 때문에 여성들은 1~2년 일하다가 퇴직하는 경우가 많았는데, 상황이 이렇다 보니 여성 근로자들은 대부분 연금에 반대했습니다.

기업대표도 보험료를 내는 것이 부담되어 반대했고요. 당시 퇴직금제도도 제대로 확립이 안 됐거든요. 퇴직금을 사내 유보금으로 적립하는 기업도 거의 없던 시절이었으니까요. 하지만 퇴직금은 사내 유보금으로 회사 내에서 관리했지만 연금은 국가에 세금으로 납부하는 것이다 보니 더 거부감이 들었던 것이죠.

그리고 일반국민도 연금이 뭔지 잘 알지 못했고요. 연금에 대한 홍보가 거의 없던 시절이었죠. 그래서 보험이라고 얘기해 봐야 의료보험과는 다른 형태이다 보니 연금을 잘 이해하지 못했고요. 따라서 설득하는 과정이 참 어려웠는데 설득한 내용을 갖고 법제화했죠. 기본은 1973년도 법이고 그 틀을 유지했지만, 설득이 필요했죠. KDI, 경제기획원, 보건사회부가 노총과 경총, 근로자단체, 노동조합 등을 대상으로 설득하러 갔었어요. 국민연금안은 마련했지만, 그에 대해 동의를 구하고 양해를 구하는 과정이 이어졌죠.

이계민   전두환 대통령 시절에는 대통령부터도 사회복지를 하면 나라 망한다고 생각했습니다. 그런데 대통령이 국민연금을 하라고 지시하면서 설득은 알아서 하라고 했으니 어려웠겠습니다.

이종윤   그렇죠. 그러니까 노동자와 기업체를 설득하는 게 최우선이었죠. 한 번은 합동설명반과는 별도로 노총에서 오라고 해서 갔더니 '너희가 뭐라고 노후를 책임진다고 하느냐'면서 험한 분위기가 연출됐습니다. '자식이 노후를 보장해 주지, 정부가 뭘 책임진다는 것이냐'는 논리였죠. 그리고 '언제 회사를 그만둘지도 모르는 상황에서 20년간 연금을 내라는 것이냐'며 난리였죠. 그래서 연금의 좋은 점을 설명하고 이미 선진국에서 연금을 모두 실시하고 있으며 '절대로 여러분에게 불리한 제도로 만들지 않겠다'고 약속한다고까지 얘기했죠. 합리적인 설득을 위해 낮은 보험료를 얘기했고요. 1년 후 회사를 그만두고 연금 반환 요청 시 당시 가장 인기가 높았던 재형저축 이자율을 더해서 모두 돌려주겠다고 얘기했어요.

  그렇게 근로자들을 설득했습니다. 그리고 기업체에는 퇴직금 적립금을 전환해 일부를 연금으로 돌리도록 했지요. 처음에는 기업주와 근로자가 각각 1.5%씩 갹출하는 것으로 출발했어요. 그러니 기업체에도 부담이 적고 근로자도 부담이 적게 시작한 거죠.

이계민   처음에는 보험료가 낮았지만, 점진적으로 올리기로 한 것 아닌가요?

이종윤   그랬지요. 소득대체율 70%를 상정했는데, 이게 사실 높은 소득대체율이었죠. 그때 우리 임금수준이 높은 수준은 아니었으니 노후에 부부가 생활하려면 소득대체율이 70%는 유지되어야 하지 않겠냐는 생각이었어요. 그리고 또하나는, 그 정도의 소득대체율은 되어야 근로자를 설득할 수 있겠다는 생각이었어요. 그래서 '저부담·고급여'라는 얘기가 나왔어요. "재정추계는 해보고 나온 것이냐?"라는 비판이 제기됐죠.

이계민 당연히 재정추계는 했겠죠?

이종윤 우리도 저부담이라는 것은 알았지만, 일단 국민연금을 출범시키는 것이 중요하다고 생각했고요. 대통령이 어렵게 승낙했고, 연금이 꼭 필요하다는 것을 다 알고 있었기 때문에 더 이상 여기서 중단되어서는 안 된다는 생각으로 그렇게 타협한 거죠. 1973년과는 달리 단계적으로 부담수준을 좀더 올리기로 설계했고요. 대신 급여수준도 높아졌죠. 그리고 재정추계라는 것이 연금처럼 장기로 가면 변수가 워낙 많다 보니 엄청나게 어렵습니다.

예나 지금이나 국민연금 개혁의 단골메뉴는 장기적 재정불안정이다. 국민연금 도입준비에서부터 여러 기관의 재정추계가 나왔으나 결론은 비슷했다.[1]

국민연금 도입을 준비하면서 재정추계로 사용한 KDI의 1986년 보고서 〈국민연금제도의 기본구상과 경제사회 파급효과〉를 보면, 2033년 기금규모가 정점에 달하고, 2038년 당기수지 적자가 발생하여 2049년 기금이 고갈될 것이라고 예상했다. 보고서는 여기에 그치지 않고 재정적자가 발생하는 2049년경 제도 유지를 위해서는 부과방식 보험료율을 21.54%까지 올려야 한다고 지적했다. 보험료율의 인상을 지적한 것이다.

1988년 한국인구보건연구원 국민연금연구팀이 발표한 국민연금 장기추계도 내용은 비슷하다. 이 보고서는 2028년 기금규모가 정점에 달하고, 2029년 당기수지 적자와 2047년 기금고갈을 예상했다. 이는 KDI 보고서에 비해 기금소진 시점이 2년 정도 앞당겨진 것 말고는 결론이 비슷하다.

1995년 5월 한국보건사회연구원과 국민연금관리공단이 함께 개최한 '국민연금 확대와 재정안정 방안에 관한 세미나'에서 발표된 정경배 박사의 연구결과는 더 심각하다. 현행 제도가 유지될 경우 2024년까지 적립기금이 최고수준에 도달하고 2039년 재정적자가 나타날 것으로 예측했다.

---

1 국민연금사편찬위원회, 2015, 《실록 국민의 연금》, 국민연금공단, 144~145쪽.

결국, 모든 보고서는 결론으로 보험료율의 단계적 인상을 지적했다. 30년이 훨씬 지난 지금도 변함없는 결론이 내려진다는 게 혼란스러울 따름이다.

이계민 당시 법제정 시에 거시경제를 다루는 경제기획원 등과 보건사회부의 의견 차이가 컸나요?

이종윤 물론 있었죠. 연금을 어느 측면에 중점을 두느냐에 따라 달라질 수 있습니다. 경제기획원은 경제성, 효율성에 중점을 둔 반면, 보건사회부는 통합성의 측면에서 접근했습니다. 거기서 경제기획원과 보건사회부의 의견 충돌이 있었습니다. 사회보험은 보험의 원리에 따라 통합을 생각해야 하지만, 경제기획원은 경제 전반을 다루다 보니 경제성이나 효율성을 중시해야만 했죠.

이계민 기금운용 주체를 두고도 논란이 있었죠?

이종윤 보건사회부는 사실 국세청에서 기금을 징수해 줬으면 좋겠다는 입장이었습니다. 보험의 기본은 부담의 형평성이기 때문입니다. 부담의 형평성이 깨지면 보험 자체가 흔들리는데, 보건사회부는 소득을 파악하기가 어려웠거든요. 소득파악을 잘하기 위한 전문부서는 국세청입니다. 그러니 국세청에서 기금을 운용하는 게 맞다고 생각했어요. 그런데 경제기획원도 국세청도 슬슬 피하는 거예요.

그래도 운용을 해야 하니 관리기구를 만들어서 하자고 논의된 거죠. 마침, 의료보험을 해본 경험이 있었어요. 당시 의료보험이 조합별로 다 따로 운영됐는데, 유일하게 교직원 의료보험은 단일 관리체제였어요. 그래서 교직원 의료보험의 단일 관리체제를 벤치마킹하기로 했죠. 이렇게 공단을 만들기로 한 겁니다.

기금관리도 쟁점이었어요. 물론 부처 이해관계라고 볼 수도 있겠죠. 하지만 그보다는 접근방식의 차이였다고 생각합니다. 보건사회부는 사회복지 측면에서 접근하고, 경제기획원은 경제성과 효율성에서 접근하고요. 기금이 많이 적립된다는 것은 모두 알고 있었던 거죠. 그러니 여유자금의 재정기탁을 포함해 기금을 어떻게 관리하느냐에 대한 논란이 심했죠. 하지만 사실 당시 보건사회부의 위상은 경제기획원에 비할 바가 안 됐고요. 계란으로 바위 치기였죠. 그래서 국무총리를 위원장으로 하는 조직을 만들자는 논의가 있었어요. 총리를 등에 업고 경제기획원과 상대하려 한 거죠.[2]

국민연금은 경제개발의 재원인가?

1973년에 「국민복지연금법」을 만들 당시의 언론에 나타난 논평을 보면, 경제개발 재원으로 마련하기 위해 국민연금을 만들었다는 지적이 많았다. 〈동아일보〉는 1973년 9월 21일 다음과 같은 논평기사를 실었다.

> "중화학 내자 노려 사회보장 뒷전" 주객전도
> "정부선 한 푼 안 보태는 복지 … 사회보장제 위배
>
> 사회보장제도를 실시하는 궁극적인 목적은 일시적 또는 영구히 최저생활을 영위할 수 없거나 불가결한 의료 서비스에 충당할 생활 수단을 갖지 못한 국민에 대해 공공사회적 조치에 의해 '빈곤으로부터의 자유'를 확보해 주자는 것이다.
>   이를 위해 선진국의 사회보장제도는 피고용자로 하여금 갹출금보다 많은 혜택을 받을 수 있도록 가입자는 물론 기업과 정부에도 부담을 지우고 있다. 그래서 연금관리는 안정성이 있어야 하고 또 수익성도 높아야 한다는 게 사회보장의 일반론이다.
>   그러나 우리나라의 국민복지연금제도는 정부의 재정 출연이 전혀 없다. 따라서 그만큼 가입자에게 돌아가는 혜택의 크기가 다른 나라에 비해 작다는 얘기다. 뿐만 아니라 피고용자와 기업으로부터 거둬들이는 연금기금의 대부분을 중화학공업 개발을 위한 국민출자채권 인수나 재정자금 예탁으로 돌림으로써 연금관리의 수익성 원칙과는 거리가 먼 것 같은 인상을 주고 있다. 국민복지의 증진이

---

2 이 책의 박남훈 인터뷰 189~190쪽 참조.

라는 정책목표에도 불구하고 이처럼 내자동원 측면에 보다 치중하고 있는 것은 사회보장제도 실시의 의의를 크게 줄이는 것이다.[3]

이계민　1973년 국민연금 관련 법제정 당시 국민연금이 경제개발의 재원으로 만들어졌다는 비판도 있었습니다. 보건사회부의 생각은 어떠했는지요?

이종윤　당시엔 경제개발 재원이라고 보는 시각이 있었어요. 내자동원이라는 얘기는 직접적으로 안 하죠. 하지만 보건사회부가 기금을 운영할 만한 노하우가 없고 경제기획원은 전문가가 많다는 건 표면적으로 나와 있었죠. 내심은 알 수 없지만, 개발자금은 확보할 필요가 있었죠. 어떤 면에선 보건사회부에서 그런 점을 인정했어요. 적립된 기금을 보건사회부가 단독으로 사용할 곳이 없어요. 국가의 경제개발을 위해 기금이 쓰일 수 있다는 점은 보건사회부도 인정한 것이지요.

　다만, 위원장이 누가 되느냐가 중요했죠. 보건사회부 장관이 위원장이 되더라도 개발자금에 기금사용을 인정할 수 있다는 입장이었는데, 경제기획원에서는 보건사회부의 전문성이 부족하다는 입장이었어요. 물론, 보건사회부의 전문성 부족은 사실이지만, 일반국민, 연금 가입자의 입장은 보건사회부만이 대변할 수 있거든요. 일반국민의 동의나 지원을 받지 않으면 제도 자체를 유지할 수 없지요. 실제로 국가의 개발자금에 어느 정도 기금이 사용되겠지만 어떤 과정인지가 중요하거든요. 따라서 위원장을 총리로 하고 실무작업반을 보건사회부가 하면 되지 않겠냐고 생각한 거죠.

---

3 "특집: 국민복지연금제의 문제점", 〈동아일보〉, 1973. 9. 21, 3면.

국민연금의 본격적 추진과정

국민연금 농어촌 확대의 어려움

이계민   1986~1988년은 대한민국 최대호황기였습니다. 그래서 국민연금이 순조롭게 진행된 것 같습니다. 그런데 훗날 농어촌지역 확대가 또 문제가 되죠?

이종윤   농어촌 시범사업은 1994년에 1차, 2차 두 차례에 걸쳐 실시했습니다. 1995년 7월 1일부터 농어민으로 국민연금을 확대했어요. 따라서 최종 마무리는 1995년에 했지만, 그 이전에 시범사업을 하면서 여러 가지를 준비했죠.

제가 청와대에 있다가 1994년 4월에 의료보험국장으로 발령을 받았어요. 그때 의료보험은 연금하고는 상관이 없었어요. 당시엔 의료보험국과 연금국이 따로 있었거든요. 그러다가 1994년 12월에 의료보험국과 연금국이 합쳐지면서 저는 연금보험국장이 됐고요. 그래서 농어촌 시범사업을 할 때는 연금을 담당하지 않았고, 1995년 7월 농어촌지역 확대실시를 할 때는 제가 직접 관여했습니다.

이계민   농어촌지역으로 확대하면서 애로사항이 많으셨죠?

이종윤   아주 어려웠죠. 자영업자도 소득파악을 제대로 하기 어렵지만 농어민은 더 어렵습니다. 그때 당시에 우루과이라운드 때문에 외국산 쌀 수입개방과 관련해서 정부에 대한 농민들의 반발이 심했어요. 농촌을 살리기 위해 정부에서 특별회계도 만들고, 농어민을 안정시키려는 생각이 강했어요. 실제로도 농민이 연금제도의 혜택을 받으면서 70~80세까지 힘들게 농사짓지 않고 빨리 은퇴할 수 있도록 도울 필요도 있었고요.

그때 서상목 장관 시절이었는데, 연금에 대해서 잘 알고 소명의식이 투철한 분이다 보니 농어촌 확대에 대한 생각이 있으셨어요. 그래서 시범사업도 했고요. 그런데 소득파악이 안 된다는 것이 문제였죠. 농어민 의료보험의 경험을 살려서,

소득을 재산 등을 통해 가늠하고 통계청의 농어민 소득을 참고하고 국세청에서 농어민 소득세 자료도 가져왔지만 사실 잘 되지 않았어요. 표준소득이란 걸 제시해서 진행하려 했는데요. 의료보험을 통해 보험이 나쁘지 않다는 의식은 생겼지만 쉽사리 확대하기는 어려웠고, 도시에 사는 자식이 대신 보험료를 내주는 '효도연금 보내기 운동' 같은 것도 실시해 봤습니다만 성과를 거두지는 못했습니다.

이종윤 전 보건복지부 차관

그때, 우루과이라운드를 통해 편성된 특별회계를 통해 농어촌 연금을 지원하는 게 가능했고 이 부분이 도움이 됐습니다. 당시 표준소득 최저치가 7만 원이고 최고액이 220만 원이었어요. 나중엔 최저치가 22만 원, 최고액이 360만 원이었죠. 농어민은 최저치인 22만 원 구간에 들어왔고요. 그중에 정부가 농어촌 특별회계에서 3분의 2를 부담했습니다. 기업에는 사업주가 있어서 근로자와 1.5%씩 각각 부담하는데, 농어민은 사업주가 없으니 3%인데 정부가 3분의 2를 부담한 거죠.

또 사업장가입자가 농어민과 연금을 분리하자는 얘기가 있었어요. 그런데 분리하는 것은 사회보장 원리에 반하는 것입니다. 어려운 사람과 여유 있는 사람이 공존하는 것이 사회보장 원리의 근간이지요. 그래서 분리하는 것은 안 된다는 입장이었고, 지원하는 방향이 되었죠. 또한 분리해서 관리하기도 사실 쉽지는 않습니다. 그리고 그때 농어민 숫자가 그리 많지 않아서 크게 영향을 주지는 않았어요.

이계민 농어민에 대한 정의도 참 애매하긴 하죠? 도시에 살면서 농업을 겸하는 형태도 있고요. 반대로 농어촌에 살면서 농사 아닌 다른 사업을 할 수도 있지요.

이종윤　농민만 하자는 의견도 있었어요. 즉, 직역중심으로 농업인만 하자는 입장이지요. 그런데 어떻게 농민을 골라내는지의 문제가 있어요. 서초동에서 비닐하우스 농업을 하는 사람도 농민인데, 어떻게 순수 농민을 골라내는가 하는 문제가 있었지요. 그래서 농촌지역, 즉 지역단위로 하기로 결론이 났습니다.

김영삼 정부의 구조개혁 드라이브

이계민　재정에 관한 문제가 생긴 건 그 뒤에 「공공자금관리기금법」이 만들어지고, 그로 인해 여유자금의 대부분을 재정투융자 특별회계에 의무예탁을 하면서부터 아닌가요? 1997년 6월에 국민연금제도 개선기획단이 구성됐는데 어떤 배경에서 만들어졌나요?

이종윤　당시에 연기금을 어떻게 쓰느냐가 무척 민감한 문제였죠. 1980년대 초부터 시민단체들이 태동하기 시작했고 1987년 민주화 이후에는 시민단체의 목소리가 엄청나게 커졌습니다. 그 뒤의 노태우 정부나 김영삼 정부에서는 시민단체 목소리가 더 커졌고요. 그리고 여러 전문가가 기금을 어떻게 쓰는가에 대해 연구를 진행했어요. 그리고 「공공자금관리기금법」이 1993년에 입법이 되고, 의무적으로 기금을 예탁하게 되면서 아주 반발이 심했죠.

　그리고 그때 당시에 경제기획원에서 종이쪽지를 하나 주고 가져갔는데, 국민의 돈인데 어떻게 그렇게 할 수 있느냐는 반론이 많았지요. 보건복지부의 논리는 국민이 맡겨 놓은 돈이지, 정부 돈이 아닌데 정부가 맘대로 쓰면 안 된다는 것이었습니다. 그런데 그것이 일반 시민사회의 목소리도 있었고 논란이 심했지요.

이계민　1995년에 이른바 김영삼 대통령의 '삶의 질 세계화' 논의 이후 그렇게 된 것 아닙니까? 김영삼 대통령은 대선후보 시절 연금을 전 국민 연금제도로 확대하겠다는 선거공약을 내세웠거든요. 그러다 보니 여러 가지 재정적 문제가 있었고, 국민복지기획단을 만들어서 연구한 것으로 알고 있습니다. 그래서 1996년

12월에 보건복지부 장관과 KDI 원장을 공동위원장으로 한 국민복지기획단을 만들고 거기서 연구했죠. 그때 이 차관께서는 어떤 일을 맡고 계셨나요?

이종윤　저는 1995년까지 연금보험국장을 하다가 1996년에 또 국장급 해외파견으로 유학하러 갔거든요. 그래서 1995년 말에 국립의료원 사무국장으로 잠시 나갔다가 1년 계획으로 유학을 떠났어요. 1996년도부터 1997년 5월까지 있을 계획이었죠. 그런데 역시 1년도 안 된 1997년 2월 말에 보건복지부에서 연락이 와서 급히 귀국했어요.

　국장급 연수를 간 와중에 서상목 장관이 손학규 장관으로 바뀌었어요. 3월에 귀국하니까 사회복지정책실장 직무대리로 발령을 받았습니다. 그러면서 연금 업무를 다시 했죠. 국민복지기획단이 1995년 말부터 1년 정도 활동했을 거예요. 삶의 질 향상을 위해서는 국민연금을 전 국민 연금으로 확대해야 한다는 의견도 그때 나왔고요. 제가 해외에 있는 사이에 이런 일이 벌어진 거죠. 그리고 그때 박세일 수석이 청와대에 부임해서 세계화를 주관했는데, 그 뒤에 사회복지수석으로 자리를 옮기셨어요.

　그래서 국민복지기획단에서 못했던 일을 박세일 수석이 강하게 밀어붙였죠. 재정문제, 안정문제, 지속가능성이 중요한 이슈였어요. 일원화되어 있는 것을 기초연금과 소득비례연금으로 이원화하자는 논의도 그때 제시됐습니다. 그때 실무위원으로 문형표 박사, 안종범 박사, 김용하 박사가 있었고, 안정을 위해 연금개혁을 해야 한다는 입장을 강하게 주장한 겁니다. [4]

이계민　국민복지기획단은 1996년 2월까지 하고 끝났거든요. 그다음에 박세일 수석이 사회복지수석으로 갔고요. 그런데 기초연금과 소득비례연금으로 나누자고 한 것이 복지기획단의 보고서에 있었나요? 이게 상당히 중요한 의미가 있는 것 같아서요. 처음부터 이원화됐더라면 어땠을까 하는 생각도 있고요.

---

4 이 책의 서상목 인터뷰 137~138쪽 참조.

이종윤   이원화는 복지기획단의 보고서에 있었습니다. 그런데 이원화 때문에 논란이 많았어요. 농어민 연금을 도입할 때도 농어민과 근로자를 따로 하자는 논리가 있었지만 안 된다고 했던 게 보건복지부의 일관된 입장이었거든요. 기초연금과 소득비례연금으로 나누자는 것도 기획단에선 논의가 됐지만, 보건복지부의 실무자들은 그게 안 된다는 게 일관된 입장이었어요. 그래도 청와대에서 워낙 세게 밀어붙이니 어쩔 수 없이 동의하는 것 같이 되었지만, 실제로 근저에서는 여전히 반대하고 있었던 거죠.

왜냐하면 사회보장은 통합의 의미가 중요하거든요. 분리하면 그런 정신이 깨질 뿐만 아니라 관리상의 어려움도 있기 때문이에요. 의료보험에서 직장 따로, 지역 따로, 사업장별로 따로 했는데, 그러다 보니 부자조합과 빈자조합의 문제가 아주 심각했어요. 어느 지역의료보험은 운영비도 안 나올 정도인데 삼성조합에선 자체적으로 혜택도 많고 그런 상황이었어요. 그래서 의료보험에서도 통합이냐 조합이냐로 엄청나게 논란이 많았어요. 복지부 내에서도 견해차 때문에 사실 엄청난 갈등이 있었어요. 국민연금도 그런 식으로 분리되면 어떻게 됩니까?

또 다른 이유로, 기초연금으로 가면, 결국 정액보험인데요. 정액보험료는 조세 같은 성격이 강해요. 정부가 깊이 관여하게 될 가능성이 높고요. 그런데 문형표 박사나 김용하 박사 같은 학자는 이상적인 상태를 전제로 한 주장을 한 거죠. 이원화해야 모든 국민이 다 연금을 갖고, 이원화하지 않으면 연금 사각지대가 많이 발생한다는 논리였어요. 실제로 사각지대가 발생하지만 보건복지부에서는 운영의 묘로서 다뤄야지 기본 틀을 이원화해선 안 된다고 본 거죠.

이계민   그런데 김영삼 정부 때 논란의 핵심은 1992년 대선공약에 내걸었던 전 국민 연금 시대였는데요. 그걸 확대하려다 보니 복지기획단도 만들었던 거죠. 그렇게 국민연금 확대방안을 강구하다 보니 논란이 되고, 그래서 국민연금제도 개선기획단이라는 걸 다시 만들게 되거든요. 이때는 어떤 일을 주로 하셨나요?

이종윤 1997년 2월에 사회복지정책 실장이었어요. 그때 청와대 박세일 수석의 위세가 아주 대단했습니다. 그리고 문형표 박사 같은 사람들이 박 수석에게 보고하고 박 수석이 동의해서, 문 박사의 주장을 박 수석이 적극적으로 지지했거든요.

재정안정과 지속가능성의 문제

이종윤 그런데 청와대에서 추진하려다 보니 모양새가 안 좋아서 국무총리실의 사회보장심의위원회가 있으니 그쪽에서 논의해 보라며 넘긴 거예요. 그래서 국무총리실 사회보장심의위원회에서 논의가 이뤄졌죠. 논의하면서 여러 가지 안이 나온 것입니다. KDI 출신으로 당시에는 인하대 교수였던 박종기 박사를 단장으로 해서요.

개선안은 1997년 말에 여러 가지 안을 제시하는데, 재정안정이 가장 중요한 이슈였어요.[5] 저부담·고급여로는 국민연금이 지속가능하지 않다는 것이었어요. 문형표 박사가 먼저 연금고갈을 제시하고, 언론에서 이를 대대적으로 보도해서 국민적 관심이 상당히 높았습니다. 그래서 국민연금의 지속가능성을 어떻게든 확보해야만 되겠다는 것이었죠. 그리고 전 국민 연금을 실시하기 전에 제도 개선을 해야 하지 않겠냐는 생각이었죠. 1986년에 우선 출범시키는 데 주안점을 두다 보니 '저부담·고급여'로 했고요.

그때 당시에는 기획원이나 KDI, 보건복지부 모두 인정했던 부분이고 어차피 손을 봐야 한다고 생각했거든요. 그런데 저는 사회적으로 논의가 많이 됐으니 이때 손을 보자고 생각해서 여러 가지 안을 제시했죠. 그때 대체급여 수준을 40%로 낮추자는 안도 있었고요. 반면 부담은 높이자고 했지요. 그래야 지속성이 유지된다고 하니 노총에서 난리가 났어요. 언론에서도 마찬가지고요. 안들이 나와서 대통령에게 보고되기는 했는데 사장되고 말았습니다.

---

5 이 책의 서상목 인터뷰 138쪽 참조.

이계민 당시 안에 대해서 보건복지부는 반대했다는 기록이 있는데요.

이종윤 반대했죠. 급여수준이 40%라면 근본적으로 가입자에게 무슨 설명을 할 수 있겠느냐는 거죠. 당시 언론에서도 '껌값'이라는 등 문제제기가 됐고요. 이러한 급격한 급여수준 변화는 안 된다는 것이었어요. 급여수준을 조정하더라도 재정추계를 보아가면서 단계적으로 해야 한다는 입장을 보건복지부는 견지한 거예요. 그때 위원들은 세부적인 것을 몰랐고요. 문형표 박사, 안종범 박사 등이 실무위원으로 만들어서 보고하면 다 통과됐던 겁니다.

이계민 1997년 말이면 김영삼 정부 말기인데요. 김 대통령이 1998년 전 국민 연금을 시행하겠다는 공약을 발표하기 위해 여러 대안을 제시한 것인데 보건복지부는 반대했고요. 그러다가 1998년 2월 21일에 국민연금 개혁안을 정부 안으로 확정해서 발표하고, 3월 9일에 입법예고하거든요. 이게 김영삼 정부의 마지막 작품입니다.

이종윤 그때 최광 장관이 김영삼 정부 마지막 보건복지부 장관이었거든요. 그분이 조세연구원장을 하시다가 오신 것이었는데, 박세일 수석과 가깝다는 얘기도 있었고요. 그런데 문형표 박사, 박세일 수석 등과 거의 같은 의견이었던 재정전문가 최 장관도 보건복지부에 와서 보니 보건복지부 주장도 일리가 있었거든요.

그래서 급격한 제도개혁은 안 된다는 것에 동의했어요. 그래서 급여수준도 55%로 완만하게 했어요. 재정문제이기 때문에 안정을 유지하려면 급여수준을 낮추고, 보험료는 높이는 것 두 가지가 중요합니다. 그다음에 지급시기(수급연령)를 언제로 하는가 등이 논란이 됐는데 이런 걸 급격하게 바꾸지 말고 단계적으로 완만하게 하자는 것이 보건복지부의 안이었어요. 그래서 공청회를 하고 그랬지요. 그래도 노총에서는 엄청나게 반대했어요. 결국 후퇴하고, 급여수준은 55% 유지하고, 보험료는 9%로 가는 걸로 했어요. 65세로 수급연령을 올리는 것도 많이 미뤄졌고요. 그렇게 법안이 만들어진 겁니다. 또 하나 주목할 점은 재정재계산제도를 도입한 것입니다.

김영삼 정부 말기의 국민연금 구조개혁의 전개과정을 좀더 구체적으로 알아보자. 청와대 사회복지수석실이 강하게 몰아붙였던 국민연금 구조개혁안에 대해 시종일관 반대의견을 표명하던 보건복지부가 최광 장관 부임을 계기로 보건복지부 자체 대안으로 모수개혁안(연금구조의 틀을 그대로 둔 채 지급률과 기여율을 일부 조정하는 방식)을 내놓는다.[6]

주요 골자를 보면, 국민연금 재정안정을 위해 ●급여수준을 40년 가입 평균소득자 기준 70%에서 55%로 인하 ●보험료를 단계적으로 16.25%에 이르게 하며, 균등부문과 소득비례 부문의 급여구조를 종전의 4 대 3에서 1까지 인상 ●수급연령을 65세로 단계적으로 상향조정 ●연금 최소 가입기간을 15년에서 10년으로 단축 등이었다.

이런 내용의 연금구조 개혁안을 만들어 1998년 1월 22일 공청회를 열고 의견수렴에 나섰고, 청와대 사회복지수석실도 동의하면서 1998년 2월에 「국민연금법」 개정안을 성안한다. 당초 김영삼 정부는 이 개정안을 2월 임시국회에 제출할 예정이었으나 한국노총과 민주노총 등 시민단체의 거센 반발에 부딪혀 제출하지 못했다가, 김대중 정부가 출범하고 난 직후인 3월에 사회단체들의 의견을 수렴해 좀더 후퇴하는 안을 제시했다. 골자는 보험료를 9%로 유지하되 2010년 이후에 다시 조정하고 65세 연금 수급연령도 2017년에서 2033년으로 연기하는 것이었다. 이것이 4월 28일 국무회의를 통과해서 5월 8일에 국회에 제출된다.[7] 그러나 이 역시 우여곡절을 겪으면서 1998년 말에야 법률개정안이 통과된다.

6 국민연금사편찬위원회, 2015, 《실록 국민의 연금》, 국민연금공단, 210쪽.
7 이 책의 서상목 인터뷰 138쪽 참조.

이계민　앞서 법개정에서 눈여겨볼 대목이 재정재계산제도 도입이라고 하셨는데 어떤 의미가 있나요?

이종윤　결국은 재정추계인데요. 그전에는 재정추계를 몇 년마다 하라는 법 내용이 없었습니다. 그런 당시 법을 개정해서 5년마다 재정추계를 해서 재계산하자는 것을 법에 명시하는 것이었습니다. 연금고갈이 워낙 쟁점이 되는데 학자마다 고갈시점이 다르고요. 그러니까 정말 공신력 있는 추계위원회를 만들어 거기서 5년마다 재정추계를 하자는 거죠. 그리고 사회변화가 있으니 그런 변수를 5년마다 새로 투입하고 어떻게 보험료를 인상할 것인지와 같은 문제를 결정하기 위해 5년마다 재정을 재계산하자는 것이지요. 그렇게 해서 보험료나 연금수급액을 조정해가자는 취지입니다.

이계민　결국은 5년마다 검토해서 문제 있으면 수정해 나가자는 것인데 그런 논리는 어디서 나온 것인가요?

이종윤　재정대책 가운데 하나입니다. 시중에서는 일반국민은 물론 전문가까지도 근거도 없이 '우리 세대는 연금이 고갈되어 못 받는다'는 얘기를 많이 했으니까요. 국민이 불안한 것은 당연하지요. 그런 무책임한 논란을 종식하자는 의도였다고 볼 수 있습니다.

이계민　1998년 말에 개정법률이 통과됐으니 그때는 차관이셨나요?

이종윤　그때도 사회복지정책실장을 했어요. 제가 1997년 3월 손학규 장관 때 사회복지정책실장으로 시작해서 1997년 9월까지 했고요. 1997년 10월부터 1998년 3월까지 기획실장을 했어요. 그리고 다시 1998년 3월부터 1999년 5월까지 사회복지정책실장을 또 했어요. 이런 경우도 드물어요.

김종필 총리의 연금실시 선언

이계민　법이 통과되면서 도시지역 확대가 들어간 것 아닙니까? 전 국민 연금 시대를 연다는 것이 원래 발표됐던 정부계획에는 1998년 7월이었다가, 10월로 연기됐고, 이를 뒷받침하는 법개정이 1999년 4월에 이뤄졌습니다. 그런데 1999년 들면서 도시지역 확대와 재정문제가 불거지니까 정부 여당이 연기해야 한다는 얘기가 나왔고요. 당시 김원길 국민회의 정책위 의장이 연기한다고까지 발표했다가, 김종필 총리가 김대중 대통령과 담판해서 연기하지 않고 시행한다고 했습니다. 여기에는 어떤 배경이 있었나요?

이종윤　그때는 제가 사회복지정책실장을 했을 때인데, 우리가 도시자영업자를 연금에 포함하려는데 소득파악이 안 되니까 미리 자진신고 형태로 받았어요. 그런데 그냥 자진신고를 하면 소득을 낮춰서 신고할 것이 뻔했거든요. 일단 보건복지부에서 나름대로 직종별, 직업별로 권장소득을 만들어서 제시하면서 자진신고를 독려했어요. 그럼에도 불구하고 너무 낮은 신고액이 들어온 거예요.

이계민　표준 권장소득보다 신고액이 훨씬 낮았다는 거죠?

이종윤　아주 턱없이 낮았어요. 그러면 보건복지부에서 당신 소득이 이렇다고 알려주면 또 여기에 반발이 심했어요. 그다음 해에 총선이 있어서 더 민감했어요. 그래서 김원길 당시 여당의 정책위 의장이 여론조사를 해보니 반대가 너무 심해서 여당의 선거 참패가 우려되는 상황이어서 대통령께 보고했어요. 김대중 대통령이 의보통합, 의약분업 때 보면 참 결단력 있으셨거든요. 그런데 그때 자민련하고 연합정부 아니었습니까? 그래서 김원길 의장한테 반승낙을 하고선 자민련 의견 한번 들어보라고 얘기하셨어요. 공동정부니까요.
　그때 마침 총리실에 3조정관으로 인경석 씨가 있었어요. 그분이 연금에 대해서 잘 알거든요. 그래서 김 총리를 설득했다고 해요.

"연금이란 게 한 번 미루면 영원히 못 할 수 있고 반쪽짜리 제도가 됩니다. 어렵더라도 돌파해야 합니다."

이렇게 설명했다고 합니다. 김 총리가 들어보니 일리가 있어서 김대중 대통령을 찾아가서 연금을 지금 중지하면 안 된다, 어려움이 있으면 현장에서 고치고 설득하면서 진행해야지 연기하면 안 된다고 말했다고 합니다. 그렇게 두 분이 합의가 된 거예요. 그다음에 김 총리가 관계장관 회의를 소집해서 "연금은 실시한다" 이렇게 선언해 버렸어요. [8]

김종필 같은 총리였으니 가능했고 일반 총리였으면 이렇게 밀어붙이지 못했을 거예요. 그러니 당(국민회의)에서는 난리가 나서, 결국 김원길 의장도 사퇴했고요. 그 뒤에 김종필 총리가 그해 5월 인경석 조정관을 연금공단 이사장으로 보냅니다. 실제 진두지휘할 기관의 책임자로 보낸 거죠. 그리고 김 총리가 연금공단을 직접 방문하고,[9] 지사장을 다 소집해서 끝까지 힘을 보태 주겠다고 용기를 줬어요. 아마 총리가 연금공단을 직접 방문한 첫 사례일 겁니다. 그래서 지사장들이 용기백배한 거죠. 보건복지부도 사기가 높아졌고요.

이계민 그게 몇 년도 일인가요?

이종윤 1999년 3월 얘기죠. 1999년 4월 전 국민 연금을 도시지역까지 확대했고요.

이계민 그럼 도시지역 확대는 언제부터 시행된 거죠?

이종윤 1999년 4월 1일부터입니다. 그러니까 시행 직전에 난리가 났었던 거죠. 보건복지부가 2월부터 소득신고를 받았고요. 난리가 나니까 3월에 김원길 의장

---

8 이 책의 서상목 인터뷰 128~129쪽 참조.

9 김종필 국무총리가 국민연금공단을 방문해 '국민연금 도시지역 확대 촉진 결의대회'를 가진 것은 3월 13일로 당시 국민연금공단 이사장은 차흥봉이었다. 그러나 얼마 안 돼서 5월 24일 보건복지부 장관으로 영전함에 따라 인경석 조정관이 차흥봉 장관 후임으로 그해 5월에 취임해 2002년까지 '전 국민 연금제도의 조기정착'을 위해 앞장서왔다.

이 연기를 얘기했어요. 김원길 의장은 대통령도 연기하는 데 동의했다고 본 거죠. 대통령이 자민련하고 상의해 보라는 것도 대통령이 연기하는 데 동의한 거라 생각한 거고요. 선거를 앞두고 있으니 자민련이 반대할 리가 없다고 판단했지요. 그래서 정부 공식발표가 있기 전에 언론에 미리 연기된다고 흘렸어요. 그러니 언론에서는 연기된다고 보도가 나왔고요.

그런데 김 총리는 공동정부인데 자기한테 보고도 안 하고 언론에 이런 식으로 보도가 나왔으니 아마 화가 많이 났을 겁니다. 그때 마침 연금을 잘 아는 인경석 조정관이 총리실에 있어서 물어보니 연기하면 영원히 연기될 수 있으니 어려움이 있어도 실시해야 한다고 답을 했고요. 그러자 김 총리가 당에는 얘기도 안 해주고 관계장관 회의를 소집해서 그냥 실시하는 것으로 지시한 거죠. 총리가 대통령을 독대해서 설득했던 거고요. 그러니 당이 붕 뜨게 되고 김원길 의장도 이래저래 사퇴가 불가피했지요.

이계민 그런 과정을 거쳤지만 그래도 2003년 7월 1일부터 당연적용 사업장을 1인 이상 전 사업장으로 확대했지요?

이종윤 이때 강행은 했는데, 어떻게 해야 문제가 없을지 참으로 난감했습니다. 직장가입자의 반발이 아주 심했어요. 신고소득이 너무 떨어지니까요. 국민연금 급여구조에 A값(전체 가입자의 평균소득, 기초연금)과 B값(자기가 낸 보험료에 비례한 금액, 소득비례)이 있어요. A값은 기초부문으로 전체 가입자의 평균소득이고요. B값은 자기 소득에 비례해서 연금급여가 올라가는 겁니다. A와 B를 더해서 연금을 주는 건데 소득재분배 효과가 A값에서 나오는 거예요. 그러니 사업장 근로자는 자기 소득은 투명한데, 도시자영업자가 모두 신고액을 확 낮춰서 신고하니 A값이 떨어진 거예요. 그래서 사업장 근로자들이 난리가 났어요. 게다가 당장 그다음 해에 연금을 수령할 사람들의 연금 수령액이 전년도보다 낮아졌어요.

그 보정조치를 실시하기 위해 보건복지부에서 엄청난 골머리를 앓았지요. 그래서 결국 첫째로 A값을 원래는 연금 받기 전년도 기준으로 했던 것을 직전 3년간 평균으로 바꿨어요. 그리고 두 번째로 가입자 수를 줄여야 했어요. 적게 내는 사람이 많아지면 A값이 더 떨어지니까요. 그래서 가입연령을 23세에서 27세로 높였고요. 세 번째로는 사업장가입자 기준을 5인 이상에서 1인 이상으로 바꿔서 확 늘렸어요.

그럼에도 정부 간에도 협조가 잘 안 됐어요. 국세청에서 소득자료도 안 주니 어려움이 많았어요. 그때 이 문제를 해결하기 위해 국세청, 노동부, 행정자치 부, 지방자치단체 등이 자료를 총망라해서 협조하기로 된 거죠. 협조체계가 갖춰지기 시작한 겁니다. 그래서 그 위기를 넘겼어요. 당시 대통령과 총리가 결심하지 않았더라면 전 국민 연금 시대는 연기됐을 것이고, 다시 시행되는 것은 어려웠을 겁니다. 소득파악은 사실 지금도 문제거든요.

사회보장의 현재진행형 문제들

사회보험의 관건은 부담의 형평성

이계민 지금도 국민연금 사각지대가 존재하지 않습니까? 2000년 8월 보건복지부 차관을 끝으로 공직에서 퇴임하셨는데, 그 이후의 국민연금 발전과정을 평가하신다면 어떠신지요?

이종윤 사회보험에서 가장 중요한 관건은 부담의 형평성이라고 생각합니다. 부담의 형평성이 깨지면 기본이 흔들리기 때문에 제도가 유지될 수가 없어요. 따라서 소득파악이 제일 중요한데요.

지금도 자영업자 연금 부과에 대해 논란이 많지 않습니까? 만약 연금 논의 초기에 국세청이 징수업무를 맡았더라면 지금쯤이면 소득파악 능력이 더 높아졌을 거라고 생각합니다. 그래서 국세청이 빠졌던 것이 참 아쉽죠. 국세청 입장에서는 얻는 것보다 잃는 것이 많기는 했겠지만, 대승적 차원에서 말이지요.

172

그래도 보건복지부에서 사회보장정보원이라는 것을 만들어 이제는 상당한 정보축적이 이뤄지고 있습니다. 각종 정보를 모아서 누수되는 것을 막아 보려는 취지에서 만든 건데 참 잘된 거라고 생각해요. 4대보험 징수는 건강보험관리공단에서 통합해서 하는데, 진작 돼야 했었고 잘된 거라고 생각해요. 징수에 따른 인력이 4대보험 기구마다 다 있었는데, 그만큼 인력을 줄이고 본연의 임무에 집중할 수 있게 되었으니까요. 통합은 행정비용 문제이기도 하지만, 빈부격차와 그에 따른 소외감을 해소한다는 데서 의미가 있고요. 사실 조합방식으로 주장하던 분들은 통합하면 보험이 다 실패한다고 말했는데, 지금 통합했어도 문제없지 않습니까?

'사회보장정보원'(社會保障情報院, Social Security Information Service)은 보건복지 정보의 수집·제공과 보건복지 관련 정보시스템 개발 및 운영 등 보건복지 정보화사업을 수행함으로써 보건복지 업무를 효율적으로 수행할 수 있도록 지원하는 보건복지부 산하 위탁집행형 준정부기관이다. 중앙부처와 지방자치단체, 공공과 민간의 보건복지 분야의 정보화도 지원한다.

2009년 12월 7일에 '한국보건복지정보개발원'으로 설립되었으나 2011년 5월 2일 '한국사회서비스관리원'을 흡수했고, 2015년 7월 1일 「사회보장급여의 이용·제공 및 수급권자 발굴에 관한 법률」에 따라 '사회보장정보원'으로 새롭게 출범했다.

이계민 지금도 여전히 완전한 통합이라고 볼 수 없지는 않나요? 부담의 형평성 문제도 여전하고요.

이종윤 그래도 지금 많이 나아지고 있어요. 소득파악 문제는 참 어려운 것 같아요. 부모 자식 간이나 부부 간에도 소득파악은 어렵거든요.

이계민 특별히 강조하고 싶은 얘기는 없으신가요?

이종윤 정책을 입안한 후 한참 뒤에 지나서 비판하는 경우가 있는데, 이는 지양해야 하지 않나 합니다. 연금도입 당시 상황에서는 연금원리에 안 맞는 것들이 있어요. 그 예가 반환일시금인데, 반환일시금은 낸 보험료를 돌려주는 거니까 돌려받는 순간 연금대상자에서 빠지는 거예요. 이건 연금보험의 근본 취지에 맞지 않는 거죠. 이걸 가지고 연금을 모르는 사람들이 연금제도를 만들었다고 비판할 수도 있겠지만, 당시 상황에서는 반환일시금 같은 제도를 안 만들면 가입자의 동의를 얻어낼 수가 없었거든요. 시대적인 상황이나 여건을 도외시하고 비판하는 거죠. 현재도 마찬가지인데요. 사회복지정책을 담당했던 공직자로서 당시 상황을 역지사지(易地思之)의 정신으로 이해만이라도 해줬으면 하는 바람이 있지요.

사회각계를 아우르는 균형의 미덕

사회보장제도를 실시하는 데는 항상 두 갈래의 의견이 충돌하게 마련이다. 사회복지제도의 원리에 충실하게 제도를 만들자는 '원리주의'와 정치・경제・사회의 여건에 맞게 점진적이고 제한적으로 만들어가야 한다는 '수정주의'가 부딪치는 것이다. 비단 정부 내의 사회부처와 경제부처의 입장이 다른 것만은 아니다. 같은 부처 내에서도 서로 다른 견해가 첨예하게 대립하는 경우가 허다하다.

대표적인 사례가 의료보험제도를 둘러싸고 '통합주의'와 '조합주의'가 대립했던 일이다. 제도시행 이후 학계는 물론 보건복지부 내의 공직자들조차 수십 년 동안을 대립하며 으르렁댔던 것이 우리의 역사다. 특히, 의료보험제도는 이념적 대립으로까지 번지면서 정부가 바뀌고 장관이 바뀌면서 질시와 반목이 이어지고, 승자와 패자가 뒤바뀌는 경우도 많았다. 국민연금제도는 의료보험처럼 첨예하지는 않았지만 역시 경제부처와 사회부처의 견해차는 무척 컸고, 보건사회부 내의 의견도 통일된 것만은 아니었다.

그런 점에서 이종윤은 그 중간쯤에서 의견을 조율하고 정책입안의 효율성을 높인 관료로 소문나 있다. 연금은 물론 의료보험정책을 두루 다뤘고, 보건복지부 내에서 최종 실무책임자인 사회복지정책실장을 두 번이나 역임하면서도 소리 없이 매끄럽게 정책조율을 한 것이 돋보인다. 사회보험을 다룬 많은 고위공직자 중에서도 인터뷰 대상자로 지목된 이유 중에 하나도 균형 있는 시각으로 지난 역사를 정리해 줄 것이라는 평가 때문임을 밝혀두고자 한다.

이종윤은 현재 한국장례문화진흥원 이사장으로 새로운 장례문화 정착에 힘을 쏟고 있다. 한국장례문화진흥원은 장사정책 및 장례문화의 연구개발·지원·교육·홍보 등의 업무를 담당함으로써 선진 장례문화의 발전에 기여하기 위해 2013년 정부에서 설립한 재단법인이다.

국민연금법의
초석을 놓다

3

행정고시 18회로 1976년 공직에 입문해 경제기획원 사무관시절인 1985년 경제기획국 사회개발계획과에 근무하면서 국민연금 제도 도입의 실무를 담당했다. 당시에는 보건사회부보다 경제기획원이 국민연금 도입에 적극적이어서 경제개발계획을 성안하던 실무자의 역할이 컸다. 국무총리 정책조정실 사회복지심의관, 경제정책조정관 등을 거쳐 청와대 정책조정비서관을 지냈고, 건설교통부 수송정책실장, 교통안전공단 이사장, 서울과기대 철도전문대학원 원장 등을 지냈다. 전남 광양 출신으로 서울대 외교학과를 졸업하고 미국 밴더빌트대에서 경제학 석사학위를 받았다.

박남훈

전 청와대 정책조정비서관

들어가며

국민연금제도의 시행에서 빼놓을 수 없는 것이 경제기획원의 역할이다. 1970년대와 1980년대의 모든 정책은 경제개발 5개년계획(경제사회발전 5개년계획)에 이름을 올려야 시행이 가능했다. 정부정책은 예외 없이 예산의 뒷받침이 없으면 추진이 어려운데, 5개년계획의 대상사업으로 뽑혀야 정책추진이 보장되고 그 사업의 예산도 뒷받침되었기 때문이다. 그런데 경제개발 5개년계획을 세우는 곳이 바로 경제기획원이었으니 개발연대에 경제기획원은 정부 내에서 무소불위의 권력을 행사할 수 있었다. 경제개발 5개년계획을 총괄하고 확정하는 최종 책임을 질 뿐만 아니라 정부예산을 주무르는 '특권'까지 거머쥐고 있었던 것이다.

국민연금제도의 도입은 경제기획원이 추진한 일 중에도 헤비급에 속한다. 서상목의 인터뷰에서도 나왔지만 국민연금제도의 시행에는 경제기획원과 KDI가 주무부처인 보건사회부보다 적극적이었다.

박남훈은 행정고시 18회로 1976년 공직에 입문해 경제기획원 사무관 시절인 1985년 사회개발계획과에 근무하면서 국민연금제도 도입의 실무를 담당했다. 훗날 국무총리 정책조정실 사회복지심의관, 경제정책조정관 등을 거쳐 청와대 정책비서관을 지냈고, 건설교통부 수송정책실장, 교통안전공단 이사장, 서울과기대 철도전문대학원 원장을 지냈다.

박남훈 비서관에게 국민연금 도입 초반에 추진한 실무과제와 진행과정 등을 들어 본다.

---

* 이 장은 이계민 전 한국경제신문 주필이 2017년 11월 10일에 은행연합회회관 16층 뱅커스클럽에서 박남훈 전 청와대 정책조정비서관과 진행한 인터뷰를 토대로 집필하였다.

국민연금의 기본 프레임 검토

사회개발계획과, 국민연금 계획에 합류하다

이계민　국민연금은 1973년에 법이 제정됐지만 시행을 못 하다가 1988년 1월부터 시행됐습니다. 시행준비는 1985~1986년부터 했고 KDI 중심으로 활발하게 연구됐습니다. 박남훈 비서관과 국민연금의 인연은 어떻게 시작됐는지요?

박남훈　제가 1984년에 해외유학을 마치고 귀국해서 경제기획원 경제기획국에 발령을 받았습니다. 처음에는 종합기획과에 배치되었는데 1985년 여름부터 사회개발계획과로 옮기게 되었어요. 그때쯤 6차 5개년계획(1987~1991년)에 대한 내용 검토가 시작되었습니다. 6차 5개년계획 검토과정에 복지분야의 국민연금을 다시 시행해야 하는 것 아니냐는 논의가 있었지요. 그때부터 국민연금제도와 인연을 맺게 됐습니다. 당시 사회개발과장은 맹정주 과장이셨죠. 작업이 끝날 때쯤 김영주 과장으로 바뀌었고요.

　보통 5개년계획 작업을 하면 1년 반 또는 2년 전부터 실무적 검토를 하거든요. 6차계획은 1987년부터 시행되는 계획이니까 1985년부터 시작해서 1986년 말까지 그 내용에 대한 실무적 검토가 끝나지요.

이계민　당시 검토했던 국민연금의 기본적 프레임은 어떤 것이었는지 소개해 주실 수 있으신가요? 원래 1973년에 「국민복지연금법」이 만들어졌는데, 그것과 1985년에 검토하셨던 안은 어떤 차이가 있었나요?

박남훈　기본적으로 크게 달라진 것은 없었어요. 법제정이 이루어진 1973년은 석유파동이 강타한 때라서 기업에 과도한 부담이 될 것 같아 시행을 보류했습니다. 1985년에 다시 검토를 시작했을 때는 1973년의 기본 틀에서 크게 달라진 것은 없고, 다만 기여금(보험료)을 얼마나 부담할 것인지, 연금수급 정도를 어느 정도 할 것인지가 가장 기본적인 논의사항이었습니다. 그래서 처음 시작할 때 기여금을 5년 단위로 늘려가는데 시작은 저부담으로 사용자가 1.5%, 근로자가 1.5%, 총 3%로 시작하는데요. 5년 후에는 3%에서 6%로 올리고, 다시 5년 후에는 9%로 올리자는 것이 기본 틀입니다.

이계민　연금 도입 관련해서 기업이나 노동자 단체에서 논란이 있었다는데, 당시 상황을 설명해 주실 수 있나요?

박남훈　1986년 4월 전두환 대통령이 유럽순방 마치고 난 직후예요. 대통령이 귀국하고 이틀 후였던 것 같습니다. 김만제 부총리께서 그동안 연금제도에 대해 검토한 내용을 달라고 해서 드렸더니 그걸 공식적으로 대통령께 보고하고 승인을 받았지요.[1] 그게 5월쯤인 것 같아요. 그러고 나서 6차계획의 일환으로 국민연금을 추진하게 된 겁니다.

이계민　그럼 그전인 1985년 6차계획을 준비하면서 관계부처 협의가 있었나요?

박남훈　관계부처 협의는 없었습니다. 다만 주무부처인 보건사회부와 경제기획원 두 부처가 같이 작업했지요. 그런데 그때는 연금제도 도입에 대해 청와대쪽에서 상당히 부정적이었습니다. 또 당시는 청와대 직제상 복지수석이 없었고, 보건사회부가 정무수석 소관으로 되어 있었어요. 그런데 정무수석이 대부분 국회관련 업무를 담당하고, 또 군출신들이 정무수석을 담당했던 시절이었어요. 당시 청와대의 전체적 분위기는 북유럽의 과다한 복지정책이 병폐라는 인식과 비슷한 맥락에서 연금을 이해하다 보니 복지확대에 대한 거부반응이 심했습니다. 그러다 보니 정무수석 쪽에서도 복지확대에 대해선 말도 못 꺼내던 상황이었죠.

---

1 이 책의 서상목 인터뷰 117~118쪽 참조.

이계민 전 한국경제신문 주필이 박남훈 전 청와대 정책조정비서관과 인터뷰를 진행하였다.

그런데 1985년 여름에 연금제도 검토 추진 얘기가 나오고 재정추계는 기획원과 KDI가 같이 검토하고 자격문제는 보건사회부가 검토하기로 업무를 양분화했지요. 그러면서 한 달에 한 번씩 검토하자고 했는데 보건사회부가 전혀 작업을 못 했어요.

이계민 왜 그랬지요?

박남훈 청와대 쪽에서 반대했으니까요. 보건사회부 사람들도 연금제도가 될 것이라고 적극적인 기대를 하지 않았습니다. 보건사회부에서 원칙적으로는 동의하고선 실질적으로는 작업을 안 한 거예요. 이렇게 보건사회부가 적극적으로 나서지 못한 상황에서 기획원과 KDI만 열심히 작업하다 보니 보건사회부가 했어야 할 부분까지 기획원과 KDI가 전체적으로 검토했지요.

이계민　보건사회부에서 주장한 것도 전혀 없었고요?

박남훈　보건사회부가 적극적으로 주장한 것은 없었습니다. 공식적 발표는 못하고 보건사회부 내부에서만 쭉 검토했던 것 같습니다.

이계민　당시에 법안 작성은 기본이었겠지만 조직운영이나 기금운용에 대한 구체적인 복안도 만들었나요?

박남훈　기금운용과 관련해 아주 세부적인 것은 없었지만 재정추계는 기본요건이지요. KDI에서 연금 재정추계를 50년 기간을 두고 추정했어요. 그 과정에서 2030년대에 가면 400조 원(1985년 불변가격) 수준까지 적립됐다가 2040년대 중반에 가면 고갈되는 것으로 재정추계가 나왔어요. 어찌됐든 2030년대까지 계속 적립될 테니 적립된 기금을 잘 운용해야 할 것 아니냐는 생각이었죠.

　　그때는 자본시장이 지금처럼 발달한 상황은 아니었습니다만, 기금의 안정성을 위해서 잘 운용해야 하는데 우선은 재정에서도 좀 활용하자는 얘기가 많았습니다. 다만 기금의 안정성이 무엇보다 중요하니 재정에서 사용하더라도 시중의 1년 만기 정기예금 이자율은 지급하는 것을 보장하도록 하고 이것을 법에 규정했습니다. 매년 새로 조성되는 기금의 50%까지는 재정에 쓸 수 있도록 한 것입니다. 그리고 그걸 잘 활용하기 위해 기금운영위원회를 구성한다는 것까지만 법에서 규정했지요.

1988년 1월 시행된 「국민연금법」의 제83조(기금의 관리·운용) 2항은 "② 보건사회부 장관은 국민연금 재정의 장기적 안정 유지를 위하여 그 수익을 최대로 증대시킬 수 있도록 다음의 방법으로 기금을 관리·운용하되, 가입자 및 수급권자의 복지 증진을 위한 사업에의 투자는 국민연금 재정의 안정을 해치지 아니하는 범위 안에서 하여야 한다"고 규정하고, 그중 "③ 공공사업을 위한 재정자금에의 예탁"도 포함했다. 다만 3항에서 "제2항의 규정에 의하여 기금을 관리·운용함에 있어서는 그 수익이 대통령령이 정하는 수준 이상이 되도록 하여야 한다"고 규정했다.

이에 따라 대통령령인 「국민연금법」 시행령 제52조(기금의 운용사업 등) 2항에서 "② 법 제83조 제3항의 규정에 의한 기금의 운용 수익은 1년 만기 정기예금 이자율 이상이 되도록 운용되어야 한다"고 명시했다. 재정예탁비율 등은 기금운용위원회에서 정하도록 했다.

노총과의 밀고 당기는 협상 줄다리기

이계민 다시 좀더 이전으로 돌아가서 얘기해 볼까요. 복지를 하면 나라가 망한다고 생각하던 전두환 대통령이 유럽순방 후 김만제 부총리와 사공일 장관과 얘기해서 국민연금을 승낙하게 된 건데요. 실무자로서 당시 지시라든가 후속조치와 관련해서 얘기해 주실 수 있나요?

박남훈 대통령이 유럽순방을 마치고 귀국한 뒤 보고했을 때는 이미 연금제도의 틀을 확정해둔 상태였어요. 그다음으로 했던 일이 공청회를 통해 국민에게 알리고, 경총과 노총을 방문해서 사용자 대표와 근로자 대표를 설득하는 작업을 추진했죠. 여러 경로였습니다만, 저는 처음에 맹정주 과장과 함께 경총을 먼저 갔습니다. 그때 경총은 반대할 이유가 그다지 없었습니다. 1973년에 이미 연금을 시작하려고 했다가 석유파동 때문에 보류했고, 당시는 경제상황이 크게 호전되어 있었으니 경총이 반대할 상황은 아니었습니다. 저희가 설명해 주고 그대로 경총에서 동의했습니다.

그리고 나서 노총을 갈 때는 서상목 KDI 부원장을 대표로 해서 맹정주 과장과 저, 그리고 보건사회부에서는 담당사무관이 갔어요. 그리고 KDI 연구진 이덕훈 박사와 교수님 한 분이 갔고요. 그렇게 5~6명이 함께 갔어요. 여의도에 한국노총 사무실이 있었는데 18개 산별노련과 총연합회가 다 와있었으니 노총측 참석자가 20명이 넘었지요. 주로 퇴직금을 두고 논란이 많았습니다. 퇴직금이 급여의 8.7% 정도이고, 그중에서 연금시행 5년 후 2%p를 연금 쪽으로 가져가고 다시 5년 뒤에는 3%p를 갖고 가는데요. 노총에서는 퇴직금은 전혀 손대지 말라고 얘기한 거죠. 어쨌든 아침 일찍부터 시작해서 오전에 토론하고 점심시간이 다 되었는데도 노총은 반대하는 거예요.

그래서 서상목 부원장이 "그만두자"고 얘기하셨어요. 우리로서는 그러한 연금제도 도입안을 갖고는 사용자나 일반국민에게 설득을 못 시키겠으니 덮자고 얘기했어요. 그랬더니 한국노총 사무총장이 "다시 얘기를 해보자"고 잡더라고요. 자기들도 연금제도 도입에 대해서 기본적으로 찬성하는 입장인데, 퇴직금은 손대지 말라는 거죠. 사실 퇴직금은 선진국에는 없는 제도거든요. 우리나라에만 특별히 있는 제도입니다. 선진국은 기업연금과 국민연금제도로 가고 있고 우리나라 퇴직금도 앞으로 기업연금화되는 방향으로 발전해야 하는데, 퇴직금제도에 손대지 않고 국민연금을 하는 건 안 되겠다고 말했지요.

결국은 한국노총이 조금씩 양보해서 동의해 줬습니다.

이계민 기본적으로 지금 얘기하신 노사관계 등을 따지면서 만들어 놓은 구조가 지금 우리가 평가하자면 '저부담·고급여' 구조거든요. 수지문제를 따지지 않고 우선 시행부터 하고 보자는 것 때문에 그렇게 했다는 평가가 나와요. 당시 제도를 만든 실무자로서 어떻게 생각하시나요?

박남훈 아까 말씀드렸듯이 KDI 전산실에서 50년 기간을 갖고 재정추계를 했습니다. 최종보고서에도 명시했는데요. 초기에는 저부담으로 가고 나중에는 올리자는 쪽이었지요. 21세기가 되면 우리나라 경제상황이나 발전단계가 어떻게 될지, 당시에는 예측하기가 쉽지 않았습니다. 적어도 그때 가서는 우리나라 경제여건에 맞게 국민연금을 다시 한 번 손질해야 하지 않겠냐고 생각했습니다. 그때로부터 40년 후에 기금이 고갈되는데 아무런 손질도 안 하는 건 말이 안 된다는 거죠.

특히, 1985~1986년에 작업할 때 임금인상률, 물가상승률, 기타 여러 가지 경제사회 변수를 전망하면서 50년을 추계했습니다. 그런데 1986년에 확정하고 나서 1987년에는 시행실무 준비를 해야 하는데 잘 아시는 대로 1987년의 6·29선언 이후 노사분규가 엄청나게 터지지 않았습니까? 그전에는 임금인상률이 한 자릿수로 계속 유지되었는데, 1987~1989년 사이에 임금이 무척 올랐어요. 그 3년 사이에 우리나라 근로자의 누적 임금인상률이 75%였습니다. 인상률로 보고되지 않은 기타 수당까지 합치면 적어도 100%는 인상됐다는 것이 1989년 여름의 상황이었어요.

박남훈 전 청와대 정책조정비서관

그래서 당시 금융권에서 임금인상 협상으로 파업하겠다고 소란스러웠고요. 그 직후에 경제기획원에서 하반기 경제운용을 보고하면서, 이런 식으로 임금이 올라가면 앞으로 어떻게 경쟁력을 갖겠냐고 얘기했어요. 어떻게든 임금인상률을 한 자릿수로 낮춰야 한다는 게 조순 부총리가 말씀하셨던 사안이었습니다. 새벽 2시에 하반기 경제운용 보고서 내용에 임금인상률 "한 자릿수" 넉 자를 넣는다고 야단법석을 떨었던 기억이 납니다.

50년 동안 추계하는 자료에서 여러 가지 변수가 있는데 1년 후 임금인상률이 엄청나게 달라지고 당시 국민의 평균수명이 60세였는데 지금은 80세가 넘잖아요. 이렇게 엄청난 경제·사회적 변화를 겪는데, 지금 와서 50년 전에 만든 재정추계를 고치지도 않고 '기금이 고갈된다'고 얘기하는 것은 무책임한 것 아닙니까?

그대로 놔두면 기금은 당연히 고갈되죠. 그리고 그때는 세대 간 재분배 기능을 고려했어요. 그 시절 사람들은 성장 과실을 제대로 향유하지 못했으니, 후세대가 좀더 부담해야 한다는 개념(concept)이었습니다. 처음에 저부담이라서 추후에 모자라는 것은 당연하니까 점진적으로 많이 올려야 수지를 맞출 수 있다는 생각이었습니다.

이계민 '학자들이 30년 후에 고갈된다고 하는 것은 어불성설이다. 정부가 고갈되도록 가만히 있겠느냐' 하는 게 정부의 논리였지요?

박남훈 처음 만들 때는 그게 정부의 논리가 아니었어요. 정부와 학자들이 만들고 국민이 동의했던 내용입니다. 모두 동의했던 프레임인데 지금 와서 틀을 가다듬지 않고 기금고갈만 얘기하는 것이야말로 어불성설입니다. 당초 계획했던 대로 갹출료를 조정했더라면 그런 얘기는 없었을 거예요.

이계민 이런 '기금고갈'이란 표현의 논란에 불을 붙인 게 김영삼 정부 시절 박세일 사회정책수석과 문형표 박사라고 알고 있습니다.

박남훈 무책임한 이야기입니다. 문형표 박사도 선배들이 치열하게 고민하며 만들었던 내용을 그렇게 평가하면 안 되지요. 재정추계를 하면서 KDI 전산실에서 실무를 맡았던 김용하 박사(후일 한국보건사회연구원장)는 정말 숱하게 밤새웠어요. 변수 몇 개를 바꾸면서 새벽까지 작업했다가 또 수정작업을 했죠. KDI의 민재성 연구원이 김용하 박사와 함께 정말 밤새도록 변수 바꿔가면서 만들어놓은 거예요. 그 고민을 하면서 만들었는데 15년이 지나서도 아무 말이 없다가 이제 와서 기금이 고갈된다고 하면 말이 안 되죠.

연금시스템의 효율적 운영 구상

연금관리, 거버넌스에 대한 논란

이계민 사회개발계획과는 몇 년도까지 계셨나요?

박남훈 1985년부터 1987년까지 있었습니다.

이계민 제도를 만들어 놓고 1988년에 시행하기 전까지 계셨네요. 법을 만들 당시부터 연금관리, 이른바 거버넌스 문제에 대해 보건사회부와 경제기획원 간에 논란이 있었던 걸로 아는데요.

박남훈 처음 법에 새로 징수되는 기금의 50%까지는 빌려 쓸 수 있도록 되어 있었고요. 전체적으로 기금이 쌓이면 운용을 잘해야 하고 관리를 잘해야 하는데, 관리를 잘하기 위해서 기금운용위원회를 만들자고 법에 규정을 마련했습니다. 경제부총리를 위원장으로 하고 보건사회부 장관을 부위원장으로 하는 내용이었지요.

　그런데 보건사회부가 경제부총리를 위원장으로 했을 때 경제기획원 영향력에서 벗어나기 힘드니까 반대합니다. 다른 부분에서는 보건사회부가 이견이 거의 없었습니다. 그렇다면 경제장관 회의 안건으로 올려서 논의하자고 얘기했지요. 그런데 어느 날 갑자기 보건사회부에서 총무처에 입법예고를 의뢰한 거죠. 경제장관 회의에 안건을 올려서 논의하기로 약속했는데, 그걸 안 하고 총무처에 바로 법안을 제출한 겁니다.

　내용인즉, 총리를 위원장으로 하고, 보건사회부 장관이 부위원장을 맡는다는 법안으로 고쳐서 경제장관 회의를 거치지 않고 바로 총무처에 법안을 낸 것입니다. 그래서 월요일 아침에 김만제 부총리께 이 상황을 보고드렸죠. 김 부총리가 "총리를 만나서 담판을 지을 테니 자료를 챙겨 달라"고 하셨어요. 김만제 부총리가 총리께 가서 이건 부총리가 맡을 일이라고 담판을 지어요. 그래서 보건사회부에서 총리를 위원장으로 바꾼 것을 다시 부총리로 수정해서 총무처에 입법예고 하라고 했던 적이 있습니다. 그러고 나서 국회에 가서는 일사천리로 처리됐어요.

이계민　당시 위원장을 누구로 하느냐도 중요하지만 그걸 실무적으로 뒷받침하는 조직의 문제는 없었나요?

박남훈　사실은 내심 기금운용과를 기획원에 두고 싶었는데 그럴 수는 없었고요. 기금운용과를 보건사회부에 만들어 줍니다. 1국 3과로 만들어서 관리조직을 보건복지부에 넘겨주죠. 그러고 나서 관리조직을 만드는데, 지금은 국민연금관리공단이 있지 않습니까? 그런데 사실 저는 당시에 국민연금관리공단 만드는 것에 반대했습니다.

이계민　공단이 아니라 정부조직이 관리해야 한다는 생각이었던 건가요?

박남훈　정부가 3개의 과를 갖고 관리는 못하죠.

이계민　그러면 왜 반대하셨나요?

박남훈　의료보험과 국민연금의 대상이 거의 같았고요. 궁극적으로는 보험자가 결국 다 같아지거든요. 시작단계는 근로자 중심으로 하고 자영업자는 임의가입식으로 했지만, 어차피 전 국민으로 가야 하는 것이니까요. 그렇다면 소득파악 같은 문제도 의료보험과 하나로 엮어서 가는 게 더 효과적일 것이라고 생각했어요. 그래서 쓸데없이 조직을 만들지 말고 의료보험관리공단에 필요한 인력만 더 추가해서 같이 운영하자는 것이 제 생각이었어요.
　그래서 제가 의료보험관리공단 전산실을 찾아가 전산시스템에 대해 얘기를 들어보기도 했어요. 그런데 한 번은 아무 저항 없이 잘 갔는데, 그다음부터는 보건복지부의 주의를 받아서 그런지 의료보험관리공단에서 저를 피하더라고요. 보건복지부에서는 한사코 공단을 따로 만들겠다고 해서 결국은 제가 양보하고 실행준비를 하기로 했습니다. 복잡한 문제가 많았지요.

이계민 그럼 또 어떤 문제가 또 있었습니까?

박남훈 제가 연금과 의료보험을 같이 묶어서 가자고 했습니다. 전산시스템도 일원화하고요. 그런데 그게 결국 다 안 됐습니다. 나중에 1990년대에 들어서 사회보장 체계 전반에 대한 논의가 있었는데요. 그 논의과정에서 '투 바이 투' (2 × 2) 콘셉트가 등장합니다. 노동부 산재보험과 실업보험을 하나로 통합하여 운영하고, 보건복지부 국민연금과 의료보험 전산을 통합한다는 콘셉트이지요. 그런데 시작단계에서 운영체계가 통합이 안 되다 보니까 10년이 지나 그런 얘기가 다시 나온 거죠.

이계민 김영삼 대통령 임기 말년에 사회보장개혁위원회를 만들었지요?

박남훈 그게 1996~1997년의 일입니다. 그때는 제가 총리실에 가서 보건복지부 쪽 업무를 볼 때 있었던 일인데요. 예전 시작단계에서도 논란이 많이 있었던 일인데도 불구하고 그때까지도 해결이 되지 않은 채 위원회를 다시 만들어서 범정부 차원에서 논의했던 사항입니다. 그 뒤에는 제가 보건복지부 관련 일에 전혀 관여를 안 해서 잘 모르겠습니다.

마침내 법제화된 국민연금

이계민 국민연금이 최종 시행되고 나서는 그쪽 업무를 떠나셨나요? 그 이전에 또 특별한 이야기는 없나요? 고생하셨던 이야기나 이런 것은요?

박남훈 특별한 건 없습니다. 보건복지부와 (기금운용위원회) 위원장 건하고, 공단 만드는 것 관련해 속 썩었던 것 말고는요. 나머지 제도의 골격 갖고는 보건복지부가 실무적 검토를 못 했기 때문에 아무런 이야기를 못 했지요. 경제기획원에서 KDI와 학계 전문가와 오랫동안 검토했던 내용이 법제화됐다고 보시면 됩니다. 국민연금제도 시행준비를 하면서 마지막 후반부쯤엔 2주마다 일요일 아침에 관계 당국 실무진이 KDI로 모였습니다.

이계민 그게 언제인가요?

박남훈 1985년 하반기부터 1986년 상반기에는 2주마다 일요일 아침에 KDI에서 회의를 했어요. 서상목 부원장이 주재하고, 이덕훈 박사, 김중수 박사, 민재성 씨, 학계 교수님들, 그리고 경제기획원에서 맹정주 과장님과 저도 함께 모였어요. 그때까지 논의된 것을 정리했는데요. 재미있는 에피소드가 하나 있어요. 사공일 경제수석이 서상목 부원장에게 연금제도에 대해 대통령께 보고해야 하니 보고서를 준비하라고 지시하셨대요. 그런데 좀 쉽게 쓰라고 하셔서, 어느 정도로 쉽게 쓰냐고 여쭤보니까 중학생도 알아들을 수 있을 만큼 쉽게 쓰라고 하셨대요. 옆에 있던 어떤 박사님이 "국가원수 모독죄에 걸린다"고 농담하셨지요. 그런데 옆에 있던 다른 분은 "그게 아니고 국가기밀 누설죄에 걸린다"고 하셨습니다. 그런 농담을 했죠.

전두환 대통령과 관련해서 국민연금과는 상관없지만 재밌는 에피소드가 또 있어요. 전 대통령이 가장 애정을 갖고 추진했던 일 중 하나가 「공정거래법」을 만드는 것이었어요. 지금은 공정거래위원회로 바뀌었지만, 그때는 공정거래실이 경제기획원에 있었지요. 대통령께 보고하니까 대통령이 쉽게 설명해서 홍보를 잘하라고 하시면서 하사관도 이해할 수 있도록 만들라고 하셨대요. 일반 국민들도 쉽게 이해할 수 있게 하라는 취지였을 텐데, 군지휘관 생활을 오래 하신 분이라 자연스럽게 나온 것이 하사관도 알아볼 수 있도록 쉽게 만들라고 하셨던 거죠.

192

이계민 사실 경제를 이해하기가 쉽지 않거든요. 경제를 쉽게 설명해야 국민이 호응할 수 있다고 해서 전두환 대통령 시절에 경제교육과 홍보가 굉장히 강조되었습니다. 그 무렵에 제가 경제신문 기자였는데 방송에 출연해 경제용어 설명을 1년 반 가까이 했었기 때문에 잘 알죠. 그러니까 법안 만들고 나서 다른 부서로 가신 건가요?

박남훈 법안 만들고 나서 시행령까지 다 검토하고 난 뒤에 1986년까지 경제기획원 차원에서는 끝을 낸 것입니다. 1987년이 되어 보건복지부가 실제 준비를 해나가는데, 공단 만드는 것으로 실랑이를 하긴 합니다만, 저는 1987년 여름부터 경제기획원 경제기획국의 종합기획과로 옮겼습니다. 그래서 6차 5개년계획을 전체적으로 총괄했는데 오히려 계획을 짜는 것보다 주로 노사분규에 대응하느라 바빴었어요. 민주화 시대를 맞았으니까요.

국민연금 30년을 돌아보며

기금고갈 우려보다 신뢰가 우선

이계민 연금제도가 만 30년이 됐는데, 현재 시점에서 당시 구상에 비춰봤을 때 얼마나 달성됐는지, 당시 실무자의 입장에서 제도의 성공여부를 평가해 주실 수 있나요?

박남훈 지속적으로 연금발전 과정을 지켜보지 못해 구체적 평가를 하기는 어렵지만 한 가지만 얘기하고 싶어요. 많은 사람이 국민연금을 '저부담·고급여'로 출발해서 문제가 있다고 말합니다. 그런데 처음에는 당연히 그렇게 시작했고 차후에 점차 부담을 높여가기로 한 것이지요. 그러니 기금이 고갈된다는 우려는 잘못된 얘기입니다. 연금보험료를 올려야지요. 그런 노력은 하지 않으면서 잘못됐다고 자꾸 지적만 하는 것은 옳지 않다고 봅니다.

이계민 정치적 문제가 달려 있는 것 아닌가요? 보험료를 올리면 우선 정치적으로 부담이 되니까요.

박남훈 정치가는 그렇다고 할지라도 전문가들이 그렇게 말하는 건 양심불량입니다. 만약 지금 시작한다면 저부담·고급여로 안 하지요. 경제규모나 생활수준이 발전했고 임금수준도 높아졌으니까요. 결론적으로, 보험료를 더 걷든지 급여수준을 낮추든지 해야지 자꾸 망한다고만 해서 됩니까. 30년 전에 도입할 적에 여러 가지 고민을 하면서 이해당사자인 전 국민의 동의를 구해서 시작했는데, 지금 와서 그때 잘못했다고 하는 것은 무책임한 거 아닙니까? 정부의 논리가 아니라 그때는 국민도 동의했고 국회에서도 동의했습니다.

이계민 감사합니다.

국민연금에서 경제기획원의 역할

경제기획원은 개발연대의 주역으로 화려한 성과를 자랑했지만, 다른 부처에게는 시기와 원망의 대상이 되기도 했다. 우선 모든 업무에 있어 장기적 안목과 포괄적 분석이 가능해 다른 어느 부처보다 개방적이고 앞서가는 정책을 내놓는 경우가 많았기 때문이다. 자연스럽게 조직 내부의 분위기도 다른 부처에 비해 무척 개방적이고 자유로우며 상하관계도 그다지 경직되지 않았다. 그런 환경에서 치열한 토론 문화가 존재했다.

돌이켜 보면 그런 경제기획원이 존재했기에 대한민국의 경제가 급속한 성장과 발전을 거듭하며 '한강의 기적'을 이룰 수 있었는지 모른다. 그러나 다른 부처의 입장에서 보면 온갖 정책에 간섭하면서 그들의 눈에는 '되지도 않을 정책'을 만들어냈으니 당시는 눈엣가시였음은 불 보듯 뻔하다. 그럼에도 자금줄을 쥐고 있었기 때문에 잘 대해야 하는 어려운 상대였다.

그런 상황에서 정부의 조직개편이 이뤄질 때마다 경제기획원이 없어져야 한다는 주장이 나왔다. 첫 번째 개편실험이 김영삼 정부 시절 경제기획원과 재무부의 주요기능을 합친 재정경제원의 발족이었다. 그런데 재정경제원은 그야말로 공룡부서여서 또다시 분화하는 우여곡절을 겪는다. 지금은 기획재정부가 경제기획원의 명맥을 유지하고 있지만 경제계획 기능이 약화되고 정부예산편성도 부처 자율기능이 확대되면서 경제기획원의 옛 영화는 그림자도 찾아보기 어려워졌다. 어찌됐든 이제 경제기획원은 옛 추억거리다. 국민연금제도 도입의 실무를 챙겼던 박남훈의 회고를 들으면서 되살아난 추억이다.

그는 지금도 경제기획원의 순수성 그대로 "국민연금 보험료는 올리지 않으면서, 재정고갈을 걱정하는 것은 옳지 않다"고 지적했다. "정치인은 '강이 없어도 다리를 놔 주겠다'고 말하는 사람들이라서 그렇다 치더라도 전문가라는 분들이 국민연금기금 고갈을 얘기하는 것은 '양심불량'"이라고 꼬집고 있다.

급속한 '저출산·고령화' 시대의 전개가 국가경제 전반에 많은 과제를 던지고 있다. 소득대체율 40%의 '푼돈 국민연금'의 문제를 해결하기 위해 정책당국자들이 좀더 긴박한 마음가짐으로 개선작업에 나서야 할 듯싶다.

건강보험
통합주의를
실현하다

4

박정희 대통령 시절 대통령특보실 행정관으로 공직과 인연을 맺은 뒤 보건복지부 사회과장, 보험제도 과장을 하던 중 의보통합을 주장하다 관직을 떠나 한림대 사회복지학과 교수를 지냈다. 김대중 정부 시절 보건복지부 장관에 발탁돼 의료보험 통합과 의약분업을 이뤄내는 성과를 거뒀다. 퇴임 후 한국노년학회 및 세계노년학회 회장을 지냈고, 한국사회복지협의회회장도 역임했다. 현재 2018년 말에 발족한 '웰다잉시민운동' 초대 이사장을 맡고 있다. 경북 의성 출신으로 서울대 사회학과를 졸업하고 중앙대에서 사회복지학 박사학위를 받았다.

차흥봉

전 보건복지부 장관

들어가며

근대 산업사회가 발달하면서 서구 선진국에서 맨 먼저 도입된 사회보험제도는 건강보험이다. 국가의 보호를 받아야 할 권리 가운데 '질병으로부터의 보호'가 인류 역사에서 가장 우선이었음을 뜻한다. 우리나라도 1948년 8월 15일 정부수립 직후부터 여러 가지 사회보장제도 시행에 깊은 관심과 의지가 있었다. 이는 역사의 기록들이 증언해 준다. 정부수립이 이뤄진 후 5개월 만인 1949년 1월, 당시 초대 사회부 장관이었던 전진한(錢鎭漢)은 그달에 창간된 〈시정월보〉(施政月報)에서 "이재(罹災) 동포 구제에 거족적 열성을 경주"라는 제목으로 다음과 같은 '정견 발표'를 게재했다.

> 노동자, 기타 일반 소액 소득자 등의 부담, 노령, 폐질, 사망 또는 실업 등 사고로 인한 생활상 위협을 제거하여 사회적·경제적 평화의 유지와 국민 근로력의 보전에 필요한 공적 구제시설에 관하여는 선진 외국의 제도와 본방(本邦)의 실정을 감안하여 적절한 사회 입법으로 이를 실시할 의도하에 대략 아래 항목에 관하여 조사연구 중에 있다.

- 의료보험제도
- 공장, 광산 노동자, 관공서, 은행, 기타 사무소, 상점 등의 직원, 기타 사용인 및 일반국민을 대상으로 하는 건강보험제도
- 노동자 재해부조에 관한 제도
- 노동자 기타 오용인의 양로, 폐질에 대한 보장제도
- 기타 퇴직금 적립금 및 퇴직 수당에 관한 제도 등[1]

이러한 정부의 구상은 6·25 전쟁의 발발과 함께 더 구체화되지는 못했지만 건강보험 도입의 역사는 이미 시작된 셈이었다. 그 후 의료보험제도가 처음 연

---

* 이 장은 이계민 전 한국경제신문 주필이 2017년 10월 18일에 세계노년학회 회장실에서 차흥봉 전 보건복지부 장관과 진행한 인터뷰를 토대로 집필하였다.
1 보건복지부, 2017, 《국민건강보험 40년사》, 국민건강보험공단, 41쪽.

구되기 시작한 때는 1959년 10월 보건사회부 의정국(醫政局) 주관으로 '건강보험제도 도입을 위한 연구회'가 결성되면서부터라는 것이 정설이다. 이 연구모임은 윤유선(尹裕善) 의정국장을 비롯해 손창달, 엄장현, 양재모와 윤석우 시설과장, 김용성 의무과장, 김택일 의무기좌, 정경균 씨 등 8명으로 구성되었다. 매주 1회씩 모여 토론을 벌이고 연구보고서를 작성했다고 한다.[2] 이것이 의료보험 연구의 발판이 되었음은 물론이다.

이후 정부가 사회보장제도의 도입을 전제로 연구반을 가동하기 시작한 것이 보건사회부 산하에 설치된 사보심의 구성과 가동이다. 그 가운데 의료보험반은 최천송 전문위원과 강남희 전문위원보조로 「의료보험법」의 입안에 착수했다. 「의료보험법」 1차 시안이 나온 것은 사보심이 결성되고 연구에 착수한 지 채 1년도 지나지 않은 1963년 2월 15일이었다. 일본의 법을 참고해 만든 것으로 주요 내용은 "500인 이상 사업소에 대해 당연적용(시행은 5년간 유보)하고 그 이외의 사업소에 대해서는 근로자 2분의 1 이상의 동의를 얻어 모든 근로자를 피보험자로 할 수 있다"는 것이었다. 이 초안은 정부 내 논의와 각료회의 의결을 거쳐 1963년 11월 29일 국가재건최고회의 문교사회위원회에 회부되었다.

문교사회위원회는 정부안 가운데 일부 조항을 수정하여 그해 12월 11일 열린 139차 최고회의상임위원회에 상정했다. 다만, 내용에서 정부안의 강제적용 규정을 삭제하고 '근로자 300인 이상 사업소는 근로자 2분의 1 이상의 동의를 얻어 사용하는 모든 근로자를 피보험자로 할 수 있다'고 수정했다. 최고회의상임위원회에서는 문교사회위원회가 수정한 임의 포괄적용 규정에 대해 논란이 많았으나 결국 문교사회위원회 안을 일부 수정하여 1963년 12월 13일 의결, 내각으로 이송했고 제3공화국 대통령 취임 하루 전인 12월 16일 최고회의 의장의 서명을 받아 「의료보험법」이 공포됐다.

당시 최고회의상임위원회에서는, 강제가입 방식이 「헌법」과 자유계약의 원칙에 위배된다는 주장과 「헌법」에서도 공공복리를 위한 경우 국민의 재산권을

---

2 최천송, 1991, 《한국사회보장연구사》, 한국사회보장문제연구소, 17쪽.

제한할 수 있도록 규정하므로 공공의 이익을 위한 강제적용 방식은 「헌법」에 위배되지 않는다는 주장이 첨예하게 맞서기도 했다. 그러나 결국 임의가입으로 결론이 났다. 국민건강보험 40년사를 관통하는 통합과 조합주의의 투쟁사는 이때부터 그 서막이 시작된 것이나 다름없다.

「의료보험법」에 의해 처음 설립된 의료보험조합은 서울 종로구에 있는 '현대병원'을 중심으로 시사문화사, 풍진산업사, 소사신앙촌제사공사, 삼흥실업, 고려와사공업, 대한중석, 서울제련소 등 7개 사업장이 「의료보험법」 제 17조 2항에 의한 공동조합 형태인 중앙의료보험조합으로 1965년 4월 23일 인가를 받았다. 이어, 1965년 9월 25일 호남비료의료보험조합이 설립되었으며 1977년 강제적용 의료보험제도가 시행되기 전까지 모두 18개의 의료보험조합이 탄생했으나 기대만큼 큰 성과를 거두지는 못했다.

주무부서인 보건사회부 내에서는 제 4차 경제개발 5개년계획을 준비하기 시작한 1975년 말까지도 강제의료보험 도입이 시기상조라는 인식이 강했다. 심지어 사회보장심의위원회 연구위원들이 4차계획 기간 중에 의료보험 실시계획을 보건사회부 장관에게 보고했지만, 경제기획원에 4차계획의 '보건사회 부문 계획'을 제출할 때는 의료보험 실시계획을 제외했다는 기록도 나온다. [3]

그러다 앞서 밝힌 대로 1976년 6월 '제 3차 경제개발 5개년계획 4차년도 평가 보고 및 1976년 1/4분기 평가분석 보고회'에서 박정희 대통령이 "국민의 기본생활에 있어서 의식주 이외에 의료를 덧붙여야 할 필요성이 있다"고 지적하면서 의료보험과 의료보호제도의 시행을 4차계획에 반영토록 지시한 것이 의료보험의 새로운 역사를 만들어냈다.

박정희 대통령이 왜 의료보험 실시를 지시했는지에 대해서는 아직도 설왕설래가 많다. 대표적으로 김종인 전 보건사회부 장관(전 더불어민주당 대표)은 본인의 제안으로 강제적 의료보험제도가 비롯됐다는 주장을 한다. 김종인 전 장관은 자신의 저서 《결국 다시 경제민주화다》(박영사, 2017) 에서 "1974년 말 박정희 대통

3 보건복지부, 2017, 《국민건강보험 40년사》, 국민건강보험공단, 75쪽.

령과 연결된 인사를 만나 산업화 세력을 포용하지 않으면 문제가 생길 수 있다는 점을 강조했다"고 전제하고, 그 뒤 "이를 실천하기 위한 방안을 만들기 위해 '금요회'를 구성해 「노동법」 개정시안 등을 검토했으나 흐지부지됐고, 1976년 봄 새로 부임한 이희일 경제수석이 금요회 재가동을 제안해 당시 '의료보험제도 도입'을 제안했던 것"이라고 적었다. 당시 경제각료들은 물론 신현확 보건사회부 장관까지도 반대해 결국 박정희 대통령이 최규하 총리를 불러 총리실 산하의 평가교수단에게 이 문제를 검토하게 했다는 것이 김 전 장관의 주장이다.[4]

그러나 대부분의 기록은 1975년 12월 9일 보건사회부에 신현확 장관이 부임하면서 의료보장과 보험제도에 대한 연구가 활발히 진행됐다고 기록한다. 신 장관의 전임으로 1975년 말까지 재임했던 고재필 보건사회부 장관은 사보심의 수차례 건의에도 불구하고 의료보험 실시에 대해 부정적 견해를 피력했을 뿐만 아니라, 1975년 11월 정기국회에서도 의료보험 실시에 뜻이 없음을 분명히 밝혔다는 기록도 있다. 다만, 신현확 장관의 부임이 의료보험 실시를 염두에 둔 박정희 대통령의 인선이었다는 사실도 상당히 그럴듯하게 받아들여지는 설명 가운데 하나다.[5]

분명한 것은 가장 먼저 의료보장과 의료보험제도를 거론하고 재촉한 것은 박정희 대통령이었다는 사실이다. 물론 보건사회부의 사보심을 중심으로 의료보험제도의 논의가 많았지만 1976년 1월 15일 박 대통령이 연두 기자회견에서 저소득층에 대한 국민의료제도를 확립해 내년부터 시행하도록 지시한 데 이어, 2월 10일 보건사회부 연두 순시에서는 새마을 진료권 확대와 함께 의료보험까지도 염두에 두도록 지시했다. 그뿐 아니라 경제기획원이 4차 5개년계획을 발표한 지 이틀 만인 6월 19일 제3차 경제개발 5개년계획 4차년도 평가보고 및 1976년도 1/4분기 평가분석 보고회의 석상에서 "우리나라 실정에 맞는 의료보험제도를 입안하여 4차계획에 반영토록 하라"고 지시했다.

---

4 자세한 내용은 이 책의 정영의 인터뷰 311쪽 및 김종인 인터뷰 317쪽 참조.
5 양재진 외, 2008, 《한국의 복지정책 결정과정: 역사와 자료》, 나남, 77쪽 및 이 책의 차흥봉 인터뷰 207쪽 참조

이러한 일련의 지시에 따라 보건사회부는 신현확 장관의 지휘하에 4월 초부터 '의료보장 10개년 계획'의 시안을 만들고 다듬어 대통령의 최종재가를 받고, 그해 9월 13일 의료보험 조기시행 방안을 포함한 '국민보건 향상을 위한 의료시혜 확대방안'을 발표했다. 당연적용 의료보험제도를 1977년 7월부터 시행하겠다는 구체적 시행 방안을 공식화한 것이 이때다. 물론 당시에도 경제부처에서는 의료보험제도 시행에 대한 반대의견이 많았다고 한다. 그러나 모든 정책의 시발은 대통령의 지시사항에서 비롯되던 시대였으니 의료보험도 예외는 아니었던 것 같다.

이렇게 시작된 의료보험제도를 입안하고 발전시킨 당사자들은 많다. 차홍봉 전 보건복지부 장관도 1970년대 초반부터 청와대 정책특보의 보좌관으로 보건사회 업무에 관여하다가 보건복지부의 의료보험 담당 실무자로 제도를 정착시키고 발전시킨 사람들 가운데 한 사람이다. 그는 김대중 정부 시절 보건복지부 장관을 맡아 의보통합과 의약분업을 동시에 이뤄낸 장본인이기도 하다.

김종대 전 국민건강보험공단 이사장 역시 의료보험 시행과 준비단계부터 의료보험을 준비하고 발전시킨 역사의 산증인 중 한 사람이다. 차홍봉 장관이 '통합주의'의 선봉에 섰다면, 김종대 전 이사장은 '조합주의'를 신봉하는 관료 가운데 한 사람이었다.

그런가 하면 박정희 대통령을 설득해 의료보험제도를 도입한 것은 '내 작품'이라고 강변하는 김종인 전 보건사회부 장관 역시 독일에서 공부한 탓에 사회보장에 관한 식견이 남다르다. 3공 시절 평가교수단에 참여하고 노태우 정부의 보건사회부 장관과 경제수석을 맡기도 했다. 그가 의료보험제도 발전에 음양으로 끼친 영향도 무시할 수 없다.

우선, 차홍봉의 증언을 통해 의료보험 발전사를 짚어 보고자 한다.

한국 의료보험의 태동기

세계적 성공작, 한국 의료보험

이계민 우리나라의 건강보험(의료보험) 제도는 세계적으로도 성공적 작품으로 평가받습니다. 어떤 점에서 그런 평가를 받고 있다고 보시는지요? 특히, 의보 통합에 앞장섰던 공직자였을 뿐 아니라 이 분야를 연구한 학자로서 평가한다면 어떠신지요? 아울러 이러한 의료보험제도가 왜 필요했고, 어떻게 해야 했는지 개괄적 설명을 해주신 후에 구체적 사안으로 넘어갔으면 합니다.

차흥봉 저는 건강보험의 역사 속에서 살아온 사람입니다. 건강보험에는 제 인생사가 녹아 있기도 하고요. 개인적으로는 그런 인생을 살기 위해 대학 전공도 그렇게 정했고요. 참으로 다행히 제가 소원한 대로 건강보험 일을 담당했습니다. 국민건강보험공단을 만든 장본인으로서, 건강보험이 지금도 우리나라 5,000만 국민의 의료를 위해 상당히 중요한 역할을 담당하고 세계적으로도 좋은 평가를 받고 있기 때문에 아주 보람 있게 생각합니다.

이계민 대학 전공이 사회개발 쪽인 것으로 아는데, 사회보험 내지 의료보험과 인연을 맺은 계기는 있으신지요? 아울러 공직자의 길은 어떻게 시작하셨는지요? 또 청와대에서 행정관으로 근무하셨는데 주로 어떤 일을 담당하셨는지요? 당시에도 의료보험제도에 대한 구상들이 있었는지도 궁금합니다. 《국민건강보험 40년사》에서는 1975∼1976년에 청와대에서 의료보험을 만들겠다는 아젠다를 먼저 갖고 있었다고 말씀하셨는데요.

차흥봉 저는 1942년생으로 올해(2017년) 76세인데, 노년기에 제 인생을 회고할 때 아주 만족하고 감사하게 생각합니다. 제가 태어나고 성장할 때만 해도 우리나라는 너무 어려웠기 때문에 아프더라도 병원에 못 가는 경우가 많았습니다.

이계민 전 한국경제신문 주필이 차흥봉 전 보건복지부 장관과 인터뷰를 진행하였다.

그래서 저는 왜 사람들이 병원에 못 가는지에 대해 아주 어려서부터 생각했습니다. 제 얼굴에는 아주 큰 상처가 있습니다. 제가 초등학교 들어가기 전입니다. 그때 소버즘 전염으로 얼굴에 상처가 났고, 자꾸 커졌습니다. 요즘 같으면 병원에 가서 금방 나을 수 있었을 텐데, 병원에 못 가니까 옹기나 사발 깨진 것으로 긁어도 보고 고추장도 바르고 했어요.

이웃동네에 사시던 고모님이 좋은 약이 있다고 해서 고모님 댁에 갔어요. 그런데 그 좋은 약이란 게 바로 공업용 염산수였습니다. 그걸 얼굴에 바르니까 얼마나 뜨겁던지 모르겠습니다. 너무 아파서 무릎에 피가 날 때까지 바닥을 데굴데굴 굴렀지요. 그때가 6살 때니까 지금까지 70년간 그 상처를 가지고 있습니다. 그 사건이 저한테는 의료문제를 깨닫게 한 중요한 계기였습니다. 그 후 빈곤과 질병을 연구하는 쪽으로 대학전공을 선택하고, 졸업 후 보건사회부에 들어간 것도 그러한 사연의 연장이었습니다.

저는 집안이 너무 가난해서 고등학교 졸업 후 공장에서 일하느라 대학을 못 갔습니다. 그렇게 공장에서 일하다가 여름방학 때 놀러 온 고등학교 친구의 권유로 이듬해 서울대 사회학과에 들어갔습니다. 마음먹고 대학에 가기로 한 것도 얼굴

상처로 인한 낙인과 관련이 있고요. 제가 대학에서 사회학, 대학원에서 사회복지학 전공을 선택한 것도 당연히 이런 일과 관련이 있습니다.

제가 보건사회부에 들어갈 때, 청와대에 있다 가는 것이라 부처를 선택할 수 있는 상당히 유리한 여건이었습니다. 그런데 청와대에서 나와 보건사회부를 선택하니 주변 사람들이 재무부나 내무부를 안 가고 왜 보건사회부를 가냐고 모두 만류했습니다. 그래도 저는 끝까지 복지정책을 담당하는 보건사회부를 고집했지요. 그때가 의료보험을 막 시작할 무렵입니다. 박정희 대통령이 1975년에 신현확 장관을 임명했는데 저도 신 장관을 따라가겠다고 생각했습니다.

대통령의 특명으로 탄생한 의료보험법

이계민　사실 1970년대 말의 국가재정이나 경제상황으로 보아 의료보험과 같은 사회복지제도를 도입하기 쉽지 않았을 텐데 가장 큰 애로사항은 어떤 것이었나요? 자료를 보면 5·16 직후 박정희 당시 국가재건최고회의 의장의 사회보장제도 도입에 대한 지시각서가 있었다는데 어떤 내용인가요?

차흥봉　박정희 대통령도 빈곤과 질병에 대해서는 뼈에 사무친 사람입니다. "이 세상에서 가장 어려운 것이 밥을 못 먹는 것이다", "나도 병원을 못 가서 손에 상처가 있다" 이런 말씀을 하실 정도로 빈곤과 질병에 한이 맺힌 분입니다. 그래서 5·16 이후 국가재건최고회의 시절에 사회보장제도를 만들자고 하셨습니다. 경제, 남북통일, 반공도 중요하지만요. 사회보장제도를 위해 최고회의 의장 지시각서를 만들었습니다. 이 지시각서에서 빈곤과 질병에서 벗어나 국민의 생활 안정을 도모하는 사회보장제도를 만들자고 하셨지요. 그래서 사보심에서 만든 것이 1962년 9월의 의료보험법안입니다. 그때 「의료보험법」을 만든 것은 박정희 대통령의 사회보장제도에 대한 의지 때문이라고 보아야 합니다.

이계민　김종인 전 장관께서는 본인이 박정희 대통령께 의료보험제도 시행을 건의했다고 하시더라고요.

판문점 중립국 감독위원회 회의실에서 열린 제 6차 남북적십자 실무회의에서
대한적십자 김종주 교체 수석대표(오른쪽)가 북한적십자 대표와 악수하고 있다 (1974. 11. 29).

차흥봉　김종인 전 장관은 1970년대이고, 이건 1962년이니 5·16 직후입니다.

이계민　신현확 보건사회부 장관이 부임한 것이 1975년 말이거든요. 그전인
1974~1975년에는 어떤 일이 있었는지 말씀해 주시지요.

차흥봉　그 경위를 아는 대로 말씀드리겠습니다. 신현확 장관을 임명한 가장 직
접적인 이유가 의료보험과 관련이 있다고 봅니다. 1970년대부터 시작된 남북회
담이 계기가 되었습니다. 남북대표단이 상호교환을 할 때, 양쪽이 합의하기를
'단장'이 상대방 지역에 가서 도착 성명을 발표하기로 했습니다. 그런데 도착 성
명은 전체 국민이 듣는 라디오 방송을 통해 알리기로 했지요.
　1974년 남북회담 북한 대표가 서울에 도착해서 도착 성명을 발표했는데, 성
명의 가장 핵심적인 내용 중 하나가 "조선민주주의인민공화국 인민은 아플 때
무료로 병원에 간다. 보건 체제가 잘 되어 있다. 그런데 남조선은 아플 때 병원
에 못 가는 사람이 수두룩하지 않냐"는 것이었습니다. 남북 체제를 비교한 것입

니다. 정치적 의도가 있었지요.

이것을 박정희 대통령이 듣고 있자니 기가 막히지 않았겠습니까. 1974년은 2차 경제개발계획까지 성공적으로 이루어지고 우리나라 경제가 발전해서 무역이 1억 달러를 넘어가던 시점이었어요. 또 우리나라가 북한의 경제수준을 넘어설 때였어요. 그런 상태다 보니 박 대통령은 이 이야기를 받아들일 수가 없었던 것이었어요. 그래서 그 자리에서 '우리도 하자'고 결심하고, 국민을 위한 의료보장제도를 만들자고 생각한 것이지요.

당시 제가 실제로 청와대에서 일하고 있었는데요. 대통령부속실에서 일하던 최필립 의전비서관으로부터 박 대통령이 그 방송을 듣고 의료보장에 대한 의지를 굳혔다고 직접 들었습니다. 그래서 박 대통령이 의료보험을 하자는 생각을 굳히고 신 장관을 1975년 말에 임명하면서 의료보험에 대해 이야기한 것으로 보입니다. '의료보험'이라는 정확한 용어를 사용하였다고 하기보다는 "국민을 위해 의료보장을 하자"는 얘기가 있었다고 봅니다.

신현확 장관, 경제와 복지는 분리할 수 없다

차흥봉 신현확 장관이 실제로 가장 열심히 공들인 것이 의료보험입니다. 장관실에 의료보험 관련된 책도 갖다 놓고 연구했었지요. 그때 국민연금을 먼저 하기 위해 「국민연금법」이 1973년에 만들어져서 보건사회부에 국민연금 기획국이라는 게 있었습니다. 그런데 국민연금이 잘 진행되지 않고, 행정조직인 국(局)은 있다 보니 손이 남았어요. 그걸 이용해서 의료보험을 준비합니다.

누구의 아이디어였건 박 대통령의 의지에 더해 신현확 장관의 의료보험 도입 공로는 아무도 부인하지 못한다.

신현확 장관의 아들이자 경제기획원 출신으로 기획예산처 실장과 국무조정실 차장(차관)을 지낸 신철식 우호문화재단 이사장은 2017년 9월 《신현확의 증언》이란 저서를 펴냈다. '아버지가 말하고 아들이 기록한 현대사의 결정적 순간들'이란 부제처럼 음성으로 남긴 신 장관의 기록을 바탕으로 정책결정의 중요한 순간들을 소개했다. 이 책의 '의료보험제도를 도입하다' 부분을 보면 의료보험 도입에 따른 정책결정의 배경과 실상을 많이 엮어 놓았다. 그중 중요한 몇 대목을 소개해 보면 다음과 같다.

"아버지는 취임사에서 경제와 복지 사이의 균형을 잘 유지하는 것이 무엇보다 중요하다고 강조하셨습니다."

취임 후 아버지는 의사협회, 의료전문가, 의료행정가 등으로 구성된 6명의 조사단을 20일간 일본 도쿄에 파견했다. 조사단은 일본의 후생성, 사회보험청, 사회보험연구소, 의사협회, 재일교포중앙의사회, 직장 및 지역의료보험조합을 방문하여 담당자의 구체적인 설명을 듣고 관련자료를 수집하였다. 어느 정도 자신감을 얻은 아버지는 청와대를 찾아가 박정희 대통령을 설득했다.

"이제 의료보험을 할 때가 됐습니다. 남북 간의 경쟁에서 우위를 점하고 체제를 안정시키려면 정부가 더 이상 의료문제를 방치하지 말고 적극 개입해서 의료보험을 시행해야 합니다."

대통령은 진지하게 아버지의 말을 경청하더니 이렇게 반문했다.

"지금 우리 재정형편으로 봤을 때 시기상조라는 의견도 있지 않습니까?"

"의료보험은 경제발전과 더불어 국민생활과 직결되는 문제입니다. … 각하! 악기의 줄은 너무 팽팽하게 조여도 끊어지지만, 너무 느슨하게 풀어놓아도 음악을 연주할 수 없습니다. 경제와 복지의 관계가 바로 그렇습니다."

장고를 거듭하던 박 대통령은 마침내 이렇게 말했다.

"한번 추진해 보시오."[6]

이러한 일들이 정확히 언제 일어났는지에 대해서는 밝히고 있지 않다. 그러나 1976년 초의 박 대통령 지시 이후일 것이다. 이런 에피소드도 소개되었다. 경제기획원, 상공부 등 경제부처에서 의료보험에 대한 반대가 꽤 완강했음을 알 수 있는 대목이다.

---

6 신철식, 2017, 《신현확의 증언》, 메디치, 239쪽.

210

어느 날 국무회의를 다녀온 아버지는 장영철 비서관을 불렀다. 그리고 굳은 목소리로 말했다.

"사표를 준비해라."

장 비서관은 깜짝 놀라 아버지를 쳐다보았다.

"남(南) 부총리와 총리실 기조실장이 (의료보험) 반대의견을 꺾지 않아. 나는 의료보험과 의료보호를 반드시 해야겠다고 생각하는데, 저쪽에서 재정안정 등 경제여건상 못하겠다고 하니 할 수 있나? 내가 그만둬야지."

그러나 장 비서관이 준비한 사표는 쓸 일이 없게 되었다. 그날 오후 남 부총리에게서 (시행에 동의한다는) 전화가 온 것이다. … 경제장관 회의를 통과하고 나니 국무회의 심의가 아버지를 기다리고 있었다. 국무회의에서도 의료보호와 의료보험이 필요하다고 역설했다. (다음의) 대통령의 재가절차는 앞의 두 과정에 비하면 오히려 쉬운 편이었다. 총리실 평가교수단과 청와대 비서실에서는 이미 복지연금보다 의료보험 실시가 먼저라는 결론을 내린 상태였다. … 1976년 9월 13일 아버지는 '국민보건 향상을 위한 의료시혜 확대방안'을 발표하였다.[7]

이러한 전개로 보면 9월 13일 이전에 일어난 논쟁인 듯싶다. 다만, 평가교수단과 청와대의 결론이 났는데도 불구하고 왜 경제부처들의 반대가 완강했는지는 의문이다.

이계민 국민연금은 당시에 법안은 통과가 되었지요? 기구는 만들어 놓고 법시행이 연기된 건가요?

차흥봉 법은 통과됐는데 연말의 석유파동으로 제도시행이 연기됐지요. 그래서 국민연금과 관련된 공무원들을 활용해 의료보험을 연구하고 실행합니다. 「의료보험법」이 1976년에 통과됩니다. 그러니 1년 정도 이런 과정을 거쳤죠.

의료보험의 검토에 대한 발단도 여러 가지 이야기가 있습니다. 1963년에 사보심 연구위원들이 연구한 것도 있고, 보건사회부에서도 1950년대부터 연구회

---

7 같은 책, 239쪽.

를 만들어서 연구했고요. 국가의 정책이 형성되고 구체화되는 데에는 역시 정책의지가 중요합니다. 정책의지 중에 제일 중요한 것은 대통령의 정책의지였다고 보고요. 그런 점에서 박정희 대통령의 역할과 청와대의 방향이 중요했다고 봅니다. 정치지도자의 의지가 의료보험 역사에서 중요했다는 점을 꼭 강조하고 싶습니다.

이계민 당시는 대통령의 의지가 절대적이었다는 말씀인가요?

차흥봉 첫 질문의 평가문제와 제도에 관한 답변에 덧붙여 말씀드리지요. 의료보험제도가 왜 필요하냐는 것에 대한 답입니다. 하나의 국가가 만들어져서 국민을 다스리고 정치할 때 가장 중요한 것이 민생이고, 민생의 핵심은 밥을 먹고 사는 것과 아플 때 병원에 갈 수 있도록 하는 것입니다. 의료보험은 바로 그런 국민의 의료문제를 해결해 주는 것이기 때문에 굉장히 의미가 있고요. 이것이 나중에 경제성장과 사회복지의 관계와도 연결됩니다. 돈을 벌어서 밥을 먹도록 하는 것이 굉장히 중요하기 때문입니다. 한국은 1962년에 경제개발 5개년계획을 시작하면서 아주 성공적으로 경제성장이 이루어졌고요. 1970년대 중반까지 경제성장이 성공했는데요.

그런데 민생문제에 대해 생산해서 나눠 주면 된다고 생각했을 수 있지만, 복지정책으로 민생을 같이 다뤄야 한다는 생각이 1970년대 중반에 싹트지 않았습니까. 경제성장과 민생문제를 같이 다루는 것이 의료보험의 실시와 동일하게 진행됩니다. 사회개발을 해서 경제성장과 함께 가야 한다는 것이지요. 신현확 장관이 경제성장과 사회복지 균형발전의 중요성을 이야기했고, 그래서 나온 것이 의료보험제도입니다. 국가의 전체 발전단계에서 의료보험이 그런 의미가 있었던 것입니다.

이제 제도를 시작하고 40여 년이 지났습니다. 전 세계적으로 많은 사람들이 우리나라 의료보험제도가 잘 되어 있다고 말합니다. 이 지구상에 어떤 나라도 완전한 의료보장제도를 가진 나라는 없습니다. 전부 문제가 있고 불만이 있어요. 그런 점에서 봤을 때 완전하지는 않지만, 우리나라의 건강보험은 상당히 양호합니다.

보건의료체계를 평가할 때 첫 번째 지표가 진료 접근성인데요. 우리나라 국민은 아플 때 병원에 쉽게 갑니다. 우리나라 국민이 병원에 가는 횟수가 세계 1위인데요. 이 접근성이 대단히 발전했다고 볼 수 있습니다.

두 번째는 비용부담입니다. 아플 때 돈이 없으면 병원에 못 가는 게 문제인데요. 의료의 전문성, 희귀성 때문에 돈이 들거든요. 그런데 이제 큰돈 없이도 병원에 갑니다.

세 번째는 의료의 질입니다. 우리나라 의료 서비스의 질은 세계적 수준이라고 봅니다. 전 세계적으로 통합된 건강보험 체제를 가진 나라가 몇 나라 안 됩니다. 거기서 한국이 선두주자인데, 건강보험 통합체제의 큰 장점은 국민이 서로 도와 사회연대성(solidarity)의 원리를 극대화했다는 것입니다.

이계민 전 국민 의료보험을 12년이라는 짧은 기간에 달성했다는 것이 큰 특징인데요. 이렇게 단기간에 이뤄낸 것도 자랑할 만한 일이겠지요?

차흥봉 1977년에 개시해 1989년에 전 국민 의료보험을 달성했다는 것도 전 세계적으로 드문 일입니다. 우리나라는 경제성장을 아주 빠르게 추진했는데 그 연장선상에서 사회개발도 추진하려는 동력이 붙었다고 볼 수 있고요. 경제성장으로 우리가 능력을 갖추었기 때문에 가능했다고 봅니다. 연간 10~12% 성장하는 고도성장으로 나라에 부가 축적되고 국민도 돈이 생기니까 사회개발을 실시할 수 있었지요.

또한 전체적인 성장론에서 늘 얘기하지만, 지도자의 리더십에 의한 방향 제시, 의지가 굉장히 큰 추동력이 됩니다. 그리고 그걸 뒷받침하는 관료집단의 힘, 책임의식을 무시하지 못한다고 봅니다. 경제기획원을 중심으로 한 경제관료의 의지도 그렇고, 보건사회부의 열정도 굉장히 컸습니다. 리더십 체계가 매우 중요합니다.

의료보험 통합의 여정

의료보험 통합의 밑그림

이계민 구체적인 이야기를 여쭙겠습니다. 청와대는 어떻게 들어가게 되었나요?

차흥봉 저는 1962년에 대학에서 사회학과를 선택했고, 대학원도 사회학을 전공했습니다. 대학 때는 삼일장학금을 받아서 학업을 이었고, 졸업 후엔 가족을 부양하려고 〈한국일보〉에 기자시험을 쳐서 합격했습니다. 그런데 이해영 교수님께서 저를 불러 학자의 길로 가라고 권유하셔서 대학원에 들어갔습니다.

그런데 대학원 2학년 때, 그러니까 1970년에 청와대 쪽에서 호출(call)이 온 겁니다. 그때 처음으로 청와대 특별보좌관실이 만들어져 주로 교수들이 들어갔는데, 저를 가르쳤던 장위돈 교수님께서 청와대 특별보좌관이 되신 거죠. 처음에는 안 가려고 했는데 교수님들께서 가는 게 좋겠다고 하셔서 공무원이 됐습니다. 그렇게 고시가 아니라 청와대 특별채용 케이스로 사무관 생활을 시작했습니다. 1970년 12월 10일에 들어가서 1976년 7월 8일에 나왔습니다. 약 6년 정도 청와대에서 근무했습니다. 처음에는 특별보좌관실에 들어가서 새마을운동 이론을 만드는 일을 했습니다. 총무비서실에서 행정도 담당해 봤고요.

저와 제 동기들 중에 특별보좌관실에 들어간 사람이 10명 정도인데 6~7년이 지나자 다들 각 부처로 보내기로 방침이 정해졌습니다. 그래서 저는 보건사회부로 가서 신현확 장관께 인사를 했지요. 그때 이미 공무원 조직도 있고 발령받은 사람도 있어서 처음부터 보건사회부에서 의료보험을 담당하진 못했고요. 이민(移民) 과장을 잠깐 했습니다. 그때는 이민업무도 보건사회부 담당이었거든요. 그 후 사회복지서비스를 총괄하는 사회과장을 4년 정도 했습니다.

그러다가 때가 되어 천명기(千命基) 장관께서 오셔서 의료보험을 통합하자고 말씀하였습니다. 보건사회부 안의 공무원들도 서로 의견이 다르고 적극적으로 의지표명을 하는 사람도 없다 보니 장관님께서 저에게 의견을 물으시더라고요.

천명기 장관께서 통합하겠다고 방침을 정한 다음에 사회과장인 저한테 의견을 물으셔서 저는 의료보험을 통합해야 한다고 소신대로 말씀을 드렸어요. 그러니까 장관께서 저를 바로 의료보험 담당인 보험제도과장으로 임명하셨어요.

여기서 지역의료보험 시범사업에 대한 자초지종을 알아볼 필요가 있다. 왜냐하면 시범사업의 결과가 지역의료보험 확대의 중요한 밑바탕이 되었을 뿐만 아니라 제도 개선에 막대한 영향을 미쳤기 때문이다. 「의료보험법」이 제정 당시부터 통합 일원화에 대한 논란이 많았던 것은 이미 살펴본 바와 같다.

특히, 10·26 이후에 정권을 새로 장악한 신군부는 민심을 달래려는 방안의 역점사업으로 '저소득층에 대한 의료시혜 확대' 등을 염두에 두기에 이른다. 1980년 1월부터 군인을 포함한 공무원과 사립교직원에 대한 의료보험이 실시되고 의무적용 대상 사업장이 종래의 500인 이상에서 300인 이상으로 확대되면서, 중소기업이나 농민, 도시지역 주민에 대한 의료보험 적용이 더욱 절실한 상황이었다.

이 같은 분위기를 반영해, 1980년 6월 진의종 보건사회부 장관은 '의료보장'에 관한 기자회견을 하면서 1981년 7월 1일부터 강원도 홍천군, 전라북도 옥구군, 경상북도 군위군 등 3개 지역에서 제 2종 의료보험 시범사업을 실시하겠다고 발표했다. [8]

시범사업에 대한 언론보도 내용을 보면, 1980년 10월 16일 보건사회부(장관 천명기)는 '1980년대 복지국가 건설을 위한 보사행정 장기 계획'을 확정·발표했다. 이날의 핵심내용은 3차 의료전달체계의 확립이었다. 당시 천 장관은 "이 제도를 우선 내년(1981년)에 경북 군위, 전북 옥구, 강원 홍천 등 3개 지역에 2종 의료보험과 함께 시범 실시한 뒤 1982년에는 6개 지역에, 1983년에는 9개 지역으로 넓혀나간 뒤 1984년부터는 지역별로 확산시켜 1991년까지 국민개보험제도를 실시하기로 했다"고 발표했다는 기록도 있다. [9]

---

8 보건복지70년사편찬위원회, 2015, 《보건복지 70년사: 보건의료 편》, 377쪽.
9 〈경향신문〉, 1980. 10. 16, 7면.

사실 보건사회부의 이런 계획은 느닷없는 것은 아니었다. 1981년 지역의료보험 시범사업이 실시되기 이전에 한국보건개발연구원(한국보건사회연구원의 전신)이 홍천, 옥구, 군위 세 지역에서 1976년부터 1980년까지 5년에 걸쳐 종합보건의료 시범사업을 실시한 바 있었다.[10] 이른바 '마을건강사업'으로 불린 이 사업은, AID 원조사업의 일환으로 실시됐다. 이 세 곳 중 옥구군에서 의료보험과 관련된 시범사업이 실시됐다. 한국보건개발연구원의 정책보고서에 따라 1차 시범사업 선정대상이 된 것이다.

보건사회부는 1982년 2월 15일부터 3월 1일까지 차흥봉 보험제도과장을 반장으로 한 합동작업반을 구성해 시범사업의 시행착오를 분석하고 대책을 강구했다. 이러한 바탕 위에서 2차 시범사업으로 1982년 7월 1일부터 강화, 보은, 목포 등 3개 지역에서 실시했다. 이 사업은 지역의료보험의 밑그림을 그린 것으로서 의료보험 발전 역사의 군건한 토대가 되었다고 평가할 만하다.

이계민 그런데 천명기 장관께서는 의료보험을 통합하겠다고 공식화하고 발표하신 건가요?

차흥봉 1980년 9월 전두환 대통령이 취임하고 장관을 임명하는 과정에서 천명기 장관이 보건사회부 장관이 되셨어요. 이분이 상당히 의욕적으로 일을 진행하셨는데, 그 당시 보건사회부의 가장 큰 이슈는 의료보험이었습니다. 많은 사람이 의료보험에 대해 이러쿵저러쿵 이야기했고 그 과정에서 전문가를 통해 많은 이야기를 들으셨던 것 같습니다.

1963년부터 사보심이 있었고 사보심 연구위원들이 여러 가지 연구를 했는데, 의료보험은 단골 연구과제였지요. 그런데 사보심 연구위원이셨던 이광찬 선생님이 의료보험을 통합해야 한다고 천명기 장관께 말씀하셨다고 해요. 1977년에 의료보험이 조합방식으로 된 것에 대해 이래서는 안 된다고, 하나의 공단 같은

---

10 보건복지70년사편찬위원회, 2015, 《보건복지 70년사: 보건의료 편》, 376쪽.

것을 만들어야 한다고 주장하셨다고 합니다. 그래서 천 장관께서 의료보험을 통합해야겠다는 생각을 굳히고 이광찬 선생을 아예 장관 정책보좌관으로 발탁하고 장관비서실 옆에 정책보좌관실을 두었어요. 그렇게 이광찬 선생님께서 의보통합의 당위성과 필요성에 대한 이론을 만드셨습니다.

그러다가 천명기 장관이 일본 출장을 가서 우리나라의 보건복지부에 해당하는 일본 후생성을 방문해 후생성 대신을 만났는데요. 후생성 대신이 한국은 의료보험을 통합하라고 이야기했다고 합니다. 일본은 의료보험을 1922년에 만들어서 60년 역사를 가졌고 개(皆) 보험을 한 것이 1962년이니 벌써 그것도 20년이 되었는데, 통합했으면 좋았을 텐데 이해관계가 얽혀서 통합이 안 된다고 하셨대요. 그런데 한국은 이제 시작단계니까 아예 처음부터 통합하라고 건의했다고 합니다. 그래서 천 장관께서 통합에 대한 의견을 더 굳히셨다고 합니다. 그렇게 해서 천 장관이 대통령께도 보고했는데 제동이 걸렸죠.

통합유보, 그리고 의보통합 논쟁의 시작

이계민 천명기 보건사회부 장관은 통합발언뿐만 아니라 실제 통합방안을 만들어 경제부총리는 물론 국무총리까지 결재를 받은 뒤 1980년 11월 17일에 청와대 결재를 신청했는데, 전두환 대통령은 '통합유보'라는 재검토 지시를 내렸다고 합니다. 왜 그런 일이 벌어졌나요?

차흥봉 가장 중요한 이유는 결국 청와대 안의 참모진이 보건사회부 출신이었다는 데 있습니다. 핵심인물이 윤성태 비서관과 김종대 행정관입니다. 이 사람들은 조합방식의 의료보험을 만들 때 아주 적극적인 역할을 했던 사람들이고, 조합주의를 옹호하던 사람들입니다. 한창 조합이 만들어지고 발달하던 시점에 통합하라고 하니까 이 사람들이 뒤집어졌습니다. 이 사람들의 힘으로 천명기 장관의 주장을 막은 것입니다. 의료보험 조합주의 체제를 만들었던 전국 의료보험협의회(이후 의료보험연합회)의 사람들도 결사반대했지요.

그 당시 벌써 의료보험 조합이 수백 개가 만들어졌는데, 조합 대표이사들이 집권당인 민주정의당(민정당)의 지역구 사무총장을 했던 사람들이었습니다. 또 어떤 조합은 군대 대령으로 있다가 장군이 안 되고 예편한 사람들이 조합 대표이사를 맡았는데요. 이 사람들이 통합하면 자기 자리가 다 없어지니까 결사반대하는 거죠. 이런 사람들이 결집해서 반대운동을 하면서 청와대 로비를 하니까 전두환 대통령이 부결하게 됩니다. 그 연장선장으로 계속 의료보험 파동이 생깁니다.

이계민 《국민건강보험 40년사》에서 차 장관께서 의보통합 20년 논쟁 중 세 차례의 '전쟁'이 있었는데, 그 '1차 전쟁'이 차 장관님의 보건사회부 퇴출로 이어진 1982년의 '보사부 파동'이라고 지적하셨습니다. 1차 전쟁은 언제, 무엇 때문에 일어났나요?

차흥봉 1980년에 천명기 장관이 통합하겠다고 발표할 때부터 2000년 7월 1일 국민건강보험공단이 만들어지기까지의 20년, 그 20년 기간에 세 차례 전쟁이 있었다고 제 나름대로 표현한 것입니다.

1차 전쟁은 천명기 장관께서 통합을 발표하셨던 1980년부터 제가 보건사회부에서 물러났던 1983년 2월 13일까지를 이름 붙인 것이지요. 거기서 전쟁의 결정적 화력이 만들어지고 싸움이 일어난 것은 국회입니다. 1981년 9월에 국회가 의료보험을 통합하라고 하고, 1982년 정기국회 때까지 의료보험통합법안을 국회에 제출하라는 「의료보험법」 개정안의 부대결의를 합니다. 법률안과 마찬가지의 결의를 여야 만장일치로 한 것입니다.

본회의까지 다 통과했는데, 그게 1981년 후반기입니다. 거기서 국회가 부대결의를 하니까, 청와대에서 각종 반대를 하며 전쟁이 시작되었습니다. 여러 가지 주장을 하고 세미나도 했는데, 1982년 정기국회가 끝날 때까지 아주 치열한 전쟁을 했지요. 제가 의료보험 담당 과장을 할 때입니다. 저는 의료보험을 통합해야 한다는 입장이었고요. 가장 큰 발단은 국회의 부대결의였고, 논쟁은 학계, 전문기관, 언론 등 모든 곳에서 벌어졌습니다. 찬성과 반대는 반반쯤이었던 것 같습니다.

정부 · 보건사회부 · 언론의 대논쟁

배경은 어찌됐건, 1980년 10월 당시 천명기 보건사회부 장관의 의료보험 통합·일원화 추진 천명은 정부 내는 물론 정부와 정치권, 심지어 청와대와 보건사회부 간의 대립, 그리고 언론의 대논쟁으로 번졌다.

1980년 10월과 1981년은 그야말로 정치적 격변기였다. 1979년 10·26 이후 최규하 대통령이 물러나고 1980년 9월 1일에 통일주체국민회의가 선출한 전두환이 제11대 대통령으로 취임했다. 곧이어 5공「헌법」개정을 통해 그해 1월 15일에 창당한 민정당의 총재인 전두환이 1981년 3월 3일 제12대 대통령으로 취임한다. 이른바 5공 시대의 개막이다. 이런 와중에 보건사회부 장관으로 취임한 천명기가 의보통합을 주장하고 나서면서 이른바 1차 전쟁이 시작되었다.

물론 앞선 언급대로 천 장관의 통합 주장은 1980년 11월 17일 청와대에서 대통령의 '통합유보'라는 결론으로 일단 제동이 걸렸지만 보건사회부는 통합의 의지를 꺾지 않았다. 당시 언론은 통합에 반대하는 논조가 많았다고 전해진다. 이규식은 "〈경향신문〉을 제외한 대부분의 신문에서 통합을 반대하는 논설을 게재하였다"고 주장했다.[11] 그러나 정치권은 여야를 막론하고 의료보험 통합에 찬성하는 입장을 보였다. 우선 여당인 민정당은 신설(1981년 1월 15일 창당) 정당으로서 민심을 얻어야 하는 필요성이 있었고, 야당으로서는 찬성논리에 더해 청와대와 여당의 견해차를 부채질하는 것이 나쁠 것 없다는 판단까지 작용해 '통합 일원화'를 부추겼던 것이다.

그 결과 1981년 11월 국회보건사회위원회는 "정부는 의료보험 일원화를 위한 통합법안을 1982년 정기국회에 제출할 것"을 부대결의했고, 본회의까지 통과시

---

11 건강복지정책연구원 편, 2012, 《건강보험통합 평가와 개혁 방향》, 계축문화사, 35쪽.

컸다. 그러나 이러한 국회의 의결은 결과적으로 지켜지지 못했고, 1982년 5월 21일 새로 취임한 김정례 보건사회부 장관은 그해 10월 13일 "국회가 의결한 부대결의를 지킬 수 없다"는 입장을 국회 본회의에서 공식으로 발표했다.

그러나 논쟁이 여기서 그칠 리는 없었다.

차흥봉 1981년 정기국회 때 국회 '부대결의'를 한 것은 천명기 장관 때였고요. 1982년 초에 김정례 장관이 부임했는데 김정례 장관도 통합 쪽이셨어요. 그런데 청와대가 통합법안을 못 내게 반대하는 게 문제였습니다. 보건사회부는 국회 눈치도 봐야 하고 청와대 눈치도 봐야 하는 아주 어려운 상황이었습니다.

1982년 연말 정기국회가 열리고, 국회보건사회위원회에서는 의료보험통합법안을 내놓으라고 닦달했습니다. 김정례 장관이 청와대 반대로 법안을 못 내는데, 그렇게 말은 못 하니까 눈물을 흘리셨어요. 그게 '장관의 눈물'이라고 해서 신문 1면 머리기사로 나왔어요. 보건사회부는 법안을 내고 싶은데 청와대는 못 내게 하니까 장관이 어쩔 수가 없어서 눈물을 흘린 겁니다. 그런 사건이 벌어지니까 국회가 문을 닫기까지 했습니다. 국회를 무시하는 처사라며 휴회를 하고 법안을 내라고 보건사회부에 압력을 넣었던 것입니다.

국회보건사회위원회가 공전되자 1982년 10월 28일 국회 보사위는 의료보험 일원화 촉진 소위 및 3당 간사 연석회의를 열고 정부의 '대국회 의료보험 종합방안' 제출 시기를 12월 18일로 한다고 합의해 발표했다. 그때까지만 해도 여당인 민정당이 시한을 못 박을 수 없다고 버텼지만 합의를 해준 것이다.

이때 국회에 제출할 '전 국민 의료보험 종합방안'은 보건사회부 김정례 장관, 국회 보사위 이상희 여당간사, 청와대 윤성태 비서관 등이 서울 시내 장원식당에서 전날 모여 조정한 것이다. 이 종합방안에는 전 국민 의료보험을 위한 3가지 대안을 종합적으로 제시했다. 집단별 분립 임의적용 방식, 지역별 통합 강제적용 방식, 광역 생활권별 강제적용 방식 등 여러 가지 대안을 나열한 것으로, 의료보험의 통합 일원화 방안은 제외되었다. 이 방안은 의료보험의 통합 일원

화를 결의하고 정부의 법안 제출을 요구
했는데도 정부가 법안을 제출하지 않은
상황에서 생긴 국회 공전사태를 해결하
려는 것이 그 목적이었다.

그런 상황이 벌어지자 당시 여당인
민정당의 이종찬 원내총무가 나섰다.
보건사회부는 민정당과 협의하여 국회
에 보고할 '한국형 의료보장 방안'을 마
련했는데 그 내용이 의료보험 통합·일
원화였다.

차흥봉 전 보건복지부 장관

차흥봉 민정당 이종찬 원내총무는 최영철 국회 보사위원장과 김정례 장관이 의
료보험 일원화 방안에 대하여 보고할 것을 민정당 총재인 전두환 대통령께 직접
요청해서 보고 날짜를 잡았어요. 그래서 김 장관이 담당과장인 저에게 지시해서
보고자료를 만들라고 하셨습니다. 그때 만든 것이 '한국형 국민의료보장 방안'이
었습니다. 기존 의료보험의 조합별 관리·운영의 문제점을 해결하고 사회보험
방식으로 일원화하는 내용이었습니다. 모든 국민에게 의료시혜를 골고루 펴고
정부재정 투입을 최소화하는 것이 대전제였습니다. 그 결과 1982년 11월 2일 김
정례 장관, 이종찬 민정당 원내총무와 최영철 국회 보사위원장이 참석하고, 청와
대에선 김태호 정무 제2수석비서관과 윤성태 비서관 등이 참석해서 이 방안을 전
두환 대통령에게 보고합니다.

문제는 거기에서도 대통령을 설득하지 못하고 결재가 이뤄지지 못한 것입니
다. 이날 논란이 많았다고 합니다. 그런데 당시 청와대에 파견 나가 있었던 윤성
태 비서관이나 김종대 행정관은 의보통합에 반대하는 견해를 가진 사람들로, 보
건사회부 실무자라서 정확한 수치나 이런 부분을 잘 알고 있었고, 장관이나 국회
의원은 정치하는 사람이고 구체적 수치를 잘 모르니 논리대결은 어려웠지요.

열띤 토론을 거친 끝에 대통령은 "비서관들 말이 맞지 않느냐"고 하면서 '보류'

서명을 하셨습니다. 결국은 통합안이 대통령께 허락을 못 받고 부결된 것이지요. 정책논쟁은 대통령이 보류했으니 그것으로 종결됐다고 봐야 합니다. 물론 국회와도 문제가 많았지요.

그런데 더 문제가 된 것은 그 뒤의 예기치 않은 파장입니다. 통합을 찬성한 사람들을 쫓아내는 방향으로 후속조치가 취해지면서 파동이 일어났습니다.

이계민　이런 일이 일어난 근본 원인은 무엇인가요?

차흥봉　저는 당시 정치권과 청와대의 힘겨루기라고 보았습니다.

이계민　일각에서는 복지정책에 대한 대통령의 무지를 비판했다는 이유로 관료 및 관련 단체장들이 퇴출당하는 사태를 불러왔다고 기록하기도 했습니다. 그 자세한 내용은 무엇인가요?

차흥봉　자세한 이야기를 말씀드리겠습니다. 그때 청와대 김태호 정무 제2수석비서관이 보건사회부 담당이었는데, 대통령 보고를 하고서 바로 다음날인 1982년 11월 2일 김정례 장관에게 전화해서 "이두호 기획관리실장과 차흥봉 과장의 사표를 받으시오"라고 말해서 장관이 못 한다고 대답하셨대요. 그러니까 전화를 끊고, 3초 후에 다시 전화하더니 "장관이 못 하면 내가 쫓아내겠습니다"라고 선언했다고 합니다. 이 이야기는 제가 김정례 장관으로부터 그 후 수차례 직접 들은 것입니다. 청와대 측의 이 선언 이후 파동이 시작된 것입니다.

그렇게 11월 3일부터 시작해서 우여곡절 끝에 1983년 2월 17일에 제가 사표를 썼는데, 그 석 달 동안에 청와대 라인에서 내사를 시켰습니다. 내사는 경찰 조사였는데, 뇌물 받은 게 없느냐, 술집에서 여자문제는 없느냐는 것이었습니다. 석 달 동안 조사를 받았는데, 이두호 실장도 그렇고 저도 그렇고 뇌물이라고는 받아본 적이 없는 사람이었습니다. 술집에서도 문제 되는 게 없었고요. 비리를 발견해야 그걸로 잡아넣을 텐데, 안 나오거든요.

여기서부터는 제가 한 번도 밝힌 적이 없는 내용이고 나중에 자서전을 쓰면 밝히려고 했던 내용입니다. 내사를 시켜도 비리가 안 나오니까 당시 안전기획부를 시켜서 이두호와 차흥봉의 비리 사실을 만들어서 투서하도록 했습니다. 제가 의료보험 담당 과장이었는데요. 당시 의료보험에 두 가지 조직이 있었어요. 의료보험전국연합회와 공교공단이었는데, 이 두 조직에서 뇌물을 받은 것으로 투서하도록 만들었습니다. 청와대 사정특보실로 보내라고까지 지시했다고 합니다. 그렇게 투서 쓴 사람이 제 동료한테 이야기한 내용을 제가 나중에 들은 것입니다. 그렇게 해서 하나의 구체적 혐의 사실을 만든 것인데요. 그걸 근거로 해서 이두호와 제가 잡혀 들어갑니다. 당시 치안본부 특수수사대로 끌려갔지요. 제가 300만 원 받았다고 투서가 나왔는데, 사실대로 이야기하라고 하더라고요. 이건 이 사람들이 조작해서 만든 문서인데도 말입니다.

붙잡아서 두들겨 패면 300만 원이 아니더라도 다른 비리라도 나올 것이라고 예상했겠지요. 제가 2월 2일에 연행되어서 4~5일쯤 두들겨 맞으면서 밤샘 조사를 받았어요. 300만 원을 받은 적이 없다고 하니까 30만 원이라도 받은 게 있지 않으냐고 물어봐요. 그래서 30만 원도 받은 적이 없다고 했더니, 그 사람들이 청와대에 보고를 한 겁니다.

그쪽에서는 칼을 빼 들었는데 물러설 수가 없으니까 안기부 남산 지하실로 붙들려 갑니다. 거기서 일주일 동안 고문을 당했습니다. 300만 원을 받은 적이 없으면 구두상품권을 받은 것이라도 이야기하라고 했습니다. 제가 보건사회부에서 7년 동안 일했는데요. 그때 명절이 되면 2만 원, 3만 원짜리 구두상품권을 받는 관행이 있었습니다. 그래서 2월 12일에 조사가 다 끝났습니다. 그때까지 김정례 장관은 우리를 살리려고 백방으로 노력하면서 대통령을 만나려고 했는데, 청와대에서 장벽을 쳐서 못 만나셨다고 했어요. 제가 보건사회부에서 구두상품권을 받은 것이 7년간 합쳐 80만 원쯤 됐어요. 그걸로 사표를 쓰든지 아니면 형사고발을 하겠다고 했어요. 그렇게 해서 보건사회부를 그만두게 되었습니다.

어떤 교수는 제가 전두환 대통령을 욕해서 그만두게 되었다고 책에서 썼는데, 전혀 사실이 아닙니다.

이 부분에 대한 보완설명이 필요할 것 같다. 연세대 이규식 교수는 자신의 저서 《건강보험통합 평가와 개혁 방향》에서 이렇게 적고 있다.

> 1982년 11월 의료보험 통합에 관한 대통령 보고서가 기대한 성과를 거두지 못한 당시 보건사회부의 공직자(이두호 기획관리실장, 김영기 사회보험국장, 차흥봉 보험제도과장, 오근식 보험제도과 주무사무관) 등이 사석에서 "대통령이 사회보장에 대한 철학이 없다", "5공의 국정지표가 복지사회 구현인데 전 국민 의료보장도 실현하지 못하면서 무슨 복지사회 구현이냐"는 등의 비판을 하게 되었고, 이것이 정보기관의 보고로 상부에 알려져 보고서 작성에 참여했던 공무원 등을 위시하여 몇몇 사람이 공직에서 물러나는 사건이 1983년 2월에 발생했다. [12]

아울러 이 교수는 여기에 대한 주석을 달아 "이때 물러난 인사는 보건사회부의 김영기 국장, 차흥봉 과장, 오근식 사무관 및 이진형 장관비서관임. 전자의 3인은 대통령을 비판한 데 따른 면직이었음. 장관비서관은 징계에 의한 것이 아니라 의원면직인데 아마 장관에 대한 간접적인 질책이었던 것 같음"이라고 기술했다.

차흥봉   건강보험 통합을 주장하다가 청와대 쪽과 마찰이 있으니까 청와대에서 내보내려고 작전을 펼치고 비리 사실을 만들어서 수사를 시킨 것이 그 배경입니다. 마지막으로 7년간 구두상품권 80만 원어치 받은 것을 비리로 해서 쫓아낸 것입니다. 제가 이 사실을 한 번도 밝힌 적이 없다 보니 이 사실에 대해 사람들이 나름대로 추측하면서 그런 이야기가 생긴 것 같습니다.

전두환 대통령을 욕한 것과 관련해서는 사실이 이렇습니다. 이두호 기획관리실장이 좀 예리하고 바른말을 잘하는 분인데요. 이 실장이 보건사회부 고시출신 모임에서 "전두환 대통령이 돌대가리야, 철학이 없어"라고 고시동기 20명쯤 모인 자리에서 이야기하셨다고 해요. 의보통합 사건과는 전혀 상관이 없는 것이고요. 그때 그 모임에 참석했던 사람 중 누군가가 청와대에 이야기했을 것이라고

---

12 건강복지정책연구원 편, 2012, 《건강보험통합 평가와 개혁 방향》, 계축문화사, 42쪽.

이두호 실장이 저한테 이야기하더라고요. 제가 대통령을 욕해서 쫓겨났다는 것은 전혀 사실과 다른 이야기입니다. 이번에 이 점을 확실히 해두고 싶습니다.

이계민　이른바 '2차 전쟁'에 대한 질문입니다. 이후 의보통합 문제는 논란이 중단되는 듯했으나 1987년 민주화 이후 가열됐습니다. 학계에서는 통합파(통합주의)와 반대파(조합주의)로 나뉘어 공방을 벌이고, 심지어는 서로 간에 인신공격까지 했다는 기록도 나옵니다. 차 장관께서는 당시 한림대 교수로 통합파의 선봉에 서있었지요? 왜 그렇게 극단적으로 대립했다고 보는지요? 이념대립의 성격이 강했다는 평가도 있는데요. 대체로 사회복지 전공교수는 찬성론자인 반면 경제학과 보건학을 전공한 학자는 반대의견을 내놓는 양상이었다고 합니다. 맞는 이야기인가요?

차흥봉　1차 전쟁은 제가 쫓겨난 2월 12일에 끝이 납니다. 1차 전쟁의 보건사회부 파동은 보건사회부와 청와대의 싸움이 그 배경이 되었다고 봅니다. 이두호 기획관리실장이 건강보험 통합에 철학을 가졌던 분이고 건강보험 통합에서 상당히 중요한 역할을 하셨거든요. 이두호 실장과 김태호 수석비서관은 말하자면 상하관계에 있다고 볼 수 있습니다. 그런데 청와대 정무수석비서관실에서 논쟁이 심해져서 멱살 잡고 넥타이를 끌어당기고 했다는 이야기도 있습니다. 그런 것도 사건의 계기가 될 수 있었을 것입니다.

　1차 전쟁이 일단락되면서 의보통합 논쟁 자체가 완전히 수면 아래로 가라앉았습니다. 1983년부터 3년 정도 아무도 논의하지 않습니다. 그러다가 2차 전쟁이 발발한 것인데요. 1986년에 전두환 대통령이 3대 복지정책을 발표합니다. 전 국민 의료보험, 국민연금, 최저임금제가 3대 복지정책이었습니다. 그때 정부정책으로 공식적으로 발표한 것입니다.

전두환 대통령은 1986년 8월 11일 청와대 상춘재에서 하계 기자회견을 열고 국정 전반에 대한 질의응답을 가졌다. 이날의 가장 큰 관심사는 개헌문제와 민정당의 차기 대통령 후보(후계자) 문제 등 정치상황에 초점이 맞춰져 있었으나 국민복지 정책도 굵직한 내용이 발표됐다. 이른바 전두환의 3대 복지정책 발표인데 그 내용을 보면 다음과 같다.

> 우리 국민이면 누구나 의료보장의 혜택을 받을 수 있게 하는 것도 특별한 관심을 기울여야 할 분야로 늦어도 1989년까지 모든 국민이 의료보장 혜택을 받을 수 있도록 하는 방안을 마련하도록 당과 행정부에 지시했고, 그 구체적 내용이 곧 발표될 것이다. 또 늦어도 1988년까지는 최저임금제가 실시될 수 있도록 관계 법률을 제정할 계획을 세우고 있으며 아울러 도시 영세민의 경제적 지위향상을 보다 빠른 속도로 키울 수 있는 종합대책도 마련 중이다. 그리고 노후의 생계대책도 점차 그 중요도를 더해가고 있어 국민연금제도를 늦어도 1988년까지는 실시할 수 있도록 할 것이다.[13]

이 같은 대통령의 기자회견을 뒷받침하는 정부정책을 그해 9월 경제기획원이 '국민복지 증진대책'이라는 이름으로 발표한다. 그 내용은 전 대통령의 기자회견을 구체화한 것이었다. 예컨대 1988년 1월부터 농어촌 의료보험과 1989년 1월부터 도시지역 의료보험을 실시하고 국고에서 보험료 일부를 지원하겠다고 밝히고, 국고지원 방식으로 국민의 최저 4분위에 대해 보험료의 절반을, 그리고 차상위 4분위에 대해 보험료의 4분의 1을 지원하는 것으로 제시했다.

사실 많은 정부정책은 정치적 격변기에 요동을 친다. 쉽게 말하면 선거를 앞두고 각종 선심성 공약이 남발되면서 한 걸음씩 발전하는 양상을 보인다. 1986년 8월 전두환 대통령의 복지확대 기자회견 역시 그 연장선상으로 볼 수밖에 없다. 1987년 대선을 앞둔 데다 대통령 간선제 폐지에 대한 여론이 높아지는 데 따른 조치의 성격이 강했다.

결국 1987년 6·29 선언으로 대통령 직선제 수용과 노동운동의 활성화 등 그동안 억압됐던 시민사회의 발호가 시작된 것이다. 이른바 민주화 시대의 개막이다.

---

13 〈동아일보〉, 1986. 8. 11, 1면.

차흥봉   1986년 중반부터 우리나라 시민사회가 본격적으로 나타나기 시작합니다. 그러면서 노조가 부각되고요. 1987년 민주화 운동, 노동조합의 전면파업이 나타나면서 의료보험도 다시 수면 위로 올라옵니다. 저는 그때 보건사회부에서 쫓겨나 한림대 사회복지학과 교수로 가 있었습니다. 대학교수로 있던 상황이다 보니 의보통합 논쟁에는 자주 불려 나와서 주제발표를 했고 그 횟수가 굉장히 많아지기 시작했습니다. 1987~1988년의 2년에 걸쳐서 그런 논쟁이 재현되어 굉장히 많은 토론회와 세미나가 있었습니다. 학자 간에도 나뉘어서 극렬한 논쟁이 있었습니다.

의보통합 논쟁이 이념적 성격도 분명히 있습니다. 의보통합은 원래 밑바탕에 이념적 성격이 있습니다. 사회연대라고 하는 'solidarity'의 개념이 해석 여하에 따라 사회주의적 측면이 있습니다. 잘사는 사람이 못사는 사람을 도와주는 게 사회연대니까요. 그런 본질적 성격 때문에 사회단체, 전문가 단체 사이에서도 좌파적 성향의 사람이 통합을 지지하고, 우파적 성향의 사람은 통합을 반대하고 이런 점이 있었죠. 그러다 보니 경제학을 공부하는 사람은 조합주의고, 사회학이나 사회복지를 공부하는 사람은 통합주의라는 이야기가 있었죠. 그리고 시민사회단체가 아무래도 진보적 성격이 있다 보니 통합 쪽으로 기울어졌어요.

여기에 정치적 성격까지도 있었어요. 1차 전쟁 때는 국회와 정부 간의 문제였어요. 그런데 2차 전쟁 때는 정당 간에도 정치적 쟁점이 된 것입니다. 정치적 이슈에서 가장 중요한 것은 국민개보험(國民皆保險) 이슈였습니다. 모든 국민이 의료보험에 들도록 해서 혜택을 함께 누리자는 것이지요. 그때 인구의 절반 정도만 의료보험의 혜택을 받고, 없는 사람은 혜택을 받지 못했습니다. 의료보험이 있는 사람은 10만 원으로 맹장수술을 하고, 보험이 없는 사람은 100만 원을 내야 맹장수술을 했거든요. 가난한 사람이 더 많이 부담해야 하는 문제가 생겼습니다. 이것이 정치적 문제가 됩니다.

국회의원은 국민개보험을 이야기해야 득표할 수 있으니까 의료보험이 정치 이슈로 대두된 것입니다. 이렇게 1980년대 중반부터 정치 이슈가 됩니다. 이때 민주화 바람이 불어서 여당이었던 민정당이 세를 잃고, 야당이 세를 넓히게 됨니다. 그래서 여소야대 국회가 됩니다. 야당 의원들은 통합해야 한다고 의견을 모아 「의료보험통합법」을 만들어서 상정합니다. 여당도 찬성해서 만장일치로 통과됩니다.

시민운동으로 발전한 의보통합 운동

민주화 이후 정치상황은 엄청난 변화를 가져온다. 1987년 12월 대선에서 노태우 대통령이 당선되기는 하지만 이듬해인 1988년 4월에 실시된 국회의원 총선에서는 집권당인 민정당이 원내 과반수 확보에 실패하여 이른바 '여소야대' 국회가 탄생하고, 따라서 정국도 집권당보다는 야당의 3김(김대중 평화민주당 총재, 김영삼 통일민주당 총재, 김종필 신민주공화당 총재)에 의해 주도되기 시작한다. 물론 1990년 1월 22일 3당합당으로 정치지형은 요동치지만 시민사회의 요구는 빗발치기 시작했다.

　의료보험 통합이라고 예외일 수는 없었다. 1988년 4월에 48개 시민단체로 구성된, 의료보험 통합·일원화를 위한 '전국의료보험대책위원회'가 발족해 시민운동으로 발전하기 시작했다. 여소야대 정국에서 1988년 정기국회에 통일민주당과 평화민주당이 의료보험통합법안을 각각 제출하였으나 처리하지 못했다. 법안 처리가 1989년 2월 임시국회로 넘겨졌으나 역시 미뤄지자 1989년 3월 초 '전국의료보험대책위원회'가 "야 3당 당수실을 점거 농성하겠다"고 밝혔다. 3김은 1989년 3월 4일(토요일) 주말인데도 긴급회동을 갖고 의료보험통합법안 등 쟁점 법안을 통과시키기로 합의했다. 두 야당이 제안한 법안의 단일안으로 「국민의료보험법」을 성안해 3월 8일 보사위 상임위와 국회 본회의에서 가결해 그동안 끊겼던 의보통합의 다리가 연결된 것이다. 그러나 이게 끝이 아니었다.

이계민　의보통합 논쟁의 분수령은 1989년이라고 알고 있습니다. 1989년 3월에 열린 임시국회에서 '의료보험통합법안'이 당시의 야당주도로 의결됐기 때문입니다. 그런데 이 법안을 1989년 3월 24일에 노태우 대통령이 이른바 법안 '거부권'인 '법안 재의요구권'을 행사해 법시행이 미뤄졌습니다. 당시로서는 그럴 만한 이유도 있었을 텐데 왜 그런 일이 벌어졌는지요? 지금 생각하면 그로 인해 의료보험 정착이 늦어졌다고 보시는지요?

차흥봉　우리나라 국회에서 의료보험 통합이 만장일치로 통과한 적이 두 번 있습니다. 처음은 1981년 (정부가 1982년 정기국회가 열리는 12월 18일까지 의료보험통합법안을 제출해야 한다는) 부대결의를 할 때 만장일치로 통과됩니다. 그리고 1988년에 국민의료보험을 통합하라고 만장일치로 통과시킵니다. 2차 전쟁 때 통과된 「의료보험통합법」에 노태우 대통령이 법안 재의요구권(거부권)을 행사합니다.

그 비토의 핵심 세력도 윤성태-김종대 라인입니다. 김종대 씨는 그때 보건사회부 공보관을 하고 있었는데, 이 일로 홍보활동을 하면서 자료도 내셨지요. 그후 청와대 비서관으로 자리를 옮겼고요. 또 반대하던 세력도 그대로 존재하고 열렬하게 로비해서 노태우 대통령이 비토권을 행사한 것이 2차 전쟁의 끝이었지요. 2차 전쟁의 끝이 노태우 대통령의 비토권 행사라면, 그것이 1989년 3월입니다. 그리고 이후 분위기가 소강상태로 접어듭니다. 하지만 시민사회에는 통합해야 한다는 분위기가 있었기 때문에 소강상태가 그리 오래가지는 않았습니다.

당시 「의료보험통합법」과 관련한 거부권 행사를 보도한 〈동아일보〉의 관련 기사를 옮겨 보면 다음과 같다.

각의, 「의료보험법」 등 4개 법률개정안 거부권 요구키로

정부는 지난 임시국회에서 통과된 「국민의료보험법」, 「지방자치제법」, 「노동조합법」, 「노동쟁의조정법」 개정안 등 4개 법률개정안과 관련, 16일 오후 국무회의에서 재의요구안을 의결했다.

정부는 「국민의료보험법」의 경우 현행 조합주의를 무시하고 통합주의를 시행하기에는 여건이 성숙되지 못했다고 보고, 재의요구안을 의결할 방침이라고 밝혔다. … 이날 재의요구안을 의결키로 한 4가지 법률 중 「국민의료보험법」과 「노동쟁의조정법」은 여야 합의로 국회에서 통과됐었다.

국민의료보험 등 4개 법안 노 대통령 거부권 행사

노태우 대통령은 24일 지난 임시국회에서 통과된 「국민의료보험법」, 「지방자치제법」, 「노동조합법」, 「노동쟁의조정법」 개정안 등 4개 법률개정안에 대해 거부권을 행사, 국회로 환부토록 했다.

법제처는 이에 따라 오는 27일경 4개 법률안에 대한 재의요구서를 붙여 국회로 보낼 예정이다. 대통령이 거부권을 행사할 경우에 국회에서 정부에 법률안이 이송된 날로부터 15일 이내에 되돌려 보내야 하기 때문에 4개 법률안 재의요구서는 오는 30일까지가 시한이다. [14]

이 같은 거부권 행사에 대해 이규식 전 연세대 교수는 저서에서 다음과 같이 평가하였다.

야 3당의 단일 통합법안을 여당이 합의해 주고 국회에서 만장일치로 통과시킨 후에 다시 대통령 거부권 행사로 선회한 일에 대해서는 당시의 정치적인 상황을 이해할 필요가 있다. … 1987년 6월 10일 민정당의 대통령 후보로 지명된 노태우 후보가 6·29 선언으로 대통령 직선제를 수용함으로써 대통령 선거는 민정당의 노태우 후보와 3김의 대결로 진행됐다. 이런 와중에 대통령 당선에 불안은 느낀 민정당의 노태우 후보는 "자신을 당선시켜 주면 임기 중인 1989년에 중간평가를 받아 일을 제대로 하지 못하면 물러나겠다"는 공약을 하게 된다.

그런데 대통령에 당선된 뒤 1989년이 되자 이제는 중간평가에 불안을 느낀 노태우 정부는 민심에 영합하기 위해 야 3당이 합의한 의료보험통합법안이 국회를 통과하게 되면 거부권 행사도 쉽지 않을 것이라고 판단하고 일부 독소조항만 빼는 협상을 하고 민정당도 통합법안에 대해 찬성을 합의해 주게 된다. 결국 이렇게 해서 통합법안이 1989년 3월 8일 국회 본회의를 통과하게 된 것이다. 그런데 막상 그렇게 되자 언론의 비판이 쇄도했고, 정부는 거부권 행사가 중간평가에 도움이 되리라는 정치적 판단에서 거부권을 행사하게 된 것이다. 집권여당의 우왕좌왕의 전형을 보여준 셈이다.

---

14 〈동아일보〉, 1989. 3. 16, 1면 및 〈동아일보〉, 1989. 3. 24, 1면.

그러나 1990년 1월 22일 3당합당 등 정치적 소용돌이에 휩싸이면서 의보통합의 논의는 정국 소용돌이에 일시 가려지게 된다.[15]

이계민 이른바 3차 전쟁에 관한 질문입니다. 의보통합 문제의 흐름이 바뀐 것은 1997년 대선을 앞두고 1996년부터 나타나기 시작했습니다. 여당과 야당이 다 같이 의보통합을 내용으로 하는 「국민의료보험법」을 발의하고, 1997년 11월 18일 여·야당 안을 합친 「국민의료보험법」이 국회 본회의를 통과했습니다. 특히, 김대중 후보는 대선공약으로 "의료보험 통합, 4대 사회보험 통합"을 제시했지요. 혹시 당시 김대중 후보의 정책 공약 작성에 참여하지 않으셨나요?

차흥봉 김영삼 대통령이 1993년에 취임하면서부터 의보통합의 3차 전쟁이 시작됐다고 보시면 됩니다. 그 시절이 문민정부라고 해서, 군부정치를 끝내는 상징적인 의미가 있었습니다. 그래서 시민사회 활동이 굉장히 활발해졌고 아주 조직적으로 움직였습니다. 그러면서 통합 이야기가 다시 논의됩니다. 1990년대 전체가 의보통합이 큰 이슈였고요. 이런 분위기가 1997년에 통합법률이 통과할 때까지 이어집니다. 1997년에 통합법은 통과됐지만, 그 후에 또 파동이 만만치 않았지요.

3차 전쟁은 법으로 끝났다고 보시면 안 되고, 그 이후 일련의 사건을 3차 전쟁의 파동으로 보셔야 합니다. 법이 통과될 때는 아주 순조롭게 되었습니다. 여야가 모두 통합을 당연한 것으로 생각했고요. 김대중 대통령이 당선되기 전에 법이 통과되었습니다. 실질적인 전쟁은 그 후에 벌어졌다고 봐야 하지요.

1992년 대선에서 김영삼 대통령이 당선되며 1993년 2월 25일 이른바 문민정부가 출범한다. 그런데 문민정부는 취임 첫해인 1993년 12월 15일 다자무역협상인 우루과이라운드에서 쌀 시장개방 합의안을 발표했고, 이에 합의한 정부에

---

15 건강복지정책연구원 편, 2012, 《건강보험통합 평가와 개혁 방향》, 계축문화사, 63쪽.

대한 농민의 불만이 최고조에 이른다. 정부는 이러한 농민의 불만을 잠재우기 위해 1994년 2월 1일자로 6개월 시한의 대통령 직속 자문기구인 '농어촌발전위원회'를 구성한다.

여기서는 농어촌지원을 위한 광범한 특별대책이 세워졌는데, 특히 '농어촌생활개선 분과'에서 제기된 과제가 농어촌 의료보험 실시였고, 이를 계기로 의보통합 문제가 다시 수면 위로 떠오른다. 국회 보사위는 의보통합에 대한 공청회를 개최하는가 하면 농어촌발전위원회는 그해 5월 24일 의료보험을 통합 일원화할 것을 대통령에게 보고하기도 했다.

그러나 이와는 별도로 1993년 12월 22일에 보건사회부 장관으로 취임한 서상목은 1994년 1월 21일에 '의료보장개혁위원회'를 발족시켜 의료보험제도의 개선방안을 마련하도록 했다. 6개월여의 연구 끝에 의료보장개혁위원회는 조합방식을 유지하는 것이 의료보험제도의 발전에 타당하다는 결론을 내리고, 그해 7월에 현행 방식의 문제점을 보완·발전시켜나가는 것이 중요하다고 대통령에게 보고했다. 김영삼 대통령은 농어촌발전위원회의 건의보다 의료보장개혁위원회의 건의를 수용함에 따라 문민정부에서 통합논의는 정부 차원의 논의는 더 이상 크게 거론되지 않은 것으로 기록된다.[16] 물론 국회나 시민단체, 정책 간담회 등의 형식으로 통합논의는 지속적으로 활발하게 제기됐다.

의보통합의 분수령은 1997년 대선정국이었다. 대선을 앞둔 1996년 11월 21일 야당인 국민회의와 자민련은 의료보험 관리체계를 통합 일원화하는 법안을 정기국회에 제출하겠다고 공동발표하고, 11월 30일 「국민건강보험법」을 발의했다. 여당인 신한국당은 통합에 반대하고 있었으나 농촌출신 의원의 경우 지역구에서 의료보험 통합요구에 직면하는 상황이 지속됐다.

당시 신한국당 대선후보였던 이회창 후보도 농어촌 출신 의원들의 요구를 받아들여 의료보험 통합을 공약으로 채택하고 1997년 8월 3단계 의료보험 통합방안을 발표했다. 이를 바탕으로 신한국당은 1단계인 지역조합과 공교공단 통합을 골자

---

16 건강복지정책연구원 편, 2012, 《건강보험통합 평가와 개혁 방향》, 계축문화사, 65쪽.

로 하는 '국민의료보험법안'을 별도로 제출했다. 결국, 1997년 11월 14일 개최된 국회보사위 법안심사소위원회에서는 여당과 야당 안을 합쳐 단일안으로 지역의료보험과 공교공단의 통합을 규정한 「국민의료보험법」이 마련되고, 이 단일안은 11월 18일 국회 본회의에서 통과된다. 직장조합이 제외된 반쪽짜리 통합이었지만, 의료보험 통합 발전사의 첫발이란 점에서 크나큰 분수령을 하나 넘은 셈이다.

그리고 1997년 대선에서 역사상 처음으로 야당으로의 정권교체가 이루어지고 나서 김대중 정부의 공약이기도 한, 보다 진전된 의보통합 작업은 급물살을 타게 된다.

이계민　김대중 정부 출범 뒤 건강보험통합추진기획단에서 일하신 것으로 알고 있습니다. 어떤 일을 주로 하셨나요? 김대중 후보 캠프에서 공약을 만드셨나요?

차흥봉　김대중 대통령이 당선될 때 제가 대선공약 작성단에 참여한 것은 아니고요. 아무래도 제가 꾸준히 의보통합을 주장하다 보니까 김대중 대통령이 당선되고 난 다음에 건강보험통합추진기획단 제2분과 위원장을 맡기셨죠. 그건 1998년 5월부터 그해 말까지였습니다.

건강보험통합기획단과 별개로 1997년 연말에 통과된 「국민의료보험법」에 따라 1998년 2월 국민의료보험공단설립위원회가 설치되었는데, 제가 이 위원회의 위원장을 맡아 1차 통합작업을 진두지휘했습니다. 이때의 작업은 공무원, 교직원 의료보험과 지역의료보험을 하나로 통합하는 것이었습니다.

그동안 의료보험은 조합주의 원칙에 따라 각기 직역, 지역별로 별개의 조직으로 분리·운영되고 있었습니다. 공무원과 사립학교 교직원을 위한 공교의료보험, 봉급생활자를 위한 직장의료보험, 농어민과 도시자영업자와 서민을 위한 지역의료보험 등 크게 3가지 영역으로 나뉘고, 각 영역 내에서도 직장의료보험은 큰 회사조합, 작은 회사들의 공동조합으로 나뉘어 관리·운영하도록 되어 있었고, 지역의료보험은 시·군·구 행정구역별로 주민의 조합을 만들어 운영하도록 되어 있었습니다. 조합 수가 많을 때는 600개가 넘었습니다.

이렇게 나뉜 의료보험을 하나로 통합하는 작업이 쉽지 않았기 때문에 1차 통합에서는 공교의료보험과 지역의료보험을 먼저 하나로 통합하자고 한 것입니다. 국민의료보험공단설립위원회의 작업 결과로 1998년 10월 1일 공교의료보험과 지역의료보험을 통합한 국민의료보험공단이 새로이 출범하였습니다.

1997년 말에 국회에서 통과된 「국민의료보험법」은 전국의 227개 지역조합과 공교의료보험 조직을 통합한 '국민의료보험관리공단'을 설립하여 1998년 10월 1일에 업무를 개시토록 명시하고 있었다. 정부는 1998년 2월 2일 설립준비위원회를 구성하고 산하에 보건복지부와 공교공단, 지역조합 및 의료보험연합회 실무자 등 30여 명으로 실무지원반을 구성해 1998년 10월 1일 정식으로 업무 개시를 시켰다.

보건복지부는 이와는 별도로 1998년 3월 23일에 보건복지부 장관 자문기구로 '의료보험통합추진기획단'을 출범시켜서 12월 31일까지 한시적으로 운영하였다. 《국민건강보험 40년사》에서는 1998년 9월 30일까지 약 6개월가량 한시적으로 운영되었다고 기술한다. [17]

의보통합기획단은 송자 명지대 총장을 기획단장으로, 정경배 한국보건사회연구원장을 상임위원으로, 엄영진 보건복지부 연금보험국장을 간사위원으로 위촉하고, 모두 31명의 위원 및 28명의 전문위원으로 구성됐다. 기획단은 통합관리·운영체계, 보험료 부과체계 및 재정운영, 진료비 심사 및 지불체계를 각각 다루는 3개 분과로 나누어 당시 김용익 서울의대 교수, 차흥봉 한림대 사회복지학과 교수, 신영수 한국보건의료관리연구원 원장을 각각 분과장으로 선임했다. 차흥봉 교수는 보험료 부과체계와 재정운영 개선방안을 진두지휘한 것이다.

기획단의 구성은 국민의 정부가 처음으로 시도한 노사정위원회의 사회협약에 근거한다. 모두 90개항에 달하는 협약에는 "사회보장제도 확충" 부문에서 ●사회보험제도의 관리·운영체계 개선을 위해 우선적으로 고용보험과 산재보험, 국민

---

17 보건복지부, 2017, 《국민건강보험 40년사》, 국민건강보험공단, 160쪽.

연금과 의료보험의 보험료를 통합징수하는 방안 강구 ● 의료보험의 통합 일원화 및 적용확대를 위해 1998년 중 관계법령의 개정을 추진한다는 내용이 들어 있다. 이의 실천 방안을 강구하기 위한 기구로 추진기획단이 만들어진 것이다. [18]

기획단은 약 10개월 동안의 활동 내용을 종합하여 1998년 12월에 〈의료보험 제도의 통합방안: 제2의 도약을 위한 준비〉라는 보고서를 발간했다. 이 보고서가 김대중 정부의 의료보험 통합의 정책 틀을 제시한 것이다. [19]

국민건강보험법 통과, 그리고 의견통합 과정

아울러 추진기획단이 의료보험 통합·일원화의 밑그림을 그리던 1998년 8월 10일 보건복지부는 추진기획단의 연구결과를 바탕으로 통합법안인 「국민건강보험법」을 입법예고하고 12월 3일 국회에 상정하였다. 그러나 이보다 하루 앞선 12월 2일 야당인 한나라당의 황성균 의원 등 20명이 「국민의료보험법」 개정안을 국회에 상정했다. 보건복지위원회는 이 두 법안을 통합하여 「국민건강보험법」을 단일법으로 만들어 1999년 2월 8일 임시국회 본회의에서 통과시켰다.

법안의 골자는 앞서 지역조합과 공교의료보험을 합해 만든 '국민의료보험관리공단'과 직장조합을 합병한 단일사업자인 '국민건강보험공단'을 출범시키고, 건강보험심사평가원을 독립기구로 설립한다는 것이었다. 많은 논란을 일으킨 의료보험 통합은 「국민건강보험법」의 통과로 성사된 셈이다. 일단 법은 마련됐지만 통합을 위한 길은 평탄할 수만은 없어 '고난의 행군'은 계속된다.

직장조합원들의 반대운동은 물론이고 헌법소원이 제기되는 등 반대운동은 지속적으로 전개됐다. 물론 헌법소원에서는 「헌법」에 위배되지 않는다'는 결론이 나왔지만 말이다.

---

18 이규성, 2006, 《한국의 외환위기: 발생, 극복, 그 이후》, 박영사, 1,044쪽.
19 보건복지부, 2017, 《국민건강보험 40년사》, 국민건강보험공단, 160쪽.

이계민　1999년 5월 24일에 보건복지부 장관으로 부임해 의보통합을 진두지휘하셨습니다. 그런데 사건이 벌어집니다. 1999년 6월 15일 차흥봉 장관 주재 주례 확대간부회의에서 당시 기획관리실장이던 김종대 씨가 의보통합의 문제점을 지적하면서 실행의 어려움에 대해 건의문을 배포하는 사건이 발생합니다. 자초지종을 설명해 주실 수 있나요?

차흥봉　제가 보건복지부 장관으로 발령받았더니 김종대 씨가 기획관리실장으로 계셨던 것이지요. 기획관리실장은 1급으로 차관 되기 직전 직위인데요. 김종대 씨는 저와 고향도 같고 보건복지부 과장도 같이 하고 친했어요. 그런데 의료보험 통합 때문에 의견이 달라졌던 것이지요.

그는 제가 보건사회부에서 쫓겨날 때 청와대에서 일한 당사자 중 한 사람입니다. 「국민건강보험법」의 제정으로 통합주의와 조합주의 간의 20년 전쟁이 결론이 나는 상황이었는데, 정부 입장에서는 조합주의에 몸담았던 사람에게 중요한 자리를 주기가 쉽지 않았습니다. 그전에 청와대 수석비서관으로 윤성태 씨 이름이 거론되니까, 조합주의의 핵심적인 사람을 어떻게 통합주의 정권에서 기용하냐면서 발칵 뒤집어지기도 했어요.

제가 장관이 됐을 때 김종대 씨가 차관이 되려고 애를 많이 썼어요. 기획관리실장이니까 사실 차관 0순위이지요. 그런데 주변에서 결사반대하니까 시킬 수가 없었어요. 차관후보가 5명이었는데 이종윤 씨를 차관으로 임명했습니다. 사실 김종대 씨가 0순위였는데 안 된 것이니까 입장이 아주 곤란하게 됐습니다. 김종대 씨 본인이 스스로 나갈 생각은 안 하는 것 같았습니다. 공무원 문화는 후배가 차관이 되면 본인이 물러나는 게 통상적이었지요. 그래서 제가 차관 말고 식품의약품안전청 차장(1급)이나 환경처 차장(1급)으로 갈 의향이 있냐고 물어봤는데, 산하기관으로는 안 간다고 하시더라고요.

이른바 '의보통합 3차 파동'으로 불리는 사건의 전말은 이렇다. 1999년 5월 24일 국민의 정부 2기 내각[20]의 보건복지부 장관에 차흥봉 국민연금관리공단 이사장이 취임한다. 의료보험 통합주의자인 그가 취임 후 20여 일이 지난 6월 15일, 주례 확대간부회의를 주재했는데 이 자리에서 당시 기획관리실장이었던 김종대 씨가 의보통합의 문제점을 지적하면서 통합에 반대하는 건의문을 기자실에 배포했다. 이미 정해진 법률에 반대하는 양상이었지만 김종대 씨는 인터뷰에서 몇 달만에 보험료 부과기준을 만들고 시행에 들어가기는 불가능하다는 판단에서 반대 의견을 표명한 것이라고 밝혔다.[21]

이계민 차흥봉 장관은 사건이 일어난 지 나흘 만인 1999년 6월 19일 김종대 기획관리실장을 직권면직했다는 기록이 있습니다. 물론 개인적 감정은 아니었겠지만 왜 그런 일이 있었고, 지금은 어떤 관계인가요?

차흥봉 그렇게 어정쩡하게 있는 상태에서 김종대 씨의 후배인 이종윤 차관을 임명했습니다. 밑에 있는 사람이 차관이 됐기 때문에 그분이 기획관리실장으로 있기가 곤란한 상황이었어요. 그런 상황에서 김종대 씨가 확대간부회의에서 자신은 통합에 반대한다고 발표했습니다. 본인이 사표를 냈더라면 순리적으로 갔을 텐데 사표를 내지 않겠다고 했어요. 산하기관도 안 내려가고, 사표도 안 쓴다고하니 직권면직을 할 수밖에 없었어요. 보건사회부에서 제가 쫓겨난 1차 파동이 1983년 2월이었는데 17년 만에 역전되어 정반대의 현상이 벌어지게 됐습니다.

당시의 언론은 매체에 따라 약간의 뉘앙스 차이를 보인다. 우선 〈매일경제〉는 "고위공무원 정부정책 공개반대"라는 제목의 기사에서 다음과 같이 보도했다.

---

20 초대 주양자 보건복지부 장관은 부동산 투기 의혹으로 취임 50여 일 만에 사임하고 그 후임으로 김모임 보건복지부 장관이 취임했다.
21 이 책의 김종대 인터뷰 286~287쪽 참조.

최근 공직인사와 맞물려 사퇴압력을 받아온 정부 고위공직자가 의료보험과 국민연금 등 정부정책에 반대하는 건의문을 언론에 배포해 파문이 일고 있다. 김종대 보건복지부 기획관리실장은 15일 보건복지부 기자실에서 '정부의 주요정책결정 관계자 여러분께 건의드립니다'라는 유인물을 통해 1998년 10월부터 시행되고 있는 지역의료보험과 공교의료보험 통합, 그리고 2000년 1월부터 실시될 직장의료보험까지의 완전통합은 전면 재검토돼야 한다고 주장했다. 김실장은 "공직을 떠나면서 국가의 주요 정책결정에 직간접적으로 관여하는 공직자 여러분께 충심으로 건의하고자 한다"고 건의문 배포 이유를 밝혔다.[22]

같은 내용을 보도한 〈한겨레〉는 이날 "복지부 간부가 의보통합에 '이의': 인사 불만 탓 비난"이란 제목을 뽑았고, 〈경향신문〉은 "'정책 반기' 심상찮다"고 제목을 뽑았다. 언론매체에 따라 긍정과 부정의 상반된 양면성을 보여준 셈이다.[23] 이어 김 실장이 면직처리된 뉴스를 싣는 1999년 6월 21일자 대다수 신문의 기사는 면직사실 보도와 함께 "김 전 실장은 정년을 8년 앞두고 있어 자진해 사표를 제출했을 경우 공무원 수당 기준에 따라 퇴직금 외에 약 8,300만 원의 명예퇴직 수당을 받을 수 있었으나 면직처리됨으로써 수당을 포기했다"고 전했다.

차흥봉 지금은 어느 정도 옛날로 돌아왔습니다. 김종대 씨가 국민건강보험공단 이사장을 하실 때 제가 먼저 전화를 걸어 이렇게 말을 건넸습니다.

"건강보험으로 옥신각신한 게 물경 30년이다. 국가정책으로 왈가왈부한 것인데, 그걸로 싸우다가 서로 어려운 일도 당했다. 그러니까 죽기 전에 그런 좋지 않은 감정은 풀고 가자."

이런 제의를 받아들이면서 동료 선후배인 윤성태, 송재성 이런 분들과 다 같이 소주 한잔하는 자리를 마련했어요. '화요'라는 독한 술을 시켰어요. 서로 악의가 없다고 말하면서 4명이 화요 5병을 마시면서 회포를 풀었습니다. 이렇게

22 〈매일경제〉, 1999. 6. 16, 39면.
23 당시 〈한겨레〉는 진보색채가 강한 신문이었고, 〈경향신문〉은 보수적 친정부 매체의 대표격이었다.

서너 번을 만나서 이제 인간적 회포는 모두 다 풀었습니다. 그러나 정책논쟁의 역사적 사실만은 고칠 수도 없고 그대로 남았습니다.

의료보험 통합은 사회연대주의 원리에 따라 형편이 나은 사람이 형편이 어려운 사람을 도와 함께 나가자는 것이 제 입장입니다. 조합주의를 하는 사람은 조합별로 해서 끼리끼리 재정도 아끼고 책임의식을 갖자는 것이니 나름대로 이유가 있기는 합니다.

「국민건강보험법」으로 2000년 1월 1일부터 국민건강보험관리공단을 출범시키고 업무통합을 하기로 되어 있었다. 특히, 직장과 지역을 통합하면 보험료도 단일 부과체계로 운영해야 하는데 단일 부과체계 개발이 그리 쉬운 과제가 아니었다. 1999년 초부터 차흥봉 한림대 교수와 노인철 한국보건사회연구원 사회보장연구실장을 연구책임자로 하여, 근로자와 자영업자의 소득을 기준으로 하는 보험료 부과체계 연구개발에 착수했으나 쉽지 않다는 결론이 내려졌다.

급기야 정부는 1999년 10월 9일 김종필 국무총리 주재로 당정회의를 갖고, 통합에 따른 부작용을 최소화할 수 있도록 의료보험 통합을 당초 예정보다 6개월 정도 연기하기로 했다. 그사이 지역가입자에 대해 소득뿐만 아니라 재산 등을 감안한 새로운 보험료 부과체계를 구축하기로 했다. 또 관리체계 운영은 통합하더라도 재정운영은 2년간 한시적으로 분리 운영키로 했다.

결과만 놓고 보면 지역과 직장 의보통합은 불완전한 것이었다고 볼 수 있다. 보험료 부과체계가 단일화되지 못하는 상황에서 재정통합도 늦추기로 한 결정은 앞서 일부에서 제기된 통합불가론의 주장에 다소나마 합리성을 부여해주는 셈이 되었다. 더구나 아직도 보험료 부과체계는 단일화되지 못한 형국 아닌가?

그러나 역사는 흘러간다. 찬반 논란이 그치지 않는 가운데 2000년 7월 1일 마침내 단일사업 체제로 바뀌고 집행기구로 '국민건강보험공단'이 발족한다.

이계민 2000년 7월 1일에 국민건강보험으로 통합 출범했습니다. 당시 보건복지부 장관직을 맡고 계셨지요? 순조롭게 이뤄졌던 것인가요? 어려움이 많았을 것으로 생각되는데 무엇이 가장 큰 문제였나요? 그런데 국민건강보험공단 출범식에 국민건강보험공단 초대 이사장인 박태영 전 산업지원부 장관이 화장실에 붙잡혀 참석하지 못하는 상황이 발생해 장관께서 구출작전까지 벌였다는데 어떤 얘기인가요?

차흥봉 2차 통합은 국민의료보험관리공단과 직장의료보험을 통합하는 건데, 이것은 제가 장관이 된 다음에 했습니다. 이것이 또 전쟁이었습니다. 제가 1999년 5월부터 2000년 7월까지 장관을 했는데, 저희 집 앞에서 직장의료보험조합 조합원들이 진을 치고 매일 데모했습니다. 태권도 하는 비서관을 둘 데리고 다닐 정도로 삼엄하게 전쟁을 했습니다. 그 중간에 「국민건강보험법」 1차 개정이 이루어집니다. 당초보다 6개월 늦어진 2000년 7월 1일에 현재의 국민건강보험공단이 출범합니다. 그런데 세종문화회관 출범식에 공단 이사장이 못 나왔습니다. 조합 노조원들이 이사장을 납치해서 화장실에 가뒀거든요. 모든 전쟁 과정에서 반대하는 힘들은 그대로 갔습니다.

그러나 국민건강보험공단의 출범으로 업무가 진행되자 전쟁은 마무리되어 직장조합이 다 없어졌습니다. 1980년부터 장장 20년간 계속된 건강보험 통합 전쟁이 드디어 막을 내린 것입니다.

또 다른 태풍의 눈, 의약분업

의보통합과 의약분업 동시실시의 파장

사실 김대중과 김종필의 연합정부인 '국민의 정부'의 의료보건 분야 정책과제 중 의보통합만큼이나 '의약분업'이 초미의 관심사였다. 여기에 자세한 이야기를 적기는 어렵지만 의사와 약사의 힘겨루기는 정말 '치열함' 그 자체였다. 인명을 담보로 파업을 불사하는 의료인과 약사의 싸움은 국민의 눈살을 찌푸릴 만큼 집요했다. 그러나 이 역시 수십 년 내에 해결하지 못한 과제였기에 손쉽게 이뤄지리란 생각은 없었을 것이다.

그런데 의약분업과 의보통합이 함께 이뤄지면서 의료보험 재정악화 문제가 심각하게 제기됐다. 의약분업으로 의료수가를 올려줘야 했기 때문이다. 공교롭게도 의보통합과 의약분업은 2000년 7월 1일에 동시에 실시되었다.

이계민 차흥봉 장관 취임 이후의 최대 과제는 2000년 7월 1일부터 실시된 의약분업을 준비하는 것이었습니다. 의사와 약사 등 이해관계자의 첨예한 대립만큼이나 어려운 과제였지요. 의약분업 그 자체도 중요했지만 의료보험 재정에 미치는 파장이 컸다고 봅니다. 2000년 1년 동안에 건강보험수가를 5차례 인상 조정해 연간 50% 이상 올랐습니다. 차 장관께서는 저서에서 "의약분업을 추진하면서 건강보험의 재정 변화에 대해 더 신경을 썼더라면 하는 아쉬움이 남는다"고 술회하셨습니다.[24] 미리 대처했더라면 그런 재정불안을 피할 수 있었다고 보시는지요?

---

24 차흥봉, 2006, 《의약분업 정책과정》, 집문당, 435쪽.

서부전선, 동부전선 양쪽이 다 터졌다

차흥봉　건강보험 통합과 의약분업, 건강보험 재정의 관계에 대해 설명드리겠습니다. 김종대 씨는 건강보험 재정파탄이 결론적으로 건강보험 통합 때문에 일어났다고 주장하십니다. 통합에 반대했던 분이니까요. 그런데 그것은 전혀 사실이 아닙니다. 건강보험 재정파탄은 건강보험 통합 때문이 아니라 의약분업 때문에 발생했습니다. 2000년 7월 1일에 건강보험 통합과 의약분업이 시기상으로 같은 때였습니다. 제가 장관 할 때 하나는 동부전선, 하나는 서부전선이라고 했습니다. 동부전선은 통합반대였고, 서부전선은 의약분업이었습니다. 그 전쟁이 동시에 발생하고 동시에 결론이 내려졌습니다. 그게 2000년 7월 1일입니다.

　재정파탄의 중요한 원인을 파악하기 위해서는 의약분업의 작동원리를 이해해야 합니다. 의약분업이란 의사에게 처방을 받아서 처방전을 들고 약국에 가서 약을 조제하는 것입니다. 그런데 의약분업이 되지 않으면 의사의 처방과 약국의 조제가 연결되지 않습니다. 간단히 말하면, 의약분업을 하기 전에는 국민이 자기 주머니에서 돈을 내는 경우가 많았습니다. 감기에 걸려 약국에 가서 감기약을 사 먹을 때 5,000원이 들었으면 자기 주머니에서 돈이 나간 것이기 때문에 건강보험 재정에는 영향이 없어요. 그런데 의약분업이 되면, 병원에서 처방받아서 약국에서 약을 지어 먹어야 해요. 그러면 개인에게는 이중으로 돈이 드는데, 이것이 건강보험 재정에 반영이 됩니다. 의약분업을 하면서 국민 개인 주머닛돈이 건강보험 재정으로 전가되는 부분이 굉장히 많았다는 겁니다. 그 배경을 이해해야 하고요.

　또 하나는 의약분업으로 의사의 진료와 약사의 조제행위가 변화하도록 되어 있는데 그 변화에 따른 보상을 예측하는 것이 어려웠습니다. 의약분업을 실시하기 위해 의사가 약을 만지지 못하게 만든 건데요. 그 대신에 진찰료에서 더 벌 수 있도록 의료보험수가를 다섯 차례, 도합 50%가량 올렸습니다. 그만큼 수가를 많이 올려 준 겁니다. 의약분업으로 인해 의사든 약사든 손해 보지 않도록 하겠

242

다는 게 대원칙이었습니다. 병원에서 진찰하는 행위에 대한 수가가 많이 올라간 겁니다. 반대로 약사는 마음대로 약 사 먹던 사람들을 뺏긴 셈이거든요. 그러니까 약사도 손해 본다고 해서, 조제료를 또 올려줬습니다. 건강보험과 상관없던 국민의 주머닛돈을 건강보험 재정으로 끌어들인 것입니다. 진찰과 조제수가를 모두 올린 것이지요.

그런데 이런 정책결정의 전제가 되는 환자이동의 변화를 예측하기 어려웠고, 그 예측이 빗나간 것이 나중에 재정파탄의 원인이 됩니다. 서양은 700∼800년 전부터 의약분업을 해서 아무런 문제가 없는데, 동양은 전례가 없습니다. 그래서 아무런 자료가 없어서 굉장히 어렵더라고요. 그러니까 여러 가지 가정을 한 거죠. '환자이동의 가설'이라는 것을 만들었습니다. 이 가설을 적용해서 중간쯤 되는 시나리오에 따라 진찰료와 조제료, 의료수가를 결정했습니다. 그런데 결과적으로 재정이 파탄된 원인은 그사이 1년간 통합공단을 만드는 과정에서 거의 혁명과 같은 일이 벌어졌기 때문입니다.

의사와 약사 사이에 엄청난 싸움이 벌어집니다. 그런데 환자이동의 가설에 의해 원래 합의된 모델이 있었어요. 그런데 그 틀을 자꾸 깨는 일이 발생합니다. 의약분업이 의사의 처방과 약사의 조제인데, 어떤 약이 전문의약품인지, 어떤 약이 일반의약품인지 구분해야 하는 문제가 생깁니다. 이렇게 영향을 미치는 변수가 10개가 넘었습니다. 또 처방방식이라는 것이 있는데, 일반명인지 상품명인지를 두고 의사와 약사 간에 첨예한 대립이 있는 이슈입니다. 일반명으로 하면 제약회사가 약사에게 갈 테고, 상품명을 쓰면 의사에게 갈 겁니다. 그러니까 이걸 가지고 또 대판 싸웁니다. 그다음에 상품명으로 처방했더라도 대체조제를 할 수 있는지가 문제가 됩니다. 약사의 대체조제가 허용되면 제약회사가 약사한테 가야 하거든요. 이런 의약분업 모델이 15개 정도 됩니다.

의약분업정책 결정과정에서 이처럼 다양하고 복잡한 변수를 가정하고 환자의 이동도 가정했습니다. 돈의 이동도 계산했고요. 그런데 1년 반 사이에 의약분업 전쟁 과정에서 이들 변수에 엄청난 변화가 발생합니다. 의사, 약사 양 집단의 이해관계 때문에 줄다리기한 결과이지요. 일반명 조제를 못하게 하고,

차흥봉 보건복지부 장관이 의약분업 시행과 관련해 의사들의
집단폐업 사태를 이틀 앞두고 정부대책을 발표하고 있다 (2000. 6. 18).

상품명 조제에서도 대체조제를 못하는 것도 그 결과 중 하나입니다. 1년 반 동
안 여섯 번에 걸친 파업을 통해 이렇게 변하다 보니 의약분업의 정책 결과로 나
타날 재정추이에 대해 계산이 못 따라가게 되었습니다.

이 같은 배경이 의료보험 재정추계를 변화시켰습니다. 그래서 아쉬움이 남습
니다. 건강보험을 20년 전쟁이라고 한다면, 의약분업은 50년 전쟁입니다. 앞에
서 많은 정권이 의약분업의 모델을 논의했지만 그걸 제대로 추진할 힘을 가진
정권이 없었습니다. 의약분업이 좋다는 것은 모든 사람이 공유하는 사실인데
모델을 어떻게 만드느냐에 대해서는 합의를 제대로 못했지요. 김대중 정부는
김용익[25] 씨가 모델을 만들었습니다.

50년간의 의약분업 전쟁에서 1999년 5월 10일에 이뤄진 5 · 10 합의라는 것이

---

25 서울의대 교수 출신으로 주로 김대중 정부에서 의료보험통합추진기획단 1분과장을 맡았고 의약분업 등 보건의
료정책 수립에 간여했다. 노무현 정부에서는 사회정책수석비서관을 지낸 바 있고 2012년 제 19대 국회의원
(비례대표)을 지낸 정치인으로 문재인 정부 출범 후 지난 2017년 12월 국민건강보험공단 이사장을 맡았다.

있습니다. 어떤 모델을 채택할 것인지 의약분업의 15개 모델에 대해 합의해서 의사협회장과 약사협회장이 서명하고 시민사회 대표가 보증한다고 해서 입회했습니다. 제가 장관이 된 것은 의약분업 합의가 모두 이뤄진 5·10 합의 후 보름 뒤인 5월 24일입니다. 그 과정까지 김용익 씨가 아주 큰 역할을 했지요. 그런데 그 과정을 거쳐 5·10 합의가 이뤄졌는데, 제가 장관으로 부임해 5·10 합의대로 시행령을 6개월 동안 만드니까 의사들이 반대하는 것입니다. 그것이 그해 11월 중순쯤일 것입니다. 그때 의사들이 종로에서 반대투쟁을 하면서 데모했습니다. 저는 5·10 합의대로 하겠다는 입장이었습니다. 그런데 의료계에서는 5·10 합의가 자기들에게 큰 손해인데 정부가, 보건복지부가 절대로 그대로 실행하지 못하리라고 생각하고 전략적으로 서명했다는 겁니다.

5·10 합의는 병원의 주사제도 약국에서 사오도록 하는 것처럼 의사에게 제일 불리하게 만들어졌습니다. 이런 모델을 채택하면 안 되는데, 의사들이 여기에 합의한 것이었습니다. 보건복지부에서는 병원의 약국은 의약분업의 예외로 하려고 했는데, 병원의 약국도 내보낸다고 합의한 것입니다. 이렇게 합의하는 서명을 해놓고 6개월 후에 반대로 돌아선 것입니다. 그 후 6차례에 걸쳐 파업했고 그 과정에서 모델을 모두 뜯어고칩니다. 그러니까 보험재정의 모든 흐름은 계산대로 안 되었고, 결국 건강보험 재정파탄이 일어난 것입니다. 의보통합과 의약분업이 2000년 7월에 동시에 시행된 것은 맞지만, 의보통합 때문에 건강보험 재정이 적자가 난 것은 결코 아닙니다.

이계민　결국 의약분업과 의보통합이 마무리되고 난 뒤 2000년 8월 6일에 장관직을 그만두셨지요. 사실 보건의료 분야의 엄청난 현안 두 가지를 매듭짓고 물러난 셈인데 무엇 때문에 퇴임하셨나요? 건강보험 재정파탄에 대한 책임을 지고 물러나셨는지요?

차흥봉　건강보험 재정파탄 때문에 물러났다는 것에는 동의할 수 없습니다. 재정파탄이 문제가 된 것은 2001년의 일입니다. 저는 2000년 8월에 그만뒀습니다. 그러니까 재정파탄과 인과관계가 있다는 것은 앞뒤가 맞지 않습니다.

의약분업의 분쟁이 워낙 심해서 그 소용돌이로 인해 전국 병원이 문을 닫았고 우리나라 보건의료 체계에 큰 비상사태가 벌어졌습니다. 그래서 사태가 마무리되고 제가 그만두려고 했어요. 그런데 그렇게 되진 않더라고요. 제가 중간에 그만두면 어떨까 생각해 봤어요. 일신상은 비난을 안 받으니 편했을 것 같아요. 그런데 히말라야산 꼭대기에서 8,000m 밑에 있는 절벽을 바라보는 느낌이었어요. 그래서 그만두지 않았고요. 마침 8월에 전면개각이 있었어요. 장관 10명이 바뀌는 전면개각의 대상자 중 한 사람이 된 것이지요.

이계민 2001년 새해 벽두부터 언론은 연일 건강보험 재정이 파탄 지경이라는 보도를 하기에 이르렀고, 결국 감사원 감사와 국회 국정감사가 진행됐습니다. 정치적 의미가 컸다고 생각됩니다만 당시에는 무엇 때문에 그랬나요?

차흥봉 감사원 감사와 국회 국정감사는 둘 다 의료보험 재정파탄이라는 문제와 의약분업 분쟁의 여파라고 봐야지요. 정치권에서는 당연히 조사해 봐야 하는 문제였고요. 이런 일이 벌어지면 당연히 정치적 책임을 져야 하기 때문에 감사원 감사도 하고 국정감사도 했지요. 그때 감사원 감사를 아주 호되게 했지요.

결과적으로 비리는 전혀 없었고 돈 계산하는 것과 관련해 정책판단 부분을 감사원 쪽에서 계속 물고 늘어졌지요. 외부에서 볼 때는 의약분업 모델의 내막을 모르기 때문에 충분히 책임추궁을 하려고 할 수 있습니다. 그 과정에서 보건복지부 공무원 여러 사람이 다쳤습니다. 저는 거기에 대해 장관이 책임질 일이지 공무원이 책임질 일이 아니라고 변호했지만, 송재성 당시 국장과 과장 몇 사람이 징계받았습니다. 참 가슴 아프게 생각합니다. 그 후 제가 차관까지 승진한 송재성 씨와 자주 만나곤 했습니다.

국회 국정감사와 감사원 특별감사는 의약분업과 건강보험 통합에 따른 건강보험 재정악화에 대한 것이었다. 1998년까지만 해도 수지흑자를 이뤄 기금적립이 이뤄졌는데, 통합논의가 본격화되면서 1999년 건강보험 재정은 적자로 돌아섰고, 2000년 7월 1일부터 의약분업과 건강보험 통합이 이뤄지고 난 뒤인 2001년에는 4조 원이 넘는 적자로 예상되기도 했다. 특히, 이런 상황에 대해 언론은 연일 '건보재정 파탄'이라는 표현으로 문제제기를 했다.

2001년 4월 9일부터 5월 9일까지 약 한 달 동안에는 보건복지부를 비롯한 건보관련 기관에 대한 감사원의 특별감사가 진행됐다. 감사원은 특별감사를 하면서 "국민 불편과 불만을 야기하고, 보험재정이 악화되어 정부정책에 대한 불신과 막대한 국가 재정부담을 초래한 데 대해, 그 원인과 책임소재를 규명하여 의약분업의 조기정착과 보험재정의 조속한 안정화를 지원하는 데 그 목적이 있다"고 밝혔다. 감사결과를 발표한 당시의 신문기사 내용을 소개하면 다음과 같다.

감사원은 지난 4월 9일부터 한 달여간 의약분업 및 국민건강보험 재정운용 실태에 대해 특감을 실시한 결과를 28일 발표하고 "재정파탄의 원인은 의약분업의 준비 없는 강행과 건강보험 재정추계의 착오에서 비롯됐다"는 결론을 내렸다.
　의약분업을 실시하면서 보건복지부가 예상되는 문제점을 제대로 파악하고 있지 않았다는 게 감사원의 분석이다. 감사원은 또 이번 특감에서 의료보험수가가 지나치게 많이 인상됐다는 점을 구체적으로 지적했다. … 감사원은 원외처방료 폐지 등 의료보험수가 조정, 보험료징수율 제고 및 체납방지, 국민보험공단과 심사평가원 등 보험재정 운용기관의 구조조정 및 경영혁신을 골자로 하는 종합 개선대책을 수립, 시행토록 보건복지부 등 관련기관에 통보했다.
　감사원은 국민건강보험 재정파탄과 관련, 의약분업 당시 주무장관이었던 차흥봉 전 보건복지부 장관을 검찰에 고발하지 않기로 했다. 그러나 7명의 실무 공무원에 대해서는 징계(파면 1명, 해임 1명 등)를 요구키로 했다. [26]

당시 감사원의 감사결과를 요약해 보면, 보건복지부가 의약분업에 따른 추가적 재정부담이 우려되는데도 실현가능성이 희박한 대책만으로 보험재정 안정화

---

26 〈한국경제신문〉, 2001. 5. 29, 1면.

가 가능한 것처럼 정책 기초자료를 작성한 후 국회와 언론에 보고 및 발표했으며, 국민에게도 의약분업을 실시해도 추가적 보험 재정부담이 크지 않고 국민 불편사항도 최소화될 수 있는 것처럼 사실과 다르게 홍보했다고 지적했다.[27]

당시 김원길(金元吉) 보건복지부 장관은 이러한 감사원 특별감사 결과를 받아들여 2001년 5월 31일, 건강보험료와 환자 부담금 인상 등을 골자로 하는 '건강보험 재정안정 및 의약분업 정착 종합대책'을 발표한 바 있다.

한편, 그해 9월 26일부터 29일까지는 국회 국정감사가 진행되어 책임소재에 대한 여야 공방은 물론 관계자의 진술과 증언을 들었다. 국회 진술과정에서 장관이면서 통합작업을 추진한 당시 책임자였던 차흥봉 전 장관은 의약분업 이후의 재정위기의 가장 큰 근본적 원인은 의약분업 실시 그 자체라고 밝히고 수가 인상은 부차적 원인이라고 밝혔다.

그러나 건강보험 통합에 반대했던 김종대 전 기획관리실장은 재정위기의 원인이 의약분업이 아니고 소득파악이 안 돼 보험료 부과기준의 형평성을 확보하지 못한 건보 통합 때문이라고 주장해 견해차를 보인 것으로 기록되어 주목을 끈다.[28]

이계민 국회 국정감사는 2001년 9월 26일부터 실시됐습니다. 차흥봉 전 장관 등을 대상으로 재정난을 추궁하고, 의약분업에 앞장섰던 김용익 서울의대 교수 등의 증언을 청취했습니다. 당시의 증언 내용이 기억나시는지요? 국정감사의 초점은 무엇이었나요?

차흥봉 이런 일은 당연히 국회의 국정감사 대상입니다. 나름대로 잘 답변했고요. 김용익 교수는 의약분업의 원조 책임자이기 때문에 당시 국정감사에 등장했습니다. 가장 명확히 답변할 수 있는 사람이 김용익 교수였기 때문입니다.

---

27 국민건강보험공단, 2007, 《국민건강보험 30년사》, 83쪽.
28 같은 책, 79쪽.

건강보험의 개선과제

최선의 의료·보험료 체계 찾아야

이계민　의보통합에 반대하는 학자들, 즉 조합주의자들은 아직도 문제가 해결된 게 없다고 주장합니다. 지금도 부과체계가 별도로 가지 않습니까? 아직도 미완의 의보통합이라는 주장이 있습니다. 앞으로 개선돼야 할 과제는 어떤 것이 있나요?

차흥봉　의료보장제도는 국가의 정책으로 어떤 나라도 완전하지 않습니다. 항상 불만과 문제가 있고, 개선해야 합니다. 미국의 한 학자가 50년 동안 50개 주의 정책을 만들고 자문했는데, 자문이 끝나고 나면 모두 불만이라고 했습니다. 마지막 개혁이 가장 나쁜 개혁이라는 우스갯말도 있다고 했습니다. 의료보험은 어떤 정책이나 제도가 나와도 만병통치약이 아니라는 것이지요.

　그러니 지금 의료보험이 통합되었다고 해서 완전하다고 생각하지 않습니다. 그 본질은 국민이 필요로 하는 의료라는 데 있습니다. 국민의 생명을 다루는 데 완전한 게 있을 수 없습니다. 본질적으로 의료가 그런 성격이 있고요. 전 세계적으로 의료체계는 여러 유형이 있습니다. 크게 자유주의 모델과 사회주의 모델이 대립하지만 중간에 여러 가지 변형이 있어요. 누가 의료를 공급하느냐와 누가 돈을 부담하느냐가 핵심인데 아무도 완벽한 답을 못 냅니다.

　우리나라 건강보험은 그래도 괜찮은 차선의 제도를 만든 겁니다. 자유자본주의 체제를 유지하면서 의사는 자유롭게 개업하고 자유롭게 진료합니다. 그런데 그 돈을 국민이 모아서 내는 것이지요. 돈을 내는 수요자를 지배하는 것이 수가입니다. 본질적으로 의료의 수요자와 공급자 간에는 마찰이 일어날 수밖에 없습니다. 그래서 의료보험과 의료공급 체계 간에 유기적 연관이 없다는 주장이 있는데, 이건 사회주의 체제에서만 가능합니다. 이런 문제제기는 본질을 잘 모르고 하는 말입니다.

답은 이렇습니다. 의료보험 공급체계 쪽의 의사가 적절히 영업도 하고 일도 하면서 보상을 받고, 그것을 해결할 수 있는 돈을 만들어서 연결하는 것입니다. 이게 의료공급 체계의 문제입니다. 공급하는 사람이 노력한 것에 보상을 받고, 의료에 대한 전문성이 있기 때문에 보상을 받는 정도의 수가를 만들고, 국민의료를 위해 국민 간에 연대해서 돈을 조달해야 한다고 생각합니다. 이것이 의료체계의 근본에 관한 개선과제라고 봅니다.

우리나라에서 건강보험에 나가는 돈이 연간 64조~65조 원 정도인데, 이것은 전체 GDP의 약 3~4%입니다. 전체 국민이 버는 돈 가운데 3~4% 써서 이만큼 하는 건 잘하는 거라고 생각합니다. 미국은 건강보험에 GDP의 15% 정도를 쓰거든요. 의료체계의 관계를 합리적으로 정립하는 것이 개선과제 가운데 가장 중요한 문제라고 봅니다.

보험료 부과체계도 중요한 개선과제입니다. 돈을 조달할 때 형평성이 맞아야 하고 합리적이어야 합니다. 합리성과 형평성이 있는 보험료 부과체계를 만들어야 하죠. 그러면 어떻게 책정하느냐가 문제인데 직장 다니는 사람에게 월급에서 얼마씩 내라는 것은 합리적입니다. 그런데 문제는 직장 안 다니는 사람이 많다는 것입니다. 아까 시범사업의 에피소드에서도 여섯 군데 지역에서 시범사업을 하면서 제일 어려운 게 보험료 부과체계였습니다. 한 사람당 2,000원씩 돈을 내라는 것은 간단합니다. 그런데 의료보험은 사회연대주의가 대원칙이지 않습니까? 그러니까 저는 1인당 얼마 내라는 것 자체를 받아들일 수 없습니다.

그러면 형편에 맞게 내야 하는데, 형편을 어떻게 알아보냐는 것이 문제입니다. 그래서 제가 시범사업을 할 때 동장이 주민 형편을 제일 잘 아니까 동장에게 맡기자고 했어요. 상·중·하의 3단계만 나누고 1인당 800원, 600원, 400원을 내도록 만들었어요. 시범사업 첫해인 1981년에 이렇게 시행했습니다. 상위 10%, 하위 10%는 그 동네 동장이 추려낼 수 있거든요. 그래서 비교적 쉽게 보험료를 부과할 수 있었습니다.

그런데 그렇게 했더니 동네별로 사는 형편이 다 다르더라고요. 홍천군 같은 경우 시범사업 지역이었는데, 면과 읍내에 사는 사람이 형편이 달라요. 그래서

1년간 시행한 다음에 폐지합니다. 그다음에는 응능할(應能割, 능력에 따라 내는 것), 응익할(應益割, 혜택받는 이익에 따라 내는 것) 제도를 만들었어요. 응능할은 소득과 재산에 따라 부과하고, 응익할은 두당(頭當) 내는 것인데 이걸 합쳐서 부과하는 것입니다. 이것이 2차 방식으로 그렇게 시범사업을 했습니다.

사실상 그 시범사업의 부과체계가 지금까지도 지역의료보험에 쓰입니다. 현재의 보험료 부과체계는 1998년에 만든 것인데요. 경제활동능력, 성별, 재산, 자동차, 소득을 합치는 것입니다. 지역의료보험의 보험료 부과체계에 대해 많은 사람이 불만을 갖는데 그중에도 재산비례보험료와 자동차에 대해 가장 많이 불평합니다.

결론적으로 우리나라 보험료 부과체계는 미완성 상태입니다. 건강보험 통합은 합리적 보험료 부과체계가 가능해야 하고요. 그런 점에서 합리적 보험료 부과체계가 개선과제임은 틀림없습니다.

논쟁보다 미래지향적 논의 필요

차흥봉 그런데 보건복지부 내에서 대표적 조합주의자였던 김종대 선생은 1980년대 초반에 건강보험 통합논쟁이 처음 시작되었을 때 보험료 부과체계가 정립되지 않아서 반대했다고 지금 이야기하는데 당시 그것은 아주 사소한 요인이었습니다. 건강보험 통합을 반대했을 때 가장 크게 내세운 이유는 국고부담이 크다는 것이었습니다. 그리고 조합방식으로 하다가 통합하면 돈을 남용한다는 논리도 있었습니다.

40년 세월이 흐른 지금 정부재정 지원은 건강보험 전체 재정에서 십몇 %인데, 만약 당초 조합방식대로 그대로 계속되었으면 더 큰돈이 들었을 것이라고 저는 봅니다. 연대성이 작동해서 서울 사람이 강원도 사람을 도와준 덕분에 정부의 돈이 훨씬 적게 드는 것입니다. 그런데 그 부분에 대해 아직도 논쟁이 확실하게 끝나지 않았습니다. 그리고 거대조직이 되면 돈을 남용한다는 부분도 절대적인 것은 아니라고 봅니다. 좌우간 보험료 부과체계는 건강보험 통합의 초기 정책논쟁에서는 큰 쟁점이 아니었습니다. 다만 현 단계에서는 빨리 해결해야 할 과제이고 이제 해결할 수 있다고 봅니다.

결론적으로 건강보험의 통합은 제가 주장하고 바라던 대로 됐습니다. 그만하면 괜찮다는 것을 통합을 반대하는 사람들도 이제는 인정했으면 좋겠습니다. 건강보험 통합은 모든 국민에게 의료혜택을 골고루 제공하는 보편성 원칙과 보험료를 능력에 따라 부담하는 형평성 원칙 측면에서 국민의 지지를 받았고, 그동안 민주화라는 거대한 정치적 환경 변화가 그 결실을 만들어냈다고 생각합니다. 현재 건강보험은 제가 30여 년 전에 주장하던 대로 통합된 상태입니다. 지금은 건강보험이 의료의 접근성과 비용부담을 해결해 주고 있거든요.

건강보험 통합을 왜 했느냐, 통합하는 것의 목적은 달성했느냐, 반대 논점이 과연 맞느냐, 이것은 앞으로도 정확히 규명해야 한다고 봅니다. 필요하다면 국가정책 토론회를 열든지 전문가들이 연구하든지 해서 건강보험 통합정책의 내용과 장단점을 따질 필요가 있고요. 통합논쟁과 관련된 파동은 정책과는 다른 차원의 문제입니다. 그것은 개인의 문제이다 보니 다 잊고 넘어갈 때가 되었다고 봅니다.

앞으로 우리가 무엇을 해결해야 하느냐와 관련된 문제를 논의할 필요가 있지요. 보험료 부과체계와 관련해서 저는 소득단일 부과체계로 나가야 한다고 처음부터 주장했던 사람입니다. 그런데 그동안 소득파악이 안 되니까 고육지책을 썼지요. 그래서 재산 항목 등을 만든 것이고요. 근본적으로 의료공급자와 수요자, 건강보험과의 관계를 제대로 정립해서 합리적 제도로 발전시켜야 할 필요가 있습니다.

이계민 마지막으로 현재 회장을 맡고 계신 세계노년학회(IAGG: International Association of Gerontology and Geriatrics)를 간단히 설명해 주시지요.

차흥봉 저는 한국노년학회 회장을 맡다가 지금은 세계노년학회 회장으로 활동하고 있습니다. 세계노년학회는 노인문제를 연구하는 세계 학자들의 학회입니다. 노인문제를 연구하는 사람들은 주로 경제학, 사회학, 사회복지학, 의학, 보건학 등 다학문적 성격을 갖습니다. 공식적 회원 수는 5만 명이지만, 실제로는 수십만 명에 이르는 회원을 보유하고 있습니다. 1950년에 유럽에서 만들어져서 4년마다 세계대회를 개최합니다. 2013년에 서울에서 세계대회를 열었는데, 그때부터 제가 세계노년학회 회장을 맡았습니다.

주요 회원은 의사입니다. 노인병, 노인의학이 중요하기 때문에 절반 이상의 회원이 의사입니다. 세계노년학회는 세계 노인문제나 고령사회의 방향을 제시하는 역할을 합니다. 저는 2022년 UN 세계고령화총회를 서울에서 주최하는 것을 제안하고 있습니다. 이 총회는 20년 주기인데, 1차는 1982년에 빈에서, 2차는 2002년에 마드리드에서 열렸어요. 총회가 개최되면 UN의 국가대표가 다 옵니다. 대단한 국가행사가 될 수 있고요. 문재인 정부에서 하면 문 대통령의 큰 업적이 될 것입니다.

공무원에서 학자로, 다시 관료로 변신한 특이한 이력의 소유자. 국민의료보험관리공단 설립위원장과 국민연금관리공단 이사장을 지내 올해 최대 현안의 하나로 꼽히는 의료보험과 국민연금의 전문가이자 학계와 관직에 두루 폭넓은 교분을 갖고 있다는 점이 이번 발탁의 요인이라는 분석. 1983년 당시 보건사회부 보험제도과장 재직 시 의료보험 통합을 추진하다가 중앙정보부에 끌려가 고초를 겪은 뒤 공직에서 떠난 뼈아픈 과거를 간직하고 있는 그는 이제 통합 의료보험을 추진하는 장관으로 화려하게 복귀한 셈이다. [29]

차흥봉은 1942년생으로 박정희 대통령 시절 '대통령특보실'의 행정관으로 청와대에 들어가 공직생활을 시작한 이래 보건복지부에서 쫓겨났고, 그 뒤 한림대 사회복지학과 교수로 재직하다가 친정이나 다름없는 보건복지부 장관으로 금의환향한 인물이다.

'극빈가정 촌놈' 출신이어서 어렸을 적부터 복지사회를 일구는 데 다소나마 헌

29 〈동아일보〉, 1999. 5. 25, 5면, 차흥봉 신임 보건복지부 장관 프로필.

신하는 게 소망이었다는 그는 보건복지부 장관에 임명되어 의료보험 통합을 이뤄냈으니 그 꿈을 '멋지게' 성취한 셈이다. 지금까지의 이야기는 차흥봉의 공적 활동을 넘어 자칭 '극빈가정 촌놈'에서 '멋진 노년의 신사'로 등극하기까지 그 영욕의 드라마를 보여준 것이 아닌가 싶다.

차흥봉은 건강보험 관련 인터뷰가 진행된 2017년 10월 이후 2018년 '세계노년학회 회장'직에서 물러났다. 그러나 회장 재직 시 제안했던 '제3차 UN 세계 고령화총회의 한국 유치'가 2022년 4월에 실현되도록 최선의 노력을 경주할 것이라고 강조한다. 그는 최근 '세계노년학회 직전회장' 자격으로 UN에서 열린 사회개발회의에 참석해 노인건강 문제를 논의하는 등 아직도 세계무대는 물론 국내에서도 노인문제 해결을 위해 적극적으로 활동하고 있다. 특히 지난 2018년 12월 28일에는 새로 창립된 사단법인 '웰다잉시민운동'의 초대 이사장으로 취임했다.

의보통합은
아직도
미완의 과제다

5

행정고시 10회에 합격해 공직의 길로 들어서 보건복지부에서 의료보험국장, 기획관리실장 등 주요보직을 두루 거쳤고, 이명박 정부 시절 국민건강보험공단 이사장을 지냈다. 2016년 총선을 앞두고 더불어민주당 김종인 대표의 권유로 정책위부의장을 맡아 복지정책 기조를 다듬기도 했다. 건강보험제도에 대한 이해와 전문성을 바탕으로 이른바 '의료보험 조합주의'를 주장한 대표적 관료 중 한 사람이다. 경북 예천 출신으로 대구 계성고와 서울대 정치학과를 졸업했으며, 대구한의대에서 명예보건학 박사학위를 받았다.

김종대

전 국민건강보험공단 이사장

들어가며

의료보험 발전사는 조합주의와 통합주의의 치열한 논쟁과 쟁취의 역사라고 할 수 있다. 1963년 사회보장제도심의위원회에서 구상한 의료보험제도는 최고회의 심의과정에서 기업부담을 우려하는 내용의 손질이 가해졌고, 보험대상도 좁혀지는 수정이 가해졌다. 1977년 강제적용의 의료보험제도가 시행됐지만 통합주의와 조합주의의 파란만장한 투쟁은 그때부터 시작이었음은 당시의 기록들이 생생하게 증언해 준다.

1999년 국민건강보험이라는 이름으로 통합은 이뤄졌지만 현실적으로 여전히 '미완성'이란 수식어를 완전히 지워내지는 못하고 있다. 저출산·고령화 사회로 엄청난 속도로 변모해가는 시대변화에 적응해야 하며, 무엇보다 제도 자체의 맹점으로 지적되는 '보험료 부과기준의 단일화'는 분명 서둘러 시정돼야 할 핵심 과제이다.

김종대, 그는 의료보험 조합주의의 대표적 인물이다. 그는 조합주의를 주장하는 핵심논리로, 보험료 부과기준이 단일화되지 못해 보험료 부담의 형평성에 문제가 있고 보험재정의 불안을 초래한다는 점을 꼽는다.

차흥봉이 꼽은 세 차례의 통합파와 조합파의 '대전'(大戰)은 모두 김종대 전 국민건강보험공단 이사장과 연관된다. 1980년대 초 의료보험 통합방안을 건의한 보건사회부와 국회의 보고를 전두환 대통령이 '보류' 결정을 내린 것에서부터 1989년 3월 노태우 대통령이 국회가 여야 합의로 통과시킨 의료보험통합법안에 대해 '법안 재의요구권', 이른바 '거부권'을 행사해 법안시행을 무산시킨 것도 김종대의 활약이 컸음은 모든 기록이 증명해 준다. 1999년 「국민건강보험법」의 통과로 의보통합이 이뤄진 통합파와 조합파의 3차 대전은 '조합주의의 패배'로 끝이 났다. 역시 그 핵심에는 김종대가 자리하고 있었다.

---

* 이 장은 이계민 전 한국경제신문 주필이 2017년 10월 30일에 한국산업개발연구원 회의실에서 김종대 전 국민건강보험공단 이사장과 진행한 인터뷰를 토대로 집필하였다.

보건복지부 간부 인사가 의료보험 통합파와 조합파의 '힘겨루기'로 신임 장관 취임 뒤 20여 일이나 지연된 가운데, 조합파 쪽이 15일 항명성 성명을 내 파문이 일고 있다. 김종대 복지부 기획관리실장은 성명에서 "의료보험 통합은 형평성 있는 보험료 부과, 부과된 보험료 징수, 보험료 적기 인상 등 3가지 측면에서 어려움을 초래하기 때문에 전면 재검토해야 한다"고 주장하며 정부의 의보통합 방침에 공식으로 이의를 제기했다. 김 실장은 복지부의 조합파의 좌장격으로 이번 인사에서 직권면직될 가능성이 높은 것으로 알려졌다.[1]

3차 대전의 대미를 장식하는 복지부 조합파 좌장의 몸부림을 보도한 언론보도 내용이다. 사표 제출을 거부한 김종대는 결국 면직됐다. 그러나 그는 2001년 5월 말 재정파탄 문제로 감사원 특별감사를 받고 보건복지부가 '보험료 인상'과 '본인부담금 인상' 등을 골자로 하는 종합대책을 발표한 데 대해서도 비판의 수위를 낮추지 않았다.

지난 1999년 의보통합에 반대했다가 직권면직된 김종대 전 복지부 기획관리실장이 25일 정부 여당이 마련 중인 의보재정 대책에 대해 "뒤틀린 의료보험 체제와 현재의 의약분업 골격을 그대로 두고 보험료 인상이나 진료 시 본인부담 상향조정 등으로 국민에게 부담을 전가하고 있다"고 비판했다.
　김 전 실장은 언론에 보낸 문건에서 의보재정 악화에 대해 "비현실적인 의료개혁을 공약으로 내걸고 전문지식 없이 정치적으로 강행한 데에 근본 원인이 있다"며 "경제와 효율을 무시하고 이념적 요소만 강조한 의료보험 통합, 의료 현실과 의료보험제도의 관계를 도외시한 의약분업 실시에서 비롯됐다"고 강조했다.[2]

김종대는 행정고시 10회로 1971년 공직에 입문해 1976년 보건사회부 복지연금국 연금기획과 사무관을 시작으로 청와대 정무비서실 행정관과 경제수석실 비서관을 지내고, 보건사회부 사회보험국장, 공보관, 사회복지정책실장, 기획

---

1 〈한겨레〉, 1999. 6. 16, 13면.
2 〈국민일보〉, 2001. 5. 25.

관리실장 등 복지행정의 요직을 두루 거쳤다. 한때 대구 경산대, 계명대 등에서 후학을 가르치기도 했으나, 이명박 정부 시절인 2011년 11월 국민건강보험공단 이사장에 취임해 3년 임기를 마치고 2014년 11월에 퇴임했다. 지난 2016년에는 현재 여당인 더불어민주당의 정책위 부의장 직함으로 국민건강보험 개선에 대한 대국민 공약을 작성했고, 실제로「국민건강보험법」개정안을 만들어 제출하기도 했다.[3]

그는 지금도 건강보험료 단일화와 급여구조의 개선이 절실하다고 주장한다.

의료보험 탄생의 현장에서

사회보장제의 서막 '국민복지 증진대책'

이계민 의료보험에 대한 기록사업을 추진하고 있습니다. 우리나라의 강제적용 의료보험은 1977년에 출발했는데 도입 당시 무슨 업무에 종사하셨는지요?

김종대 1976년부터 보건사회부 사무관으로 일하다가 1977년 3월 23일부터 국민연금국 보험관리과장을 맡았습니다. 보험과장으로 의료보험 실시를 준비해서 1977년 7월에 의료보험을 출범시키는 실무책임자였습니다. 박정희 대통령 시절이었지요.

이계민 의료보험을 출범시킨 장본인이시네요. 사회보험제도의 본격화 시기는 1986년 5공 시절 3대 국민복지 대책(전 국민 의료보험 확대, 최저임금제 실시, 국민연금제도 실시) 발표 이후로 많이 알려져 있습니다. 이때는 사회보험국장이셨지요? 주로 어떤 일을 하셨나요?

---

3 상세한 내용은 이 책 290~292쪽 참조.

이계민 전 한국경제신문 주필이 김종대 전 국민건강보험 이사장과 인터뷰를 진행하였다.

김종대 우리나라 사회보장제도의 본격화는 앞서 말씀하신 5공 시절 대통령 기자회견에 이어 이를 뒷받침하고 구체화한 것으로, 당시 경제기획원에서 1986년 9월 1일 발표한 '국민복지 증진대책'이 그 시작이라고 봅니다. 저는 1986년 9월 1일자로 보건사회부 사회보험국장 직무대리에 임명되었고요. 당시 주요임무는 정부에서 1988년 1월에 실시한다고 발표한 농어촌 의료보험과 1989년 1월 1일 실시를 발표한 도시자영업자 의료보험을 확대실시하여 전 국민 의료보험을 달성하는 일과 국민연금제도의 실시를 위한 준비였습니다.

1986년은 정치적 역동성을 크게 보인 한 해였다. 1987년 대선을 앞두고 직선제 개헌 요구를 비롯해서 야당의 정치투쟁 수위가 급상승하는 기미가 뚜렷했다. 그 때문에 국민적 관심사는 뭐니 뭐니 해도 개헌이었고, 그에 따른 당정개편, 여당의 후계자 문제 등 정치적 소용돌이에 대한 나름의 구상과 전략이 난무할 때였다.

　1986년 8월 11일 청와대에서 열린 전두환 대통령의 하계 기자회견 역시 그런 정치과제가 최대 관심사였음은 불문가지다. 따라서 기자질문에 대한 답변형식을 취했지만 사회복지정책에 대한 청사진을 제시하고 이후 이를 구체화하도록 한 것은 어찌 보면 당연한 수순이었다. 무엇보다 대선을 1년여 앞둔 상황에서 국민복지 향상 대책이란 매력적 아이템이 아닐 수 없었다. 그래서 1988년에 국민연금제와 최저임금제를 실시하고, 1989년까지 전 국민 의료보험을 실시할 것을 약속했던 것이다. 이러한 내용을 구체화하여 정부정책으로 내놓은 것이 1986년 9월 1일에 내놓은 '국민복지 증진대책'이다. 편의상 그 내용이 잘 요약된 신문보도 내용을 소개한다.

의료보험 1989년 전 국민 혜택

저소득층 50% 보조, 농어촌부터
국민연금제 18~59세 전 취업장에
최저임금 5인 이상 사업장 적용, 1988년 1월 실시
정부, 국민복지 증진대책 발표

정부는 오는 1988년부터 국민연금제 및 최저임금제를 도입하고 의료보험을 확대하는 등 일련의 복지시책을 펴나가기로 했다. 정부는 이 같은 국민복지 증진대책과 함께 종래 성장 일변도의 경제정책에서 탈피, 향후 분배정책에 역점을 두고 국민의 복지수요에 적극 부응할 방침이다.

이번에 정부가 마련한 주요 복지시책은 의료보험의 경우 오는 1988년에 농어촌 지역, 1989년엔 도시지역까지 확대, 모든 국민이 의료보험 혜택을 받도록 하는 한편 1988년 초부터 최저임금제를 도입해 10만 원 미만 저임금을 일소키로 했다. 또한 1988년 1월부터 18~60세 미만의 전 취업자를 대상으로 국민연금제를 실시, 퇴직 후 생계보장과 각종 사고에 대비토록 했다. 이와 함께 장애자에 대한 직업훈련과 취업알선을 강화, 사회제도상 차별을 없애고, 서민주택 공급 확대를 통해 근로자의 내 집 마련에 획기적 도움을 줄 방침이다.

1일 경제기획원, 보건사회부, 노동부 등 정부 3부처와 민정당은 청와대에서 당정연석회의를 갖고 이 같은 내용의 '국민복지 증진대책'을 확정, 앞으로 관계 법 개정을 통해 시행키로 했다고 (김만제 부총리 겸 경제기획원 장관이) 발표했다. 정부가 사회복지제도의 확충과 도시 저소득층 생활향상 대책으로 마련한 국민복지 증진 방안을 분야별로 보면 다음과 같다.

전두환 대통령이 국민복지 증진을 위한 당정연석 대책회의를 주재하고 있다 (1986. 9. 1).

- **의료보험 확대**: 1988년에 농어촌지역, 1989년에 도시지역 순으로 의료보험을 확대해 오는 1989년 1월에는 현재 의료보험에서 제외된 농어민, 도시자영업자, 영세기업 근로자 1,818만 명(전 국민의 43.7%)이 모두 의료보험 혜택을 받도록 했다. 보험확대 방안으로는 현재 홍천, 보은, 군위 등 6개 지역에서 시범실시되고 있는 지역의료보험을 확대하는 조합주의 방식과 공무원, 교직원 보험, 직장보험, 지역보험 등 모든 보험조합을 통합하는 일원화 방식 중 하나를 선택하기로 했다. 정부는 특히 저소득층의 보험료 부담능력이 약한 점을 감안, 현재 의료보험 미적용 인구를 소득수준에 따라 4개 등급으로 나눠 최저소득층 20%에게는 50%, 차상위 계층에게는 25%씩 보험료를 정부재정으로 지원하기로 했다.

- **국민연금**: 18세 이상 60세 미만 취업자를 대상으로 하되 정부통제와 임금실태 파악이 손쉬운 10인 이상 사업장부터 강제가입시키고 자영업자, 농어민, 영세기업 근로자는 의사에 따라 임의가입토록한 후 점차 당연가입 대상으로 전환시킬 계획이다. 연금급여는 노령, 장해, 유족 연금 및 반환일시금 등 4가지로 구분했는데 노령연금은 60세에 달한 20년 이상 가입자로 급여수준은 최종 월보수액

의 40% 정도로 했다. 그러나 15년 가입자가 중도 탈락할 때는 가입기간 중의 갹출금에 재형저축금리를 가산한 반환일시금을 지급토록 했으며 연금수급자로 60세가 넘어서도 계속 직장을 갖고 있을 때는 정상(正常) 연금 급여액(20년 가입기준)의 50~100%를 지급하고, 15년 이상 20년 미만 가입자에게는 감액된 연금을 주기로 했다.

- **최저임금제:** 1988년 1월부터 실시하며 적용대상은 5인 이상 사업체 근로자로 했다. 대상업종도 섬유, 의복, 신발 등 일부 저임금 업종부터 실시키로 했으며 업종별 최저임금 수준은 노사 및 공익 대표로 구성되는 최저임금심의위원회가 건의해 정부가 최종 결정키로 했다. 정부는 최저임금을 결정할 때는「근로기준법」상 통상임금, 동종업종의 평균임금, 최저생계비 수준, 기업의 지불능력, 8시간 일급 등을 표준단위로 하되 동종업종계에도 지역별 특수성을 감안, 차등을 두기로 했다(이하 도시 영세민 대책 및 장애자 보호 대책은 생략).⁴

이계민 '국민복지 증진대책'이 발표되는 시점에 그야말로 사회보험의 실무 총책임자셨는데, 당시 상황을 좀 정리해 주시겠어요?

김종대 전 국민 의료보험은 1989년에 실행됐습니다. 우리가 1977년에 의료보험을 도입한다고 한 뒤 12년 만에 농어촌 의료보험, 도시자영업자 의료보험, 전 국민 의료보험으로 확대했다는 것은 상상을 뛰어넘는 일입니다. 독일이 100년 만에 전 국민 의료보험을 실시했고, 프랑스가 70년, 일본은 36년 만에 전 국민 의료보험을 실시했습니다. 1986년 당시 보건사회부 장관은 이해원 장관인데 성균관대 행정학과 대학교수와 4선 국회의원을 지낸 교육자이자 정치인 출신으로, 굉장히 해박하고 치밀한 분이며 단 하나의 허점도 용인하지 않는 행정가였습니다. 저를 보건사회부 사회보험국장 직무대리로 임명하면서 이 장관은 특별한 당부는 없었으나 "이 과제를 수행할 수 있는 사람은 자네뿐이라고 생각해 임명했다"고 격려하셨습니다.

---

4 〈매일경제〉, 1986. 9. 2, 1면.

사실 당시 국장으로 정식 임명이 안 되고 '직무대리' 발령이 난 것은 관례상 국장이 되는 나이에 조금 못 미쳤기 때문이죠. 그래서 몇 달 동안 직무대리를 했습니다.

이계민　우리나라 「의료보험법」은 1963년 12월에 제정되었습니다. 그렇다면 1963년부터 어느 정도 의료보험의 얼개가 잡혀 있었던 걸까요? 기록에 따르면, 보건사회부 산하 사보심에서 의료보험제도를 입안해 건의했다고 되어 있습니다.

김종대　1963년에는 사실 얼개도 제대로 갖춰져 있지 않았습니다. 주로 직장의료보험, 사업장의 임의적용 의료보험에 대한 것이었고요. 그 이후 사보심에서 연구가 좀더 진행됐지요. 1977년부터 시행한 것도 주로 직장의료보험이었습니다. 500인 이상 사업장을 대상으로 시작했기 때문에 보험료를 부과하고 조직을 관리하는 것은 별 어려움이 없었지요. 그런데 농어촌 의료보험은 소득이나 재산 파악이 안 되었고, 조직체계도 제대로 갖춰지지 않았습니다. 다른 나라들도 이것 때문에 전 국민 의료보험을 못 했거든요. 도시자영업자도 마찬가지로 어렵고요. 보험재정의 수지균형을 맞춰야 하고, 농어촌에 의료기관도 없었고요. 또 우리나라 소득자료도 10명 중 1명 정도의 자료만 갖고 있던 시절이기도 했습니다. 그래서 어려운 점이 많았습니다.

이계민　원래 보건사회부에서는 국민연금을 먼저 시행하려다가 석유파동으로 인해 연기하고 의료보험을 먼저 시행했지요. 국민연금제도 시행을 위해 연금국을 미리 만들어 놓았는데 석유파동으로 국민연금제도 시행이 늦춰지면서 그 조직을 활용해 의료보험을 실시하게 된 거죠. 그렇지요?

김종대　국민연금제도 시행이 보류되고 여론의 반대도 심했죠. 당시 연금은 내자동원 수단이라는 이유로 반대가 많았는데, 그 사이에 석유파동이 오니까 국민연금 이야기는 중지된 거지요.

국민연금 시행이 '내자동원 수단'이라는 해석에 대한 의견은 분분하다. 5·16 이후 산재보험이 맨 먼저 시행됐지만, 다음으로 서두른 사회보험제도가 국민연금제도이다. KDI의 김만제 원장을 필두로 경제부처 장관들은 의료보험제도의 도입에 반대한 반면, 국민연금제도의 도입을 적극적으로 추진했다. 이를 두고 보건사회부 등 복지관련 부서에서는 경제개발에 필요한 내자동원을 극대화하기 위해 국민연금제도를 도입하려 한다는 평가가 많았다. 의료보험제도 도입을 처음 건의했다고 주장하는 김종인 전 보건사회부 장관 역시 명시적으로 "당시 복지연금제도를 시행해 수입만 있고 20년 동안 지출이 없는, 사실상의 강제저축 수단으로 내자를 동원하고자 한 것이다. 복지연금으로 유입된 자금은 꼬박꼬박 국민투자기금에 넣어 투자재원으로 쓸 수 있다고 생각했다"고 주장했다. 5

그러나 서상목 전 보건복지부 장관은 "말도 안 되는 소리다"라고 말하고 "복지정책을 구상하고 실행에 옮긴 사람들을 모욕하는 주장"이라고 못 박았다. 다만 당시 국민연금제도의 시행을 설명하면서 그런 (자금활용) 부수적 효과도 있다는 점을 설명했을 따름이라는 것이다. 6

이런 부인과 주장에도 불구하고 사전적이든 결과론이든 국민연금을 내자동원에 활용하려 했다는 점은 일반적 사실로 전해진다.

이계민 의료보험이 빨리 시행됐던 것도 연금조직이 만들어져 있었기 때문이라는 이야기도 있습니다.

김종대 연금국 조직은 1973년에 만들었는데 의료보험 시행작업은 1976년부터 시작했으니까 그렇게 볼 수도 있겠지요. 독일의 경우는 국민연금과 의료보험이 1883년에 동시에 시행됐어요. 둘 가운데 무엇이 먼저냐 하는 문제는 세계 사회보험사에서 조금씩의 차이는 있지만 대체로 비슷하게 시행됩니다. 개인적으로 연금도 결과적으로 보면 시의적절하게 도입했다고 생각합니다.

---

5 김종인, 2017, 《결국 다시 경제민주화다》, 박영사, 108쪽.
6 이 책의 서상목 인터뷰 111쪽 참조.

의료보험 도입은 누가 주도했는가?

이계민 의료보험 도입의 계기나 주도적 인물에 대한 논란이 있습니다. 신현확 장관이 취임하신 이후부터는 신 장관이 주도하셨던 것 같은데요. 아이디어나 배경에 대해서는 논란이 있습니다. 남북 공동성명 이후 이규식 박사의 건의로 의료보장제도가 도입됐다는 설도 있고, 김종인 전 장관이 의료보험을 실시하자고 건의했다는 설도 있는데, 이에 대해서 들어보셨나요?

김종대 저는 1976년 전계휴 전 보건복지부 차관과 함께 복지연금국 사무관으로 근무를 시작했습니다. 위의 사항은 제가 보건사회부에 가기 이전의 일이고요. 다만 제가 전해 들은 바에 의하면, 의료보험제도 도입 여부 공식논의와 결정과정에서 당시 남덕우 경제기획원 장관은 의료보험제도 시행을 반대하고 신현확 보건사회부 장관은 시행을 주장했다고 합니다. 당시 보건사회부에서는 잘 알려진 공공연한 사실이었습니다.

　신현확 장관의 논리는 "경제가 발전하면 경제격차가 생긴다. 비가 오는데 수레가 지나가면 자국이 생기듯 경제격차가 생기는데, 사회복지는 그런 격차를 골라 형평성을 회복하는 작업이다. 따라서 3차 경제개발 5개년계획도 끝난 시점이니 이제는 의료보험을 도입해야 한다"고 설명하셨습니다. 실무자 입장으로서 '장관께서 주도해서 하는구나!'라고 생각했고요. '경제부처 장관이 그렇게 반대하는데 신현확 장관이 혼자 감당하기에는 어려울 텐데 복잡한 배경이 있겠구나!'라고 추측했을 뿐이지요.

　저는 김종인 박사의 1989년 보건사회부 장관 시절과 그리고 1989년 말 이후 청와대 경제수석 시절에 두 차례 함께 근무한 적이 있습니다. 김종인 박사와 함께 근무할 때 김 박사로부터 본인이 의료보험제도 시행을 처음 건의했다는 사실을 수차례 들은 바 있습니다. 1970년대 초·중반이면 김종인 박사가 젊은 새내기 교수 때인데 어떻게 박정희 대통령을 만나고 또 그와 같은 건의를 할 수 있었을까 다소 의문이 생겨 몇 가지를 확인해 보고는 사실이었다고 믿게 됐습니다.

우선 당시 박정희 대통령의 비서실장인 김정렴이 김종인의 인척(처삼촌)이라는 점이 있고요. 또 현행 의료보험제도의 문제점과 개혁방안에 대해 논의할 때 보면 김종인 박사가 의료보험제도 도입의 역사적·철학적 배경뿐 아니라 제도의 골간을 정확히 인식하고 있었습니다. 물론 이는 다만 개인적 추정입니다.

의료보험 통합의 실험, 시범사업

이계민 지역의료보험 도입 시도는 1980년 6월쯤 이뤄졌습니다. 정부는 1981년 7월부터 시범사업을 실시하고 지역의료보험을 도입하려 했다는 기록이 있습니다. 시범사업 실시가 우리나라 의료보험이 한 단계 도약하는 중요한 계기가 되었다고 생각하는데, 당시에는 어떤 직책으로 무슨 일을 주로 하셨는지요?

김종대 1977년 3월부터 1980년 1월까지 사회보험국 보험관리과장을 했고, 최규하 대통령 시절 진의종 보건사회부 장관 때, 1980년 2월부터 1985년 4월까지 청와대 정무 제2수석비서관실 행정관으로 파견근무를 했습니다. 시범사업은 국보위에서 결정됐을 거예요.

1960년대 후반부터 원래 시범사업이 진행되었어요. 부산에 가면 청십자 의료보험이라고 장기려 박사가 북쪽에서 월남하셔서 만든 게 있어요. 백령도 적십자병원에서 하는 백령도 의료보험이 있었고, 옥구 청십자 의료보험이 있었어요. 이런 지역보험이 여덟 군데 있었어요. 그리고 1977년 의료보험 시행 전에 이미 직장의료보험이 네 군데 있었어요. 문경에 가면 봉명광업이라고 있습니다. 탄광인데 워낙 환자가 많이 생기니까 순수 민간 차원에서 의료보험을 만든 겁니다. 또 호남비료의료보험이 있었습니다. 1976년에는 제가 과거 이런 시범사업을 인계받아서 관리하고 보고받고 있었어요. 이건 순수 민간 차원에서 도입된 거고요. 제가 보건사회부에 가기 전부터 주사 한 사람이 관련업무를 했죠.

그런데 제가 가서 이런 민간 자율의 임의 의료보험 일을 하면서 '재미있다', '지역의료보험은 어떻게 하지?'라고 생각하던 찰나에 국보위에서 지역의료보험 시행을 결정한 거죠. 당시 직장의료보험이 아주 인기가 좋았거든요. 이렇게 의료보험제도에 대한 반응이 좋아 적용확대의 욕구가 급증하자 300인 이상 업체, 100인 이상 업체, 16인 이상 업체 등으로 매년 당연적용 대상을 확대하다 보니 지역의료보험을 미룰 수 없었을 것입니다. 그런데 막상 지역의료보험을 결정한 때에는 청와대에서 근무하면서 보고를 받았습니다.

대상 사업자들에게 당연적용되는 의료보험제도는 1977년에 직장의료보험이 되고, 1979년에는 공무원·교직원 의료보험이 시작됐어요. 공무원·교직원 의료보험이 시작됐을 때는 100인 이상 사업장에는 직장의료보험이 적용되던 시기였습니다. 그래서 1980년을 맞이하자 농어촌 의료보험 얘기가 나오게 되었습니다. 그때는 도시보다 농어촌 인구가 더 많았습니다. 그래서 시범사업을 합니다. 1981년 3개, 1982년 3개 등 전국 6개 지역을 선정하여 시범사업을 시작했습니다. 농업지역, 어업지역, 상업지역, 도시지역 등 지역적 특성을 고려해서 정했습니다.

그때 보건사회부 장관이 천명기 장관이었습니다. 천 장관이 1980년 9월 2일 부임했습니다. 천 장관은 1980년 10월 15일 "의료보험제도 및 관리·운영체계 일원화 방안"을 전두환 대통령에게 보고했습니다. 그런데 전두환 대통령은 의료보험 확대가 국가 중대사이므로 신중히 검토해야 한다고 '보류'를 명하셨습니다.

의료보험 통합 보고의 배경에는 공무원·교직원 의료보험공단 상무이사로 재임하다가, 노동청 공무원을 지내고, 전국경제인연합회(이하 전경련)에 간 엄기섭 씨가 있었어요. 엄기섭 씨가 천명기 장관에게 농어촌 의료보험을 위한 방법이 있다고 말씀드렸다고 해요. 당시 직장근로자조합과 농어민, 도시자영민 조합을 통합하여 의료보험을 실시하면 직장조합의 적립금을 활용할 수 있고, 잘사는 사람이 보험료를 좀더 부담케 하면 농어민이나 도시자영민에 대한 의료보험은 국가의 추가부담 없이 확대할 수 있다는 것이었습니다.[7]

통합 논란의 시발점이라 할 수 있는 지역의료보험 시범사업의 자초지종은 이미

---

7 이 책의 차흥봉 인터뷰 216쪽 참조.

차흥봉 인터뷰[8]에서 설명한 바 있다. 다시 요약해 보면 1979년 10·26 이후 1980년 9월 1일 제 11대 대통령(통일주체국민회의 선출)으로 전두환이 취임하기 전까지는 국보위가 국정을 장악하고 있었다. 막강한 권한을 가졌던 국보위는 민심수습 차원에서 1980년 8월 18일 "저소득층에 대한 의료시혜 확대방안"을 발표했다. 이 방안은 1종 의료보험 확대와 함께 농어촌 주민에게도 의료혜택을 제공할 수 있는 제도를 조속히 마련한다는 내용을 담고 있었다. 당초 5차 경제사회발전 5개년계획에 반영된 '의료보험 확대 장기 계획'을 앞당기는 조치였다.

이 계획은 1980년 9월 1일 전두환 대통령이 취임하고 새 내각이 구성되면서 보건사회부 장관으로 정치인 출신 천명기가 부임하면서 급물살을 타게 된다. 천 장관은 취임 후 한 달도 되기도 전인 9월 30일에 '의료보험제도 및 관리·운영체계 일원화 방안'을 검토하라는 지시를 내리는 동시에, 난립한 직장의료보험조합의 통폐합 계획의 추진보류도 검토하도록 지시했다. 그러고 나서 곧바로 10월 15일에 전두환 대통령에게 '의료보험제도 및 관리·운영체계 일원화 방안'을 보고한 것이다.

아울러 1980년 10월 16일 보건사회부(장관 천명기)는 '1980년대 복지국가 건설을 위한 보사행정 장기 계획'을 확정, 발표했다. 여기서 의료보험 시범사업은 ●1981년에 경상북도 군위, 전라북도 옥구, 강원도 홍천 등 3개 지역에서 실시하고, 1982년에 6개 군을 추가 선정하여 모두 9개 군에서 시범사업을 실시하고 ●1985년에는 지역 실정에 따라 이를 단계적으로 확대하며 ●1991년에는 전국 농어촌에 전면적으로 의료보험을 실시하는 국민개보험제도를 실시하기로 했다고 발표한 바 있다.

그러나 실제로는 1982년의 6개 군은 경기도 강화, 충청북도 보은, 전라남도 목포 등 3개 군으로 축소되고, 1985년부터 확대 실시한다는 계획은 보류되었으며, 1991년 전면실시 계획은 오히려 1989년으로 앞당겨졌다.

---

8 이 책의 차흥봉 인터뷰 215쪽 참조.

전 국민 의료보험, 현실적으로 불가능하다

이계민 시범사업 실시는 그 결과를 토대로 전 국민 의료보험을 실시하는 것이 목적이었지만 시범사업 결과를 보기도 전에 천명기 장관 부임으로 통합논의가 불거진 셈이네요. 당시에는 청와대에 근무하실 때이지요? 그 보고에 대해 청와대에서 어떤 실무적 검토를 하신 건가요?

아울러, 의료보험의 역사에 보면, 통합주의와 조합주의의 대립이 지속되었습니다. 지역의료보험 도입논의를 계기로 의보통합 논의가 제기되었는데 여기에 대해서는 어떻게 생각하시나요?

김종대 그 당시 정무 제 2수석비서관실에는 김태호 정무 제 2수석비서관, 윤성태 비서관, 그리고 제가 행정관으로 있었습니다. 업무보고 이후, 천 장관의 "의료보험 일원화 방안"에 대한 검토를 지시받고, 제가 검토보고서를 작성해서 윤성태 비서관과 김태호 수석비서관께 차례로 보고했습니다. 김태호 수석은 이 보고서를 가지고 윤성태 비서관을 대동하고 전두환 대통령께 직접 보고했습니다.

제가 작성한 검토보고서의 결론은 전 국민 의료보험 달성이 시급하다는 당위성은 인정되나, 현실은 아직 정비되지 않아서 오히려 역효과가 초래될 것이므로 실행이 불가하다는 것이었습니다. 주요요지는 다음과 같습니다.

첫째, 당시 농촌과 도시 인구가 비슷한 실정에서 병·의원의 80% 이상이 도시에 집중되었고 농어촌은 무의촌지역도 적지 않았으므로 의료공급 확충방안이 있어야 농어촌 의료보험 확대가 가능한데, 그 방안이 없다는 것입니다.

둘째, 농어민이나 도시자영민에게 의료보험을 적용하자면 재원계획(직장과 공단은 사용자나 정부가 보험료의 50% 부담), 보험료 부과기준(소득자료 10% 미만)과 보험료 징수체계 등 주도면밀한 세부계획이 뒷받침되어야 실행 가능한데 그 계획도 없다는 것입니다.

셋째, 재정이 부실한 공교공단과 재정이 튼튼한 직장조합(1종)을 통합하면 근로자 보험료로 공무원 보험재정을 충당해주는 결과를 초래합니다(보험료 부담 없이 보험혜택을 보는 피부양자가 직장보다 2배 많음). 마찬가지로 병·의원이 없는 농어촌지역 주민의 보험료로 도시에 거주하는 주민의 의료비를 충당해 주는 역진현상이 초래될 것입니다.

넷째, 보험은 통계, 확률 등 수리(數理)를 바탕으로 하는 과학적 분야인데 두루뭉술한 명분으로는 실천이 불가합니다. 일원화하면 관리비가 절감되고 능률화도 달성할 수 있다고 주장하나 근거가 희박합니다.

이계민　이렇게 청와대, 보건사회부, 정치권이 얽히면서 견해차가 나오는데요. 더구나 당시는 권위주의 시대로 일컬어지는 과도기적 준군사정부 시절이었는데 왜 의견이 제각각이었지요?

김종대　가장 심한 의견대립은 1982년부터입니다. 천명기 장관이 1981년 7월에 "단계적 통합 일원화 방안을 추진하겠다"고 국회에 이야기했습니다. 이것이 점점 커졌고요. 1982년 5월에 천명기 장관이 물러나고 김정례 장관이 오시면서 격론이 벌어집니다. 사실 당시 국회에서는 야당은 물론 여당도 의보통합에 찬성입장이 많았습니다. 그런데 청와대가 반대하니 보건사회부로서는 죽을 맛이었지요.

의보통합을 둘러싼 정치권과 청와대의 불협화음

1977년 의료보험제도 도입 이후 줄곧 문제가 된 것이 상대적으로 소득이 안정된 기업 종사자만 보험혜택을 받고 (영세민에 대한 의료보험은 있지만) 실제로 생활에 어려움을 겪는 농어촌이나 도시자영업자 등 저소득층에는 혜택이 적다는 점이었다. 정치권에서는 하루라도 빠른 전 국민 의료보험 실시가 절실한 때였다. 그러나 청와대의 핵심관료들은 성급한 의보통합은 재정부담 등으로 이어진다는 생각이었다. 특히, 박정희 대통령은 물론 전두환 대통령도 당초 사회보험 등 국민복지제도는 우리나라의 경제력으로 보아 자칫 '나라를 망하게 할 수 있는 제도'라는 인식을 갖고 있었다. 경제성장 우선논리에 치우쳐 있음을 엿볼 수 있는 대목이 아닌가 싶다. 최소한 1980년대 초반까지는 그랬다. 물론 이는 대통령 본인의 생각도 생각이려니와 청와대 참모 그룹들의 철저한 '교육'의 산물이라는 해석도 가능할 것이다.

김종대 전 국민건강보험공단 이사장

김종대 1982년 10월 11일 당시 김정례 보건사회부 장관이 의료보험 관리체계 문제와 진료비 심사기구 일원화 방안에 대해 대통령께 보고했습니다. 전두환 대통령이 심사기구 일원화는 허락하고, 의료보험 관리체계 통합방안은 불가하다는 방침을 내렸습니다. 그 이후 여당(이종찬 민정당 원내총무, 최영철 국회 보사위원장)과 김정례 보건사회부 장관이 의료보험 일원화 방안에 대해 보고할 것을 대통령께 직접 요청했습니다.

이계민 대통령이 불가 결정을 내렸는데 왜 여당에서 같은 보고를 또 하도록 요청했나요?

김종대 사실은 1981년 정기국회 때 국회가 여야 만장일치로 의료보험통합법안을 1982년 정기국회 때까지 제출하도록 결의했기 때문에, 여당으로서는 난감했던 것이지요. 그래서 마지막 조율에 나선 것입니다.

그 결과, 1982년 11월 2일 오후 3시 청와대 본관에서 대통령 주재로 정부와 여당에서는 김정례 장관, 이종찬 민정당 원내총무와 최영철 국회 보사위원장이 참석하고, 청와대에서는 김태호 정무 2수석과 윤성태 비서관 등 5인이 참석해서 공개적 보고회의가 열렸습니다. 이날 보고회의에서 의보통합 방안에 대해 먼저 이종찬 원내총무가 보고했습니다. 이종찬 총무가 당시 최고 실세니까 김정례 장관이 이종찬 총무께 부탁하지 않았는가 추측합니다. 청와대 회의에서 이종찬 총무가 먼저 발표한 다음, 청와대에서 윤성태 비서관으로 하여금 보고토록 지명했는데 윤 비서관은 의료보험 통합이 불가하다는 반대의견을 개진했습니다.

당시 윤성태 비서관은 제가 만든 검토보고서(보험료 부과기준 설정 문제, 소득 파아율과 보험료 부담의 형평성 문제, 사용자 부담과 국고지원 문제, 의료비 충당과 보험료 인상 문제, 조직 비대화와 관리·운영비 문제 등의 전반에 대해 검토한 보고서)를 토대로 대통령께 의료보험 통합에 대한 반대의견을 개진하였습니다. 보통 보고회의는 1시간 정도면 끝나는데, 이날은 2시간 넘게 회의가 진행되었지요. 그만큼 격론을 벌였다는 얘기입니다.

대통령 주재 보고회의를 다 마친 후 김태호 정무 2수석이 저에게 보고서 작성에 수고가 많았다며 격려 차원에서 저녁 7시 시청 앞 팔레스호텔 뒤 일식당 남강에서 윤성태 비서관과 함께 저녁을 사 주셨습니다. 그 자리에서 들은 이야기는 대략 이런 것이었습니다.

양측 보고를 다 들은 전두환 대통령께서 "비서실에서 얘기하는 것이 구구절절 맞네. 당에서 공부 좀더 해요"라고 훈계했다는 것입니다. 김태호 수석과 윤성태 비서관에게서 전해 들은 이야기입니다. 또 회의를 마치고 나오면서 최영철 보사위원장이 윤성태 비서관에게 "윤 비서관 보고를 들으니 참 설득력이 있더군. 난 의료보험 문제에 대해선 다시 언급하지 않을 것이야"라고 말씀하셨다는 얘기도 전해 들었습니다. 또 이종찬 총무도 그 이후 의료보험 문제에서 손 떼겠다고 말씀하였다고 전해 들었습니다.

이게 바로 가장 격론을 벌였던 현장의 증언입니다.

이계민 그런데 그 뒤인 1983년 1월에 의료보험 파동이 벌어집니다. 보건사회부 실무자들이 징계당하는 일이 일어나는데요. 당시 차흥봉 과장도 그만두고요. 여러 뒷얘기가 무성하게 나왔지요. 어떤 내용이었나요?

김종대 저도 나중에야 알게 됐습니다. 핵심내용은 이렇습니다. 기획관리실장이던 이두호 실장이 있었고, 그 밑에 차흥봉 보험제도과장이, 또 그 밑에 오건

식이라는 사무관이 있었어요. 천명기 장관 때부터 김정례 장관 때까지 이분들이 통합을 주장하는 보고서를 만드는 주체였어요. 그런데 그 사건 이후 이 사람들이 나가게 된 겁니다. 그 배경은 다음과 같습니다. 의료보험연합회라고 있었는데 이 연합회가 보건복지부를 뒷받침하는데요. 여기에 비리가 있다고 해서 수사하는데, 이분들이 비리와 연루되어 모두 해고되었습니다. 통합을 주도하고 실무작업을 한 사람들이 해고된 겁니다. 그러다 보니 통합을 주장해서 대통령이 해고했다는 게 그쪽 편의 이야기인 거죠. 청와대 김태호 수석, 윤성태 비서관, 행정관인 제가 해코지한 게 아니냐는 주장이 나온 거죠.[9]

하지만 저는 나중에야 알게 됐어요. 당시 정무 제2수석비서관실 행정관의 주임무는 수석이나 비서관의 하명을 받아 소관 정책을 검토하고 보고하는 것입니다. 공직자 등의 인신에 대한 정보나 수사 등에는 관여해서도 안 되고 관여할 수도 없는 구조였습니다. 그래서 직접 듣거나 경험한 사실은 없었습니다.

다만 소문 중 기억나는 이야기가 있습니다. 이두호 실장이 술을 마시면 주사(酒邪)가 좀 있는데, 집 앞 포장마차 등 직원들과 소주를 마시는 자리에서 대통령을 비난한다는 이야기가 공공연하게 들려왔습니다. 정보기관에서 이런 이야기를 대통령에게 보고했을 거고요. 결국 이두호 실장은 좌천되어 환경처 차장으로 갔습니다. 처음에는 내보내려 했는데 김태호 수석이 "이두호 실장은 업무 능력이 뛰어나다"고 중재해서 해고는 안 되고 좌천되었다고 들었습니다.

---

9 이 책의 차흥봉 인터뷰 222~224쪽 참조.

의보통합을 둘러싼 문제들

국민복지 증진대책, 실무적 차원에서 시기상조

이계민   1986년 8월 11일 전두환 대통령이 국민복지 증진대책을 발표했습니다. 그 내용에 농어촌 의료보험과 도시지역 의료보험 실시가 있었는데요. 이를 계기로 통합론 주장이 가열됐다고 합니다. 당시에는 어떤 업무에 종사하셨는지요? 그런 복지대책 발표에는 정치적 배경이 있었던 건 아닌가요? 또 정치적 주문은 없었습니까?

김종대   전두환 대통령이 하계 기자회견에서 국민복지 증진대책을 발표했고, 그 후속조치로 9월 1일에 김만제 부총리 겸 경제기획원 장관이 경제기획원, 보건사회부, 노동부 등을 대표해 구체적인 국민복지 증진대책 실천계획을 발표했습니다.

저는 공교롭게도 1986년 9월 1일 국민복지 증진대책이 발표되던 날에 보건사회부 총무과장에서 사회보험국장 직무대리로 임명됐습니다. 발표된 국민복지 증진대책의 주요내용은 •1988년 1월 1일 농어촌 의료보험 실시 •1989년 1월 1일 도시지역 의료보험 실시 •1988년 1월 1일 국민연금 실시 •1988년 1월 1일 최저임금제 도입 등이었습니다. 이 4가지 대책 중 최저임금 실시를 제외한 3가지가 본인의 소관 업무였습니다.

저는 현재 치아의 절반인 14개에 임플란트 시술을 했습니다. 그때 일하느라 다 망가진 거죠. 1986년 9월에 우리 나이로 40세, 만 나이로는 39세였습니다. 당시 만 40세가 되지 않으면 국장으로 승진될 수 없는 '나이 제한 방침' 때문에 국장 직무대리로 발령되었습니다. 그때 저와 경제기획원의 이석채 씨가 만 40세가 안 돼서 국장 승진을 못 했습니다. 제가 11월 5일생인데, 임명은 9월 1일이니까 2개월이 모자라서 직무대리를 받을 수밖에 없었지요.

그런데 임명을 받고 보니 답답했습니다. 1988년 1월까지 겨우 1년 3개월 남았는데, 전 국민 의료보험을 하기로 결정되어 있었죠. 당시까지만 해도 준비가 안된 백지상태나 마찬가지였어요. 다만 6년간의 시범사업이 참고가 됐고요. 그때 일본의 건강보험연합회(健保連), 후생성 등과 많은 논의를 했는데 우리나라를 많이 부러워했어요. 일본은 '3K'라는 3대 적자가 있는데, 철도 적자, 건강보험 적자, 양곡 적자가 그것입니다. 본인부담을 내게 하고 적립금을 만드는 조치는 일본의 충고를 듣고 만든 것이죠. 그런 점은 일본에 고맙게 생각합니다.

당시 허허벌판에 집을 짓는 것과 같았지요. 우선 보험료를 부과해야 하는데, 무슨 기준으로 부과하느냐는 문제가 있었죠. 또 누가 관리하느냐의 문제도 있었어요. 일본은 시정촌(市町村)의 시장, 군수가 관리합니다. 그래서 적자이죠. 당시 제 생각에 언젠가는 우리나라도 지방자치를 할 텐데 의료보험으로 인심 쓰고 인기위주로 진행된다면, 모두 다 적자가 날 거로 생각했죠. 또 농촌지역 병원 유치는 어떻게 하는가? 의료전달체계는 어떻게 할 것인가? 모두 문제투성이였습니다.

시범사업을 해보니까 우선 첫째로 임의가입으로 시행해서는 안 되겠다고 생각했습니다. 둘째는 시장이나 군수가 관리해서는 안 된다는 것입니다. 셋째는 의료전달체계의 문제인데, '농촌에 의료공급을 어떻게 할 것인가'입니다. 그래서 그때 차관자금이 들어가는데, 차관자금으로 특혜를 줘서 농촌의 의료공급을 채운 겁니다. 넷째는 국고는 어느 정도 지원해 주는가 하는 문제였죠. 이런 문제들이 하나도 결정된 것이 없었습니다. 법에는 지역단위, 시·군·구 단위로 한다는 말 한마디밖에 없었습니다. 그 외에는 모두 새로 만들어야 하니 실무국장 입장에서 정말 무거운 책임을 져야 했습니다.

처음에 농협은 면 단위까지 조합이 있으니 농협을 주축으로 하는 방향으로 연구해 봤습니다. 제가 각 시도별로 농협 현장을 가봤더니 군 지구는 껍데기에 불과했습니다. 면 단위 조합이 실제로 일을 하고요. 그런데 당시 면 인구는 3,000명이 채 안 됐습니다. 보험조합이 안 되는 규모지요. 일본 보고서를 보면 5,000명이 보험원리상 최소단위였고요. 500인 이상의 사업장은 몇천 명, 몇만 명이 되니 하나의 단위가 되는데, 500인 미만의 근로자를 고용하는 업체는 보험의 구성원리상,

즉 위험분산 규모에 미달하여 사업장 단독으로 보험운영이 불가능합니다. 그래서 일정 지역으로 범위를 정해 그 지역 내에 소재하는 모든 사업장으로 구성되는 운영주체를 새로 만들어갔습니다.

여기서 통합 얘기가 나온 거지요. 저는 통합론자들이 주장하는 통합이라는 아이디어가 여기서 비롯됐다고 생각합니다. 그렇게 해서 1988년 1월에 특수조합을 만드는 것밖에는 방법이 없다고 결론을 내렸습니다. 시·군·구도 안 되고, 농협도 안 되고, 면 단위 조합도 안 되니까요. 시·군·구 단위로 특수조합을 발족한 거죠. 시범사업이 경험의 자료가 됐고요. 그걸 토대로 1988년에 농어촌 의료보험을 시작하지요.

농어촌지역 의료보험 시범사업을 1981년 7월부터 1987년 6월까지 6년여를 시행하면서 여러 문제점이 대두됐다. 시범실시 기간도 당초 계획보다 연장되는 등의 우여곡절을 겪었다. 첫째, 시범사업의 성과가 좋지 않았다. 시범사업 기간 내내 보험료징수율이 기대만큼 오르지 않아, 대부분의 조합이 재정적자에 허덕여야 했다. 둘째, 1980년 이후 계속된 관리·운영체계 논쟁의 여파로 보건사회부의 추진 동력이 상당부분 위축됐다. 셋째, 시범지역에서 함께 진행됐던 의약분업이 합의점을 찾지 못하고 실패하면서, 지역의료보험을 확대하는 데 부담으로 작용했다.

이처럼 정책 여건은 좋지 않았지만 지역의료보험에 대한 사회적 욕구는 더욱 거세졌다. 의료보험 실시에서 비롯된 국민 계층 간의 위화감이 갈수록 심화되었기 때문이다.[10] 이러한 사회적 분위기를 반영해 보건사회부는 1986년 1월 대통령 업무보고를 통해 전 국민 의료보험 실시계획을 1988년으로 앞당기겠다고 발표하고, 1988년 농어촌 의료보험 실시, 1989년 도시지역 의료보험 실시를 강조하기에 이른다.

그러나 이때까지만 해도 통합주의냐 조합주의냐의 논쟁은 이념적 접근보다는 실무적 차원에서 유용한 방법론 중 하나로 거론됐다. 특히, 당시 실시 중이

---

10 보건복지부, 2017, 《국민건강보험 40년사》, 국민건강보험공단, 126쪽.

던 직장의료보험은 조합단위로 진료비 심사와 지급이 이뤄졌는데, 너무 영세하고 난립되어 심사기구 통합이 거론되고 추진되기에 이른다. 일부에서는 이러한 영세조합의 통합이 전체 의보통합 운동으로 번진 것이 아닌가 하는 의문을 제기하기도 한다.

민주화 선언과 의보통합 이념논쟁의 점화

그러나 의보통합 운동이 이념논쟁으로까지 빠르게 번진 것은 1987년 6월 이른바 민주화 선언 이후다.

1988년 1월 농어촌지역에 대한 의료보험 확대가 예정대로 진행되자, 의보통합을 주도하던 농민단체들은 의료보험 과다문제를 제기하면서 '보험료 납부 거부운동'과 함께 통합논쟁을 재점화하기 시작했다. 농민단체들은 근로자는 사용자가 보험료 절반을 부담해 주는데 농어민은 왜 보험료를 전부 내야 하느냐며, 농어민에 대해서는 정부가 사용자 기능을 하여 보험료의 절반을 지원해 주어야 한다고 주장했다. 얼핏 보면 맞는 논리 같지만 실상 사용자 부담 역시 근로자 임금에서 나가기 때문에 틀린 얘기다. 어쨌거나 정부는 농민의 요구를 받아들여 정부가 보험료의 50%를 지원하기로 결정한다.

의보통합 논쟁은 점차 이념투쟁으로 흘러간다.

이계민 그렇게 고생하셔서 농어촌 의료보험이 시작되었는데요. 노태우 정부 출범 초인 1988년 3월 12일 이두호 차관이 주재한 보건사회부 국장회의에서 의보파동으로 국립보건원으로 좌천되셨다고 하는데 왜 그런 일이 벌어졌나요?

김종대 노태우 정부가 들어서고 첫 조각에 이두호 환경처 차장이 보건사회부 차관으로, 즉 친정으로 돌아옵니다. 당시 보건사회부 장관은 이해원 장관에서 1988년 2월 25일 권이혁 장관으로 바뀝니다. 저는 그 당시에 사회보험국장이었으니까 도시 의료보험 실시를 맡았었고요. 1988년 3월 12일에는 1987년 1년 동안 시범사업 결과를 분석하고 농어촌과 도시지역에 의료보험을 실시하기 위한 기본설계를 만들어 1988년 1월 1일부터 농어촌 의료보험을 실시한 직후였습니다. 저는 1988년 1월 1일에 실시한 농어촌 의료보험 사후관리와 1989년 1월 1일부터 실시 예정인 도시지역 세부 추진계획을 수립하는 중이었습니다.

이날 회의에서 이두호 차관은 1989년 1월 1일부터 실시하기로 한 도시지역 의료보험을 농어촌 의료보험과 통합해 1개 조합으로 만들어 시행토록 하라고 했습니다. 쉽게 말하면 농어촌과 도시지역 의료보험을 통합하라는 얘기였습니다. 그 지시에 대해 저는 농어촌 의료보험과 1989년부터 시행할 도시지역 의료보험의 통합시행이 불가능함을 설명했지요. 법이 시·군·구 단위로 되어 있어서 불가능하고, 설사 가능하더라도 실무책임자인 저로서는 정부가 발표한 1989년 1월 1일 도시지역 의료보험 시행 목표시기에 맞출 수 있는 역량도 없기 때문에 공개적으로 '인사조치를 해달라'고 요청했습니다. 그 결과 1988년 3월 31일 국립보건원 사무국장으로 전보되었습니다. 거기서 7개월 정도 있었습니다.

이계민 통합에 대한 반발이었나요? 아니면 실제 업무적으로 달성이 불가능하다는 판단에서 그랬던 건가요?

김종대 이유야 혼재되어 있었다고 봅니다. 사실 도시 의료보험의 틀은 다 만들어 놓았지만, 현장에서 작업해야 하는 팀이 중요한데요. 농어촌 의료보험을 시행할 때는 직장의료보험을 작업했던 사람들로 팀을 만들었거든요. 도시 의료보험을 시행할 때는 농어촌 의료보험 작업했던 사람들을 차출해 팀을 만들면서, 부족한 사람은 8,000명 정도 더 채용했습니다. 당시는 채용이 전부 연고채용이었어요. 1988년 농어촌, 1989년 도시 의료보험을 시행하면서 8,000명을 채용하니까, 장관이 국회에만 다녀오면 이력서를 한 보따리씩 가져옵니다. 제가 국장이었는데 감당할 수 없을 정도로 채용청탁이 들어왔습니다. 그래서 장관께 공개채용을 건의했습니다.

그렇게 해서 농어촌 의료보험을 실시하기 위해 1987년에 5,000명 정도 공개채용을 했습니다. 도시 의료보험까지 합치면 7,000~8,000명이 됩니다. 그렇게 방침을 정해 놓고 제가 국립보건원 사무국장으로 갔습니다. 후임국장으로 송항섭 국장이 오셨고요.[11] 거의 이두호 차관의 업무지시대로 이행하려 했다고 압니다.

그러나 이두호 차관의 생각대로 추진되지는 않았어요. 당시 보건사회부 내에는 통합을 반대하는 인사가 많았습니다. 송재성 보험제도과장을 비롯해 김일천 보험급여과장 등이었는데 송 과장도 다른 곳으로 보낸 다음, 김일천을 제도과장으로 임명했는데 그 역시 생각대로 움직여지지 않았다고 들었습니다.

그리고 도시 의료보험 시행을 1989년 1월 1일에서 1989년 4월 1일로 연기합니다. 이후 또다시 7월 1일로 연기하는 사태가 벌어져 정부가 국민에게 사과하는 일까지 벌어졌습니다. 결국 도시 의료보험도 농어촌 의료보험과 같이 당초 제가 설계해 놓은 시·군·구 단위로 시행되었지요.

그 후 보건사회부 장관이 권이혁(1988년 2월 25일~1988년 12월 5일)에서 문태준(1988년 12월 5일~1989년 7월 19일)으로 바뀌면서 의보통합 문제는 새로운 국면을 맞이합니다.

당시 이두호 차관은 의보통합이 생각대로 잘 추진되지 못하자, 보건사회부 국민의료정책심의위원회 주최로 공청회를 열어 언론몰이를 하려 했으나 이 역시 신통치 못했다. 그러나 1988년 4월 총선에서 여소야대 정국이 전개됨에 따라 야당의 통합법안이 1989년 2월 임시국회에서 통과되면서(본회의 통과는 3월 8일) 통합논쟁이 블랙홀로 빠져들었다.

이계민 이두호 차관 부임 이후 통합추진이 가속화되는데, 그 일환으로 1988년 8월 26일 보건사회부 주최로 통합주의와 조합주의에 대한 세미나가 개최되었지요. 이때 여론은 어느 편이었나요?

---

11 이규식은 김종대 후임으로 인경석을 의료보험국장으로 임명했다고 적고 있다(건강복지정책연구원 편, 《건강보험통합 평가와 개혁 방향》, 계축문화사, 56쪽).

김종대   그 당시 통합주의자들은 "통합은 선(善)이고, 조합은 악(惡)"이라고 이야기했지요. 의보통합 문제는 이미 이념문제로 비화되어 다툼만 있을 뿐 의 견수렴은 없었습니다. 정치적으로는 이미 통합 쪽으로 가고 있었어요.

의보통합에 반기를 들다

의보통합 거부를 주도하다

이계민   1989년 3월 22일 노태우 대통령이 당시 야 3당이 주도해서 통과한 의료 보험통합법안에 대해 거부권(법안 재의요구)을 행사했는데요. 이에 대해서 말씀 해 주시지요.

김종대   당시에는 제가 보건사회부 공보관이었습니다. 문태준 장관이 1988년 12월에 보건사회부 장관으로 오셔서 당시 국립보건원 사무국장으로 재직하고 있던 제게 보건사회부 사회보험국장으로 다시 와달라고 하셨습니다. 제가 7개월 만에 다시 그 자리로 복귀하는 것은 안 된다고 말씀드렸더니 그러면 공보관으로 와달라고 하셨지요. 그래서 1989년 1월 1일자로 보건사회부 공보관으로 부임했 습니다. 그런데 사실 저는 본래 공보관 임무 외에도 장관 자문역할, 즉 의료보 험에 대한 자문을 했지요.

그때 1988년 4월 총선 이후 4당 체제였습니다. 여당이 민주정의당(민정당) 이고, 야당은 김영삼의 통일민주당(민주당), 김대중의 평화민주당(평민당), 김종필의 민주공화당(공화당)의 4파전이었습니다. 물론 총선 결과가 여소야대 로 나와서 제1당은 여당이었지만 과반수를 차지하지 못했지요.

그때 의보통합 관련 논의가 또 많아졌습니다. 특히, 1987년 6·29 민주화 선 언 이후이니 더욱 심했지요. 이건희, 정주영 같은 재벌이 돈을 부담하면 농어민 은 보험료 부담을 없앨 수 있다는 논리가 대두됐고, 있는 사람이 더 내면 도시 영세민도 부담이 없다는 얘기도 나왔고요. 그 얘기가 토대가 되어 국회에서 1989년 3월 8일에 「의료보험통합법」이 의결됩니다. 당시 언론에서 근로자는 2.8배의 보험료를 더 내야 하는 걸로 계산을 합니다. 아마 〈동아일보〉였을 거예요. 당시에는 소득단일로 의료보험료를 매기는 걸로 얘기가 됐거든요.

저는 소득자료가 없으니 소득단일로 의료보험료를 책정할 수 없다는 논리를 가장 중요한 반대근거로 주장했어요. 정부 고위 대책회의에서 대통령이 거부권을 행사키로 결정되었습니다. 그전에 보사위원회의 비밀회의에서 문태준 장관도 반대했습니다. 당시에는 장관이 반대하면 그 법안은 통과가 안 됐어요. 시행해야 하는 주체가 안 된다고 하는데, 국회에서 얘기해도 못하는 거 아닙니까? 그때 윤성태 씨가 기획관리실장이고 제가 공보관이었습니다. 보사위원회의 비밀회의라서 윤성태 씨와 저는 복도에 있었고요.

그런데 보사위 상임위 회의 도중에 문태준 장관이 나와서 "독소조항만 빼고 하면 안 되겠냐"고 저에게 물어보더군요. 저는 전체가 독소조항이라고 답했습니다. 그래도 문 장관은 일단 중요한 것만 고쳐서 통과시키고 이후에 중간투표에 이기면 내용을 바꿀 수 있을 거라고 말씀하셨습니다. 그런데 저는 보험의 원칙에 맞지 않는다고 계속 주장하면서 이렇게 말씀드린 기억이 납니다.

"장관님! 책상 한번 뒤집고 나오세요. 그러면 나중에 장관님께서 영웅이 되실 겁니다."

그리고 윤성태 실장님께 죄송하지만 저는 귀가하겠다고 말씀드리고 집으로 가 버렸어요. 그런데 그날 그렇게 통합법이 통과되었지요. 그러고 나서 그 이튿날에 온통 신문에 난리가 났죠. 그래서 대통령이 거부권을 행사하게 됐고요.

그렇게 되니 제일 곤란해진 분이 문태준 장관이셨죠. 그래서 얼마 안 돼서 개각이 되고, 보건사회부 장관이 김종인 장관으로 바뀝니다. 제가 공보관이라서 김종인 장관을 모시고 언론사를 '취임 순방'했죠. 김종인 장관 오시고 2~3개월 만에 저는 청와대 경제비서관으로 갔습니다. 노태우 정부에서 보건사회부가 경제수석실로 편입됐거든요. 그렇게 편입한 분이 김종인 장관이었고요. 훗날 본인이 경제수석으로 갔지요.

이계민 대통령이 거부권을 행사하니까 통합논쟁은 일단 수그러들었나요? 어떤 진행을 보였습니까? 다시 이 문제가 제기된 것이 1997년 대선 때 아니었나요?

김종대 거부권 행사 후에는 다소 소강상태를 보였습니다. 물론 국민의 관심이 없어서라기보다 정치상황이 워낙 급박하게 돌아가다 보니 그것까지 큰 문제로 제기되지는 못했지요.

그러나 물밑에서는 치열한 논쟁이 벌어졌습니다. 1997년 12월이 대선이었는데 그보다 2년 전인 1995년부터 다시 통합 얘기가 나오기 시작합니다. 그때의 논쟁거리는 "통합하면 없는 사람은 돈을 안 내도 된다", "재벌과 있는 사람들이 돈을 더 내면 의료보험료가 낮아진다"는 것이었습니다. 그게 선거 주제였고 구호였습니다. 대통령 선거가 실시된 1997년에 그 절정을 이뤘고, 1997년 대선에서 승리해 1998년 2월에 출범한 김대중 정부는 의보통합을 개혁정책으로 내걸었어요. 의보통합과 함께 의약분업도 개혁정책 과제로 내걸었지요.

당시 국회에서도 의료보험의 통합기류가 높아지기 시작했다. 사회보험 확충이 앞으로 나아가야 할 국가발전의 한 단계라는 인식이 강해졌고, 그런 차원에서 여야가 1997년 대선을 앞두고 의보통합에 앞장서는 모습을 보였다. 그 결과 1996년 11월 30일 의료보험 조직 2단계 통합안을 담은 '국민건강보험법안'을 국민회의와 자민련이 공동발의하고, 이어 여당인 신한국당도 1997년 10월 30일에 공교공단이 지역조합을 흡수하는 내용의 '국민의료보험법안'을 국회에 제출한다. 이와는 별도로 정부는 「국민건강보험법」을 입법예고했다. 그해 말 국회보건복지위에서 정부와 각 정당이 제출한 법안을 단일화하여 「국민건강보험법」을 의결하고, 이어 1999년 1월 6일 국회 본회의를 통과하면서 직장조합을 포함한 의료보험을 완전히 통합하는 법안이 마련됐다.

당초 시행은 2000년 1월이었으나 7개월 미뤄져 2000년 7월 1일에 국민의료보험관리공단(종래의 공교지역 의료보험 통합기구)과 직장조합(139개 조합)을 완전히 통합해 국민건강보험공단이 출범하게 되었다. 건강보험 통합과 건강보험수가에 영향을 미친 의약분업 역시 2000년 7월 1일부터 시행됐다.

그러나 재정통합은 여러 가지 난관을 극복하지 못한 채 미뤄져오다 2003년 7월 1일에 비로소 통합의 결말을 보았다.

공직 그만둘 각오로 결사반대

이계민   1998년 김대중 정부 출범과 함께 주양자 보건복지부 장관에 의해 기획관리실장에 기용돼 두 번째 기획관리실장이 되셨습니다. 왜 그런 인사가 있었나요? 기획관리실장을 두 번씩 하는 것이 흔한 일은 아니지요?

김종대   그 인사는 문태준 보건사회부 장관께서 저에게 사회보험국장으로 다시 오라고 하셨던 것과 비슷한 맥락입니다. 주양자 장관은 국립의료원장, 공교공단 이사장 등 보건의료 분야에 경험이 많은 분입니다. 당시에 저는 식품의약품안전본부장을 하고 있을 때였습니다. 주 장관께서 저한테 기획관리실장을 한 번 더 하라고 말씀하셨습니다. 그런데 제가 거절했지요. 그랬더니 주 장관은 통합이든 분리든 의료보험의 내용과 역사를 속속들이 아는 사람이라야 이 문제를 풀 수 있다고 생각하고 상부에도 그렇게 건의했다고 얘기하시는 거예요. 그래서 제가 기획관리실장을 두 번 하게 되었습니다.

이계민   그런데 사실 주양자 장관은 부동산 투기의혹 등으로 임기가 짧으셨지요? 그렇게 기획관리실장을 하신 것인데요. 주 장관이 물러나고 차흥봉 보건복지부 장관이 오셨습니다. 그런데 또 사건이 벌어지지요. 1999년 6월 장관 주재로 첫 보건복지부 확대간부회의가 열렸는데 그 자리에서 의보통합 반대의견을 피력하셔서 격론이 벌어졌다고 알고 있습니다. 그 사건으로 직권면직됐다고 기록되어 있고요. 어떻게 된 일인지요?

김종대   차흥봉 장관은 통합주의를 선봉에서 이끌고 주장했던 분입니다. 5월에

차 장관이 부임하셨습니다. 6월 14일이 월요일이었을 겁니다. 원래 확대간부회의가 월요일에 있었어요. 확대간부회의에는 본부 국장급 이상, 기획관리실의 과장까지, 그리고 산하기관장이 참석합니다. 어떤 이유였는지 확실치는 않지만 다음날로 미뤄졌습니다. 이날은 제1 연평해전이 터진 날로 기억합니다만 6월 15일에 간부회의가 열렸어요. 여기서 의보통합을 둘러싼 사건이 터집니다.

그런데 그 이전 상황을 살펴볼 필요가 있습니다. 확대간부회의가 열리기 5개월 전인 1999년 1월 6일에 「국민건강보험법」이 국회 본회의에서 통과되고 2월 8일에 공포됐습니다. 그리고 2000년 1월 1일부터 실시하기로 되어 있었죠. 법안의 시행령과 시행규칙을 빨리 만들어야 시행준비에 착수할 수 있었고, 저는 기획관리실장으로서 그 시행령과 시행규칙에 서명해야 했습니다.

하지만 저는 그 확대회의에서 '법시행이 불가능하다'고 말했습니다. 제가 가장 중요하고 생각하는 보험료 부과기준을 2000년 1월 1일까지 만들 수 없기 때문이죠. 당시 소득파악이 20% 정도밖에 안 됐고요. 실제로 만드는 게 불가능했습니다. 그래서 2000년 1월부터는 시행할 수 없다는 것을 주장하는 건의안을 기자실에 배포하고 그 내용을 설명했습니다. 가장 중요한 핵심은 보험료 부과의 형평성을 유지하기 어렵고, 따라서 부과된 보험료 징수도 어려울 것이라는 점이었죠.

1999년 6월 15일 확대간부회의에서 통합 시 2000년 1월까지 모든 가입자에게 적용될 보험료 부과기준을 만들 수 없다는 설명을 마치고 회의장을 나와 공직을 그만둔다는 각오로 사무실을 떠나려 하는데, 주무사무관(임종규 씨로 기억함)이 서류에 서명해 달라고 했어요. 무슨 내용인가 추후 확인했더니 저의 연가 서류였어요. 그래서 파면을 면하고 1999년 6월 19일자로 직권면직됐습니다. 그 서류에 서명했습니다. 그렇게 공직이 끝났고, 또 통합법은 시행준비에 들어갔지요.

원래 2000년 1월 1일 실시하기로 되었다가, 준비부족으로 2000년 7월 1일로 7개월 연기됐어요. 그런데 연기된 날에도 시행이 못 되고 2002년 7월 1일로 또 연기됩니다. 물론 그 이전에 지역조합과 공교공단을 합해 1998년 10월 1일 출범한 국민의료보험공단과 직장조합을 통합운영하는 '국민건강보험공단'은 예정대로 이뤄져 2000년 7월 1일 조직통합이 됩니다. 그러나 보험료 부과기준이나 재정통합은 당시에 이뤄지지 못하고 2002년 7월 1일로 연기됐다가 2003년 7월로 다시 연기됩니다.

결국 2003년 7월 1일에는 직장과 지역 재정통합이 이뤄집니다. 말하자면 조직 통합에 이어 재정통합까지 모두 이뤄진 셈이지요. 다만 보험료 부과기준은 아직도 단일 체계를 만들지 못하고 지역과 직장이 별도 부과체계를 운용하고 있습니다. 완전한 통합이라고 볼 수 없는 대목입니다.

제가 1999년 6월 15일에 통합반대 건의안을 내고 기자들에게 설명한 것은 '김종대가 안 된다고 얘기했던 것을 기록으로 남겨야겠다'고 생각했기 때문입니다. 의보통합을 하면 재정파탄이 난다는 것이지요. 1995년 한 해 의료보험 진료비가 4조 원이었습니다. 적립금 쌓여 있는 것이 4조 1,000억 원이었고요. 1년치 진료비 이상으로 적립금이 쌓여 있으니, 보험료를 하나도 안 걷어도 병원에 진료비를 줄 수 있는 만큼 여유가 있었어요.

그런데 1995년부터 통합논의가 이뤄져서 1998년에 김대중 정부가 들어서고, 2000년에 통합을 했어요. 그리고 2001년 5월 건강보험 재정이 파탄에 이르렀어요. 1년치 진료비를 충당할 수 있는 적립금까지 100% 소진했고요. 그때부터 3년 간 총 34조 7,850억 원을 은행으로부터 차입해서 진료비를 주었습니다. 3년간 연 20% 이상 보험료를 인상했지요. 의약분업으로 인한 의료계의 반대가 심하니까 수가를 여러 차례에 걸쳐 많이 올렸습니다. 의약분업 이전에는 병원에서 약을 주니 조제료가 없었는데, 지금은 처방전 갖고 약국에 가서 약을 받아야 하니 의사 진료비는 진료비대로 내고, 조제료가 또 드는 거예요. 의료보험료는 계속 올릴 수밖에 없었지요. 그 과정을 거치다 2005년이 되어서야 은행 차입금 35조 원을 겨우 상환하는 정도로 개선이 이뤄진 겁니다.

건강보험 개혁의 길

건강보험쇄신위원회, 개혁의제를 이끌어내다

이계민   그렇게 2001년 새해 벽두부터 건강보험 재정파탄이 연일 보도되고, 감사원 감사가 있었고, 차흥봉 장관이 물러나셨고요. 김 이사장께서는 2011년에 국민건강보험공단 이사장으로 부임하시는데, 어떤 일을 하셨나요?

김종대   이명박 정부 때였지요. 2011년 11월 15일에 국민건강보험공단 이사장으로 갔습니다. 2001년 건보재정이 파탄 나기 시작했으나 2005년까지 빚을 많이 갚고, 2010년까지는 당기균형을 기록할 정도로 재정운영을 개선했습니다.

이계민   기록을 보면 이사장으로 가서서 공단 내에 건강보험쇄신위원회도 만드는 등 주요 의제를 많이 끌어냈다고 나와 있습니다. 어떤 이슈에 집중했고 어떤 성과를 거두었는지 설명해 주실 수 있나요?

김종대   2010년쯤 되니까 2000년대 초반의 일들을 다 잊어버리게 된 거예요. 이대로 둬서는 안 되겠다고 생각했습니다. 그 당시 건강보험보장률이 60% 정도였습니다. 그러면 건강보험에서 60% 내고, 자기부담률이 40%인데요. OECD 선진국은 건강보험보장률이 80%입니다. 그런데 우리가 연간 35조 원 적자를 내면서 보험료를 올려도 보장률이 60%라는 것은 말이 안 되죠. 우리나라는 의료보험제도 도입 12년 만에 전 국민 의료보험을 실현했고, 이것은 기적 같은 일입니다. 한편 평균 보장률이 60%, 종합병원은 절반수준에 불과한데 이것은 문제가 있다고 인식했습니다.
   그래서 부과체계 개혁, 의료전달체계 개혁 등 7개 부문을 정리해야 우리나라 건강보험이 제대로 갈 수 있다고 주장하고 그 분야 개혁에 역점을 두었지요.

김종대는 2011년 11월 15일 국민건강보험공단 제6대 이사장에 취임해 2014년 11월 14일까지 3년 임기를 채우고 퇴임했다. 김종대는 취임 후 건강보험 전문가와 실무자들로 건강보험쇄신위원회를 만들고 약 7개월에 걸쳐 건강보험 종합개혁 방안인 〈실천적 건강복지 플랜〉을 작성, 2012년 8월과 2013년 3월 두 차례에 걸쳐서 정부와 국회에 건의안을 냈다. 이 플랜은 건강보험 7대 개혁과제를 담고 있는데 ●지속가능한 건강보험 보장성 강화 ●소득중심 보험료 부과체계 단일화 ●급여 결정 및 진료비 청구·지불체계 정상화 ●맞춤형 건강서비스 제공 ●노인장기요양보험 보완 ●보건의료 공급체계 개선 ●조직내부 혁신 등이 그것이다.

물론 그대로 법개정이 이뤄지거나 행정조치가 모두 이뤄진 것은 아니지만, 제기된 문제점에 대한 관심도를 제고하고 문제의식을 고취하는 데는 충분한 성과를 거두었다고 볼 수 있다. 특히, 이 같은 내용은 2016년 김종인 대표의 영입 제의로 더불어민주당에 들어가 '정책위부의장'이란 직함으로 건강보험 분야 대선공약을 만들고 국민의 지지를 얻는 데 일조했다.

그뿐 아니라 문재인 정부 출범 이후 대통령직인수위원회의 기능을 한 '국정기획자문위원회'가 2017년 7월 17일에 발표한 '문재인 정부 100대 국정과제'에는 사회복지 과제로 '건강보험 보장성 강화 및 예방중심 건강관리 지원'이 포함된다. 이는 김종대가 건강보험 이사장 시절 만든 〈실천적 건강복지 플랜〉에 뿌리를 두고 있어 앞으로의 정책추진에 근간을 이룰 것으로 기대되기도 한다.

이계민 김 이사장께서는 더불어민주당에서 2016년 6월 30일 '소득중심 건강보험료 부과체계 세부 개편안'에 대한 기자회견에서 "보험료 부과대상은 현행 보수(근로소득) 위주에서 「소득세법」 등 국가가 정하는 모든 소득으로 하고, 재산·자동차·성별·연령 등을 기준으로 보험료를 부과하는 제도는 전부 철폐해야 한다고 주장하셨습니다. 그런데 자영업자나 자유업 종사자 등 많은 계층의 소득파악이 아직도 어려운 것이 현실입니다. 그래도 그렇게 바꿔야 한다고 보십니까?

김종대 현재 95% 이상 소득자료가 구비됐습니다. 주택 임대소득 이외의 거의 모든 소득자료를 보유한 건데요. 건강보험은 100% 소득을 파악하지는 못해도 문제가 없어요. 그리고 건강보험은 얼마 이상 소득은 다 보험료가 같기 때문에 문제가 없어요. 우리나라 조세탈루율이 1988년에 29.7%였고 2008년도에 17.1%입니다. 점점 줄어가요. 그 소득자료도 거의 95% 이상 갖고 있어요. 그러니 소득중심 자료로 나아갈 여건이 형성됐다고 보는 겁니다.

다만, 과도적으로 과세 소득자료가 없는 가입자나 소득을 빼돌린 것으로 의심할 만한 사유가 있는 가입자는 '가입자위원회'(가칭)에서 최저보험료를 부과하거나 별도로 정하는 기준에 따라 부과할 수 있도록 보완하면 가능하다고 봅니다.

지난 2016년 20대 총선 때 김종인 당시 더불어민주당 대표가 저에게 의료보험 부과체계에 대해 알아봐 달라고 하셨어요. 그래서 5월에 민주당에서 건강보험 부과체계 개혁 태스크포스(TF: task force) 팀의 팀장을 맡았습니다. 김종인 대표가 저한테 공식적 직함을 가져야 하지 않겠냐면서 정책위 부의장으로 임명하겠다고 말했어요. 2016년 6월 30일 소득단일 부과기준 방법과 이를 토대로 한 「국민건강보험법」 개정안을 마련해 국회 공청회에서 발표했고, 민주당은 이 법안을 2016년 7월 국회보건복지위에 상정해 놓았습니다. 그리고 저는 할 일을 다했다고 생각해 8월 13일에 더불어민주당에서 나왔습니다.

이계민 법안은 상정되었는데 그럼 계류되어 있나요?

김종대 계류되어 있겠지요. 당시에는 민주당만 법안을 냈습니다. 지금은 민주당 안으로 된 것이 아니라 통합안입니다. 정치적으로 통합됐어요. 2018년 7월부터 하겠다는 것인데 저는 소득만 하자는 입장이었는데, 현재는 좀 완화시킨 것 같아요.

시범사업은 단계적이라는 의미가 있습니다. 하지만 불형평한 것을 형평하게 만드는 것은 단계적일 수 없습니다. 그런데 겁이 났는지, 야당에서 주장하니까 봉합된 것 같아요. 그렇게 해서 2018년 7월 실시로 정치권의 이해관계가 일치된 것이 아닌가 추측합니다.

2016년 5월 제 20대 국회가 출범하고 나서 「국민건강보험법」 일부개정에 관한 '법률안'이 지금까지 제출된 것만도 무려 84개에 이른다. 개중에는 원안 처리된 법안도 있고, 여러 법안을 통합해 보건복지위원회의 대안으로 본회의에서 통과된 것도 있다. 앞서 김종대가 지적한 '통합대안'은 2017년 3월 23일 보건복지위원회에서 10여 개의 여야 안건을 통합하여 단일 '대안'을 마련한 것으로 2017년 3월 30일 본회의에서 통과됐다. 법률시행은 2018년 7월 1일로, 현재 이미 시행 중이다.

다음은 국회 의안정보시스템 '본회의 처리의안'에서 확인한 당시 보건복지위가 '통합대안'을 마련해 통과된 법안의 제안이유와 부대의견이다. 법안내용의 개요를 알 수 있어 여기에 그대로 소개한다.

「국민건강보험법」 일부개정 법률안의 제안이유

현행 건강보험료 부과체계상 저소득 지역가입자에게는 가족구성원의 성별, 연령, 소득, 재산, 생활수준, 경제활동참가율 등을 기준으로 산정한 '평가소득'이 보험료 부과기준으로 적용되어 실제 부담능력보다 과다한 보험료가 부과되고 있다는 비판이 제기됨.

또한 직장가입자의 보수외 소득에 대한 보험료 부과기준이 연간 7,200만 원으로 느슨할 뿐만 아니라, 산정방식으로 인해 7,200만 원을 넘어서는 순간 보험료가 0원에서 18만 원 이상으로 급증하여 보험료 절벽현상에 대한 문제가 지속되고 있음.

이외에도 고령화로 인해 향후 건강보험 지출이 계속하여 증가할 것으로 예상됨에도 불구하고 일반회계를 통한 재정지원이 2017년 12월 31일까지로 규정되어 있어 건강보험 재정고갈에 대한 문제가 제기되며, 소득과 재산이 없는 지역가입자 미성년자에 대해서도 연대 납부의무가 부과되어 건강보험료 체납상태에 있는 미성년자가 상당수 존재하는 현실임.

이와 같은 건강보험료 부과체계상 불형평성 문제와 재원고갈 문제 및 미성년자에 대한 건강보험료 부담문제를 해결하기 위해 저소득 지역가입자에게 적용되던 평가소득을 폐지하고(안 제72조 제1항 및 안 제77조 제2항), 직장가입자의 보수외 소득에 대한 보험료 산정기준을 변경함으로써 소득월액보험료의 부과

대상을 확대하며(안 제69조 제4항 제2호 및 안 제71조 제1항), 부과체계 개편의 지속적 추진을 위해 보험료부과제도개선위원회의 설치 및 보험료 부과제도에 대한 적정성 평가를 규정함(안 제72조의 2 신설 및 안 부칙 제5조).

또한 건강보험 재정부족 문제를 완화하기 위하여 건강보험 재정에 대한 국고지원 기간을 5년 연장하고(법률 제11141호 「국민건강보험법」 전부개정법률 부칙 제2조), 소득·재산이 없는 미성년자 등에 대한 보험료 납부의무를 소급하여 면제하고자 함(안 제77조 제2항, 법률 제11141호 「국민건강보험법」 전부개정법률 부칙 제6조 제1항 및 안 부칙 제3조).

한편 보건복지위원회는 건강보험료 부과체계 개편에 대하여 다음과 같은 부대의견을 첨부하기로 결정함.

주요내용

- 피부양자 인정요건 명확화(안 제5조 제2항) : '소득 및 재산이 보건복지부령으로 정하는 기준 이하에 해당하는 사람'을 피부양자의 인정요건으로 명확히 함으로써 하위법령의 법률 위임범위 일탈문제를 해결함.

- 직장가입자의 소득월액보험료 산정기준 변경(안 제69조 제4항 제2호 및 안 제71조 제1항) : 소득월액 보험료 산정 시 연간 보수외 소득에서 대통령령으로 정하는 금액을 공제하도록 하고, 소득월액 보험료율을 보수월액 보험료율의 50%에서 100%로 상향함.

- 보험료 상한 및 하한 근거 일원화(안 제69조 제6항 신설, 안 제70조 제1항, 안 제71조 제1항 및 안 제72조 제1항) : 직장 및 지역가입자의 보험료 평균액의 일정비율에 해당하는 금액을 고려하여 보험료의 상·하한을 정하도록 함으로써 여러 조항에 각각 존재하던 상·하한 규정을 통합하고, 구체적인 상·하한금액 등은 대통령령으로 정하도록 함.

- 지역가입자의 보험료 부과요소 중 평가소득 제외(안 제72조 제1항 및 안 제77조 제2항) : 연소득 500만 원 이하 지역가입자의 소득보험료 산정기준으로 적용되던 평가소득 연소득 500만 원 이하 지역가입자에 대한 보험료 산정기준 소득으로서, 성·연령, 재산, 소득, 자동차로 추정하여 적용하는 소득을 폐지하여, 연소득 500만 원 이하 지역가입자도 연소득 500만 원 이상 지역가입자와 마찬가지로 소득보험료의 산정 시 종합과세소득을 기준으로 산정된 보험료를 적용받을 수 있도록 함.

- 보험료부과제도개선위원회 설치(안 제72조의 2 신설) : 보험료 부과와 관련된 제도 개선을 위하여 보건복지부 장관 소속으로 보험료부과제도개선위원회를 설치하고, 관계 중앙행정기관 소속 공무원과 민간 전문가가 위원으로 참여하도록 하며, 동 위원회는 소득파악 및 소득에 대한 보험료 부과 강화를 위한 개선방안 등을 심의하도록 함.
- 소득·재산이 없는 미성년자 등의 보험료 납부의무 면제(안 제77조 제2항, 법률 제11141호 「국민건강보험법」 전부개정법률 부칙 제6조 제1항 및 안 부칙 제3조) : 소득·재산이 없는 미성년자와 소득·재산 등을 고려하여 대통령령으로 정하는 기준에 해당하는 미성년자의 경우 보험료 납부의무를 면제하고, 이 법시행 전에 부과된 보험료 등으로 이 법시행 당시 체납상태에 있는 보험료 등에 대하여도 적용함.
- 보험재정에 대한 국고지원 시한 연장(법률 제11141호 「국민건강보험법」 전부개정법률 부칙 제2조) : 현행법 제108조 제1항에 따른 국고지원의 시한을 2017년 12월 31일까지에서 2022년 12월 31일까지로 5년 연장함.
- 보험료 인상 지역가입자에 대한 보험료 감액 근거 신설(안 부칙 제4조) : 이 법시행에 따라 보험료가 인상되는 지역가입자와, 이 법시행 이전에는 피부양자였으나 시행에 따라 피부양자 자격을 상실하게 된 지역가입자에 대하여 대통령령으로 정하는 바에 따라 한시적으로 보험료의 전부 또는 일부를 감액할 수 있도록 함.
- 보험료 부과제도에 대한 적정성 평가(안 부칙 제5조) : 보건복지부 장관은 피부양자 인정기준과 보험료, 보수월액, 소득월액 및 보험료부과점수 산정기준에 대한 적정성을 평가하고, 이 법 시행일로부터 4년 경과한 때 이를 조정하도록 함.

처리된 법안의 구체적 내용을 살펴보면 김종대의 역할이 적지 않았음을 확인할 수 있다.

이계민 그 이전에 국민건강보험공단 이사장 하실 때, 건강보험쇄신위원회를 만들어 개혁안을 작성하는 등 의욕이 넘쳐났다는 평가들이 있던데요?

김종대 〈실천적 건강복지 플랜〉이라는 보고서가 나왔지요. 이제까지 건강보험 역사 40년 동안 건강보험의 장기플랜이 나온 게 그때가 처음이라고 생각합니다. 건강보험쇄신위원회에서 6~7개월간 작업한 겁니다.

이계민　국민건강보험공단 이사장 그만두실 때 인터뷰를 보니 "유아독존 이론가", "정부를 가르치는 산하기관장"이라는 평가가 있던데요?

김종대　제가 〈실천적 건강복지 플랜〉을 만든 것은, 정부에서 장기플랜이 하나 나와야 한다고 생각했기 때문입니다. 이 때문에 정부를 가르치는 기관장이라는 이야기가 나온 것 같습니다. 그리고 그때는 담배 소송할 때부터[12] 매월 공개적으로 기자간담회를 했습니다. 그러다 보니 그런 부분이 더 부각됐던 것 같습니다.

건강보험은 3차 방정식이다

이계민　통합에 반대하는 학자들은 아직도 건강보험은 해결된 것이 없고 불안정하다고 평가하는데요. 현재 건강보험에서 개선해야 할 과제는 무엇이라고 생각하시는지 말씀해 주시지요.

김종대　저는 문재인 케어[13]의 실시 여부와 상관없이 2018년에 건강보험이 다시한 번 위기국면으로 접어드는 것이 아닌가 걱정하고 있습니다. 보험은 통계와

---

12 국민건강보험공단은 2014년 4월 14일 담배회사(KT&G, 한국필립모리스, BAT코리아)를 상대로 손해배상 청구소송을 제기했는데 흡연관련 진료비로 연간 1조 7,000억 원이 지출됨에 따라 이를 보상하라는 것이다. 현재 12번의 변론이 진행됐고 앞으로도 상당기간 진행될 듯하다.
13 문재인 대통령이 지난 2017년 8월 9일 서울성모병원을 방문한 자리에서 향후 5년간 30조 6,000억 원을 들여 미용·성형 등을 제외한 모든 의학적 비급여를 국민건강보험에서 보장하겠다는 계획을 발표했다. 문 대통령 취임 이후 이미 MRI, 초음파 검사, 2인실 입원료, 간병비용 등에 대해서까지 급여대상으로 포함시키는 조치가 이뤄졌고, 노인·어린이 및 저소득자 등 취약계층 혜택 강화, 긴급 위기상황에 대한 의료비 지원 등 의료안전망 구축을 중점 추진해간다는 것이 문재인 케어의 골자다. 이러한 조치를 문재인 케어의 1차계획은 현재 63% 수준의 건강보험보장률을 70%로 끌어올리겠다는 것이다. OECD 소속 국가의 건강보험보장률이 평균 80%인 점을 감안하면 우리의 의료보장정책은 아직도 갈 길이 멀다는 느낌이다.

확률을 바탕으로 하는 수리과학입니다. 1990년부터 2016년까지 통계가 있는데, 2017년 연말이나 2018년에는 건보재정에 문제가 생기지 않을까 생각합니다. 재정이 전부인데, 재정안정이 이뤄지지 못하면 보험료도 높이고 보장율도 낮춰야 하고요.

2016년 보험료 수입이 47조 3,000억 원이고, 정부가 지원한 돈이 7조 6,000억 원입니다. 그중에는 순수보험료 지원뿐 아니라 취약계층에 3,000억~4,000억 원 정도 지원한 것이 포함됩니다. 그러면 55조 원인데, 작년에 돈 나간 것이 51조 원입니다. 그럼 대략 4조 원이 남지요. 2011년부터 작년까지 6년 동안 쌓인 적립금이 21조 원입니다. 2010년까지는 당기 적자가 나서 쌓인 게 없으니까요. 이 21조 원이라는 돈이 5개월치 돈입니다. 한 달에 4조~5조 원씩 나가니까요. 그런데 한 달치는 빚입니다. 병원이 청구할 때 한 달은 외상이거든요. 새로운 기준에 의하면 적립금을 17조 원이라고 해야 합니다. 그런데 과거의 논법으로 21조 원 적립금이 있다고 하는 거예요.

2017년도에 보험료 수입이 48조 원 내외가 될 것입니다. 1조 원 정도 더 걷었을 겁니다. 국고는 7조 6,000억 원 그대로고요. 그럼 55조~56조 원 정도 되지요. 그런데 금년도 연말에 나갈 돈이 56조~57조 원 정도입니다. 그러면 2017년 말에는 겨우 수지를 맞추든지 아니면 1조 원 정도 적자가 날 겁니다.[14] 그런데 이런 이야기를 하는 사람이 아무도 없습니다.

문재인 케어의 핵심은 적립금 21조 원 남은 것과, 보험료 올려서 비급여를 급여로 해서 할 수 있다는 것인데요. 문재인 케어를 실시하지 않아도 2017년 말에 이미 겨우 수지를 맞추든지 적자가 날 수 있다는 겁니다. 이렇게 적자가 나기 시

---

14 2017년의 국민연금의 재정성과는 김 이사장의 예측(2017년 10월 30일 인터뷰 내용)과 비슷한 결과를 보여주었다. 국민건강보험공단의 건강보험 통계자료에 따르면 결산기준으로 우선 총재정 수입은 59조 679억 원이고, 총지출이 58조 2,588억 원으로 당기잉여금은 8,091억 원에 달하여 총적립금이 20조 772억 원에 이른 것으로 나타났다. 총수입 중 보험료 수입은 50조 4,168억 원이고, 국고지원금 4조 8,764억 원, 건강증진기금 1조 9,011억 원, 기타수입이 1조 8,764억 원이었다. 재정지출 중 보험급여는 54조 8,917억 원이고 관리·운영비가 3조 3,671억 원을 차지했다. 따라서 당기잉여금은 891억 원으로 전년에 비해 크게 줄었으나 적자는 면했고, 2017년 말 현재 누적적립금은 20조 7,723억 원이다.

작하면, 문재인 케어와 상관없이 문제가 심각해집니다. 이 이야기가 틀리기만을 바랄 뿐입니다.

우리나라는 고령화 현상이 매우 급속하게 진행되어서 수진율이 작년부터 세계 최고입니다. 그전에는 일본이 세계최고였죠. 우리나라 국민은 연간 16회 병원에 가는데, OECD 평균이 6.9회입니다. 치과도 1년에 2회 가는데, OECD 회원국 국민은 1.5회를 갑니다. 병원을 자주 가면 당연히 진료비가 많이 들지요. 또 병상이 많으면 돈이 많이 드는데, 우리나라 급성기병상(낮 병상과 장기요양 병상을 제외한 모든 병상)이 인구 1,000명당 7.3병상입니다. OECD 평균은 3.7병상이에요. 우리나라 수진율이 OECD 평균의 4~5배 정도로 빠르게 늘고 있습니다. 참고로 그 전년도에 우리나라는 14.9회였는데 OECD 평균은 6.8회였어요. 이 수치가 매년 7월에 나오는데, OECD 홈페이지에 가면 26개 통계가 다 공개되어 있습니다. 의료공급 부문이 이 때문에 위기 진입 초기에 들어갈 것입니다.

그런데 문재인 케어가 비급여를 급여로 하는 부분이 많습니다. 이게 맞물리면 어떤 결과가 나올지 걱정이 앞섭니다. 2001년과 비슷하지 않을까요. 경제학자와 보건경제학자들은 통합을 반대하는데, 사회복지학자들은 통합을 찬성합니다. 지금 의료공급을 보면 지방의료는 다 죽었어요. 지방 환자가 전부 서울로 왔으니까요. 과거에는 지역단위로 공급체계가 있었는데, 통합되고 나니까 공급체계가 다 해체된 거예요. 전부 서울로 오는 겁니다. 예전엔 지방병원에서도 암수술도 하고 격차가 별로 없었습니다.

건강보험은 다른 복지제도와는 차별화되는 특성이 있습니다. 많은 사람들이 이 부분을 놓치고 있습니다. 다른 복지는 2자 관계입니다. 돈을 거둬서 정부가 균형 있게 나눠 주면 됩니다. 그러나 건강보험은 3자 관계입니다. 의료공급이라는 현물급여 세트가 독립변수로 하나 더 있어요. 이 중대한 차이를 간과하면 안 되죠. 그런데 문재인 케어는 공급을 독립변수로 잡아 줘야 하는데 종속변수로 보는 경향이 있고요. 다른 보험이 2차 방정식이라면 건강보험은 3차 방정식입니다. 3차 방정식으로 풀어야 할 문제를 1차 혹은 2차 방정식으로 풀려고 하면 해법이 나오겠습니까?

건강보험제도 자체가 가진 구조적 문제인 보험료 부과기준의 개편, 불필요하고 비효율적인 심사·지불 기구의 개편 등의 문제를 개혁함과 동시에, 건강보험제도는 여타의 복지제도와는 다른 특성이 있음을 인식하고 균형 있는 의료공급 체계를 연계해 확충해가야 합니다.

또 의료수가 구조상의 문제, 진료과목별 수가구조의 형평성 등을 종합점검해 장단기 계획을 수립해 건강보험제도와 유기적으로 연계해야 합니다. 2001년에 건보재정이 파탄 났을 때 보험료가 3조 6,000억 원에, 국고지원이 2조 6,000억 원이었는데 이제는 보험료 수입만도 50조 원대에 이릅니다. 그만큼 규모가 커졌고 앞으로 더 빠르게 확대될 것입니다. 그렇게 되면 재정위기가 닥쳐도 어느 정부든 손을 못 댈 것입니다.

이계민 　결론은 문재인 케어도 있지만, 경제사회적 변화와 병원이용의 형태가 예전과는 다르게 전개되니까 위험요인이 있다는 것이지요.

김종대 　각종 지표와 통계수리를 종합하여 진단한 것입니다. 하루빨리 균형 있는 보험료 부과체계를 찾아야 하고, 예방의료의 관점에서 보험기능을 확대해야 합니다.

이계민 　오랫동안 좋은 말씀 감사합니다.

김종대, 그는 지금까지의 인터뷰 내용만 보더라도 업무나 정책방향에 대해 지나칠 정도로 분명하고 고집스러운 행보를 보인 것으로 판단된다. 그런데 지난 2014년 11월 14일 국민건강보험공단 이사장 임기를 끝내고 이임식을 할 때는 문학청년과 같은 섬세함을 보여서 주목받았다. 몇 마디 당부에 이어 "우리 시대 대표적 서정시인인 정호승 님의 산문집 《당신이 없으면 내가 없습니다》의 글을 빌려 감사의 마음을 여러분 모두에게 전하고 싶다"면서 이렇게 읊었다.

한 송이 꽃의 아름다운 빛깔도
저녁마다 불타는 붉은 노을빛도
수평선 너머 저 먼 바다의 푸른빛도
다 빛과 어둠이 함께 만드는 것입니다.
밤이라는 어둠이 없으면 새벽은 결코 찾아오지 않습니다.
빛은 어둠이 없는 상태가 아니고
어둠은 빛이 없는 상태가 아닙니다.
빛과 어둠은 서로 상호작용을 하는 사랑의 관계입니다.
당신과 나도 마찬가지입니다.
당신이 없으면 내가 없습니다.
당신이 있기 때문에 내가 있습니다.
내가 있기 때문에 당신이 있는 게 아니라
당신이 있기 때문에 내가 있습니다.
이 글을 어둠의 가치를 소중하게 생각하며
인생의 새벽을 기다리는 당신에게 바칩니다. [15]

공직생활을 마친 김종대가 강원도 영월의 한적한 마을에 둥지를 새로 틀고 유유자적(悠悠自適)하는 것도 그런 내면에서 우러나온 결단 아닐까?

---

15 종합인터넷신문 〈이뉴스투데이〉, 2014. 11. 14.

의료보험의
필요성을
처음 말하다

6

서강대 교수 출신으로 비례대표로 5선 국회의원을 지낸 신기록을 세웠다. 노태우 정부 시절 보건사회부 장관과 대통령경제수석비서관, 그리고 최근에는 더불어민주당 비상대책위 대표를 지낸 화려한 경력을 지녔다. 특히 그는 1987년 직선제 개헌 당시 민주정의당 개헌특위 위원으로 참여해 이른바 '경제민주화' 조항을 만든 장본인으로 유명하다. 지금은 본인이 설립한 대한발전전략연구원 이사장으로 활동하고 있다. 서울 출신으로 우리나라 초대 대법원장을 지낸 가인(街人) 김병로의 손자이다. 한국외국어대 독일어학과를 졸업하고, 독일 뮌스터대에서 경제학 석사학위와 박사학위를 받았다.

김종인

전 보건사회부 장관

들어가며

김종인 교수는 1940년 7월 11일 경기도 양주군 노해면 창동리(현 서울시 도봉구 창동)에서 출생했다. 한국외국어대에서 독일어학을 전공하였으며, 1964년 독일 뮌스터대에 입학해 경제학 석사학위와 박사학위를 취득했다. 1973년 서강대 경제학부 교수로 부임해 1988년까지 후학 양성을 위해 힘썼다. 1981년 국회의원에 당선되며 정계에 진출했고, 이후 보건사회부 장관(1989년 7월~1990년 3월)과 대통령비서실 청와대 경제수석(1990년 3월~1992년 3월) 등 여러 요직을 지냈다.

김종인 교수는 한국에 의료보험체계가 뿌리내리는 데 큰 공헌을 하였다. 1977년 박정희 대통령에게 의료보험제도 도입을 건의하였고, 국무총리실 산하 평가교수단 단장을 맡아 제도 도입을 위한 토대 마련에 주도적으로 참여했다. 전 국민 의료보험이 완성된 1989년에는 보건사회부 장관직을 수행하면서 오늘날 국민건강보험제도의 기틀을 닦았다. 또한 1987년 개헌 당시「헌법」119조 2항에 경제민주화 조항을 도입하는 데 주도적 역할을 하였다. 대표 저서로는 지난 40여 년간 추진해온 본인의 경제민주화 철학을 담은《지금 왜 경제민주화인가》등이 있다.

이 글은 '남덕우기념관 자료실'(서강대 게페르트남덕우경제관 8층)에 새겨진 김종인의 이력이다. 남덕우기념관 자료실은 '서강학파'의 유래를 소개하면서 관련 교수의 업적과 이력을 소개한다. 남덕우 총리를 필두로 국제금융 전공의 김병국 교수, 화폐금융 전공으로 재무부 장관과 경제부총리를 지낸 이승윤 교수, 거시경제 전공으로 최장수 KDI 원장과 재무부 장관, 경제부총리를 지낸 김만제 교수, 국제경제학 전공으로 교육부 장관을 지낸 김덕중 교수, 그리고 김종인 교수도 한 자리를 차지한다.

전술한 김종인의 이력 중에는 일부 부정확한 부분(1977년 의료보험제도 도입 건의)도 없지 않지만 그대로 옮겨 놓았다. 사실 김종인은 학문적 색깔 등을 따져 보

---

* 이 장은 이계민 전 한국경제신문 주필이 2017년 9월 14일에 대한발전전략연구원 이사장실에서 김종인 전 보건사회부 장관과 진행한 인터뷰를 토대로 집필하였다.

이계민 전 한국경제신문 주필이 김종인 전 보건사회부 장관과 인터뷰를 진행하였다.

면 서강학파로 보기 어렵다. 기념관에 소개된 1세대 서강학파의 특징은 "1960년 대 미국에서 신고전주의 경제학을 수학한 신진학자로, 귀국 후 서강대 경제학부에 둥지를 틀고 있다가 경제정책을 책임지는 관료로 진출해 조국의 경제성장을 이끌었던 사람들"이다. 특히, 수출증진과 산업화를 통한 '선성장 후분배' 정책을 실현한 사람이라고 적시한다.

그런데 김종인은 어떤가? 1960년대에 독일에서 경제학을 공부했다. 당시 독일은 사회적 시장경제가 득세했다. 그런 탓에 '성장과 분배'의 조화를 강조했고, 김 종인은 그런 학문적 배경에서 사회보험인 의료보험제도의 시행을 건의했던 셈이다. 그래서일까? 서강학파 소개의 후미에는 "김덕중 전 교육부 장관, 김병주 전 금융통화위원, 김종인 전 보건사회부 장관 등 서강학파 2세대가 연달아 경제관료로 기용되며 한국의 경제적 번영과 근대화를 주도했다"는 설명이 덧붙는다.

사실 김종인만큼 다양한 경력의 소유자도 드물다. 교수로 시작해 5선 국회의원, 경제각료(보건사회부 장관), (노태우) 대통령경제수석비서관, 정당대표(더불어민주당 비상대책위원회) 등 정치·경제·사회 분야에서 이른바 '한가락 한다'는 자리는 모두 지냈다. 특히, 여야 정당을 막론하고 비례대표 국회의원으로 5선의 신기록을 냈고, 20대 국회에서는 최고령 비례대표 국회의원이란 기록도 남겼다.

그의 트레이드마크는 누가 뭐래도 '경제민주화'다. 1987년 10월 12일에 국회 본회의에서 통과된, 이른바 '직선제 개헌헌법'(제9차 「헌법」 개정)의 경제 조항 제119조 2항에 "국가는 균형 있는 국민경제의 성장 및 안정과 적정한 소득의 분배를 유지하고, 시장의 지배와 경제력의 남용을 방지하며, 경제주체 간의 조화를 통한 경제의 민주화를 위하여 경제에 관한 규제와 조정을 할 수 있다"는 조문을 신설한 것이 김종인이라고 알려져 있다.[1] 당시 민정당 개헌특위 위원으로 참여하면서 경제관련 조항을 담당했기 때문이다. 김종인은 우리나라 초대 대법원장을 지낸 가인(街人) 김병로의 손자로도 유명하다.

정말 다양한 분야에서 중차대한 활동을 셀 수 없이 많이 펼친 김종인이지만 가장 보람 있고 자랑하고 싶은 일 가운데 으뜸으로 꼽는 것은 '의료보험제도 도입'이다. 그는 《결국 다시 경제민주화다》라는 자신의 저서 서문에 "경제민주화는 필자 평생의 소임이었다"고 밝히고, 이를 위해 "필자는 박정희 정권에서 의료보험 도입을 주장해 관철했다. 당시 국민소득이 1,000달러도 안 되는 상황에서 시기상조라는 내각의 반대가 거셌지만 '근로자가 아프면 일을 못하고 소득이 줄어들면 사회가 불안정해진다'고 설득했다. 전두환 정권에서는 기업감세 정책을 반대했고 「헌법」 개정안에 경제민주화 조항을 포함시켰다"고 적었다.

김종인을 어느 정도 알고 교유해 본 사람이라면 누구나 '의료보험 실시'에 대한 그의 자랑을 한 번쯤 들었을 것이다. 과연 그 자부심의 이유는 무엇일까? 그 자초지종을 들어보자.

---

1 '경제민주화'란 용어는 김종인이 처음 사용한 것은 아니다. 1960년 4·19 혁명으로 자유당 정부가 무너지고 민주당 과도정부가 들어선 직후인 1960년 6월 19일자 〈경향신문〉 2면에는 "제2공화국에 있어서 경제민주화를 위한 제의"라는 이정환 당시 연세대 상대 학장의 글이 이틀에 걸쳐 실렸다. '경제민주화'의 내용 역시 "독점화에의 경향은 지양하고 만인이 경제활동에 참여할 수 있는 기회균등이 보장되어야 하며 독점 자본가를 위한 경제체제가 시정되어야 한다"는 것과 "사회보장제도 수립과 완전고용에 대한 지향 등 복지국가를 추구"하는 것으로 규정했다.

개발의 시대에 복지를 말하다

소외계층을 위한 경제정책을 펼쳐라

이계민　저서 《결국 다시 경제민주화다》를 보면 1975년 5월께부터 활동을 시작한 '금요회' 얘기가 많이 나옵니다. 금요회 활동은 어떻게 출발한 것인가요? 저서에는 "1974년 말 박정희 대통령과 연결된 인사를 만나 산업화 세력을 포용하지 않으면 (경제의 성장과 발전에) 문제가 생길 수 있다"는 점을 강조했고, 그 인연으로 정책자문 활동을 했다고 되어 있습니다.

김종인　자초지종을 얘기하려면 그 이전 부가가치세 논의부터 시작됩니다. 1974년 6월쯤 부가가치세 도입에 대한 논의가 있었는데 그때 김재익 씨가 저를 찾아와 부가가치세를 공부했으니 도와달라고 했습니다. 저는 우리나라 형편으로 보아 실시가 어려우니 뚱딴지같은 소리 하지 말라고 했지요. 당시 남덕우 씨가 재무장관, 김용환 씨가 경제수석이었을 때인데, 김재익 씨는 김용환 경제수석의 자문 역을 맡고 있었습니다.

　저는 김재익 씨한테 부가가치세를 도입하지 말고 경제개발 과정에서 소외된 사람을 위한 경제정책을 펼치라고 했어요. 그걸 김재익 씨가 김용환 씨한테 보고했나 봐요. 그래서 제가 김용환 씨를 만나게 됐죠. 그런데 어느 날 남덕우 재무장관이 저를 만나자고 해요. 둘 다 서교동에 살 때여서 남 장관 집에 가서 만났더니 저에게 부가가치세 도입을 도와달라고 해요, 그전처럼 현재 우리나라에서 부가가치세 실시는 어렵다고 똑같이 말했지요. 당시 우리나라 재정학 교과서 스물 몇 권 가운데 부가가치세가 나와 있는 교과서가 하나도 없었어요. 이렇게 우리나라에서 아는 사람이 없는 세금을 도입하는 게 맞냐는 거죠. 그때 남 장관이 "대학교수가 국가가 하는 일에 무조건 반대하면 안 된다"고 일장연설을 했던 기억이 납니다.

　어찌됐든 부가가치세 도입준비가 진행되면서 김용환 수석이 부가세 시찰단에서 돌아온 뒤 다시 만났어요. 김 수석이 자기 휘하의 서석준, 정영의, 김재익, 이헌재 등 4명을 데리고 나왔습니다. 그때 김 수석이 부가세 얘기도 했지만 "김재익 씨 얘기를 들으니 사회 전반을 생각하면서 경제정책을 해야 한다고 말했다는데 그걸 얘기 좀 하자"고 하더라고요. 그래서 제가 설명했지요. "경제개발이 성공하려면 전 계층의 국민을 끌고 가야 하는데, 그러려면 사회부문에서 노동시장, 분배·재분배, 사회안전망 등을 같이 해야 한다"고 말했어요. 김용환 씨도 "좋다"고 해서 제가 "김 수석이 꼭 그렇게 추진한다면 무료로 봉사하겠다"고 약속했죠.

그리고 얼마 지나지 않아 9월 1일자 개각으로 남덕우 씨가 부총리 겸 경제기획원 장관이 되고 김용환 씨가 재무부 장관이 됐어요. 김재익 씨는 청와대에 있다가 부총리 비서실장으로 따라 내려오게 됐습니다. 그해, 그러니까 1974년 10월쯤 김정렴 비서실장을 만날 우연한 기회가 있었어요. 저녁을 같이 먹으면서 "당신이 대한민국 경제정책을 실질적으로 총괄한다고 들었다. 학기마다 학생들이 데모하는데 교수 입장에서 볼 때 정부가 학생을 왜 무서워하는지 모르겠다. 사회 각 부문이 취약하기 때문에 사회 각 부문이 학생데모에 합세해 무슨 국민 봉기라도 일어날까 봐 그러는 것 아니냐. 학생만 잡으려는 것 아니냐"고 다그쳤죠.

그러면서 유럽의 학생운동이 한창 격렬했던 1968년에 현장에서 겪은 경험을 근거로, 독일과 프랑스를 비교하며 이렇게 설명했습니다.

"독일은 가장 학생운동이 심한 나라이지만 사회 각 부문이 고루 발달했기 때문에, 학생운동이 일어나도 정치적 동요 없이 그저 학생운동으로 그친다. 그런데 프랑스는 1968년 5월 대학행정에 불만을 품은 학생 3,000여 명이 데모를 시작하자 파리의 소상공인 노동자들까지 합세해 파리를 마비시켜 버렸다. 그 결과 드골이 비참하게 물러날 수밖에 없었다.

독일은 2차 세계대전 패배 이후 사회안전망을 갖춘 나라여서 학생들이 데모하면 근로자들은 '우리가 낸 세금으로 공짜로 공부하면서 무슨 불만이냐' 이렇게 반응하는데, 프랑스는 학생들의 간단한 데모에도 근로자들이 합세한다. 그러니 박정희 정권도 안정적 집권을 위해서는 이런 사례를 참고해서 염두에 두는 것이 좋을 것이다."

노동법 연구로 출발한 '금요회' 모임

그 후 김정렴 씨가 박정희 대통령한테 가서 이런 제 얘기를 한 것 같아요. 이경식(李經植) 청와대 경제 제1수석이 갑자기 오라고 하더라고요. 그래서 만났지요. 1975년 5월쯤으로 기억하는데 "당신이 이런 얘기를 했다는데 그 작업을 좀 하시오"라고 말해요. 그래서 "나는 못 합니다" 했죠. 왜 못 하느냐면 그 어마어마한 일을 혼자서 할 수 없다고 했지요. 그런데 이 수석이 "시간을 줄 테니 어떻게 하면 할 수 있는지 말하시오"라고 해요. 그리고 1주일 뒤에 또 만났어요. "그렇게 하려면 몇 사람이 필요합니까? 당신이 추천해 주면 좋을 것 같다"고 말하더군요. 당시 저는 한국 경제학자들을 제대로 알지 못할 때입니다. 독일유학을 마치고 돌아온 지 1년 반 정도밖에 안 됐거든요.

그러나 어찌됐든 분배에 관심 있는 서울대 조순 교수를 추천하고, 기업의 인사관리를 할 수 있는 정종진 씨, 「노동법」 관련해서 서울대 법대 김치선 교수, 개발경제학자로 고려대 서상철 교수를 추천했는데, 청와대에서 대통령 결재를 받아 '위원회' 모임을 만들었어요. 경제수석, 경제특보 신병현, 간사에 정영의 비서관 등으로 '금요회'가 만들어집니다. 저는 사람만 추천했고 정부에서 조직을 만든 거죠. 그런데 금요회는 어떤 조건이 있었는데, 최소한 여기서는 박정희 대통령을 비난해도 괜찮다는 것이었어요. 누구를 데려다 물어보고, 어떤 자료를 요구하더라도 모두 제공해 주겠다고 약속했습니다. 그래서 금요회가 시작된 겁니다.

이계민　무엇부터 연구하셨나요? 당시 「노동법」 개정시안까지 만들었다고 하셨는데 어떤 내용이 핵심이었나요? "결과는 흐지부지되고 말았다"고 평가하셨던데, 왜 「노동법」에 관심을 두셨나요? 그리고 당시 사회복지제도에 대한 정부의 인식은 어땠나요?

김종인　처음에는 「노동법」, 「노동조합법」 등을 다루려고 했어요. 그래서 노동청장을 참여시키려 했죠. 당시 노동청장이 최석원이었는데, 이 사람이 거의 「노동법」 개정안을 만들었어요. 우리나라 「노동법」은 1953년 만들어진 「근로기준법」인데, 사실 그때에는 산업근로자가 없어서 법이 필요 없을 때였거든요. 그러다 보니 그 내용이 남의 나라의 좋은 조항만을 들여와 조합해서 만든 법인데 제대로 지켜질 수 있나요? 예컨대, 1970년대에 노동분규가 일어나면 노동자들은 법대로 하자고 했는데 기업이 도저히 그 요구를 따라갈 수 없었어요. 그래서 그것을 정상적인 「노동법」으로 만들자고 한 겁니다. 그런데 그때 정부와 일하기가 무척 힘들다는 것을 느꼈습니다. 과제를 조금 진척시키는가 하면 인사조치로 사람이 바뀌니 제대로 진행이 안 되죠. 금요회 역시 그런 일을 하다가 이경식 경제수석까지 교체되어 버렸어요. 흐지부지됐지요.

아픈 근로자들을 위해 의료보험 도입해야

이계민 1976년 봄에 새로 부임한 이희일 경제수석의 제안으로 금요회 활동을 재개하고 나서 제안한 것이 '의료보험제 도입'이었다는 기록이 있습니다. 당시 금요회 내부는 물론이고 경제부처 장관들의 반대가 많았다고 하는데 왜 의료보험제도 도입이 필요하다고 판단한 것인가요? 더구나 임의보험 형태이긴 하지만 1963년에 의료보험제도는 이미 도입되어 있었던 것 아닌가요?

김종인 1976년 4월 13일자로 이희일 씨가 경제수석으로 오고, 이규성 씨가 비서관으로 왔어요. 그러면서 금요회를 다시 하자고 해요. 그런데 「노동법」은 또 못 하겠더라고요. 그래서 노동문제는 아니고 뭔가 하기는 해야 하는데 가만히 생각하니까 의료보험이 떠올랐습니다. 그런데 의료보험이 금시초문이라 그런지 모두 반대하는 바람에 겨우 보고서를 만들어서 박정희 대통령께 보고했어요. 제가 알기로는 그때 이미 박정희 대통령께서 의료보험을 추진하기로 결정하신 것 같아요. 당시 참여회원은 물론이고 남덕우 부총리, 상공부 장관, 경제부처 장관들, 심지어 보건사회부 장관이나 비서실장까지도 반대했죠.

그런데도 왜 의료보험을 택했느냐 하면 전 국민을 대상으로 하는 사회의료보험이 필요하다고 생각했기 때문입니다. 그런데 이를 실현하려면 보험화가 가능해야 하는데, 보험화 전제조건은 보험료를 정기적으로 납부할 수 있어야 한다는 것입니다. 당시 보험료를 정기적으로 납부할 수 있는 사람은 원천징수가 가능한 근로자들뿐이었고 농민이나 자영업자들은 힘들었지요. 그래서 일단은 근로자를 대상으로 하고, 단계적으로 확대 실시한다고 했습니다. 즉, 현재 상황에서 보험화할 수 있는 근로

김종인 전 보건사회부 장관

자를 대상으로 먼저 선별적으로 실시하고, 차차 점진적으로 전 국민 대상으로 확대하자고 주장했어요.

이계민 각료들은 왜 반대했나요?

김종인 영국식으로 전 국민 대상 의료보험을 하려면 재정투입을 해야 하고 저축률도 떨어지니까 반대했죠. 그때 우리나라 국민소득이 1,000달러도 안 될 때였어요. 하지만 세금을 내고 근로자의 가처분소득 가운데 일부를 떼서 위험공동체를 만드는 건데 왜 안 되느냐는 거지요. 당시 박 대통령은 찬성했는데 전 경제각료가 반대가 심했습니다. 그리고는 사회보험을 할 여력이 있으면 국민연금을 먼저 하자, 이렇게 된 겁니다. 결국 논쟁이 벌어져서 제가 설명했지요.

"국민연금이란 장기적으로 나타나는 위험에 대비하는 것이고, 의료보험은 당장 일어나는 위험을 막자는 것입니다."

제 생각에는 그때 각료들이 사회보장에 대한 인식이 부족했던 것 같습니다. 오직 경제개발 재원 확보에 주력했지요. 국민연금은 당장 보험료를 거두어도 지출은 20년 후에나 이루어지니 경제개발 재원으로 활용할 수 있다는 겁니다.

이렇게 경제개발을 중시하고 사회개발에 애정을 가진 사람이 없으니 박 대통령은 난감하게 생각했던 것 같아요.

그러던 어느 날 최규하 총리가 저를 불러 말합니다.

"박정희 대통령의 지시인데, 김종인 교수가 위원장을 맡고 평가교수단 교수들로 위원회를 구성해서 빨리 연금과 의료보험 중 무엇을 먼저 해야 할지에 대한 보고서를 내십시오."

그래서 이전에 의료보험에 대해 보고한 자료를 참고하고, 당시 정치·사회·경제적 측면도 고려해 일주일간 검토보고서를 만들었지요. 골자는 이렇습니다.

"복지연금은 늙어서 지급받는 돈이다. 그런데 당장 병이 난 근로자는 치료를 빨리 받아야 근로현장에 돌아가서 일도 하고 생계도 유지할 수 있다. 질병을 앓는 근로자가 얼마나 되는지 파악하기 어렵지만, 아픈 근로자는 제대로 일을 하수 없으니 근로자의 질병은 결국 제품의 질에도 나쁜 영향을 미친다."

이런 식으로 정치·경제적 효과를 노린다면 의료보험제도를 도입해야 한다는 내용의 보고서를 만들어 최규하 총리에게 제출했습니다. 최 총리의 보고를 받은 박 대통령은 의료보험 도입을 반대하는 경제장관들이 다 모인 자리에서 "객관적으로 생각하는 교수들도 의료보험부터 하라고 하니 의료보험제도를 도입하세요"라고 지시해서 의료보험 실시가 이뤄집니다. 사회보험 우선순위 논란은 1976년 중반이었고, 보고서는 1976년 정기국회 직전에 만들었습니다.

그리고 일하는 과정에 결혼해서 김정렴 씨와 가족이 되었지요. 김 실장께서 "조카딸 신랑감 구하라"고 하니까 김재익 씨가 중매해 결혼했습니다. 평가교수단에 1974년 9월 1일에 들어가고, 결혼은 1974년 11월에 했어요. 그때 제 나이가 35세였는데, 평가교수단의 다른 교수들은 45세 이상이었지요.

여기서 맨 처음 금요회 간사를 맡았던 경제수석실 비서관 정영의(鄭永儀) 전 재무부 장관의 얘기를 들어보자.[2]

---

2 2018년 3월 2일, 이계민 전 한국경제신문 주필이 정영의 전 재무부 장관과 전화 인터뷰를 진행했다.

이계민　1975년 청와대 이경식 경제 제1수석의 주도로 정책자문 그룹인 금요회를 결성했는데, 청와대 비서관으로 근무하신 정 장관께서 당시 간사를 맡으셨다고요. 그때 얘기 좀 들려주시지요.

정영의 전 재무부 장관

정영의　'간사'란 명칭이 좀 과한 표현 같은데 어쨌든 업무관련 연락을 하고 회의소집을 알리고 필요한 자료를 정리하며 경제수석을 돕는 일을 했죠.

이계민　금요회는 주로 어떤 일을 했나요?

정영의　비공식 자문그룹이니 순수한 정책자문을 했죠. 당시가 1970년대 중반으로 경제개발계획이 성공적으로 진행되어 경제성장이 이뤄지고, 소득수준도 올라간 상황이어서 노동자 문제가 중요한 과제로 부각됐어요. 그때 제가 알기로는 노동문제에 대한 대책을 연구해 보라는 대통령의 지시가 있었던 것 같습니다. 그래서 전문가들로 구성된 자문그룹이 만들어지고, 여기서 처음엔 주로 노사대책과 노동문제 등을 다뤘습니다.

이계민　김종인 교수는 당시 노동관련 법 개정안까지 만들었으나 이경식 경제수석이 바뀌는 바람에 흐지부지되고, 이희일 수석이 새로 부임해 금요회를 다시 활성화시켜 의료보험제 도입을 건의하고 대통령의 결심을 얻어냈다고 회고합니다.

정영의　이희일 수석이 부임하고 나서 저는 얼마 지나지 않아 청와대에서 나왔지요. 후임 비서관은 이규성 전 재정경제부 장관이었습니다.

　그런데 의료보험제도 도입을 구상하고 제도를 도입하도록 여건을 조성하는 등 막후에서 결정적인 역할을 한 분이 김종인 교수라고 알고 있습니다. 1975년 처음 금요회에서 노동문제를 다룰 때도 의료보험제도의 도입이 불가피하다는 주장을 많이 했습니다. 사회보험제도가 발달한 독일에서 공부한 분이어서 그런지 사회보험에 대한 관심이 컸어요. 사실 금요회 활동은 오래가지는 못했지만, 제가 알기로는 그 기간에도 개인적으로 청와대에 자문도 하고, 여러 경로로 의견도 냈습니다. 공식직함이나 공직을 가지고 있지 않았기 때문에 겉으로 나타난 기록은 없지요.

공식적으로 제도를 도입하고 만드는 것은 보건사회부였죠. 그러나 김종인 교수가 의료보험 도입에서 큰 역할을 한 것은 맞습니다.

정영의 장관은 "지금 대화를 글로 옮겨놓아도 좋겠습니까?"라는 질문에 "사실을 적는 게 뭐가 문제냐?"는 반문으로 대답을 대신했다. 다시 김종인 전 장관과의 인터뷰로 돌아가 보자.

이계민 여러 자료나 기록을 보면 신현확 전 총리가 의료보험을 추진한 것으로 나오고 공직사회에서나 학계에서 가장 많이 인정되는 사실인데요?

김종인 관료사회에서는 흔히 있는 일입니다. 어떤 제도나 정책을 시행해서 성공하고 나면 "내가 처음 추진했다"고 나서는 사람이 많아요. 신현확 전 총리는 의료보험을 할 바에는 차라리 연금을 하자고 주장했어요. 신 전 총리는, 당시 보건사회부 장관으로서 의료보험제도를 정착시키는 데 큰 역할을 하셨지만, 그것은 박 대통령이 추진의지를 굳히고 나서 주무부처인 보건사회부 장관으로서 제도를 구체화하면서 이뤄낸 성과이지요.

의료보험은 새로운 이론이다

1975년 12월 19일 전면개각으로 4년 6개월 동안의 '김종필 내각'이 막을 내리고 '최규하 내각'이 출범하는데, 그때 박정희 대통령이 특히 관심이 컸던 인사가 보건사회부 장관이었다. 당시 비서실장이었던 김정렴은 그의 회고록 《최빈국에서 선진국 문턱까지: 한국 경제정책 30년사》에서 이렇게 기술한다.

> 박 대통령은 개각에 앞서 이번에도 후보자 명단을 작성해 보라는 지시와 더불어 특히 의료보장제도의 실시, 노사문제, 그리고 근로자의 권익옹호와 처 개선 등 어려운 문제가 많아서 보건사회부 장관후보 인선에 각별히 신경 써 달라는 분부가 있었다. … 수석비서관 및 장관 몇 명과 상의해 보는 등 물색을 거듭해 보았으나 제9대 국회의원으로 재임 중이던 신현확 씨밖에 적임자가 떠오르지 않아 부득이 단수로 천거했더니 박 대통령은 정말 훌륭한 적임자라고 기뻐했다. … 박 대통령은 신임 신현확 보건사회부 장관에게 의료복지정책을 쓰되 국방력 강화와 경제의 고도성장이 계속 요긴한 현실에 비춰 우리 실정에 맞는 건전한 제도를 마련하라고 특별 당부했다.
>
> 신현확 장관은 취임하자마자 본인이 직접 각국의 의료보장제도를 철저히 연구·비교·검토하는 한편, 우리나라 실정을 면밀히 파악해 장차 모든 국민이 의료보장의 혜택을 받을 수 있는 장기 비전 아래 우리 실정에 적합한 한국식 제도를 창안해 1년 만인 1976년 말 「의료보호법」과 「의료보험법」을 입법함으로써 우리나라 사회보장제도의 신기원을 이룩했다.[3]

이계민   이규식 연세대 보건행정학과 교수는 앞서 의료보험을 먼저 실시하자는 평가교수단의 결정 내용인, 이른바 김종인 건의안의 핵심은 보험료를 노사가 2분의 1씩이 아니라 전액 근로자가 부담한다는 것이었다고 기록했습니다.[4] 물론 김종인 전 장관의 증언을 정리했다고 전제했지만 "나중에 농어민이나 자영

---

3 김정렴, 2006, 《최빈국에서 선진국 문턱까지: 한국 경제정책 30년사》, 랜덤하우스코리아, 375~376쪽.
4 건강복지정책연구원 편, 2012, 《건강보험통합 평가와 개혁 방향》, 계축문화사, 15쪽.

업자를 확대적용할 때는 절반을 부담할 사람이 없어 형평성의 문제가 발생한다"
고 했습니다. 맞는 내용인가요?

김종인 　저는 의료보험제도를 새로운 이론으로 보자고 했어요. 그래서 근로자
가 전체를 다 부담하자고 했습니다. 기업가가 50% 부담한다 해도 그게 원래 기
업가가 부담한 게 아니에요. 비스마르크가 의료보험제도를 도입할 때는 "당신
들 이윤에서 50%를 부담하라"고 한 건데, 발전과정에서 이것이 회계상 인건비
가 된 거예요. 인건비가 되면 가격 전가로 실질적으로 기업이 부담하는 것이 아
니잖아요. 그래서 제가 전적으로 근로자가 부담하자고 한 거예요. 처음에 잠깐
인건비가 오르고 나면, 그다음부터는 근로자가 부담하면 되는 거예요.

　　그러니까 그에 대해 반대하면서 전경련에서 "우리가 생색내는 것이 뭐가 나쁩니
까?" 하는 식의 반응까지 나왔습니다. 사회의료보험을 무조건 기업가가 50% 부
담한다는 것은 옛날 방식이에요. 옛날에 회계가 발달하지 않았을 때 방식인 거죠.
나중에 자영업자와 농어민에게 적용할 때는 고용주가 없는데 어떻게 할 것이냐는
문제가 생깁니다. 훗날 농어촌 의료보험 실시 때 실제로 문제 되지 않았습니까.

국민연금의 투자기금화 반대

국민연금 내자동원설의 배경

이계민 　박정희 대통령은 유신 직후인 1973년 1월 12일 연두 기자회견에서 사회
복지연금제도의 시행을 공표한 바 있습니다. 물론 1973년 말의 석유파동으로
연기되긴 했지만 그때까지만 해도 정부의 정책 우선순위는 '사회복지연금'이었
습니다. 이유는 무엇이라고 보시나요? 저서 《결국 다시 경제민주화다》에서는
"내자동원 때문"이라고 분석하셨는데요.

김종인 1972년 10월 17일에 단행된 유신 이후에 1974년 1월 14일에 1·14 긴급 조치[5]가 나옵니다. 그때 근로자소득세 면세점을 1만 8,000원에서 5만 원으로 올려 버리니까 어떻게 국민연금을 거두겠어요? 그래서 국민연금은 물론이고 사립 교원연금도 1년 연기시키고 그랬지요. 원래 사회보험은 단기적 위험 보장에서 시작해서 장기적 위험 보장으로 이행하는데, 우리는 그런 논리와는 반대로 국민연금부터 하자고 한 것이에요. 그런 점에서 저는 국민연금은 결국 국민투자기금을 확보하기 위한 수단으로 활용하기 위한 것이라 판단했던 겁니다.

이런 상황을 이해하기 위해 당시의 정치경제 동향을 이해할 필요가 있다. 우선 1972년 10월유신이 박정희 대통령의 장기집권 음모라는 시각이 팽배하면서 정치권에 회오리바람이 불기 시작하였다. 또한 1973년 10월 중동전쟁 후 국제유가가 4배나 인상되는 이른바 석유파동이 세계경제를 강타하면서 한국경제의 후폭풍은 불 보듯 뻔했다. 더구나 세계경기가 침체를 면치 못한 상황에서 국제유가가 오르니 필연적으로 물가폭등도 발생하였다. 이른바 '스태그플레이션'(stagflation), 즉 '경기침체 속의 물가상승'이라는, 경제이론을 거스르는 현상이 나타난 것이다. 그로 인해 경제규모가 작고 대외의존적인 한국경제가 휘청거린 것은 지극히 당연한 결과였다.

이러한 정치불안과 경제악화를 배경으로 나온 것이 1·14 긴급조치, 즉 '국민생활 안정을 위한 긴급조치'이다. 긴급조치 3호로도 불리는 이 조치의 내용은

---

5 국가 존립을 위태롭게 하는 비정상적인 사태에 직면하거나 그러한 사태 발생이 예상되는 경우에 정상적인 법 절차와 행정력으로는 이를 극복할 수 없어서 입헌 체제의 부분적·일시적 정지를 취하는 국가긴급권(國家緊急權)이 긴급조치이다. 제2공화국에서는 긴급재정 명령·처분과 계엄만을 인정하여 제1공화국의 경우보다 긴급권을 다소 약화시켰다. 제3공화국에서는 긴급재정·경제 명령 및 처분권, 긴급명령권, 계엄선포권 등 전통적 긴급조치만을 인정하였는데, 1971년 12월 27일 민주공화당에 의한 「국가보위에 관한 특별조치법」의 제정에 따라 초헌법적 긴급조치까지 발할 수 있도록 하였다. 1972년 10월 17일 국회가 해산되고 국민의 기본권 일부가 정지되는 긴급조치가 취해져 '10월유신'(十月維新)이 단행되었다. 제4공화국에서는 보다 강력한 긴급조치권을 「헌법」에 규정하고 전통적 긴급조치인 계엄선포권을 인정, 9차에 걸쳐 긴급조치가 발동되었다. 1974년 1월 14일의 조치는 긴급조치 3호다.

주로 서민생활 안정과 자원절약, 국제수지 개선 등에 집중된다. 주요내용을 가늠해 볼 수 있는 당시의 언론보도 내용의 일부를 소개하면 다음과 같다.

> 박정희 대통령은 (1974년 1월) 14일 상오 「헌법」 53조에 의한 '국민생활 안정을 위한 대통령의 긴급조치'를 단행, 근로소득세, 사업소득세, 주민세를 금년 1년 동안 면제하거나 대폭 경감하고, 국민복지연금 및 교원연금제도의 실시를 1년 연기하며, 영세민의 취업기회 확대를 위해 긴급취로사업비 100억 원을 확보하며 재산세 면세점을 인상하고 고소득층에 중과세하는 등 9개항의 경제조치를 취했다. … 박 대통령은 특별담화를 통해 앞으로 경제정책의 중점을 ● 국민생활, 특히 서민대중의 생활안정 ● 낭비의 억제와 자원의 절약 ● 국내자원의 개발과 국제수지의 애로타개에 두겠다고 밝혔다.[6]

국민복지연금은 그다음 해에도 1년 더 연기되었다가 결국 "시행시기는 대통령령으로 정한다"로 조항을 고친 후 1988년에야 시행된다. 그러나 교원연금(사학연금)제도는 1년 뒤 그대로 시행된다.

김종인 칼도(Nicholas Kaldor)라는 영국의 유명한 경제학자가 아프리카 국가에 자문을 했는데, 아프리카 사람들은 게으르니 세금을 많이 거둬야 일을 열심히 한다고 했어요. 그런데 그 말에 따라 일을 많이 하도록 세금을 높게 매겼더니, 걸핏하면 혁명이 일어나는 거예요. 그러자 〈이코노미스트〉(*The Economist*) 기자였던 칼도의 딸이 자기 아버지가 자문한 나라에서 일어나는 혁명을 '파파스 레볼루션'(Papa's Revolution)이라고 이름을 붙였어요.

경제학 하는 사람들이 이렇게 무책임하게 얘기하는 경우가 있어요. 만약 국민연금을 먼저 도입하고 거기서 마련한 돈을 중화학공업에 다 투자했는데 중화학공업에 대한 불신 문제가 제기됐으면 어떻게 할 뻔했어요? 또 의료보험을 도입하면 큰 재정문제가 생긴다고 했다가, 직장의료보험이 잉여금이 많이 남고 성공

---

6 〈매일경제〉 1974. 1. 14, 1면 머리기사.

하니까 다들 의료보험은 자기가 했다고 하는 것도 비슷한 이야기죠.

덧붙이자면 근로자 재산형성 저축제도 도입에도 제가 기여했습니다. 김용환 씨가 경제수석으로 있다가 재무부 장관으로 갈 때, 재무부에서 할 수 있는 걸 알려 달라고 하더라고요. 그래서 재무부는 세금과 금융밖에 없으니 근로자 재형저축을 했으면 좋겠다고 건의했어요. 그랬더니 외환위기 때 경제부총리를 지낸 임창열 당시 재무부 과장이 저한테 재형저축을 가르쳐 달라고 오라는 거예요. 제가 모르는 사람이 와서 물어보라고 했지요. 그랬더니 왔어요. 그렇게 그때 임창열 씨 등 재무부 관료들과 재형저축을 만든 거예요. 그리고 재형저축 보고서를 만들어 경제장관 회의를 하는데 장덕진 경제기획원 차관이 안 된다고 반대해요. 그런데 재무부 사람들이 차마 면전에서 반박하기 어려워하기에 제가 나서서 설명하고 설득까지 했어요.

이계민 의료보험에 관한 평가교수단의 연구와 박정희 대통령의 결심은 선후관계가 어떻게 됩니까? 박정희 대통령이 먼저 결심하고 그다음에 평가교수단을 부른 것인가요?

김종인 박 대통령이 한다고 마음을 먹었는데도 경제부처 장관들이 다 반대하니까 실행에 옮길 수 없었던 거죠. 그래서 박 대통령이 평가교수단으로 하여금 위원회를 만들어 판단해 보라면서 쇼를 한번 한 거예요. 우리나라 관료사회가 그래요. 큰 틀의 국가장래보다는 부처이익에 좌우되는 경향이 있고 정책의 본질보다는 당장의 성과에 급급하는 경우가 많습니다.

제가 1989년 7월에 보건사회부 장관에 취임하고 나서 현안보고를 받는데 "산아제한을 너무 잘해서 지금 출산율이 1.9로 내려갔습니다"라고 자랑스럽게 보고합니다. 그래서 제가 앞으로는 산아제한을 하지 말라고 지시했어요. 장기적 인구전망으로 볼 때 문제가 있을 것이라는 판단에서였습니다. 그런데 다음날 아침에 온 신문과 방송이 저를 엄청나게 몰아세우는 겁니다. 인구가 많아서 걱정인데, 산아제한하지 말라는 게 무슨 소리냐고 비판일색이었지요.

제가 10개월간 보건사회부 장관을 하다가 1990년 3월에 청와대 경제수석으로 들어갔는데, 보건사회부에서 그 후에도 1995년까지 산아제한을 했다고 해요. 그래서 결국 출산율이 1.5까지 떨어졌는데 그때까지도 우리 공직자들은 그게 무슨 의미인지 몰랐던 거예요. 그러다 2000년대 들어서 출산율이 1.1 - 1.15까지 떨어지니까 그제서야 저출산이라고 난리를 피웁니다.

국민연금도 그래요. 1988년 1월에 시행했는데 제가 1989년에 보건사회부 장관으로 갔어요. 연금은 인구구조와 밀접한 관련이 있는데, 우리나라 경제학자들은 인구에 관심이 없어요. 연금은 매년 생성되는 국민소득에서 지출되는 게 원칙이에요. 적립해서 이자에 이자를 만들어 받아가는 것이 아니에요. 그런데 마치 우리나라 연금은 자본축적 방식의 하나로 운영되는 것처럼 보이잖아요. 지금도 매년 들어온 돈에서 지급하고 남는 것을 적립하는 것 아니에요?

독일은 1957년 연금개혁 때 부과방식으로 바꾸고, 아직도 60년 이상을 그대로 운영하고 있어요. 현재 연금보험료를 내는 사람들이 노인을 먹여 살리는 거죠. 10년 정도 잉여금을 만들고 나면 이렇게 매년 들어오는 돈에서 나가는 돈을 조달하는 방식으로 해야 하는데, 우리는 그걸 아직도 못하는 거예요. 그게 우리나라의 현실입니다. 그러니까 연금이 고갈된다는 소리를 하는 겁니다. 본질을 모르고 정책을 추진하니까 이렇게 허둥대는 거예요.

이계민 현재는 적립식이고 아직도 쌓이고 있는데요. 지금이라도 부과방식으로 바꿀 방법이 있나요?

김종인 지금도 실질적으로는 부과방식인 셈이에요. 부과방식으로 하다가 남으니까 적립이 되는 거예요. 우리나라에서 가장 심각한 게 인구문제예요. 인구문제를 기본에 깔고 정책을 생각해야 합니다. 의료보험은 부과방식으로 되는데 국민연금은 왜 안 되는 겁니까. 매년 걷는 의료보험료에서 의료비 지출이 되잖아요. 민간 생명보험도 적립방식인 것 같지만 부과방식으로 운영됩니다. 그런데 이걸 설명해서 설득하는 게 굉장히 힘들어요.

이계민　노태우 정부에서 1989년 7월 19일부터 1990년 3월 19일까지 보건사회부 장관을 역임했고, 1990년 3월 20일부터 1992년 3월까지 청와대 경제수석으로 재직하셨습니다. 당시의 사회보험 관련 현안은 어떤 것이 있었나요? 1989년 3월에 임시국회에서 '의료보험통합법안'이 가결되고, 노태우 대통령은 이 법안에 대한 재의요구(거부권 행사)를 한 직후였는데, 당시 뭐가 문제였나요?

김종인　제가 보건사회부 장관 취임했을 때에는 전국적으로 지역의료보험이 도입됐을 때이지요. 지역의료보험은 구청 단위로 시행했어요. 그런데 지역에 관리자 한 사람만 두고 행정비용을 줄여야 하는데, 모든 조합이 인력을 늘리고 기구를 확대하려고 하더라고요. 그리고 조금 있으니까 지역의료보험 노동조합을 만들어서 임금인상을 요구하는 것이에요.

　그래서 제가 안 된다고, 당신들 임금인상을 하려면 의료보험료를 올려야 한다고 했어요. 파업한다고 하니까 하려면 하라고 말하고는 의료보험 업무를 동사무소로 이관해 버렸어요. 그러니까 이 친구들이 결국 3개월 만에 돌아왔어요. 처음 제도를 구상할 때 보건사회부 같은 곳은 산하기관이 없으니까 조직만 늘리는 거예요. 국민연금도 그렇게 많은 사람이 필요한가요? 연금도 국세청이 징수하면 그만인데, 행정기구를 만들다 보니 비용이 늘어나는 거죠.

　직장의료보험은 잉여금이 많이 생기는데, 지역의료보험은 적자가 나니까 통합하려는 거예요. 통합해도 적자가 나니까 담뱃세 인상 얘기가 나온 거예요. 담뱃세가 원래 의료보험 적자 메우려고 시작된 겁니다. 노무현 정부 시절, 김근태 보건복지부 장관 때였는데요. 제가 처음에 담뱃세 인상을 반대했어요. 국민건강을 위해 담뱃세 인상을 한다고 했지만, 솔직히 의료보험 재정적자를 충당하려는 의도였지요. 나중에 김근태 장관도 솔직히 인정했어요. 그런데 박근혜 정부도 그 문제를 갖고 또 국민을 속인 거죠. 담뱃세 대폭 인상이 국민건강을 위한 거라고요.

국민연금 투자, 절대 안 된다

이계민 《실록 국민의 연금》[7]에 "내가 장관 할 때 갑자기 부총리가 국민연금 기금의 75%를 가져다 쓰겠다고 하더라고요. 그래서 절대 안 된다고 했지요"라는 증언이 수록되어 있습니다. 구체적으로 무슨 내용이었나요? 또 저서 《결국 다시 경제민주화다》[8]를 보면 "공공연금은 주식시장 같은 데에 투자하지 않는 것이 원칙"이라고 하셨습니다. 주식이나 부동산투자는 문제가 있다는 지적인데요. 최근 들어 "국민연금의 수익성 제고를 위해 주식투자를 할 뿐만 아니라 투자기업에 대한 주주권을 활용해 경영참여까지 해야 한다"는 주장도 나오는데, 이에 대한 견해는 어떠신지요?

김종인 지금 국민연금이 많이 쌓였는데도 수익성 제고를 위해 국민연금이 고갈된다고 하고 있습니다. 그런데 돈이 쌓였다고 이것을 투자해서 키우겠다고 단순하게 생각해서는 안 됩니다. 예컨대 주식투자를 해놓으면 쉽게 돈을 쓸 수 없지 않습니까. 주식을 왕창 팔면 주식시장이 무너지니까요. 해외 부동산투자도 마찬가지예요. 돈이 외국으로 흘러나가면 필요할 때 가져다가 쓸 수 없어요. 따라서 국민연금 투자는 하면 안 된다고 봅니다.

솔직히 말해서, 국민연금이 증권시장 활성화를 위해 동원되잖아요. 그런데 국민연금은 기획재정부가 관여하면 안 돼요. 우리나라는 보건복지부 장관이 힘이 없으니까 꼼짝 못 하는 거죠. 질문한 대로 제가 보건사회부 장관 시절에 조순 부총리가 국민연금의 75%를 갖다 쓴다는 거예요. 이미 절반을 갖다 쓰고 있는데요. 그래서 그건 절대로 안 된다고 했습니다. 국무총리가 아니라 조순 부총리가 그랬죠.

7 국민연금사편찬위원회, 2015, 《실록 국민의 연금》, 148쪽.
8 김종인, 2017, 《결국 다시 경제민주화다》, 박영사, 218쪽.

사회보험에 대한 정부의 책임

정부는 약속에 책임을 져야 한다

이계민　지금 국민연금, 공무원연금, 사학연금, 군인연금 등을 통합하자는 얘기가 있었는데요. 통합하는 것은 어떤가요?

김종인　통합하면 안 됩니다. 출발점이 다르고 여건이 다른데 왜 통합해야 합니까? 결국은 국민연금 까먹자는 얘기입니다. 처음에는 공무원이 박봉이고 민간과 임금 차이가 크니까 인센티브를 준 것 아닙니까. 그러면 따로 가야지 이제 와서 통합하면 안 됩니다.

이계민　의료보험도 이념논쟁처럼 돼서 진보는 통합해야 한다고 하고, 보수는 통합하면 안 된다고 하는데요.

김종인　물론 '있는 사람들' 것을 '없는 사람들'에게 조금씩 더 나눠 주자는 말은 맞습니다. 그런데 문제는 정부가 자기책임을 안 하려고 하는 거죠. 지역의료보험의 50%를 정부가 부담하기로 약속했으면 부담해야지요. 그걸 안 하려 하니까 이렇게 된 거예요.

경제정책의 틀은 새로 짜야 한다

그동안 김종인이 취해온 정책의 면면을 살펴보면 자유주의 시장경제 체제에서 약간은 벗어나 있는 듯한 느낌을 받는다. 노태우 정부의 경제수석으로서 취한 재벌정책이나 부동산정책 등이 그런 느낌을 주는 사례가 아닌가 싶다.

　그는 '경제정책의 틀을 새로 짜야 한다'고 주장한다. 세계경제나 정보환경의 변화 등에 걸맞은 정책의 융합이 필요하다고 강조한다. 우리나라에 '경제정책을 하는 기술자'는 있어도 진정한 의미의 '경제정책가'는 없다고 말한다. 즉, 일본을 비롯한 외국의 성공한 제도를 도입해 실험하는 식의 경제기술자보다는 한국 실정에 필요한 독창적 정책기반을 만들어야 한다는 것이다.

정부가 구호나 슬로건을 외치거나 캠페인을 진행하는 것만으로는 경제가 좋아지지 않는다는 점도 강조한다. 제발 '경제 살리기'라는 표현을 사용하지 말자고 한다. 언제 우리 경제 죽었느냐고 반문한다.

세계경제와 한국경제의 상황과 여건이 바뀌면서 국가의 역할도 많이 달라졌다. 국가의 역할이 달라지면 조직도 그에 맞게 달라져야 한다. 그는 무엇보다 복지정책과 경제정책의 범주에 대한 경계를 분명히 해야 한다고 주장한다. 대표적인 예로 "보육과 교육을 복지정책으로 생각하면 안 된다. 경제정책으로 접근해야 풀릴 수 있다"고 강조한다. 경제민주화를 바탕에 깔고 주장하는 김종인의 경제철학인 셈이다.

그가 항상 인생의 지표로 삼는 할아버지 가인 김병로 초대 대법원장의 말씀 (1954년 3월 20일 법관회동 훈시) 으로 인터뷰를 마무리하고자 한다.

세상에 권력과 금력, 인연 등이 우리를 둘러싸고 유혹하며 정궤(正軌)에서 일탈하도록 얼마나 많은 노력을 하고 있는가? 만약 내 마음이 약하고 힘이 모자라서 이런 유혹에 넘어간다면 인생으로서 파멸을 의미할 뿐이다. [9]

---

9 김종인, 2017, 《결국 다시 경제민주화다》, 박영사, iv쪽, '머리말'.

고용보험은
외환위기 극복의
적시안타

7

행정고시 17회로 공직에 입문한 뒤 노동부 고용정책과장, 고용보험심의관, 고용총괄심의관, 근로기준국장, 노정국장, 중앙노동위원회 상임위원, 노동부 기획관리실장 등 요직을 거쳐 2004년 노동부 차관으로 승진해 2006년 1월까지 재임했다. 공직 퇴임 후 한국기술교육대 총장을 거쳐 지금은 한양대 경상대학 특임교수로 활동하고 있다. 전남 영광 출신으로 서울대 상대 무역학과를 졸업하고 미국 미시간주립대에서 경제학 석사학위를, 중앙대에서 경제학 박사학위를 받았다.

정병석

전 노동부 차관

들어가며

이 법은 고용보험의 시행을 통하여 실업의 예방, 고용의 촉진 및 근로자의 직업능력의 개발과 향상을 꾀하고, 국가의 직업지도와 직업소개 기능을 강화하며, 근로자가 실업한 경우에 생활에 필요한 급여를 실시하여 근로자의 생활안정과 구직활동을 촉진함으로써 경제·사회 발전에 이바지하는 것을 목적으로 한다.

「고용보험법」 제 1조(목적)의 내용이다.

우리는 실업상태가 되었을 때 수당을 받는다. 이는 우리가 고용보험을 만나는 흔한 방법이다. 그런데 이른바 '실업보험'으로 알기 쉬운 고용보험은 사실은 실업의 예방, 고용의 촉진, 근로자 직업능력 개발 등에 중점을 둔다. 실업 시 생활안정을 위한 급여를 주는 것은 여러 가지 목적 가운데 하나일 뿐이다.

고용보험제도는 복지선진국에서도 산재보험이나 의료보험 등의 사회보험보다 다소 늦게 도입됐다. 학자들은 이에 대해 실업은 개인의 책임에서 비롯된다는 인식이 강했기 때문이라고 분석한다.[1] 그러나 실업이 꼭 개인의 책임이 아님은 1930년대의 대공황에서도 알 수 있다. 특히, 최근 들어 자본주의 경제의 내부적 모순과 성격, 또는 경제상황의 변화에 따른 대량실업의 발생이 결국 사회문제로 비화되는 양상이 두드러진다. 그런 점에서 고용보험의 도입은 경제발전의 보완적 수단으로 인식된다.

우리나라 역시 1964년 산재보험, 1977년 의료보험, 1988년 국민연금의 뒤를 이어 1995년에 고용보험제도가 도입되어 이른바 4대보험 제도를 완성하기에 이른다. 뒤늦게 도입된 사회보험제도임에도 불구하고 고용보험은 1997년 말 이른바 '외환위기'로 인한 대량실업 사태에 직면해 위기극복의 받침대 역할을 하며 큰 힘을 발휘했다. 시대적 상황에 꼭 필요한 제도로서 그 발전 속도가 높아지고

---

* 이 장은 이계민 전 한국경제신문 주필이 2017년 10월 27일에 시청 앞 음식점 달개비에서 정병석 전 노동부 차관과 진행한 인터뷰를 토대로 집필하였다.

1 양재진 외, 2008, 《한국의 복지정책 결정과정: 역사와 자료》, 나남, 161쪽.

이계민 전 한국경제신문 주필이 정병석 전 노동부 차관과 인터뷰를 진행하였다.

정착을 앞당기는 적시안타를 터트린 셈이었다.

정병석은 노동부에서 고용보험제와 최저임금제 등 주요제도 마련에 중추적 역할을 담당했다. 서울대 상과대학 무역학과를 졸업하고 미국 미시간주립대 (Michigan State University) 대학원에서 경제학 석사학위를, 중앙대 대학원에서 경제학 박사학위를 받았다. 1975년 제 17회 행정고시에 합격하여 공직에 입문한 뒤 노동부에서만 30여 년간 일한 전문관료다. 노동부 고용정책과장, 고용보험 심의관, 고용총괄심의관, 근로기준국장, 노정국장, 중앙노동위원회 상임위원, 노동부 기획관리실장 등 노동부의 요직이란 요직은 안 거친 곳이 없다. 2004년 9월 제14대 노동부 차관에 임명되어 2006년 1월 퇴임했다. 2006년부터 2008년 7월까지 한국기술교육대 총장을 역임했고, 한양대 경상대학의 석좌교수를 거쳐 현재는 특임교수로 있다.

저서로는 《최저임금법》(공저, 법원사, 1988), 《이기는 청춘: 88만 원의 함정 을 뛰어넘는 법》(21세기북스, 2011) 등이 있다. 그중 《이기는 청춘》은 30년 넘게 노동정책과 교육을 이끌어온 그가 대한민국에서 20대로 살아가는 청춘들에게 인생의 멘토로서 들려주는 가장 현실적이면서도 따뜻한 지침서다. 최근에는 경제학자의 관점에서 조선의 정치·경제·문화를 날카롭게 분석해, 조선이 결코 경제적으로 성공할 수 없는 나라였다는 점을 짚어낸 《조선은 왜 무너졌는가: 제도로 보는 조선 흥망의 역사》(시공사, 2016)를 내놓아 관심을 끈다. 저술활동에서 알 수 있듯이 여느 공직자보다 연구에 대한 집념이 남다른 것 같다.

고용보험의 연구과정이나 도입단계에서의 논란이 적지 않았음에도 적시에 도입할 수 있었던 것은 노동부 등 정부관료와 노동시장 정책을 주장하는 학자의 힘이 컸다고 볼 수 있다. 그런 점에서 정병석은 고용보험 도입에 관한 한 실무총책이라 할 만하다.

그에게서 고용보험 도입을 둘러싸고 펼쳐지는 이야기를 들어보자.

고용보험 담론의 역사적 전개

1960년대, 고용보험 논의의 출발

이계민　고용보험 논의는 오래전부터 있어 왔는데 시행은 1990년대 중반으로 늦어졌습니다. 왜 이렇게 늦어졌나요? 그리고 그 이전에 어떤 논의들이 있었는지 개괄적 설명을 듣고 구체적 얘기에 들어가도록 하지요.

정병석　고용과 관련한 법으로, 우리나라가 일본의 법규정을 인용하여 1961년에 제정한 「직업안정법」은 직업소개 업무와 실업대책, 실업보험 등의 업무를 정부의 기능으로 규정했습니다. 당시에 법규정에 실업보험 업무가 있으니 당연히 논의하고 준비하는 상황이었죠. 하지만 1960년대 초반은 실업보험을 도입할 여건이 아니었고요, 단지 법제상 실업보험이 있으니 노동청에서는 계속 검토하면서 때를 기다렸던 시기라고 생각합니다.

1962년 1월 1일부터 시행된 「직업안정법」의 제2조(정부가 행할 업무)에는 다음과 같이 규정되어 있다.

정부는 전 조(제1조 목적)의 목적을 달성하기 위하여 다음 각 호의 업무를 행한다.

- 구직자에 대한 직업소개와 직업지도 및 직업보도에 관한 사항
- 노동력의 수요·공급에 필요한 조사, 연구, 계획과 실업대책에 관한 사항
- 민간인이 행하는 근로자의 모집, 소개와 직업보도 사업에 대한 지도·감독에 관한 사항
- 인력관리자 훈련사업의 조정에 관한 사항
- 실업보험사업과 이에 관련된 사항
- 전 각호의 업무수행에 필요한 사항

이계민　당시 노동청이었나요?

정병석　노동업무는 처음에는 1948년에 사회부 노동국에서 담당했다가 1963년 8월에 보건사회부 산하의 노동청으로 독립했고, 1981년에 노동청이 노동부로 승격됐습니다. 사실 우리나라의 법제는 상당부분이 일본의 법제를 가져다 우리 실정에 맞게 조정한 것입니다. 「직업안정법」도 마찬가지입니다. 실제로 우리나라 여건이 일본만큼 갖춰지지 않은 상황이었지만, 1961년 12월 6일 군사정부가 구법정리(조선직업소개령, 1940년)의 일환으로 「직업안정법」을 제정했고, 정부업무로 규정한 실업보험사업에 대해서도 관련부서에서 연구하고 있었다고 봅니다.

이계민　사보심이 1962년에 생겨서 사회복지 관련 연구를 했는데, 고용보험이나 실업보험에 대한 연구도 사보심에서 했나요?

정병석　여러 자료를 보면 사보심에 전문위원들을 배치했고, 이분들이 일본이나 다른 나라 제도를 연구하고 번역해서 출간했다는 기록이 많습니다. 다만 우

리나라 실정을 깊이 연구한 것은 없었고, 논의의 출발 정도로 볼 수 있습니다.

이계민 사보심의 심강섭이란 분이 노동보험반에서 산재보험에 대해 굉장히 깊이 연구하고 실행하는 데 주축이 되었다고 하는데요. 고용보험은 어떤가요?

정병석 심강섭 국장님은 산재보험의 산 역사라고 할 수 있습니다. 산재보험에 관한 연구도 많이 하시고 실제로 산재보험국장도 맡아 산재보험제도를 발전시키셨어요. 그런데 고용보험에 대해서는 조금 달랐습니다. 외국의 법제를 연구하고 논의하는 데는 참여하셨지만, 실제로 고용보험 시행은 1995년으로 시차가 있다 보니 그분이 구체적으로 역할을 할 기회는 없었던 셈입니다.

이계민 그렇다면 실업보험이나 고용보험의 본격적 연구는 언제부터인가요?

정병석 1960년대에는 솔직히 고용보험을 실시할 만한 여건이 못 되었지요. 그래서 외국 법제를 연구하는 정도였습니다. 그것도 내부에서만 검토하고 외부에 발표하지는 못 했다고 알고 있습니다.

1968년 작성된 것으로 추정되는 노동청의 대외비 보고서에 따르면, 경제개발 초기의 고실업 상황에서 저소득 실업자의 생활안정을 위해 일반재정으로 일정 기간 실업수당을 지급할 것을 노동청장에게 보고해 결재받았다고 한다. 그러나 우리나라 경제력을 감안해 시기상조란 판단에서 대외비 문서로 분류해 다른 부처와의 협의나 일반공개는 이뤄지지 않았다. 1981년 노동청이 노동부로 승격될 때까지도 실업보험은 내부에서만 논의한다는 의미에서 대외비 사항으로 취급됐다고 한다.[2]

---

2 고용노동부, 2016, 《고용보험 20년사》, 고용노동부, 59쪽.

1970년대 5차계획, 고용보험의 기반을 다지다

이계민 실업보험이나 고용보험은 경제개발 성과와 상관이 있는데요. 1970년대 중반까지는 경제개발이 급속히 이뤄지고, 소득수준도 빠르게 올라가고, 일자리도 많이 늘어나면서 복지제도에 관심을 두기 어려웠던 것 아닌가 싶습니다. 자료에 따르면, 제4차 경제개발 5개년계획에서부터 인력개발이나 사회개발에 대한 관심이 높아졌다고 언급하고 있습니다.

정병석 경제개발 초기에는 취업기회 자체가 부족하니까 빠른 속도의 경제성장을 하다 보면 저절로 일자리가 늘어난다는 쪽으로 정책방향을 잡았어요. 결국 취직이 문제였지, 실직자 생계지원은 생각할 단계가 아니었지요. 더구나 경제가 빠르게 성장하다 보니 실업자에 대한 관심이 크지 않았지요. 그런데 4차계획부터는 중화학공업을 추진하면서, 인력의 질을 올리는 문제에 관심을 갖게 됐고, 따라서 1970년대 중반부터 인력개발, 인력계획과 같은 부분이 중요하다는 인식이 생겼습니다. 그래서 직업훈련에 의한 기술수준 향상, 전반적 인력개발계획, 직업안정 업무 등에 관심을 두게 됩니다.

그러면서도 실업보험도 꾸준히 연구했지요. 1976년으로 알고 있습니다만, 노동부에서 실업보험법안에 대한 구체적 구상을 담은 '노동행정발전 5개년계획'을 만들어 경제기획원에 제출했습니다. 그러나 제4차 경제개발 5개년계획에는 반영이 안 됐어요.

1970년대 중반 정부의 중요한 관심사는 인력의 양과 질이었어요. 어떻게 하면 인력의 수준을 올려서 중화학공업을 뒷받침하느냐, 기술기능 인력을 충분히 양성하여 공급하느냐에 대한 것이었지요. 즉, 노동청의 핵심정책은 기능인력 양성이었어요.

이계민 노동부로 승격된 것은 언제인지요? 이때부터 관심이 높아졌다고 볼 수 있는데, 특히 5차 5개년계획의 명칭이 그때부터 '경제사회발전 5개년계획'으로 바뀌면서 사회발전에 대한 관심이 높아졌다고 봅니다. 실업보험 문제도 그때부터 본격적 논의가 이뤄졌을 것 같은데요.

정병석　말씀하신 대로 '사회'라는 개념이 포함되면서 사회안정, 사회 균형발전이 중요한 이슈로 부각되었습니다. 1980년대 초에는 경제사정이 어려워서 물가안정이나 임금안정이 중요했고요. 1980년대 노동 쪽에서 가장 큰 관심사는 최저임금제였습니다. 사회개발을 위한 계획의 일환으로 인력개발 및 고용안정 대책의 강화가 명시되었습니다. 그동안 인력의 효율적 배분과 활용, 그리고 이를 위한 고용안정 대책에는 크게 관심을 두지 못했다는 반성이 전제된 것이지요. 고용안정 대책의 강화를 위해 214개소의 공공직업안정소를 설치하며 직업지도와 취업알선 기능을 강화하자는 내용도 포함되었습니다. 고용안정과 효율적인 실업대책을 추진하기 위해 고용보험제도 실시의 기반을 조성한다는 정도의 추상적 계획이 언급되었고요.

실업보험에 대해서는 인식이 별로 안 좋아서 대외적으로 도입에 관한 논의를 본격적으로 추진할 상황이 아니었습니다. 이때 독일과 일본의 정책이 적극적 노동시장 정책으로 바뀌면서, 우리도 관련연구를 시작했습니다. 언젠가는 종합적 노동시장 정책을 추진해야 하니, 연구하며 준비하게 된 거죠. 이때 실업보험의 명칭이 고용보험으로 바뀌었어요. 우리가 관련제도를 도입한다면 고용보험제도를 도입해야 한다는 점, 그럴 때 적극적 노동시장 정책을 시행하는 방법 등을 논의했어요. 이런 수준에서 경제기획원과 노동부의 공감대가 형성되었습니다.

이계민　5차계획이 생각보다 빨리 달성되면서 수정계획을 만들게 되었는데요. 5차계획 수정계획에서 실업보험 내지 고용보험이 포함되었다고 하는데 맞는 내용인가요?

정병석　수정계획에는 직업안정 업무의 전산화, 광역 취업알선 체계의 확립, 직업안정 전문요원의 확보, 직업지도 기능의 강화 등에 대한 내용이 구체화되었습니다. 고용보험 도입에 관한 것은 실무적인 '검토' 수준이었습니다. 실무적인 선에서 실업보험에서 고용보험으로 용어를 바꾸고 포괄적 고용정책을 만들자는 논의를 하고 준비하자는 그런 수준이었고요. 범정부 차원이나 대외적으로 고용보험 문제가 공식으로 표출되고 강하게 추진되었다거나 연구가 구체적으로 진행된 것은 많지 않았다고 생각합니다.

정병석 전 노동부 차관

이계민 고용보험에 대한 구체적 내용보다 5차 수정계획에서 "고용보험제도를 검토할 때가 됐다"고 명시한 정도였을까요?

정병석 5차계획에서 언급한 것은 고용보험제도 실시의 기반을 조성한다는 수준이었습니다. 노동부 내부에서 정책자료로 가지고 있는 고용안정 기본계획이란 게 있었습니다. 주요내용으로 대량실업이 발생할 경우 정부의 실업대책을 어떻게 세울 것인가, 또 전반적 고용서비스 관련조직 등을 어떻게 운용할 것인가 등에 대해 구체적으로 담은 것입니다. 그런데 이런 계획이 노동부 자체적인 수준을 벗어나 정부 내의 공감대를 얻는 정도까지는 못 나갔지요. 몇 년이 지나 1995년도에 「고용정책기본법」에 이런 내용이 포함되면서 법제화됩니다.

최근에 1983년 7월에 노동부에서 작성한 〈종합실업고용정책과 고용보험제도입 검토〉라는 보고서를 발견했습니다. 147쪽의 상세한 보고서인데 당시 여건에 관한 면밀한 검토, 외국의 제도 소개를 토대로 우리나라에 도입할 제도모형을 구상한 내용이었습니다. 여기에는 한국노총이 1983년 6월에 건의한 〈고용보험제도의 도입 실시에 대한 건의〉라는 보고서도 첨부되어 있습니다.

지금까지 알고 있던 것보다 매우 상세한 보고서가 작성된 것을 보면, 당시 외국의 제도를 토대로 우리나라 도입 방안에 대한 깊은 연구 검토가 있었다는 것을 알 수 있습니다. 제도의 기본구상도 실제 나중에 구현된 제도모형과 상당히 유사했습니다. 일본의 「고용보험법」을 토대로 제도모형을 제안했기 때문에 유사점이 많았다고 생각합니다. 다만 이 자료는 노동부 내부에서만 검토하고 논의했을 뿐 대외적으로는 협의되거나 발표되지는 않은 듯합니다.

5차 경제사회발전 5개년계획을 만들 당시만 해도 사회 분위기는 실업보험이 '놀고먹기를 조장하는 제도'나 '도덕적 해이는 물론 근면 분위기를 해치는 제도'로 인식되고 있었다. 더구나 당시만 해도 기업성장을 통한 경제성장이 최우선 과제였기에 기업에 대해 과도한 부담을 지우는 정책은 터부시됐던 터였다.

사실 사회보험으로서의 실업보험 우선순위는 산재보험보다 높았다. 1962년 3월 발족한 사보심의 노동반이 맨 처음 작성한 것이 실업보험 실시 방안이었다. 일부 연구진(심강섭 위원 추정)의 개인적 보고서였지만 그만큼 관심의 대상이었다. 다만 연구반 내에서도 고용이 저조한 상황에서 실업보험을 그렇게 서두를 필요가 없다는 의견이 많아 결국 「산업재해보상보험법」을 먼저 성안해 추진했다는 기록도 있다.[3]

실업보험에 관한 논의가 수면 위로 오른 것은 1960년대 말 정희섭(鄭熙燮) 보건사회부 장관이 두 번째 장관에 부임하면서부터다. 정희섭은 1961년 7월 7일부터 1963년 12월 16일까지 보건사회부 장관을 역임한 바 있고, 1966년 1월 5일부터 1969년 10월 21일까지 두 번째로 보건사회부 장관을 지냈다. 두 차례에 걸쳐 6년 이상 보건사회부 장관을 지낸 탓에 사회개발의 중요성을 누구보다 잘 인식하고 있었고, 특히 실업보험의 도입을 추진하기에 이른다. 당시 노동청은 보건사회부 산하 청으로 있었기에 실업보험도 보건사회부 소관이었다.

정희섭의 장관 말년인 1969년 5월 〈경향신문〉에는 이런 기사가 실렸다.

---

3 최천송, 1991, 《한국사회보장연구사》, 한국사회보장문제연구소, 24쪽.

노동청은 우리나라 최초로 실업보험제도를 마련, 법안 작성을 서두르고 있다. 이 법안은 국무회의에 상정, 1970년을 준비기간으로 하고, 1971년부터 실시한다. 7일 노동청에 따르면 이 법안은 보험자를 정부로 하고 보험료 부담은 국가·고용주·근로자 등의 3자 공동부담이 되는데, 비율은 정부가 보험료의 3분의 1을 부담하고, 근로자와 고용주가 나머지를 반반씩(임금에다 1,000분의 22를 곱한 액수)을 부담한다는 것이다.[4]

이후 실업보험제도에 대한 기사와 논평이 가끔 나온다. 〈동아일보〉는 〈경향신문〉 보도 이후 몇 달 뒤 사설에서 이런 논평을 냈다.

보건사회부가 1971년부터 실업보험제를 실시할 것을 검토하고 있다는 것은 다행한 일이다. 실업보험이 실업의 일부분밖에 해결하지 못하므로 아직은 시기상조라는 논의도 있는 것 같으나, 실업보험도 하나의 사회보험인 이상 제도의 실시를 완전고용이 이루어질 때까지 미룰 수는 없다.[5]

물론, 이후 실업보험 논의는 심심치 않게 등장하지만 워낙 정부의 부정적 기류가 강해 빛을 보기에는 역부족이었다. 1977년 〈매일경제〉의 기사도 그런 범주에 속한다.

정부는 경제개발 단계에 알맞은 복지사회 구현을 위해 오는 1980년대 초부터 실업보험을 실시할 계획이다. 정부는 이를 위해 올해 안에 노동청직업안정국을 개편 보강하고, 지방사무소 직업안정과를 국립직업안정소로 개편하기로 했다.[6]

이후 경제개발 5개년계획이 수립될 때마다 실업보험 실시 문제가 제기됐다. 특히, 1981년은 그 분수령이 된다. 노동청이 노동부로 승격되면서 그해 공식적으로 제기한 문제가 실업보험의 도입이었고, 이 기간이 1982년부터 1986년을

---

4 "실업보험 법제화 서둘러", 〈경향신문〉, 1969. 5. 7, 7면.
5 "실업보험의 태동", 〈동아일보〉, 1970. 2. 19, 2면.
6 〈매일경제〉, 1977. 7. 30.

계획기간으로 하는 5차계획의 준비단계였기 때문에 실업보험 도입에 대한 논의가 공식의제로 제기됐다. 그러나 실업보험제도의 부작용에 대한 우려와 기업에 주는 부담, 그리고 우리나라 산업구조의 취약 등을 이유로 일단 유보되었다.

1987년부터 1991년까지를 계획기간으로 하는 6차 경제사회발전 5개년계획 수립과정에서는 노동부의 적극적 노력에도 불구하고 "고용보험제도의 도입을 적극 검토한다"는 구절이 반영되는 정도에 그쳤다. 그러다 1987년 민주화 선언이 이루어지며 고용보험 도입의 결정적 전기가 마련되었다고 보아야 할 것이다. 민주화 선언 이래 1987년부터 1990년 사이 정치적·사회적 여건의 변화에 따라 고용보험제 도입에 호의적 여건이 조성되었고, 1990~1991년 7차계획 입안과정에서 정부 내에서 도입 공감대가 형성된 것이다.

이계민 그렇다면 범부처 차원의 고용보험 논의는 언제부터였나요?

정병석 범정부 차원에서 본격적으로 논의한 것은 7차 5개년계획부터라고 생각합니다. 5~6차 계획에서는 내부적 논의와 경제기획원 실무진과의 협의만 있었지 구체적 성과는 별로 없었습니다. 1980년대 후반에 노동시장에서 고용사정이 크게 변화했습니다. 산업구조의 고도화에 따라 인력부족 문제가 본격적으로 대두됐고요. 인력부족 시대가 고용보험 도입에 중요한 계기가 됐습니다. 인력부족의 대책의 일환으로 유휴 인력자원(청소년, 고령자, 주부 등)을 모두 일할 수 있게 하는 다양한 고용정책을 세웠고요. 노동부는 1990~1991년 내내 인력부족 대책을 수립하는 데 매달렸습니다.

1980년대 민주화 열기와 노동복지 요구 폭풍

이계민 1986~1988년이 이른바 3저호황이었거든요. 국제유가가 낮았고, 국제금리도 낮았고, 미국 달러화 가치도 낮은 3저현상 덕분에 우리 경제가 단군 이래 최대호황을 누렸다고 했지요. 그래서 인력부족 현상도 나타났습니다. 그런데 1987년 민주화 선언 이후 그동안 억눌렸던 노동권에 대한 제한이 풀렸고요. 그때를 맞이해 노동계가 그간 쌓아 두었던 노동복지에 대한 요구를 했지요.

정병석 1987년 6월 29일 직선제 개헌을 골자로 하는 이른바 민주화 선언이 이뤄지고 노동개혁이 본격적으로 이뤄지면서 많은 건의가 나타났습니다. 근로자의 권익보호도 얘기되면서 실업에 대한 대책을 만들어야 한다는 건의가 정부와 당에 접수됐고요. 이런 건의가 예전에는 크게 의미 있게 논의되지 않았는데, 민주화 이후에는 상황이 바뀌었어요. 노동자의 목소리나 조직적 건의가 정책수립에 중요한 의미를 갖게 되고 깊이 검토됐습니다. 정부로서도 신중히 검토할 수밖에 없었지요.

> 1987년 6월 29일의 민주화 선언은 당시까지 억압되었던 노동운동을 활성화하고 노동계가 노동관련 주요정책에 대하여 적극적으로 의견을 개진하게 하는 계기가 되었다. 한국노총은 1989년 9월 25일 국회에 고용보험제도 도입을 청원하고, 1989년 9월 30일에는 노동부에 고용보험제도 도입을 건의했다. 또한 1990년 5월 24일에는 당시 집권당인 민주자유당에 「고용보험법」 제정을 요구하고, 1990년 8월 24일에는 평화민주당에도 「고용보험법」 제정을 요구하였다. [7]

이계민 7차계획에서 고용보험에 관한 기본구상이 발표되었다는데요. 고용보험을 실시한다는 기본계획을 7차계획에 넣은 것인지요?

정병석 노동부는 5개년계획을 새로 만들 때마다 늘 여러 정책제안을 해왔습니다. 그런데 특히 1989, 1990년에 7차계획을 수립할 당시 기본구상에 고용보험 논의가 포함되고 정부 내에서 본격적 논의 끝에 정부의 핵심정책 10가지 중 하나로 고용보험을 넣는 것으로 정리됐습니다.

---

7 고용노동부, 2016, 《고용보험 20년사》, 고용노동부, 62쪽.

이계민 3저호황 이후 인력부족에 대한 정부대책이 논의됐는데요. 정부의 기본적 방향은 어땠습니까?

정병석 인력부족 문제가 중소기업 제조업 가동이 어려울 정도로 중대한 걸림돌이 됐습니다. 정부는 이 문제를 풀기 위해 모든 정책수단을 찾아보자고 무진 애를 썼습니다. 당시 저는 고용정책과장으로서 경제개발 5개년계획이나 경제정책을 총괄하는 경제기획원, 상공부 등과 실무수준에서 수많은 의견교환을 했습니다. 정부에서 고용문제를 논의하기 위해 그렇게 많은 논의와 대책을 강구했던 적이 그 이전에는 없었습니다. 아주 획기적인 일이었다고 기억합니다.

특히, 오랜 기간에 걸쳐 여성의 취업촉진을 위한 보육시설 확대, 고령자 취업촉진을 위한 사업 등을 많이 논의했지만 사실 예산부족 등의 사유로 추진이 잘 안 됐거든요. 그런데 인력부족 시대에 이런 정책이 획기적으로 거의 모두 도입됩니다. 취업알선 업무가 중요하다는 얘기는 예전에도 수없이 해왔는데 심각하게 받아들여지지 않았습니다. 그런데 1980년대 말 1990년대 초부터 노동시장에 인력이 부족한 가운데도 유휴 인적자원이 240만 명 있으니 이들을 연계하기 위해서는 취업알선 업무가 중요하다는 점을 노동부 이외의 다른 부처에서도 실감했던 것이지요.

그래서 논의가 활발히 진전됐습니다. 시·군·구청에 취업알선 전담창구를 만듭니다. 해당업무를 추진하기 위한 지자체 공무원 450명이 한꺼번에 증원되고, 모든 읍·면·동 사무소에 취업알선 전담자를 지정했고요. 비영리단체인 YWCA, 노인인력은행 등에도 취업알선을 위한 업무위탁을 했고요. 고령자나 주부, 실업자 등이 일할 생각만 있으면 어디에 가든 취업관련 정보를 얻고 취업알선을 받을 수 있는 제도가 갖춰졌지요. 고령자나 주부를 위한 단기취업 준비훈련처럼 예전에 예산지원이 안 되던 것들도 획기적으로 예산지원을 늘렸고요. 이런 것들을 모두 노동시장 정책이라고 합니다. 고용보험제도가 없는 상태에서도 많은 정책수단을 개발하고 추진했어요. 우리 정부가 노동시장 정책을 본격적으로 추진하게 된 아주 중요한 계기가 1990년대 초의 인력부족 사태였음을 강조하고 싶습니다.

이계민　실업보험제도가 단순히 실업이 아니라 고용을 늘리기 위한 인력대책으로, 보험으로 발전시킨 것이 고용보험인 거죠. 그런 측면에서 보면 1980년대 후반기의 고용보험에 대한 논의와 필요성이 정부에서 충분히 인식됐다고 볼 수 있나요?

정병석　1980년대 후반에는 인력부족 대책을 추진하면서도 대외적으로 고용보험이란 제도를 꺼내진 않았어요. 노동부 고용정책 파트에서는 인력부족 대책으로 종합적 고용정책을 추진했는데, 이때 인력대책과 고용보험을 연계해서 정말 체계적인 제도를 만들자는 구상을 했지만 그때까지만 해도 이건 내부적이고 실무적인 논의에 그치고 크게 진전이 없는 상황이었습니다. 그러다가 7차계획 논의가 시작되면서 고용보험에 대한 검토를 본격적으로 해달라고 경제기획원에 실무적으로 요청한 것이지요.

1990년대 고용정책 패러다임 전환과 고용보험 도입 결정

이계민　그런데 왜 갑자기 고용보험제도에 역점을 두게 되나요?

정병석　사실 노동부에서 고용보험의 원조라 할 만한 분이 조순문 직업안정국장입니다. 1970년대 후반 직업안정과장일 때부터 직업안정 업무를 쭉 담당하셨어요. 그러다 1991년 3월에 직업안정국장으로 부임합니다. 그러면서 지금까지는 인력부족 차원에서 인력대책 업무를 했는데, 고용보험제를 묶어서 종합적이고 포괄적인 고용정책 체계를 만들자고 제안하셨어요. 조순문 국장은 인력대책과 고용보험을 결합해서 포괄적인 고용정책 체계를 수립하기로 방침을 정하고, 직업안정국 팀과 노동연구원의 어수봉, 유길상 박사 등 학자들의 연구와 논의를 주도하셨습니다. 이때 주야를 가리지 않고 정말 많은 토론을 하며 우리나라 실정에 맞는 고용정책 체제를 구상했던 기억이 생생합니다.

　초창기의 고용보험은 사회보험의 하나로만 논의되었지, 지금과 같이 전체적인 인력정책과는 달리 생각했습니다. 제가 고용정책과장을 맡고 나서 맨 처음 7차계획 준비회의에 갔더니 주로 사회복지·사회보장 전문가로 구성된 사회보장 부문 계획위원회에서 이 문제를 다뤘어요. 그러다 보니 인력정책 차원이 아니라 실업급여에 대한 논의가 주축을 이루고 가급적 실업급여 혜택을 늘리자는 주장이 많았습니다. 인력정책과 연계된 논의는 거의 이루어지지 않았습니다.

그래서 고용보험을 다룰 때 실업급여에 대한 논의에 집중하면 제도 도입 자체가 어렵다고 생각해서 7차계획 검토의 주무부서인 경제기획원에 소관부서(과)를 바꾸자고 제안했어요. 말하자면 고용보험 논의 자체를 사회보장 부문 위원회에서 검토할 것이 아니라 인력정책 부문 위원회로 바꿔 인력정책 차원에서 다루자는 것이었지요. 소관부서의 변경은 참여하는 경제기획원 주무과가 사회개발계획과에서 인력개발계획과로 조정되고 전문가 그룹도 사회복지 전문가에서 인력정책전문가로 바뀌고 이제 "인력정책 차원의 핵심적 수단 중 하나가 고용보험이다"라는 등식을 성립시키는 중요한 의미가 있었습니다.

이계민 고용보험을 도입해야 한다는 당시 논리는 무엇이었습니까?

정병석 1990년 초반의 인력부족과 1990년대 중반의 고용불안이 반복되는 상황에서 이제는 적극적 노동시장 정책체계를 구축해야 할 때라는 인식과 고용정책의 패러다임을 근본적으로 바꾸어야 한다는 문제의식을 관계부처, 학계 전문가 등과 공유했습니다. 중소 제조업의 인력부족이 심각한 문제였던 시기였습니다. 다른 부문에서는 휴·폐업이 늘어나고 자체 고용조정 등 감원을 추진하며 외부 하청, 용역근로자와 소사장제 활용을 늘리는 등 이른바 고용불안 현상이 급속히 증가하고 있었습니다.

이때 노동부에서는 주요공단에 몇 개의 조사팀을 파견, 현지에서 노사대표와 관계자 등을 면담하며 실태를 파악했고, 그 내용을 〈고용불안 현황과 대책〉이라는 보고서로 만들어서 정부 내에서 공유했습니다. 인력이 남기도 하고 부족하기도 하는 등 수시로 고용상황이 변하니까 인적자원에 대한 효율적인 관리체제를 갖추지 않으면 이러한 상황변화에 효율적으로 대응할 수 없다는 문제를 제기했지요. 그 중심이 고용보험제가 되어야 한다는 것이었고요.

이계민　원래 고용보험이 실업보험, 즉 갑자기 실업을 겪을 때 생활을 보전해 주기 위한 것이었는데 의미가 많이 바뀌었네요?

정병석　네, 많이 바뀌었습니다. 선진국에서는 처음에는 실업보험으로 제도가 갖추어지고 나서 고용대책 수단이 추가됐는데요. 우리나라는 정말 상황이 다릅니다. 실업보험에 대해서는 반대가 많았어요. 실업보험을 실시하기 어려운 상황이 됐을뿐더러 실업보험을 도입하려고 보니 선진국이 실업보험에서 고용보험으로 바꾼 것을 보고, 우리는 처음부터 고용보험으로, 즉 적극적인 고용정책 수단으로서 도입해야 한다는 인식이 강했습니다.

이계민　선진국도 대부분 이런 형태인가요?

정병석　가장 대표적인 것이 독일과 일본입니다. 독일이 1969년에 「직업소개 및 실업보험에 관한 법」을 「고용촉진법」으로 변경하는 등 고용정책 기능을 대거 보강하고, 일본도 1974년에 「실업보험법」을 「고용보험법」으로 제도를 바꿉니다. 캐나다는 1996년 「실업보험법」을 「고용보험법」으로 개편합니다. 영국은 법 자체를 바꾸지는 않았지만, 고용정책 내용을 대거 추가합니다. 장기실업이 증가하니까 노동시장에서 제도적으로 장기실업자를 지원하고 취업을 알선해야 하는데 실업급여만으로는 안 된다는 거죠. 실업수당도 구직활동을 열심히 하고 직업훈련도 해야 받을 수 있도록 제도화한 것입니다. 우리도 그런 방향으로 논의하는 것이 맞다고 보았습니다.

이계민　저는 우리나라의 독창적 제도인가 했습니다. 아까 7차계획 수립과정에서 고용보험에 대한 논의를 사회보장 분과에서 인력정책 분과로 바꿨다고 하셨는데, 그 이후에 7차계획에 반영되는 논의는 순조롭게 잘 되었나요?

정병석 우리나라 제도는 다른 나라에 비해 인력정책 측면이 훨씬 강하지요. 7차 계획 검토기구에서는 순수하게 실업급여만 논의하다가, 담당기구가 바뀌면서 종합적 인력정책의 핵심으로서 고용정책의 체계화가 주제가 되었습니다. 부서 (部署)가 바뀌면 위원회를 구성하는 전문가도 바뀌지 않습니까. 인력정책 분과 는 모두 고용정책, 인력정책을 전공하는 전문가였으니까, 더 효율적으로 그런 방향으로 추진하도록 논의했다고 봅니다.

이계민 7차계획이 진행될 때는 정부 내에서 공론의 공간이 많이 있었지요?

정병석 워낙 중요한 문제이기 때문에 사전에 경제기획원과 노동부 실무자가 여러 차례 만나 논의했습니다. 어느 정도 논의가 진행되고 나서 1991년 3월경 노동부 조순문 국장과 경제기획원 강봉균 차관보가 같이 협의했습니다. 강봉균 차관보가 7차계획의 핵심적 정책과제들을 같이 조정하자고 하셨거든요. 노동 부로서는 고용보험제가 대단히 중요한 이슈인데, 인적자원을 효율적으로 관리 하고 적극적 고용정책을 하려면 고용보험제가 꼭 필요하다는 논리를 전개했고 요. 심도 있는 토론을 거치고 나서 강봉균 차관보가 "그렇다면 한번 해보자"고 정리하셨죠.

인적자원을 효율적으로 관리하려면 인적자원에 대한 데이터베이스가 굉장히 중요합니다. 컴퓨터로 관리하면서 인력이 부족하면 그쪽으로 인력을 보내고, 또 실업의 경우는 왜 실업했는지를 분석해서 거기에 맞게끔 새로운 수요에 대비 하는 훈련을 시키는 등 대책을 만들자는 것입니다. 그런데 인적자원을 등록하려 면 인센티브가 필요하고 그래서 고용보험제가 꼭 필요하다고 했어요.

1990년대 초반에 한국이 이런 정책을 추진할 여건이 되는지, 다른 정책 우선 순위가 있는지 판단해야 했는데요. 인력부족, 고용불안을 한꺼번에 겪고 국제 경쟁이 치열해지면서 인적자원을 국가경쟁력의 핵심으로 삼는 것에 모두 공감했습니다. 고용보험제도가 만들어져야 데이터베이스 등록이 가능하고, 노사가 보험료를 내게끔 만들어 이 재원으로 인적자원을 관리하고 노동자의 직업능력 향상과 수요처를 개발할 수 있는 체제를 갖출 수 있다고 동의한 거죠.

이때의 결정은 실무적 수준이었지만 대단히 중요한 의미가 있었습니다. 첫째, 고용보험제를 도입한다는 실무적 결정이 부처 간에 처음으로 이루어졌다는 점입니다. 둘째, 고용보험제를 단순한 실업보험이 아니라 고용·인력정책의 핵심수단으로 도입하기로 했다는 점입니다. 고용보험제를 중심으로 적극적 고용정책 체제를 마련한다는 방침이 실무적으로 결정되었다는 의미가 있습니다. 이후 이 기조는 계속 유지되었습니다. 이에 고용보험제 도입준비가 가속화되고 한국적 고용보험제가 도입되는 결정적 전기를 마련했다고 생각합니다.

이계민 고용보험 도입이 공식적으로 범정부 차원에서 확정된 것은 언제인가요?

정병석 7차계획 정책심의회에서 1991년 8월에 논의되었지요. 부총리 주재로 1991년 8월 23일에 개최된 7차계획 정책심의회에는 관계부처 장관, 노사 대표, 학계 전문가 등이 참여했는데 여기에서 7차계획 후반기에 고용보험제를 도입한다는 정부 차원의 원칙을 최종 결정했습니다.

주무부서 장관이 반대한 고용보험 도입

정병석 그런데 이날 정책심의회에서 있었던 참 특이한 사건 한 가지를 소개하고자 합니다. 수많은 논의를 거쳐 경제기획원과 노동부가 공동으로 안건을 만들었는데, 이날 회의에서 놀랍게도 주무부처인 노동부의 최병렬 장관이 고용보험 도입안을 반대한 것입니다. 경제기획원과 노동부 실무자들로서는 참으로 난감한 상황이었죠.

이계민 왜 반대하셨을까요?

정병석 이 얘기부터 설명해야 이해가 됩니다. 전두환 대통령이 유럽순방 시 스페인 휴양지를 갔을 때, 평일에도 수많은 피서객이 해수욕을 즐기는 모습을 목격했다고 합니다. 그러자 전 대통령이 "이들이 유럽의 부자들이냐?"고 질문했답니다. 이 질문에 주변 측근이 "아닙니다. 이들은 부자가 아니라 독일의 실업자인데 실업급여를 받아서 일하지 않고도 이렇게 잘 먹고 놉니다"라고 답변했다고 해요. 그래서 전 대통령이 '실업보험제라는 것은 국민의 일할 의욕을 떨어뜨리니 결코 도입해서 안 되는 제도구나!'라고 생각했다더군요. 사실 확인이 어려운 이런 이야기가 지도층에 만연했다고 전설처럼 전해집니다.

이 일화가 너무나 많은 사람에게 알려졌고, 최병렬 장관도 고용보험은 나라를 망하게 할 제도라고 생각한 거죠. 이후 제가 수차례 보고할 때마다 강력히 반대하고 보고 자체를 받지 않겠다고 완강하게 고집해서 결국 방법을 변경하여 "7차계획 관련 인력정책 방안 보고"라는 식으로 제목을 바꾸어 보고를 시도했습니다. 그러나 최병렬 장관께서는 "이것도 결국 고용보험제 하자는 이야기이구먼. 나는 반대야" 하시면서 고용보험이란 단어가 들어간 서류는 보고 자체를 피하고 구두로 보고해도 보고서에 일절 서명하지 않았습니다. 그렇지만 인력대책을 잘하자는 것까지 반대하지는 않으셨지요.

그러던 중 1991년 8월 7차계획 정책심의회가 열리기 전날인데, 최병렬 장관께 보고를 드리면서 고용보험이 안건으로 올라간다고 말씀드렸어요. 관계부처에서 모두 동의하고 있고, 보험료를 낼 노사단체에서도 찬성한다고 말씀드렸지요. 그러면서 정책심의회에 가서서 아무 말씀 안 하셔도 된다고 얘기했어요. 그러니까 최병렬 장관이 마지못해 조순문 국장과 저(당시 고용정책과장)한테 이런 말씀을 했습니다.

"나는 지금도 반대한다. 그런데 장관의 반대에도 불구하고 전문관료들이 줄기차게 추진하는 집념, 열정, 논리는 인정한다. 그러니 내일 회의에 가서 논의를 지켜보고 공론에 따르겠다."

정책심의회 당일에 부총리가 회의를 주재하시면서, 고용보험을 도입하면 기업에 부담이 늘어나지만 이제는 이 제도가 필요하다고 말씀하셨어요. 경총이나 상공회의소, 중소기업중앙회까지 참석자가 모두 찬성하겠다고 해서 논의가 끝난 사안이었습니다. 그런데 마지막으로 최병렬 장관이 마이크를 잡고 정책심의회 그 자리에서 "나는 반대합니다"라고 폭탄선언을 하셨어요.

주객이 전도된 겁니다. 참석자가 모두 동의해도 안건을 제안한 주무부서 장관이 반대하니까 회의는 결론을 내릴 수 없어 결국 유보됐어요.

당시 경제부총리가 최각규 경제기획원 장관이었는데 이런 과정에 분노하며 회의가 종료된 후에 최종적으로 최병렬 장관의 의사를 확실하게 확인하라고 요구하셨습니다. 그래서 만약 장관이 끝까지 반대하면 안 하는 걸로 하겠다고 했어요. 확인할 수는 없지만, 최 부총리의 말은 "하든지 말든지 알아서 마음대로 하라"는 식의 질타였던 것 같아요. 그뿐 아니라 당시 최 장관은 언론인 출신의 정치인으로 여당의 핵심 정치인이어서 의견을 무시할 수도 없는 상황이었을 겁니다.

그래서 실무자인 제가 다시 최 장관께 "정말 끝까지 반대하시겠습니까?"라고 물었지요. 장관의 대답이 걸작이었습니다.

"내가 공론에 따른다고 하지 않았소. 내가 반대한다는 것은 기록에 남기고, 나 빼고는 모두 찬성하니까 추진하시오."

그렇게 해서 고용보험제를 정부안으로 확정하고, 7차계획에 들어갔습니다.

외환위기와 고용보험의 역할

고용보험 시행의 난항

1990년 8월 30일에 발표된 '7차계획 수립 기본구상'에 고용보험을 포함하고, 1991년 3월 27일 노동부는 경제기획원과의 실무협의를 통해 고용보험제의 도입 원칙에 합의했다. 또 1991년 8월 23일 7차계획 정책심의회에서 7차계획 후반기에 고용보험제를 도입한다는 원칙을 최종 결정했다.

정부의 고용보험제 도입 방침에 따라 정치권에서는 선거공약으로 1995년 실시 방안을 제시하게 되었다. 1990년 3당합당이 이뤄진 이후인 1992년의 국회의원 총선(제14대. 3월 24일, 사실상 여당 패배, 여소야대) 및 대선(제14대)이 실시되면서 민정당, 민주당, 국민당 등 주요 3당은 고용보험제를 1995년에 시행하겠다는 것을 선거공약으로 채택했다. 1993년 2월 25일 출범한 김영삼 정부는 집권기간 중 경제계획인 '신경제 5개년계획'에서 고용보험제도를 1995년에 시행하겠다고 명시했다.[8]

이계민 그런데 김영삼 정부에서는 7차 5개년계획을 중단시키고 문민정부의 '신경제 5개년계획'으로 대체해 버렸지요. 경제개발 5개년계획의 명맥이 끊긴 겁니다. 지금도 잘된 일인지 아닌지 모르겠습니다만, 어쨌든 임기 중 신경제 5개년계획을 별도로 세워 추진했지요. 김영삼 정부에서는 고용보험을 어떻게 하기로 했나요?

정병석 이미 고용보험을 도입하는 것은 정부방침으로 정해졌던 일입니다. 김영삼 정부가 고용보험을 반대할 이유는 없었지요. 그때는 노동부 업무를 청와대 경제수석이 담당했고, 경제수석은 박재윤 수석이었는데요. 김영삼 대통령이 취임하고 나서 저희가 고용보험제에 대해 업무보고를 했지요. 박재윤 수석

---

8 고용노동부, 2016, 《고용보험 20년사》, 고용노동부, 64쪽.

이 너무 좋아하시면서, 김영삼 정부의 5대 업적 중 하나가 될 것이라고 말하면서 아주 큰일을 했다고 칭찬하셨어요. 노사를 설득하는 어려운 과정을 취임 전에 모두 끝내 놓았던 셈이니까요.

강봉균 차관보가 우리나라의 모든 전문가를 동원해 '고용보험 연구기획단'을 만들어 보자고 하셨지요. 기획단을 100명 정도로 구성하자고 했는데, 실제로는 30명으로 구성됐습니다. 노동연구원에 연구기획단을 뒀고요. 기획단을 100명 정도로 구성하자는 것은 당시 경제기획원 강봉균 차관보가 조순문 국장에게 제안한 의견이었는데요. 고용보험 도입에 대해 논란이 많으니 관련학자를 모두 포괄하여 기획단을 구성하면 반대여론을 축소할 수 있고 홍보에도 유리할 것이라는 것이 강 차관보의 의견이었습니다.

이계민　사회보장제도의 도입과정을 보면 예산당국에서 반대하는 경우가 많았는데 고용보험은 어땠나요?

정병석　고용보험은 예산당국의 반대로 예산지원을 거의 못 받았습니다. 예산 쪽에서는 전혀 지원을 안 해줬어요. 나중에 예산실의 소극적 태도 때문에 제도 시행과정에서 많이 왜곡됐지요. 예산실에서는 노사가 보험료를 내서 재정을 담당하라며 일반회계 지원은 안 한다고 했어요. 고용보험을 담당하는 관장기구, 전산, 인력 등은 사회의 인프라이므로 일반회계에서 담당해야 하는데, 그것까지 노사의 보험료에서 부담해야 하는 것은 아니지 않습니까. 그래서 실제 시행할 때 굉장히 큰 어려움을 겪었습니다.

오는 1995년부터 실시키로 한 고용보험의 운영주체를 놓고 경제기획원과 노동부가 첨예하게 대립,「고용보험법」제정이 막판 진통을 겪고 있다. 19일 경제기획원 및 노동부 등 관계부처에 따르면 고용보험 운영은 국가기관이 맡아야 한다는 노동부의 주장과 공단 형태의 민간기관이 담당해야 한다는 기획원의 주장이 맞서 결론을 내지 못하고 있다.
경제기획원은 공무원 조직의 확대가 불가능하다는 점과 고용보험 업무가 서비스 업무라는 점을 지적, 기존의 산업인력관리공단을 포함한 별도의 공단이 담당해야 한다는 입장이다. 그러나 노동부는 법률 제·개정에 따른 후속조치 사항은 공무원 정원 동결에서 제외되어 있을 뿐만 아니라 민간이 담당할 경우 부조리의 소지가 크다는 점을 들어 기존 입장을 고수하고 있다.[9]

당초 고용보험법안에는 "노동부 장관은 직업안정소를 설치하여 그 지휘·감독 하에 보험에 관한 사무를 수행하게 한다"는 규정이 있었으나, 경제기획원의 반대 로 노골적으로 표현한, 직업안정소를 설치한다는 이 문구만 들어내고 법률제정 직후 KDI, KLI 공동연구용역을 거쳐 방침을 최종 결정하기로 했다. 그런데 국회 에 제출된 법률안에는 「고용보험법」에서 직업안정 기관이 고용보험의 집행기관 으로 명시되었고, 같이 개정 추진된 「직업안정법」에서는 직업안정 기관을 직업 안정 업무를 수행하는 지방 행정기관으로 명시되어 있다. 일단 법률은 노동부 일 선 조직이 직접 담당하는 것을 전제로 법안 체제가 마련된 셈이었다.

이계민 고용보험 연구기획단에서 고용보험 실시 방안 보고서를 만들어서 정부 에 제출했다고 되어 있는데요. 그 내용은 어떤 것이었나요?

정병석 어떤 식으로 제도를 설계할 것인지 부문별로 상세한 보고서를 냈지요.

이계민 「고용보험법」은 1993년 12월 1일 국회 본회의를 통과했고, 12월 27일 공포되어 1995년 7월 1일부터 시행에 들어갔습니다. 김영삼 정부에서 고용보험 을 실무적으로 실행하기까지 주도적 역할을 한 사람이 있나요?

정병석 1987년 민주화 이후 여건이 확 달라졌어요. 고용보험의 경우에는 장관 급 이상 스타가 없습니다. 국장, 과장, 사무관, 차관보 등 실무진급에서 모두 했거든요. 아까 말씀드렸듯이 노동부 장관이 가장 크게 반대하지 않았습니까?

---

9 〈매일경제〉, 1993. 9. 30, 1면.

실무진급 관료들의 논의에서는 논리가 가장 중요했어요.

고용보험법안 협의과정을 말씀드리자면, 김영삼 정부 초대 장관이 이인제 장관이었어요. 당시 이인제 장관의 돌출발언(대법원 판례에 따라 파업기간 중 부분임금지급이 가능하다는 선언)이 그간의 확고한 정부 정책이었던 파업기간에 대한 '무노동 무임금 원칙'을 흔든 것으로 해석되어, 이인제 장관은 경제부처에서 왕따 신세였어요. 그러다 보니 경제장관들 사이에 경제논리를 벗어나 포퓰리즘 정책을 주장한 노동부 장관과는 정책협의를 기피하는 분위기가 형성됐습니다. 그래서 「고용보험법」 관련해서 장관들이 한 번도 안 모였어요.

장관급에서 법안 협의가 사실상 불가능해지자 3개 부처 담당 국장들이 고민 끝에 장관으로부터 전권을 위임받아 법안을 협의키로 합의했어요. 이러한 협의 과정도 매우 특이한 사례라고 생각합니다. 경제기획원의 장승우 경제기획국장, 산업자원부의 추준석 산업정책국장, 노동부의 조순문 직업안정국장이 휘하의 팀원들을 대동하고 전 조문을 축조심의하며 회의를 2~3차례 개최하면서 합의를 도모했어요. 적용범위, 보험료율 등 핵심쟁점은 시행령으로 위임하며 신속히 법안쟁점을 조정하며 법안에 대한 쟁점을 해소했습니다. 핵심 3개 부처가 합의했다고 하자 국무회의에서는 큰 이견 없이 원안과 거의 같게 합의되었고요. 국회에 가서는 법 자체에 대해 공감했기 때문에 논란이 별로 없었습니다.

이계민 시행령으로 돌린 부분을 좀더 자세하게 설명해 주시지요. 시행에 따른 쟁점사항이 많았을 텐데요.

정병석 시행령이 상당히 중요하니 그 부분을 자세히 말씀드리겠습니다. 적용범위와 관련해 법에는 원칙적으로 '모든 사업장'을 적용대상으로 합니다. 대통령령으로 적용범위를 단계적으로 확대해가는 방침이었는데, 1차 적용에서 배제되는 사업장을 어떻게 규정하느냐가 관건이었고요. 그런데 적용배제 사업장을 어떻게 할지와 관련해 아주 오랫동안 부처 간 논쟁을 했습니다. 그때 노동부 차관이 경제기획원 출신의 강봉균 차관이셨는데요. 관계부처 간의 조정을 주도하셨죠.

고용보험에 실업급여 부분이 있고 고용안정사업과 능력개발사업이 있는데, 실업급여는 노사가 반반씩 보험료를 내지만, 고용안정사업과 능력개발사업은 기업만이 보험료를 내도록 규정했습니다. 이 중에서 실업급여가 가장 문제인데요. 1995년 7월 1일부터 실업급여는 상시 고용 30인 미만 사업장을 제외하고 적용하기로 했어요. 그리고 1998년 1월 1일부터 상시 10인 미만 사업장을 제외해 적용을 확대하는 것으로 안이 결정됐어요.

외환위기, 적시안타를 날리다

정병석 그러다가 1997년 말에 외환위기가 왔어요. 그래서 1998년에 시행령을 세 번 고쳐서, 불과 몇 달 사이에 적용범위를 10인에서 5인 이상 기업으로 확대하고, 이어 6개월 만에 1인 이상 기업까지 전면 확대했어요. 적용기업을 단기간 내에 거의 혁명적으로 확대한 조치였죠. 이런 조치로 대량실업 극복에 고용보험이 중추적 역할을 수행했습니다.

영세사업장의 적용확대로 사업장 수의 증가만큼 적용 근로자 수는 급증하지 않았지만, 사업장 단위로 고용보험 적용징수를 담당하는 담당자 업무는 비약적으로 증가해 직원의 업무부담이 엄청나게 가중됐습니다. 게다가 김대중 정부가 '작은 정부'를 표방하면서 1998년에는 공무원 정원을 축소해야 했어요. 그런데 적용 사업장이 확대되면서 담당업무는 몇십 배 늘어났고요. 이런 어려움이 가중되어 심각한 부담이 되었는데도 노동부가 1년 안에 성공적으로 해냈지요.

이계민 그걸 어떻게 치러내셨는지 궁금합니다. 업무가 말 그대로 몇십 배는 늘었을 텐데요?

정병석 아까 노동시장 정책 가운데 핵심업무가 고용서비스입니다. 구인구직 신청을 받아서 취업상담을 하고 취업알선을 하는 거죠. 직업능력 개발, 고용촉진 장려금과 보조금, 실업급여 업무가 있고요. 1997년 말에 고용센터가 45개였

서울 양천구 목동 'IMF 모임터'를 찾은 구직 희망자들이
일손을 찾는 기업체 직원들과 얘기를 나누고 있다 (1998. 2. 3).

는데, 외환위기로 실업자가 폭발적으로 늘어나자 담당자가 밥 먹을 시간, 화장
실 갈 시간도 없을 정도로 실직자가 몰려왔어요. 그래서 장관들이 실업대책회
의에서 논의 끝에 노동부 직할 고용센터를 서울시 구청 단위마다 만들기로 했어
요. 1998년에 전국적으로 150개 정도 만들었습니다. 담당 공무원은 늘릴 수 없
는 분위기였기 때문에, 공무원이 아닌 민간 계약직 상담원을 몇천 명 채용해 업
무를 처리할 수밖에 없었습니다. 나중에 이런 상담원 가운데 상당부분이 정규직
공무원이 되긴 했고요. 그래서 고용센터 직원이 10배쯤 늘었을 겁니다. 500명
정도에서 5,000명 정도로요.

이계민　그런 과정을 거치면서 고용보험의 필요성에 대한 국민적 공감대는 상당
히 높아졌다고 봐야겠죠?

정병석　제가 1997년 말에 고용총괄국장을 맡았습니다. 1997년 말이면 외환위
기가 발생한 시점이고, 고용보험 시행 3년째인데 대량 실업자가 생긴 거죠.

1990년대 초에 「고용보험법」과 「고용정책기본법」을 만들면서 처음 관계부처와 법안을 협의하며 대량실업에 대한 정부대책에 관한 규정을 법제화하자고 했을 때만 해도, 관계부처에서 인력부족 사태를 거론하면서 '대량실업'에 대한 논의 자체를 코웃음 친 부처 담당자들이 있었어요. 그런데 3년도 안 돼 외환위기가 닥치니까 막상 대량실업에 대한 정부대책을 수립할 수 있는 근거법령은 그 법 조항뿐이었어요. 그래서 「고용정책기본법」을 관장하는 노동부가 실업대책에 대한 주관 부처가 되었고요. 그 법 조항을 근거로 해서 10조 원의 실업대책을 만들게 된 것입니다. 어찌 보면 적시안타를 날린 셈이지요.

이계민 고용보험료는 지금 어떻게 되어 있나요? 1인 사업장도 포함되어 있는데, 자영업자는 어떻게 되나요?

정병석 자영업자는 의무적으로 가입해야 하는 가입대상이 아니에요. 그런데 자영업자가 사실상 노동자와 마찬가지로 불안정하다고 해서, 나중에 자영업자도 본인이 희망하면 고용보험에 가입할 수 있도록 법을 개정해 보완이 됐어요.

이계민 보험료율 문제는 어떻게 조정되어 왔나요?

정병석 고용사정이 가변적이기 때문에 법으로 정하지 않고 시행령으로 정하는 걸로 합의가 됐어요. 우리는 고용사정에 따라 탄력적으로 보험료율을 조정합니다. 외환위기 때는 실업보험료를 대폭 올렸고요. 초창기에는 임금총액의 0.3%를 노사가 각각 부담하는 것으로 시작했는데 실업이 별로 없다 보니 적립금이 엄청나게 많이 쌓였어요. 적립금이 지나치게 많아서 항상 논란이 됐죠. 그러다가 1997년 말 외환위기로 보험금이 폭발적으로 지출되니까 적립금이 감소하여 다시 보험료율을 올렸습니다. 그러다가 외환위기가 끝나고 나서 보험료율을 다시 낮추는 조정을 합니다. 이렇게 보험료율을 시행령에 규정함으로써 비교적 탄력적으로 조정할 수 있는 제도를 갖춘 셈이지요.

외환위기를 맞아 1997년 12월 3일 IMF와 체결한 경제정책 프로그램에는 거시
경제정책과 재정·금융 정책은 물론 '노동시장 개혁'이 한 부분을 차지한다. 문
장은 다음과 같이 간략한 내용이었지만 이른바 '정리해고제'의 정비와 근로자 파
견제도의 도입 등 노동계의 민감한 현안이 포함되었다.

> 노동시장의 유연성을 제고하는 추가적인 조치와 함께 노동력의 재배치를 촉진
> 하기 위해 새로운 고용보험제도의 기능을 강화한다.

물론 이에 대한 노동계의 반발이 심했고, 대통령으로 당선된 김대중 대통령은
12월 26일과 27일 이틀 동안 한국노총과 민주노총을 각각 방문하여 노동계와 경영
계, 그리고 정부가 참여하는 사회적 합의 기구를 구성해 외환위기를 극복하자고
제안했다. 노사정위원회의 구성이 이뤄지고 여기서 사회적 합의문을 추진했다.
그 결과로 이뤄진 것이 1998년 2월 6일의 '경제위기 극복과 재도약을 위한 노
사정 공동선언문'이다. 모두 10개 분야에 90개 항목의 사회협약을 담았다. 그
사회적 합의의 세 번째 분야가 '고용안정 및 실업대책'이다. 이 내용의 첫 번째
로 제시된 것이 '고용보험사업 확충 및 적용확대'로, 5개항이 나열되어 있다. 고
용보험 관련내용만 우선 소개하면 다음과 같다.

- 이직 전 6개월 이상 보험료를 납부한 실직자에게 실업급여 지급
- 실업급여의 최저 지급기간을 60일로 연장하고 최저 지급수준을 최저임금의
  70%로 상향조정
- 전국적 고용불안이 발생하는 경우에 일정한 기간 동안 실업급여 지급기간을
  30~60일간 연장하는 특별 연장 급여제도를 도입
- 영세사업장의 근로자 보호를 강화하기 위해 고용보험 적용 사업장을 1998년
  7월 1일부터 5인 이상 사업장으로 확대
- 1999년 7월 1일부터 임시·시간제근로자 등에 대하여 고용보험 적용[10]

---

10 이규성, 2006, 《한국의 외환위기: 발생, 극복, 그 이후》, 박영사, 1041쪽, '부록 4'.

이런 흐름으로 보면 고용보험제도의 기능강화는 IMF의 요구가 발단이 된 셈이다. 이에 더해 1998년 2월 7일 IMF와 정부가 제5차 합의에서 합의한 '사회안전망 및 실업급여제도'에 관한 사항 중 실업급여 부분을 간추리면 다음과 같다.

실업급여제도를 다음과 같이 확충한다.

- 대상을 30인 이상 근로자가 있는 사업장의 근로자로부터 1998년 1월 1일부터 10인 이상의 근로자가 있는 사업장 근로자로, 1998년 7월 1일부터는 5인 이상의 근로자가 있는 사업장의 근로자로 확대한다.
- 최소 급여수준을 최저임금의 50% 수준에서 1998년 3월 1일부터 70% 수준으로 인상한다.
- 최소 급여기간을 1개월로부터 2개월로 1998년 3월 1일부터 늘린다.
- 최소 기여금 납부기간을 1년에서 6개월로 감축시킴으로써 수혜자격을 일시적으로 (1998년 4월 1일부터 1999년 6월 30일까지) 연장한다.[11]

그러나 이러한 고용보험의 확충으로 인해 그동안 적립됐던 고용보험 기금의 고갈 우려가 제기됨에 따라 1999년 1월 1일부터 정부는 고용보험료율을 실업급여의 경우 임금총액의 0.6%(노사 0.3%씩)에서 1%(노사 0.5%씩)로 올렸다.

이계민　실업보험료율만 올렸나요?

정병석　물론 다른 보험료도 종래의 0.2%에서 0.3%로 올렸습니다. 고용보험에는 실업급여 말고, 고용안정사업과 능력개발사업이 있는데요. 고용안정사업과 능력개발사업 보험료는 오직 기업만 냅니다. 그런데 노사 간 보험료 부담 원칙이 큰 이견 없이 합의될 수 있었던 것은 기업에서 이미 기업 내 직업훈련 분담금을 부담하고 있었기 때문입니다. 직업훈련 분담금을 폐지하여 이를 고용보험의 능력개발 보험료로 전용한다는 논리에 기업이 공감하고 크게 거부감을 갖지

---

11 이규성, 2006, 《한국의 외환위기: 발생, 극복, 그 이후》, 박영사, 275쪽.

않았습니다. 그럼에도 불구하고 보험료를 낮추라는 얘기가 있었고요. 기업규모별로 차등부담하는 직업훈련 분담금 체계를 고용보험에 그대로 가져온 것입니다. 그래서 대기업은 많이 내고, 중소기업은 적게 내는 식으로 기업규모에 따라 차등을 둡니다.

이계민　그렇게 되면 대기업은 요율도 높고 돈도 많이 내는 거죠?

정병석　국가가 기능인력을 양성하면 주 수요자가 대기업이지 않습니까? 그러니까 대기업이 분담금을 많이 내야 하는 것 아니겠습니까? 실제로 직업훈련 분담금이 많았기 때문에 이를 고용보험의 능력개발 보험료로 전용하는 것에 대해 대기업 불만은 없었습니다.

이계민　고용보험을 운영하는 담당기구 문제도 말이 많지 않았나요?

정병석　담당기구 문제가 아주 복잡했습니다. 당시 김영삼 정부가 내세운 '작은 정부'에 대한 이데올로기적 사고가 있습니다. 고용보험 관장기구는 적용 사업장 및 피보험자 관리와 보험료 징수, 실업급여 업무뿐만 아니라 적극적 노동시장정책을 시행할 조직으로서 핵심적 정책수단입니다. 그런데 그 취지를 보험담당기구 정도로 잘못 이해한 예산부처와 조직담당 부처에서는 공무원을 늘리지 말고 반관반민(半官半民)의 공단을 만들어 운영하라고 주장했습니다. 치열하게 논쟁을 했지만 해결은 안 되고 있었습니다.

　예산실은 공단조직으로 하여 인건비 예산이 더 들더라도(당시 공단직원 임금수준이 공무원 보수보다 높았다) 공무원 증원은 불가하다는 작은 정부 논리에 집요하게 집착했어요. 경제기획원 이석채 예산실장은 고용보험제 도입, 공무원 증원 등에 심하게 반대했고요. 강봉균 노동부 차관의 중재로 관계부처 간부 간의 열띤 논쟁 끝에 결국 서울대와 행정연구원, KDI, KLI(한국노동연구원)에 조사연구 용역을 의뢰하여 그 결과에 따르기로 합의했습니다. 결론적으로, 경제기획원과 노동부의 오랜 논의 끝에 공무원 증원을 억제하기 위해 노동부가 직접 수행하던 산재보험 업무를 근로복지공단으로 이관하고, 그 공무원 정원으로 고용보험을 정부가 직접 수행하는 것으로 정리했습니다.

그리고 고용보험 징수업무도 산재보험과 통합하여 근로복지공단이 담당하는 통합징수 원칙을 결정해 2대 사회보험의 통합징수 선례를 정립했습니다. 2003년 통합징수에 관한 법률을 제정했습니다. 핵심적인 노동시장 정책에 집중하기 위해서 징수업무를 위임하되, 산재보험 징수와 통합해서 업무의 효율성을 유지하려 한 노동부의 선택과 집중 전략이었고 불가피한 선택이기도 했습니다.

이계민   이렇게 해서 결국 시행에 들어갔는데요. 고용보험이 실업보험이 아니라 인력개발 정책이고, 고용정책이라는 것은 충분히 설명된 것 같습니다.

정병석   우리나라가 고용보험의 후발주자이다 보니, 선진국 제도의 장단점을 두루 검토해서 우리가 가장 앞서가는 제도를 만들자고 했습니다. 데이터베이스를 만들어서 개인을 평생 관리해 주고 종합적 고용서비스를 갖춘다는 것, 직업훈련을 통해 평생 능력개발을 한다는 것 등이 이런 시각에서 우리의 고용보험제에서 강조되는 것이지요.

고용보험 시행과 인력개발 정책의 발전

이계민   그런데 고용보험이 시행되면서 인력개발 정책이 많이 바뀌지 않았나요? 어떤 점이 주로 많이 바뀌었습니까?

정병석   개개인의 능력개발을 평생에 걸쳐 지속적으로 추진할 수 있도록 정부가 지원하고, 여기에 사용할 재원을 갖춘 것은 우리나라가 가장 앞서 있습니다. 정부가 이쪽에 쓰는 예산이 4조 원 정도 됩니다. 대기업은 자체적으로 훈련을 많이 시행하긴 하지만, 중소기업은 그렇게 하기 어려운데 고용보험을 통해 이를 체계적으로 지원하는 제도와 재원을 마련했습니다. 이런 제도를 가진 나라가 별로 없습니다.

이계민　업종에 대한 큰 변화는 없었나요? 직업훈련의 주 타깃이 되는 노동자는요?

정병석　예전에는 '직업훈련'이라고 했는데, 지금은 '직업능력 개발'로 용어가 바뀌었습니다. 직업훈련은 사업 내 훈련 의무제하에서 대개 제조업, 광업, 건설업이 중심이었습니다. 150인 이상의 규모가 큰 곳만 적용했고요. 그런데 지금은 이것을 전 산업으로 확대·적용하고 있습니다. 모든 업종에서 기업에 특수한 재훈련이 꼭 필요하니까요. 금융업이든 보험업이든 사회서비스업이 됐든 간에 지속적 재훈련은 필요합니다. 그리고 근로자 몇 명 이상의 기업을 대상으로 하는 것이 아니라 모든 규모의 기업을 대상으로 합니다. 직업훈련처럼 한 번 지원받는 게 아니라, 능력개발은 평생을 통해 지속적 훈련을 매년 받도록 합니다. 재직자를 위한 훈련 재원은 일반회계에서 일절 지원받지 않습니다. 고용보험의 기금만 갖고도 지속적으로 모든 노동자의 능력을 개발할 수 있는 충분한 자금이 있습니다.

이계민　외환위기 때 고용총괄국장을 맡으셨지요? 그때 고용보험 만들고 나서, 효험을 많이 봤다고 얘기하셨는데 당시 기억에 남는 에피소드는 어떤 것이 있나요?

정병석　정부에서 실업대책을 수립하면서 엄청난 국가의 재원을 실업대책에 쓸 수밖에 없는 상황이었습니다. 사실, 정부의 주요 부처 관료들 간에 그렇다면 이때 실업자를 전면적으로 재교육시키는 데 실업대책 예산을 집중하자는 논의까지 했습니다. 그래서 실업대책의 최우선순위를 직업훈련으로 하자고 했습니다.
　외환위기 때 금융, 보험 쪽에서 구조조정이 많았는데요. 당시에는 금융, 보험 근로자에게 선진 금융기법에 대한 교육기회나 전문성이 많이 부족했어요.

우리나라 금융기관의 전문성 부족이 외환위기 과정에서 크게 부각되기도 했습니다. 그래서 이때 대대적으로 금융·보험부문 실직자를 대상으로 아주 고급 전문과정 직업훈련을 시키는 사업을 고안했습니다. 실직되고 나서 실업대책 예산으로 실업급여도 주면서 금융부문에 대한 고급 전문과정 직업훈련을 시켰어요. 그 당시에는 취업전망이 까마득했습니다. 그런데 1년 반이 지나고 금융산업이 다시 호황으로 돌아갔는데요. 그렇게 고급 전문과정 직업훈련을 시킨 덕분에 그 사람들을 기반으로 새로운 금융산업이 많이 생겨났고, 국제경쟁력도 높일 수 있었다고 생각합니다.

세계적 고용서비스 시스템 구축

이계민   결과적으로 외환위기 극복에 혁혁한 공을 세운 거네요. 그런데 고용보험에서 가장 중요한 것이 전산망인 것 같습니다. 전산망의 구축에서 애로사항은 없었나요?

정병석   「고용보험법」을 1995년 7월부터 시행했는데, 전산프로그램 만드는 데 몇 달 여유가 없었습니다. 전산시스템을 구축하기 위해서는 시행령은 물론 시행규칙까지 만들어져 업무 프로세스와 행정서식까지 미리 완료되어 있어야 하나, 1993년 12월 말 법률이 제정된 후 1995년 7월 시행까지는 1년 반 정도의 시행준비 기간밖에 없어서 시행령 안의 성안작업과 시행규칙의 성안작업과 함께 전산프로그래밍의 작업을 한꺼번에 진행해야 하는 어려움이 있었습니다.

그 가운데서도 고용보험은 그 당시 IT 기술을 최대한 활용해 일체의 수작업 없이 처음부터 전산으로 업무를 추진할 수 있는 '종이 없는 사무실'(paperless office)을 지향하면서 준비작업을 추진했습니다. 당초 계획으로는 시행령과 시행규칙을 한꺼번에 입법 추진하여 2014년 10월에 입법예고해 연말까지는 입법 완료하고, 2015년 상반기 중에 전산프로그램을 완료된 서식에 맞춰 마무리하면서 고용보험 담당 직원에 대한 교육을 실시하는 일정을 가지고 추진했던 것입니다.

그러나 시행령에 명시된 적용범위, 보험료율 등 쟁점사항 때문에 1995년 3월에야 시행령이 제정되고, 시행규칙은 100종이 훨씬 넘는 서식 심사작업 등이 지연되면서 시행 한 달 전에야 확정될 수 있었습니다. 그럼에도 불구하고 업무 프로세스와 행정서식은 부처 간 쟁점사항이 아니었기 때문에 노동부 구상에 따라 전산프로그램을 구축해가는 데 결정적 어려움은 없었으며, 1995년 7월 「고용보험법」 시행과 함께 적용 사업장·피보험자 일제 신고 및 보험료 신고 업무를 무리 없이 전산으로 진행할 수 있었습니다.

그런데 시행령은 1995년 3월, 시행규칙은 불과 법시행 한 달 전에 만들어져 절대적인 시간부족 문제를 해결하기 위해 특별한 TF를 구성하였습니다. 노동부 적용징수 담당자, 전산전문가, 전산개발을 수탁받은 민간기업인 SDS 전문가 등 40여 명이 합동으로 TF를 구성하여 철야작업하고, 매 주말 노동부에 모여 정책담당자들과 토론하며 시연하며 조율했습니다. 한편, 정부조달 입찰과정에서 주전산기와 단말기를 서로 다른 회사 제품으로 결정하여 조달하다 보니 소프트웨어가 서로 일치하지 않은 경우가 있어 운용과정에서 문제가 많이 발생했어요. 총무처에서 국산 주전산기 사용을 강요했기 때문이죠.

고용서비스의 양적 확대는 외환위기 때인 국민의 정부에서 이루어졌고, 고용서비스의 질적 발전은 노무현 대통령 때 완성됩니다. 노무현 대통령께서 개개인에 특화된 고용서비스 발전에 굉장히 심혈을 기울이셨어요. 2004년 9월에 저를 노동부 차관으로 임명하시면서도 "이것(개인에게 특화된 고용서비스)만은 해결해 달라"고 당부하셨어요. 고용센터가 방대한 데이터베이스를 갖고 있는데 왜 개인에게 맞는 좀더 치밀한 고용서비스를 못 해주느냐는 것이지요. 고용안정 전산망에 이력, 경력, 보수 등 개인 정보가 상당히 많이 들어 있습니다. 당시에는 구직자에게 적합한 기업이 거주지에서는 어떤 회사, 광역적으로는 어떤 회사, 전국적으로는 어떤 회사가 있는지 알려주지를 못했던 거지요.

이 업무를 가지고 대통령이 고용서비스 선진화 회의를 세 번이나 주재했습니다. 완성되고 나서, 대통령이 부산에 있는 고용센터에 가서 직접 시행해 보셨어요. 그리고 나서 대통령께서 "이 정도면 세계에 내놓을 만한, 개인에게 특화된

노무현 대통령이 청와대에서 신임 정병석 노동부 차관에게 임명장을 수여하고 있다 (2004. 9. 3).

고용서비스라고 생각한다"고 평가하셨어요. 그것을 TV에서 목격한 광주에 있는 어떤 상담원이 대통령께 메일을 보내서 왜 부산에만 가시느냐, 광주 고용센터도 잘하고 있으니 광주에도 오시라고 했어요. 그래서 대통령이 약속하고 나서 얼마 후 직접 광주에도 가셨습니다. 나중에 그 상담원이 그 스토리를 책으로도 냈어요.

우리나라 고용서비스의 수준이 이제는 세계적 수준입니다. 최근에는 우리나라 고용서비스에 관해 제가 베트남과 페루 정부에 자문해 줬고요. 어떤 분이 스웨덴에 갔더니, 스웨덴 전문가가 한국의 고용서비스가 세계최고 수준이라고 평가했다고 전달하더군요. 요새는 우리나라 고용서비스를 모바일로도 제공하는데, 세계최고 수준으로 아주 잘 되어 있습니다.

이계민　고용보험 심의관도 하셨지요?

정병석 「고용보험법」은 1995년 7월 1일부터 시행토록 법에 규정되어 있었는데요. 고용보험 시행을 불과 두 달 남긴 5월 1일자로 노동부에 고용보험 심의관실을 개설하고 2개 과를 설치했습니다. 제가 고용보험 심의관 발령 2개월 만에 시행준비를 갖춰야 했던 긴박한 상황이었습니다. 당시에 사회적으로 크게 물의를 야기했던 정책실패 사례가 있어, 공직자들이 새로운 제도의 시행에 극도로 긴장할 때였습니다. 1993년 말의 우루과이라운드 협상 타결로 인해 쌀 수입개방이 불가피한 상황에서 농민의 극심한 반발을 겪은 바 있습니다. 1994년 5월에는 농수산물의 유통구조 개선을 내용으로 하는 「농업안정법」 개정작업이 추진되었는데, 농산물 중개인 등의 거센 반발에 부딪혀 법시행을 둘러싸고 전국이 들썩거린 이른바 「농안법」(「농산물 유통 및 가격 안정에 관한 법률」) 파동이 터졌습니다. 「농안법」 파동은 정부가 법률 시행준비를 제대로 하지 못해 사회에 혼란을 초래한 대표적 정책실패로 인식되었습니다.

그래서 노동부 고용보험 담당 관료들은 "제2의 「농안법」 파동이 일어나서는 안 된다"는 결의하며 시행에 차질이 생기면 다 같이 한강에 빠져 죽자는 각오를 다졌습니다. 매일 저녁 8시에 국장(고용보험 심의관) 주재로 상황점검 회의를 하며 분야별 진전사항과 애로요인, 해결방안 등을 논의했는데요. 매일 점검해 보면 정상적 시행이 가능할지 낙관과 비관 전망이 교차했습니다만, 그래도 결국 해냈다는 데 자부심을 느낍니다.

고용보험의 발전을 위한 제언

엄격한 심사로 도덕적 해이 예방해야

이계민 고용보험이 1995년부터 시작됐으니 이제 20년이 넘었지요. 지금까지의 결과를 평가하신다면? 그리고 개선해야 할 점은 어떤 것이 있을까요?

정병석 고용보험의 재정과 관련해 갈수록 모성보호 비용이 급속히 늘어나는 것이 문제가 되고 있습니다. 당초 모성보호급여가 고용보험에 들어올 때는 산전후휴가급여가 위주였기 때문에 고용보험의 목적에 부합하느냐는 논란이 있었습니다. 현재는 육아휴직급여와 산전후휴가급여가 거의 같은 비율로 나가고 있고, 육아휴직급여의 경우 여성 고용정책에서 중요한 의미를 가지고 있습니다. 그래서 이제는 정식으로 모성보호급여의 계정을 분리하고, 별도의 보험료를 노사가 부담하는 방식으로 개편할 필요가 있습니다.

외환위기 때는 실직자가 급증하고 취업할 곳은 없는 비상상황이었으므로 몰려드는 실직자에 대해 실업급여 심사를 아주 쉽게 해줬습니다. 외환위기가 끝난 후에는 이걸 엄격히 심사했어야 하는데 그렇게 하질 못했지요. 그로 인해 도덕적 해이(moral hazard) 문제가 생기는 거예요. 실업급여 계정의 경우에도 자발적 실업자에 대한 실업급여 지급 등 사회안전망을 강화하려 한다면, 그에 상응해 보험료율을 상향조정하여 재정을 안정화할 필요가 있습니다.

또 하나가 데이터베이스인데요. 지금 빅데이터가 아주 중요합니다. 고용보험의 주요목표 가운데 하나가 상세한 데이터베이스를 갖추는 것입니다. 지금 피보험자가 1,300만 명 정도이고, 이 사람들에 대한 상세한 내역이 모두 고용 전산망에 들어 있습니다. 기업 쪽의 정보도 다 있고요. 그러니까 굉장히 좋은 빅데이터를 갖고 있는데, 지금은 이것을 충분히 활용하질 못하고 있습니다. 효율적인 활용 방안을 찾아야 할 때입니다.

사각지대 문제, 탄력적 운용으로 개선해야

이계민   인구구조도 변화하고, 직업윤리나 취업 생태계 변화도 있다 보니 제도도 바뀌어야 할 것입니다. 이런 변화에 맞춘 고용보험의 발전 방향을 말씀해 주시지요.

정병석   지금까지는 고용보험이 잘해왔다고 생각합니다. 그러나 앞으로는 변화가 상당히 필요합니다. 고용보험은 철저하게 사업장 중심으로 이뤄졌습니다. 그런데 앞으로는 사업장 소속이 애매하고 자주 옮겨 다니는 비정규직이 많아질 것입니다. 그런데 기존의 고용보험 틀로 적용하다 보니 빠지는 사람들이 많아졌습니다. 비정규직도 고용보험 적용은 되는데, 최소한 일주일에 몇 시간 일해야 한다는 요건이 있습니다. 그러니까 실제로 적용하기가 어려운 사람들이 늘어나는 거죠. 이런 사각지대 문제를 어떻게 해결할 것인가에 대한 연구와 정책 대안이 필요합니다.

　그리고 직업능력 개발도 고용보험의 중요한 한 축입니다. 문제는 중소기업이나 비정규직근로자는 어떻게 능력개발을 해주느냐 하는 것이죠. 학습지 교사, 보험 판매원, 골프장 캐디 등 특수고용 종사자가 있는데, 소속 사업장이 명확하지 않고 실제로 고용관계가 있는 것도 아니지만 실제로는 노동자와 비슷한 사람입니다. 이런 사람들의 능력을 어떻게 개발해 주냐는 것이죠. 해결책으로 개인에게 훈련 바우처를 주는 방법이 있습니다. 그래서 어떤 훈련기관에라도 가서 훈련을 받으면, 고용부가 지원해 주는 방식입니다. 그런데 교육시간이 꼭 낮일 필요는 없을 거고요. 또 온라인으로 받을 수도 있을 테고요. 그러니까 교육방법, 주체, 시간을 모두 탄력적으로 바꾸면 그런 분들에게도 혜택이 주어질 수 있다고 생각합니다. 이런 제도를 더 발전해가는 것이 중요합니다.

이계민   좋은 말씀 감사합니다.

1995년 7월 1일 시행된 고용보험제도는 1997년 말의 외환위기와 2008년의 세계금융위기 등을 겪으면서 경제환경 변화에 대응하는 꾸준한 확장과 내실화를 통해 1998년 10월부터는 전 사업장으로 확대적용됐고, 2004년부터는 일용직근로자에게도 적용되는 한편, 실업급여나 고용촉진 지원활동 등 그 내용도 광범위하게 개선되는 성과를 가져왔다.

그러나 2000년대 후반 이후 경제·사회환경의 변화는 급속히 이뤄졌다. 고용보험의 내용도 이에 부응하는 것이 사회보험 본연의 임무를 충실히 이행하는 길임은 너무도 분명하다. 2002년부터 시행되고 있는 모성보호사업이나 2011년부터 도입된 고령자의 고용촉진기능 강화 등은 저출산·고령화 시대의 사회변화에 고용보험이 효율적으로 대응한 구체적 성과가 아닌가 싶다.

그러나 여전히 개선돼야 할 과제도 적지 않다.[12]

첫째, 아직도 사각지대가 많다는 점이다. 소규모 사업체나 비정규직, 여성 등의 계층에서 적용이 누락된 집단이 많고, 가사종사자와 같이 아예 적용에서 제외되는 집단도 있다.

둘째, 수혜의 형평성에 대한 문제도 있다. 일용직의 수급요건으로 인한 급여불가 문제, 즉 일용직의 수급자격 요건에 전월에 근로일이 10일 미만일 것이라는 추가요건이 들어 있다. '이직'이라는 행위가 없는 일용직에 대해 실업을 판단하기 위해서는 소득을 기반으로 하지 않는 현재의 고용보험 체제에서는 불가피한 조치라고 생각된다. 또한 직업능력 개발사업이나 고용안정사업에서의 낮은 수혜율, 그리고 비정규직의 모성보호급여가 정규직보다 낮은 수급률 적용 등이 문제로 제기된다.

셋째, 제도의 전반적 효과와 효율 측면에서 실업급여 수혜율과 수혜기간의 불충분성 및 재취업촉진 기능의 미약성, 그리고 고용안정사업 및 직업능력 개발사업의 효과 및 효율성에 대해서도 여전히 문제가 많이 제기되고 있다.

---

12 고용노동부, 2016, 《고용보험 20년사》, 516~518쪽, "3. 고용보험 성과의 한계와 제도개선 필요성"을 요약 소개한 것이다.

따라서 이 같은 구체적 개선방안의 강구는 물론 고용보험의 중장기적 비전과 개선 방향도 함께 고려되어야 할 것이다. [13]

앞으로의 노동시장 구조와 경제구조의 변화, 삶의 패러다임 변화 등을 고려해 고용보험 이외의 다른 관련제도와의 유기적인 연계 및 통합조정을 강화할 필요성이 높다. 우선 전체 실업자 사회안전망 혹은 고용안전망의 완성도를 높이기 위해, 실업급여와 국민기초생활보장제도 사이의 제 2차안전망으로서 취업성공 패키지와의 역할을 재정립하고, 한국형 실업부조로 취업성공 패키지를 확대하는 것이 필요하다.

고용보험의 발전비전은 "노동시장 진입에서 은퇴까지 노동 생애 전 과정을 조정하는 역할을 확대하는 것"으로 설정해야 하며, 이를 실천하기 위한 정책의 기본 방향은 다음의 4가지로 요약해볼 수 있다.

첫째, 노동시장 지위 개선과 경제 전체의 효율성 향상을 동시에 달성할 수 있도록 고용보험이 개인의 노동시장 이행을 지원할 수 있는 제도를 재설계해야 한다. 둘째, 개인의 수요에 따라 맞춤형 지원이 이루어질 수 있도록 고용보험을 통한 지원방식을 재구조화해야 한다. 셋째, 고용보험과 다른 제도의 연계 강화를 위해 거버넌스와 전달체계를 재정비하고 재원조달 구조도 재정립한다. 넷째, 고용보험제도 및 고용서비스의 장기 발전비전을 뒷받침할 수 있도록 인프라를 확충해야 한다.

통계청이 2016년 말에 발표한 "장래인구추계: 2015~2065년"에 따르면 우리나라 총인구는 2031년 5,296만 명을 정점으로, 2032년부터 감소해 50년 뒤인 2065년에는 4,302만 명으로 줄어든다. 특히 생산가능인구(15~64세)는 2017년부터 줄어들 것으로 전망됐고, 65세 이상 고령인구는 2025년에 1,000만 명을 넘어서 2065년에는 1,827만 명으로 전체 인구의 절반에 육박하는 42%를 넘어설 것으로 집계됐다.

총량적 인구변화 전망뿐만 아니라 노령화 지수나 유소년 인구구성 등 사회구

---

13 같은 책, 518~522쪽, "4. 고용보험의 중장기적 비전과 개선방향"을 요약해 소개한 것이다.

성의 밑바탕을 이루는 인구구조의 질량적 변화는 우리의 삶 자체에 크나큰 영향을 미칠 것이 분명하다. 더구나 생산가능인구의 감소는 고용구조나 형태에 근본적 변화를 초래하므로 대비책 없이 맞이한다면 그 자체로 위기일 수밖에 없다. 고용보험의 장기발전 구상과 실천이 당장 매우 중요한 국가적 과제가 되어야 하는 이유다.

우리나라
최초 사회보험,
산재보험

8

문재인 정부 제2대 고용노동부 장관으로 화려하게 친정에 돌아온 관료 출신. 행정고시 26회로 고용노동부 국제협력국장, 고용정책관, 노사정책실장, 고용정책실장 등을 거쳐 고용노동부 차관으로 재직하다 2013년에 퇴임했다. 공직에서 물러난 뒤 산재보험 업무를 담당하고 있는 근로복지공단 제7대 이사장(2013.10~2016.11)을 지냈다. 이 책의 인터뷰는 고용노동부 장관 취임 이전에 한국기술교육대 교수 시절 이뤄진 것이다. 경기도 광주 출신으로 인창고와 고려대 행정학과를 졸업하고, 서울대 행정학 석사학위와 미국 미시간주립대 노사관계학 석사학위를 취득했다.

이재갑

고용노동부 장관

들어가며

산재보험은 우리나라 최초의 사회보험으로 1963년 11월 5일 관련법률이 공포, 시행되고, 그 이듬해인 1964년 7월 1일부터 실행됐다. 그 이전까지는 전쟁 중이던 1953년 5월 10일 임시수도 부산에서 입법화된 「근로기준법」에 의해 재해보상을 받도록 되어 있었다. 즉, 「근로기준법」 제 8장에서 업무상 재해를 입은 경우 근로자를 고용한 사업주는 과실 유무를 불문하고 재해 근로자에게 보상토록 하는 '무과실책임에 의한 재해보상제도'를 규정하고 있었다.

물론 그보다 더 앞선 일제강점기 이후 시기의 근로자 재해는 「민법」에 의한 보상이나 단체 협약을 통한 사업장 단위 보상, 또는 사업주의 배려에 의존하는 형태였다. 그런 점에서 「근로기준법」에 무과실 책임에 의한 재해보상제도를 규정한 것 자체도 근로자 보호라는 측면에서 진일보한 조치였다.

서구사회에서 가장 오래된 사회보장제도 중 하나인 산재보험제도의 도입을 서두르게 된 것은 5·16 군사정변에 의한 경제사회 환경의 변화에 기인한 측면이 강하다. 군사정부는 민심을 달래고 사회안정을 되찾기 위한 노력을 게을리할 수 없었기 때문이다. 이처럼 산재보험의 도입은 군사정부 시절 국가재건최고회의가 입법 권한을 행사하는 특수한 정치 환경에서 이뤄지긴 했지만 근로자나 기업주의 입장에서도 첨예한 대립이 없어 비교적 무난한 출발이 가능했다.

처음 산재보험제도 도입이 연구될 때만 해도 일본과 같은 '노동자재해보상보험'(노재보험)으로 불렸으나, 연구과정에서 '노동자'라는 단어 대신 '근로자'로 대체하는 과정을 거쳤다. 단편적이긴 하지만 당시 '노동자'라는 단어에 거부감이 큰 사회적 분위기를 엿볼 수 있는 편린이 아닌가 싶다.

우리나라 최초의 산재보험은 정부주도의 성장위주 경제정책하에서 근로자에 대한 보상책으로서 빠르게 확대되었다. 그러다가 1987년의 민주화 선언을 계기

---

* 이 장은 이계민 전 한국경제신문 주필이 2017년 10월 25일에 은행회관 뱅커스 클럽에서 이재갑 고용노동부 장관(인터뷰 당시는 장관 취임 이전)과 진행한 인터뷰를 토대로 집필하였다.

이계민 전 한국경제신문 주필이 이재갑 고용노동부 장관과 인터뷰를 진행하였다.

로 노동운동의 급진전, 그리고 1997년 말의 외환위기라는 사상 초유의 국가부도 위기로 사회안전망 확충의 중요성이 부각되면서 제도의 확충과 내용의 충실화를 위해 잰걸음을 더욱 재촉할 수밖에 없었다.

2000년대에 들어서는 산업재해보상제도가 '일하는 자의 업무상 재해에 대해 신속하고 공정한 보상'을 하는 데 그치지 않고 '신속한 사회 복귀를 촉진하는 것'을 기본 방향으로 삼아 사회안전망으로서의 역할을 강화하는 것으로 발 빠른 진전을 일궈내고 있다. 우리나라 사회보험 발달의 기둥인 산재보험 반백년의 역사는 지금도 계속 새로 쓰이고 있다.

이재갑은 행정고시 제 26회로 노동부 국제협력국장, 고용정책관, 노사정책실장, 고용노동부 고용정책실장 등을 거쳐 고용노동부 차관으로 재직하다 2013년에 퇴임했다. 이후, 산재보험 업무를 담당하는 근로복지공단에서 제 7대 이사장(2013년 10월~2016년 11월)으로 재직하면서 산재보상 업무의 확충과 현대화에 큰 기여를 했다. 우리나라의 산재보험 역사를 새롭게 쓴 사람 가운데 한 사람이다. 그와의 대담을 통해 산재보험 태동의 역사와 발전 방향 등을 짚어 본다.

산재보험의 태동과 발전의 역사

군사정부가 서둘러 만든 우리나라 최초의 사회보험

이계민 산재보험은 우리나라 최초의 사회보험이지요. 5·16 군사정변 이후의 국가재건최고회의에서 입안되고 1964년 7월부터 시행됐는데, 산재보험제도 도입 배경을 설명해 주시지요.

이재갑 산재보험은 우리나라에서 최초로 도입된 사회보험제도입니다. 우리나라의 경제개발 단계와 떼어서 생각할 수 없는 제도이고요. 그런 측면에서 5·16 이후 군사정부가 주관이 되어 경제개발계획을 세우면서, 사회보장제도를 같이 확립하는 과정에서 중요한 의미를 갖고 있었다고 생각합니다. 그런데 그 당시 상황을 정확하게 이해할 필요가 있습니다.

1961년 5·16 군사정변 이후 군부세력은 비상계엄을 선포하고, 6대 혁명 공약을 발표하면서 국회를 해산하고, '군사혁명위원회'를 '국가재건최고회의'로 바꾸어 새로운 통치기구를 정비했습니다. 당시의 시대적 상황을 보면, 4·19 이후 전 분야에 걸쳐 사회복지제도 개혁 요구가 분출되었고 그에 따라 총선 과정에서도 각 정당마다 사회복지제도 실시 공약을 내세우는 등 사회적으로 개혁에 대한 기대가 높았습니다. 군사정부도 이러한 사회적 분위기를 완전히 무시하기는 어려웠을 것으로 짐작됩니다. 그래서 사회보장제도를 도입함으로써 안전하게 개혁성을 보여줌과 동시에 민심을 얻으려 했던 것 같습니다.

산재보험의 도입은 거의 전적으로 군사정부 최고회의의 지시 아래 이루어졌습니다. 「산재보험법」의 제정과정에는 제한된 극소수만 참여했기 때문에 도입 과정에서 큰 논란은 없었다고 알고 있습니다.

이계민 제도 도입 과정은 어떻게 되나요? 그냥 준비되어 있던 것을 실천에 옮긴 것만은 아닐 텐데요?

이재갑   산재보험 결정과정에서 중요한 출발점은 당시 보건사회부 내 사보심의 설립입니다. 물론 산재보험뿐만 아니라 의료보험, 실업보험, 공적부조 등 많은 사회보장제도가 여기서 연구되었고 정부에 건의됐지요. 사실 사보심은 민주당 과도정부에서 설립하려던 것이었는데 5·16 군사정변이 일어나 무산되었다가, 1962년 3월 국가재건최고회의가 설립을 허가했습니다.

사보심 산재보험반 심강섭 전문위원의 '맹활약'

이재갑   산재보험은 사보심의 4개 연구반 중에서 노동보험반이 연구를 담당했는데, 나중에는 연구반 이름 자체를 산재보험반으로 바꾸기도 했습니다. 노동보험반의 전문위원은 심강섭, 민부기, 남윤호 씨 등이었는데, 특히 산재보험의 경우 심강섭 전문위원이 주도적 역할을 담당했던 것 같습니다. 심강섭 전문위원은 일본에서「노동법」을 공부한 후 오랫동안 노동행정을 담당해온 공무원으로 산재보험의 이론부터 설계, 추진까지 많은 역할을 한 것으로 알려져 있습니다.

   1963년 여름부터 산재보험법안에 대해 관계부처 협의 및 법제처 심사를 거쳐 각의, 최고회의상임위원회 등의 절차를 거쳤고, 1963년 11월 5일 국가재건최고회의 본회의에서 가결, 통과되어 1964년 7월부터 제도가 시행됐습니다. 당시 관계부처에서는 시기상조론 등의 이유를 들며 우호적이지 않았으나, 사회보험심의위원회 전문위원들의 적극적 설명으로 동의한 것으로 기록에 남아 있습니다.

1963년 10월 8일「사회보장법」과「산업재해보상보험법」을 심의한 국가재건최고회의 제107차 상임위원회 회의록[2]을 보면「사회보장에 관한 법률」의 경우 "'사회보장심의위원회'의 설치를 꼭 법령에 넣어야 하느냐, 각령(대통령령)으로 규정

---

2 양재진 외, 2008,《한국의 복지정책 결정과정: 역사와 자료》, 나남, 32쪽 참조. 108차 상임위원회 회의록은 당시 안전기획부가 소장하고 있던 복사본을 당시 전문위원이었던 심강섭이 신청하여 사본을 입수한 것으로 데이터베이스화되어 있다.

하면 안 되느냐?", "이 기구가 자문기구냐, 의결기구냐?"에 관한 논의가 많았다. 이 법을 주도했던 홍종철 최고회의 문사위원은 "설치근거 모법(母法)이 없기 때문에 근거 법률이 필요하다"는 설명을 하면서, "사회보장제도를 혁명정부에서 입법조치하도록 수행한다는 대의명분으로 보아 이것이 법체계에 저촉되지 않는 한 될 수 있으면 그냥 두는 것이 좋을 것 같다"고 설득했다. 결국 이 회의에서 설치근거를 만들었고, 기구의 성격은 "자문기구로 한다"는 결론을 내렸다. 이 법제정 이전에는 보건사회부에 '사회보장제도 심의위원회'가 각령으로 설치되어 있었다.

사실 당시의 「사회보장법」은 그야말로 사회보장의 모법으로서 상징적 의미가 있었고, 함께 입법된 「산업재해보상보험법」의 입법 당위성을 제공하는 역할도 했다. 당시의 입법 목적과 정의를 규정한 「사회복지법」 제1조와 2조, 그리고 1995년 대체 입법된 「사회보장기본법」에 규정된 '목적 조항'을 비교해 보면 그 역할과 기능의 변화를 다소나마 짐작해 볼 수 있다.

사회보장법

- 제1조(목적) : 이 법은 모든 국민의 인간다운 생활을 도모하기 위한 사회보장 제도의 확립과 그 효율적 발전을 기함을 목적으로 한다.
- 제2조(사회보장의 정의) : 이 법에서 '사회보장'이라 함은 사회보험에 의한 제급여와 무상으로 행하는 공적부조를 말한다.

사회보장기본법

- 제1조(목적) : 이 법은 사회보장에 관한 국민의 권리와 국가 및 지방자치단체의 책임을 정하고 사회보장정책의 수립·추진과 관련제도에 관한 기본적인 사항을 규정함으로써 국민의 복지 증진에 이바지하는 것을 목적으로 한다.
- 제2조(기본이념) : 사회보장은 모든 국민이 다양한 사회적 위험으로부터 벗어나 행복하고 인간다운 생활을 향유할 수 있도록 자립을 지원하며, 사회참여·자아실현에 필요한 제도와 여건을 조성하여 사회통합과 행복한 복지사회를 실현하는 것을 기본이념으로 한다.

한편 이날 함께 심의된 「산업재해보상보험법」 정책 질의에서는 "기업부담 증가로 인한 기업도산이나 경제악화가 우려되니 실시를 보류하면 어떻겠느냐?"는 것과 "꼭 보건사회부가 담당해야 되느냐? 이미 체신부가 퇴직보험이나 생명보험, 기타보험을 취급하니, 거기에 위탁하면 되지 않느냐?"는 지적이 많았다.

보건사회부 관계자들은 "다른 부처가 가져가겠다고 하면 언제든지 내주겠다"고 해명하면서 "다만 근로감독을 실시하는 감독기관(보건사회부)이 산업재해 예방 업무를 철저히 해주어야 기업의 보험료 부담도 덜고, 정부 재정부담도 완화할 수 있다"고 설득했고, 차관회의와 각료회의에서도 같은 의견으로 결론 내 법안을 의결했다고 밝혔다. 그런 우여곡절 끝에 「산업재해보상보험법」이 상임위원회에서 통과됐고,[3] 1963년 11월 5일에는 국가재건최고회의 본회의에서 통과되어 입법됐다.

이계민　당시 최고회의 상임위원회에서 기업부담 우려 등이 제기됐고, 특히 경제정책을 성장우선으로 세우다 보니 사회복지에 거부감이 컸다고 알고 있습니다. 그뿐 아니라 처음에는 사용자는 물론 노동자도 반대했다고 아는데 무엇 때문에 그랬나요?

이재갑　반대론을 이해하기 위해서는 당시 경제상황을 먼저 이해할 필요가 있습니다. 1962년 1인당 GNP가 100달러에 불과했고, 극심한 경제난으로 인해 종업원 500인 이상의 큰 기업의 경우에도 공장 가동률이 26% 정도에 그쳤죠. 그러다 보니 근로자에 대한 임금도 20%밖에 지불하지 못하는 등 어려운 시기였습니다.

이러한 상황에서 1953년에 이미 제정되어 시행 중인 「근로기준법」에서 산업재해에 대해 각 기업이 개별적으로 재해보상을 하도록 규정하고 있는데 구태여 사회보험화할 필요가 있느냐는 반론이 도입과정에서 제기되었다고 합니다.

실제로 최고회의 논의과정에서도 이런 논란이 있어서, 그 당시에 산재보험이

---

3 이와 관련된 상세한 내용은 이 책의 378쪽 참조.

적용대상으로 하는 종업원 500인 이상 기업이라면 큰 기업인데도 월급을 제대로 주지 못하는 회사가 많았다는 점이 논란의 대상이 되기도 했습니다. 최고회의 상임위원회의 정책 질의 과정에서 심강섭 전문위원이 밝힌 바에 따르면, 당시 종업원 500인 이상 기업은 모두 60개소로 여기에 종사하는 근로자는 6만 명이었습니다. 그런데 일부 최고회의 위원은 그중 제대로 월급을 주는 회사는 26%에 불과하다는 통계도 있다고 지적하기도 했지요.

기업이 정상적으로 움직이려면 기업주가 자기 기업에 대해 의욕을 갖고 정상적으로 움직여야 하는데, 법을 만들어 보험료를 못 낼 경우 체납처분을 하겠다고 규정하면 기업주가 기업에 대해 의욕을 상실하여 근로자에게도 이익이 될 수 없다는 주장이 있었다고 합니다.

처음엔 노사 모두 '반대', 경제부처도 '외면'

이계민　그게 어떻게 극복되었나요?

이재갑　여러 가지 사회보험 가운데 산재보험이 가장 먼저 도입된 이유와 관련이 있겠습니다. 우리나라에서는 1953년에 「근로기준법」이 제정되었으며, 「근로기준법」에는 산업재해가 발생할 경우 사업주에 대한 보상책임 규정을 두었습니다. 문제는 보상을 하게 되면 사업주는 일시에 목돈을 부담해야 하고, 경우에 따라서는 파산까지 이를 수 있다는 점입니다. 더구나 돈이 없어 보상을 못 해주면 처벌까지 받아야 되고요. 그 당시 최고회의에서 사보심 전문위원들은 이런 점을 내세워 설득했다고 합니다.

산재보험제도는 「근로기준법」상의 고용주 책임을 사회보험화한 것이기 때문에 현재보다 더 큰 기업의 부담이 없으면서도 대량사고로 인한 기업의 파산을 막고, 노동자에게는 재해보상을 해줄 수 있다는 장점을 거듭 강조해서 설득했던 것 같습니다.

물론 사용자 단체는 처음에는 「근로기준법」에서 이미 재해보상 책임을 지고 있는데 또 산재보험을 도입해 보험료를 내면 이중부담이 아니냐는 측면에서 부정적이었죠. 하지만, 설명을 듣고 사업주의 위험부담을 분산하는 방식이라는 것을 확인한 뒤에는 크게 반대하지는 않았다고 합니다.

勞, 노동운동 위축 우려 … 使, 재해보험료 이중부담 걱정

이계민 근로자는 어떤 반응을 보였나요?

이재갑 노동자 단체는 또 다른 이유에서 반대했습니다. 당시 노동환경은 단체협약을 체결하는 노동운동이 활성화하려는 시점이었습니다. 특히, 단체협약에 재해보상 규정을 포함하기 시작하는 단계였어요. 이렇게 단체협약에 재해보상 규정을 포함하면 아무래도 법에 규정된 것보다 더 좋은 조건으로 보상받을 수 있었던 것이지요. 그런데 정부가 산재보험제도를 시행해 버리면 막 활성화되기 시작한 노동운동 자체가 위축될 수 있다고 판단했다고 합니다. 그래서 반대가 많았다고 해요. 그러나 사보심 전문위원들이 당장은 종업원 500인 이상인 사업장을 대상으로 하지만 산재보험을 노동조합이 없는 영세사업장까지 점차 확대해서 모든 노동자를 보호할 것이라고 설득했더니 어느 정도 이해하고 크게 반대하지는 않았다고 합니다.

이계민 법을 만들고 실행하는 과정은 순조롭게 진행되었나요?

이재갑 관계부처 협의과정이 그렇게 순탄하지는 않았던 것 같습니다. 당시 관계부처에서는 시기상조론 등을 들어 우호적이지 않았지만 사회보험 심의위원회 전문위원들의 적극적 설명으로 마지못해 동의했다고 합니다. 특히, 예산을 쥐고 있는 경제기획원에서는 끝까지 동의회신을 하지 않았다고 합니다.

이계민 국가재건최고회의에서도 이견이 많았던 것 아닌가요?

이재갑   산재보험이 1964년도에 시행되었는데 시행 15주년이 되는 시점, 즉 1979년에 사보심 전문위원이셨던 심강섭 씨가 법제정 당시를 회고하는 인터뷰를 했던 기록이 있습니다. 그 내용을 훑어보면 제도시행도 만만치 않았던 것 같아요. 심강섭 전문위원은 당시(1962년 7월)에 사회보장 확대에 대한 최고회의 의장의 내각 수반에 대한 지시각서가 있었고, 또 사회적 분위기 등을 미루어 봤을 때 「산재보험법」의 제정과정에 별다른 문제가 없을 것이라고 낙관했지만, 예상하지 못한 두 차례의 결정적 위기가 있었다고 회고했습니다.

첫 번째 위기는 1962년 10월 최고회의상임위원회에서 법안 심의 시 위원 전원이 반대하고 나선 것이었습니다. 어떤 위원 한 사람이 시기상조론을 펴기 시작하자 다른 위원들이 공무원 연금제도의 부진 문제, 보험 관장기관에 대한 이견, 운영능력에 대한 회의론까지 제기하면서 전원이 반대했다는 것입니다. 그때 홍종철 위원이 근로자 보호를 위해 반드시 필요하다는 평소 소신을 토대로 설득했지만 의견이 팽팽하게 대립했다고 합니다. 그런 상황에서 이주일 위원장 대리 주재로 열린 상임위 회의가 일시정회를 하고 의견조율을 거치는 과정을 거쳤고, 오후에 속개되면서 분위기가 바뀌어 가까스로 법안이 통과되었다고 합니다.

여기서 1963년 10월 8일의 107차 국가재건최고회의 상임위원회 회의 장면을 일부 소개해 보면 다음과 같다.

위원장 대리(이주일)   지금 시내에서는 큰 기업체에서도 어떤 곳은 월급을 두 달인가 못 주었다고 합니다. 우리가 근로자를 옹호하는 것은 좋은데, 현실을 보아 기업주도 고려해야겠지요. 만일 기업주가 기업에 대해 의욕을 상실하면 근로자에게도 이익이 있을 수가 없어요. 지금 500명 이상이라고 하면 큰 기업인데 실제로 월급을 제대로 주고 있는 회사가 몇 군데나 있을지 의심스럽습니다.

사회보장위원회 전문위원(심강섭)   지금 월급을 못 주고 고리채를 내는 한이 있더라도 일하다가 공상(公傷)을 입은 근로자에 대해서 보상 안 해주는 기업주는 거의 없습니다. 또 비용이 늘어나는 것도 아닙니다. 여태까지 100만 원 내던 공장에서 정부가 100만 원을 받아 정확하게 내주자는 것입니다.

보건사회부 기획조정관(강봉수) 이렇게 하면 기업주는 일시에 큰 금액이 안 나갈 것이고, 근로자는 적시에 그것을 받을 수 있다는 의미입니다.

재정경제위원장 대리(박현식) 대단히 좋은 법이라고 내걸어 가지고 만약에 나갔을 적에 대부분의 기업주가 "혁명정부는 우리를 살리려고 하는 것이냐 죽이려고 하는 것이냐"고 우려하게 된다면 안 하는 게 좋겠습니다.

보건사회부 기획조정관(강봉수) 근로자나 기업주 쌍방에 이익이 된다는 게 저희(보건사회부)의 신념입니다.

박두선 위원 대단히 좋은 법인데 꼭 보건사회부에서 맡아 할 것이 아니라 이것이 필요하다면 각 기업체에서 실시하는 방법도 있지 않나 이렇게 생각합니다.

보건사회부 기획조정관(강봉수) 보건사회부가 이것을 꼭 맡으려고 한 것은 아닙니다. 저희 장관께서도 이것을 민간 보험회사에다가 위탁 줄 수 없느냐고 얘기해서 여러 가지 논의를 해봤지만, 보건사회부가 맡을 수밖에 없다는 결론이 났고, 차관회의에서나 각의에서도 똑같은 결론이 나와서 역시 이것은 보건사회부가 관장할 수밖에 없다, 그렇게 된 것입니다.[4]

이계민 앞서 지적하셨지만 경제기획원은 동의회신을 하지 않고 반대한 것이죠? 다른 것도 마찬가지입니다만 사회보험을 포함한 사회보장제도 시행에서 예산당국의 반대가 많았다고 기록돼 있습니다. 산재보험도 마찬가지였을 것 같은데요.

이재갑 옛날이나 지금이나 정부예산이 추가로 들어가는 부분에 대해서는 예산당국이 극도로 반대합니다. 그래서 사보심에서 산재보험을 설계하면서 국가의 예산은 첫 회계연도만 들어가는 것으로 하고, 나머지는 자체 예산으로 운영하

---

4 양재진 외, 2008, 《한국의 복지정책 결정과정: 역사와 자료》, 나남, 32~34쪽.

는 것으로 내용을 구성했습니다. 첫해의 제도 도입 시에는 행정비용이 들어갈 수밖에 없기 때문에 제도시행 첫해인 1964년 회계연도에 일반회계에서 산재보험으로 8,400만 원이 전입되도록 편성한 것입니다.

그런데 당시는 미국의 원조가 줄어드는 상황이었습니다. 당시만 해도 우리 정부는 예산이 부족해 미국의 원조물자를 팔아 재정자금으로 사용했는데 이것을 대충자금(對充資金, counterpart fund)이라고 합니다. 원조가 줄어드니까 대충자금이 줄어들 것은 뻔한 이치죠. 대충자금이 줄어들자 예산당국은 1964년 회계연도 예산 중 "일체의 신규 사업비는 삭감"하기로 방침을 결정합니다. 이에 따라 산재보험 특별회계에 계상되었던 일반회계 전입금 8,400만 원도 전액 삭감되는 것으로 결정됐습니다. 이렇게 되면 사업을 실제로 집행하기가 어려워지는데요. 이것이 심강섭 전문위원이 꼽은 두 번째 위기였습니다.

이때 당시 정희섭 보건사회부 장관이 국무총리한테 직접 건의하기를 "산재보험사업은 1964년도에 반드시 해야 하는 사업이므로 보건사회부 소관 예산 중에서 전용해서라도 사용하도록 길을 열어 달라"고 간청했다고 합니다. 경제기획원 장관이 동의하자, 장관이 직접 회의석상 자리에서 예산서를 넘겨가면서 확정된 예산액 중 산재보험 특별회계의 금액을 확보했다는 회고도 있습니다.

'산재보험과 산업안전 연계' 위해 정부 직접 운영

이계민 제도 자체를 본질적으로 따져 볼 필요가 있습니다. 산재보험은 일본 법체계를 따른 것으로 압니다. 미국 법보다 일본 제도를 따른 특별한 이유가 있나요?

이재갑 사실 우리나라의 모든 법체계는 일본 법을 참고한 것이 많습니다. 산재보험제도가 「근로기준법」에 있는 사업주의 책임을 보험화한 제도이기 때문에 산재보험을 이해하기 위해서는 「근로기준법」부터 봐야 합니다. 그런데 그 당시 「민법」과 「근로기준법」의 법령체계는 일본 법의 체계에 근간을 두었습니다. 일본도 전후에 미군정이 들어서서 일본의 군벌에 협조했던 재벌을 견제하면서, 일본의 노동운동을 근대화하기 위해 미국의 영향을 받아 법을 만들었습니다. 그러나 기본적으로 일본의 법제는 대륙법인 독일 법을 많이 따랐고, 일부 내용에서 미국의 영향을 받으면서 「노동기준법」이 만들어진 것입니다. 우리나라는 이러한 일본의 「노동기준법」을 참고해 「근로기준법」을 만들었고, 일본의 노재보험(노동자재해보험)을 많이 참고해서 우리나라 산재보험을 만들었습니다. 우리나라도 처음에는 노재보험이란 용어를 사용했지요.

이계민　미국 제도와 일본 제도의 근본적 차이는 무엇인가요?

이재갑　법제상으로 불문법과 대륙법이라는 차이가 있습니다만, 산재보험과 관련해서는 일본은 국가가 운영하고 미국은 대개 민간 보험회사를 활용한다는 차이가 있습니다. 즉, 사회보험의 운영주체 측면에서 큰 차이가 있습니다.

　우리나라 산재보험의 도입과정에서도 보험의 운영주체 문제는 쟁점 중 하나였습니다. 당시 사회보장제도 심의위원회 전문위원들은 정부가 직접 산재보험을 운영하는 것으로 방안을 수립했습니다. 그런데 사회보장제도 심의위원회의 심의 이후 보건사회부 장관의 결재과정에서 다소 논란이 불거지게 됩니다. 결재 직전 산재보험 관장주체를 '민간 보험공사'로 변경하는 것을 검토하라는 장관의 지시가 있었기 때문입니다.

여기서 국가재건최고회의 시절의 결재과정을 살펴볼 필요가 있다. 우선 내각에서 의결된 법안은 최고회의에서 지금의 국회와 똑같은 절차를 거쳐 확정된다. 산재보험의 심의과정을 예로 들면 ① 사보심 산재보험반 안건 상정 ② 사보심 전체회의 심의 ③ 보건사회부 장관 결재 ④ 관계부처 협의 및 법제처 심의 ⑤ 일반 차관회의 의결 ⑥ 국무회의 의결 ⑦ 최고회의 문교사회위원회 심의 ⑧ 최고회의 법제사법위원회 심의 ⑨ 최고회의 상임위원회 심의를 거쳐 확정된다.

　당시 정희섭 장관의 검토 지시는 '③ 보건사회부 장관 결재' 과정에서 제기된 것이었다.

느닷없는 보건사회부 장관의 '민영화 방안 검토' 지시

이재갑 그러나 심강섭 전문위원의 설득으로 정부가 직접 관장하는 것으로 관계부처 심의에 올립니다. 차관회의에서도 산재보험은 '보험'이므로 체신부 등의 보험부서나 기타 민간보험에 위탁하는 것이 타당하므로 이를 검토해야만 한다는 일부 의견이 제시되기도 했죠. 그런데 체신부에서 수탁받아 운영하는 것은 공적보험이 아니라 민간에서 하는 보험으로, 체신 조직망이 전국적이다 보니 민간보험을 수탁 운영했던 것으로 보입니다. 이에 대한 관계부처 공무원들 간의 논의가 있었지만, 체신부에서 산재보험과 같은 신종 업무를 수행할 수 없다는 결론이 나왔습니다. 이에 그치지 않고 최고회의 상임위에서도 박두선 위원은 "대단히 좋은 법인데 보건사회부가 맡아 할 것이 아니라 이것이 필요하다면 각 기업체에서 실시하는 방법도 있지 않느냐"는 의견을 제시했습니다.[5]

당시 최고회의 상임위원회 회의 기록을 살펴보면, 상임위원 대부분이 시기상조론에 기초해 산재보험 법안에 대해 반대의견을 표현했다고 합니다. 1963년 1월에 시행된 군인연금의 운영실적이 좋지 않았기 때문에 논란이 있었던 것 같습니다. 그래서 산재보험의 운영능력에 의문을 제기하면서 민간위탁도 그중 하나의 의견으로 제시되었던 것입니다.

그러나 산재보험 법안은 최고회의에서 원안대로 의결되었습니다. 당시 노동보험반에서는 정부가 운영주체가 되어야만 하는 이유를 두 가지 관점에서 주장했습니다. 첫째는 재해보상과 산업안전의 문제는 서로 분리될 수 없는데, 산업안전에 관한 사항을 민간에 맡기기 어렵다는 것이었습니다. 산재보험을 민간에 주고 나면 산업안전 문제가 동떨어지기 때문입니다. 둘째는 산재보험제도를 실시한 이후 시행착오를 거쳐 제도를 수정하고 다른 사회보험 도입의 밑거름이 되어야 하는데, 이는 정부만이 할 수 있는 일이라는 것이었습니다.

---

5 양재진 외, 2008, 《한국의 복지정책 결정과정: 역사와 자료》, 나남, 34쪽.

이계민 우리나라는 일본의 법제를 많이 참고했다고 하셨습니다. 일본 법에서는 노재보험, 즉 '노동자재해보험'인데 한국에서는 '산업재해보험'으로 바꿨습니다. 내용은 같은데 이렇게 바꾼 특별한 의미가 있나요?

이재갑 고용노동부 장관

이재갑 우리나라에서는 예나 지금이나 노동자라는 표현에 이념성을 부여하는 경향이 있습니다. 처음 연구단계에서만 해도 일본처럼 '노동자재해보상보험제도'라는 명칭을 사용한 것 같습니다. 그런데 법제정 당시에 '산업재해보상보험'으로 용어가 변경되었습니다. 또 당시에 이미 '노동자재해'보다는 '산업재해'라는 용어가 산업부문에서 포괄적으로 사용되었던 점도 감안한 것으로 보입니다.

이계민 외국에서는 주로 어떤 표현을 쓰나요?

이재갑 외국에서는 나라마다 다 다른데요. 당시에는 1946년 제정된 영국의 「Industrial Injuries Act」(산업재해법)를 참고해 법안명이 결정됐다고 합니다.

이계민 제도는 그렇게 도입되었는데, 그 이후 산재보험의 발전과정은 많이 소개되지 않았습니다. 산재보험의 개정은 주로 적용대상의 확대와 보상범위, 보상수준에 관한 것일 텐데요. 물론 이런 변화와 제도 개편은 경제상황의 변화와 맞물리면서 이뤄졌을 것입니다. 경제상황에 따른 제도 변화의 큰 흐름을 시대별로 구분해서 간략하게 설명해 주실 수 있는지요?

이재갑 산재보험은 우리나라의 사회보험 중 다른 OECD 국가의 제도와 비교해도 전혀 손색이 없을 만큼 수준 높은 제도입니다. 지금 50년 넘는 기간 동안 굉장히 큰 발전을 한 제도입니다. 그럼에도 불구하고 다른 사회보험과는 달리 사회적 논란이 없어서 잘 알려지지 않은 측면이 있는 것 같습니다.

　우선 시기별로 나눠 보면, 세 시기 정도로 구분할 수 있습니다. ●제도도입 이후 1986년까지 ●1987년 이후 1999년까지 ●2000년대 이후의 시기로 나누어 설명할 수 있습니다. 1987년 전까지의 시기는 급속한 산업화로 제조업이 급격히 확대된 시기고요. 1990년대는 1987년 민주화 투쟁 이후 정치적으로는 민주화, 경제적으로는 서비스업이 발전하는 시기입니다. 2000년대 이후의 시기는 정보통신 산업의 발전과 세계화에 따른 무한경쟁 속에서 다양한 고용형태가 증가하는 시기입니다.

급격한 산업화에 따른 적용대상 확대

이재갑 1964년 제도 도입 이후 1987년까지의 시기에는 급격한 산업화의 진전에 따라 산업재해로부터 근로자를 보호하기 위해 산재보험의 적용범위를 급속히 확대한 시기입니다. 이에 따라 거의 1년마다 적용범위를 확대했습니다. 산재보험은 1964년 상시근로자 500인 이상을 사용하는 사업 또는 사업장으로서 광업 및 제조업을 적용대상으로 도입되었으나, 단계적으로 적용범위를 확대하여 1965년에는 상시근로자 200인 이상, 1966년에는 150인 이상, 1967년에는 100인 이상, 1968년에는 50인 이상으로 급속히 확대했고, 1972년에는 상시근로자 30인 이상, 1982년에는 상시근로자 10인 이상, 1986년부터는 제조업의 일부 업종에 대해서 5인 이상으로 적용대상을 확대합니다. 적용범위가 급격하게 확대되었고요.

　두 번째로 보상범위가 늘어났습니다. 당시는 급속하게 경제개발을 하면서 여기에 기여하는 근로자에 대한 복지가 확충되던 시기였습니다. 단적인 예가 산재보험에서 보호해 주는 '업무상 재해'가 무엇인가 하는 것입니다. 당초 제도 도입 당시에는 가장 좁은 범위의 정의(定義)를 선택했습니다. 기업의 경영환경이 어려운 점을 감안해, 업무상 재해를 "업무수행 중 그 업무에 기인해 발생하는 재해"로 엄격히 규정해서 '업무수행성'과 '업무기인성'을 모두 충족해야 보상해 줬습니다. 그렇게 되면 상당히 보상범위가 좁아집니다.

이후 급속한 경제발전과 그에 따른 산업의 고도화·다양화로 증가 추세에 있던 산업재해에 대해 보상이 충분하지 않다는 판단에 기초해서, 1981년에 법을 개정합니다. 산재보험의 보호대상을 넓힌다는 측면에서 "업무상의 사유에 의한 근로자의 부상, 질병, 신체장해 또는 사망"으로 규정해 업무상 재해 인정 기준에 융통성과 탄력성을 부여했습니다.

세 번째로 보상의 범위와 관련해서도 제도 도입 당시에는 11일 이상의 요양이 필요한 재해에 대해서만 요양급여를 지급하였으나, 1982년에 4일 이상의 요양이 필요하면 보상하는 것으로 단계적으로 확대했습니다. 이 규정은 지금까지도 유지되고 있습니다. 그리고 제도 도입 시에는 사고발생 시 일시금만 지급되었으나, 1970년에는 장해급여와 유족급여에도 연금제도를 도입하였습니다.

민주화 시대 이후 적용범위와 보상 확대

이재갑 1987년 이후 1990년대 말까지 큰 변화는 없었는데 적용범위가 지속적으로 확대됩니다. 산재보험의 적용범위를 1988년까지 「근로기준법」의 적용 사업장'인 상시근로자 5인 이상으로 적용확대한 뒤, 1999년 말 「산재보험법」 제19차 개정에서 적용범위가 2000년부터 상시근로자 1인 이상 전 사업장으로 급속히 확대했습니다. 특히, 1993년에는 산재보험 심사위원회를 확대, 강화해 산재 근로자의 권리 구제를 강화했습니다.

사업주가 산재보험 가입신고를 하지 않았더라도 재해를 당한 근로자가 재해보상을 신청하면 심사를 진행하고, 업무상 재해로 판정되면 산재로 보상합니다. 미가입기간 동안 사업주가 납부하지 않은 보험료는 추징하고 근로자에게 지불한 산재보상 금액에 대해서는 사업주에게 50%를 급여 징수하도록 하고 있습니다.

쉽게 말해, 근로자가 아무것도 없이 근로복지공단 지사에 가서 산재보상 청구를 하거나 병원을 통해 산재보상 청구서를 내면 근로복지공단에서 모두 조사하여 절차가 진행됩니다.

보상의 경우에는 1989년에 휴업급여의 보상수준을 평균임금의 60%에서 70%로 인상했습니다. 근로자는 일시금을 선택하거나 연금을 선택할 수 있는데, 보통 당장 급전이 필요하니 일시금을 선택하는 경우가 많았습니다. 그래서 중증장애인에 대해서는 제도를 보완하여, 장해연금을 의무화해 생활보장을 강화하였습니다.

특히, 1995년부터는 「산재보험법」 개정으로 산재보험제도 운영이 전면적으로 개편돼 산재보험 관련업무가 근로복지공단에서 위탁 운영하게 됐습니다.

21세기 새로운 이슈들

비임금근로자에 대한 사회적 보호

이재갑 그런데 2000년대 이후 새로운 이슈가 등장합니다. 고용형태가 다양해지면서 비임금근로자에 대한 사회적 보호가 사회적 이슈로 대두된 것입니다. 그래서 임금근로자가 아닌 사람에게 산재보험을 확대하는 것이 중요해집니다.

2000년부터 중소기업 사업주의 임의가입을 허용했는데, 2004년에는 자영업자의 임의가입제도가 도입되었습니다. 2008년부터는 특수형태 근로종사자의 가입특례제도가 도입되었습니다. 특수형태 근로종사자는 보험설계사, 골프장 캐디, 레미콘 운전기사, 학습지 교사 같은 분들인데, 이분들이 근로자인지 아닌지가 당시 아주 뜨거운 이슈였고, 이분들을 임금근로자로 보기 어려운 경우라도 꼭 필요한 사회적 보호는 임금근로자만큼 받아야 하는 것 아니냐고 해서 산재보험이 가장 먼저 보호 범위를 넓혀갑니다. 이후 2012년에는 택배기사, 퀵서비스기사 등 2개 직종을, 2017년에는 신용카드 모집인, 대리 운전기사 등 3개 직종을 추가했습니다. 새 정부에서도 특수형태 근로종사자의 직종을 추가하는 작업을 진행하고 있습니다. 이것은 일종의 가입특례제도로 운영되고 있습니다.

특수형태 근로종사자의 가입특례제도 도입

이계민 가입특례제도는 어떤 내용인가요?

이재갑 임금근로자와는 적용방법이 완전히 다릅니다. 임금근로자는 회사에 취업하는 순간, 사업주가 지급하는 임금에 비례해 보험료를 납부해야 하는 의무가 생기고 임금근로자는 업무상 재해가 발생하면 산재보상을 받습니다. 그런데 특수형태 근로종사자의 경우에는 임금근로자도 아니고, 단지 그 사업주와 거래관계만 있는 것이 보통입니다.

예컨대 퀵서비스기사의 경우, 특정 퀵서비스 회사의 일만 처리하는 경우가 있습니다. 그러나 업무지시를 받는 것은 아니고 출근의무가 있는 것도 아닙니다. 다만, 물량만 받지만 해당업체가 일을 끊으면 더 이상 일을 할 수 없는 것이지요. 그래서 어떤 직종의 근무 형태를 봐서 특정한 업체하고만 일하는 직종을 찾아 가입특례 대상으로 규정하면, 이들 직종의 종사자는 해당업체가 임금근로자에 대한 고용주가 아닌 경우에도 근로자의 경제활동에 대해 업체가 책임지고 근로자와 함께 보험료를 50 대 50으로 분담하게 하는 것이 가입특례제도입니다.

원래 산재보험은 의무가입인데, 특수형태 근로종사자의 경우 본인이 산재보험에서 탈퇴하고 싶으면 탈퇴를 허용합니다. 이러한 가입특례제도는 지역가입자제도를 가진 건강보험이나 국민연금에는 없는 제도입니다. 이 제도는 지역이 아닌 사업장을 통해 가입특례 방식으로 보호를 확대하는 방식이며, 산재보험에서는 가입특례제도를 확대해가고 있습니다.

산재보상 측면에서, 정부는 재활사업 5개년계획(1차계획 2001~2005년)을 수립하고 추진합니다. 이제까지 산재보험제도는 치료와 보상을 중심으로 운영해 왔는데 2000년 이후에는 "어떻게 하면 재활을 통해 사회에 복귀시킬 것인가?"라는 쪽으로 확장됩니다. 그래서 재활사업이 산재보험에서 확대되고, 의료재활, 사회재활, 직업재활과 같은 재활서비스가 추가되면서 산재보험급여 중 재활항목이 추가됩니다. 또 오랫동안 와병 중인 분은 가족이 간병하는데, 그 결과 가족이 생활을 못 하는 문제가 있습니다. 그래서 간병인을 고용하는 간병급여제도가 생기고요. 과거에는 주로 사고 중심으로 산재보상이 이뤄진 데 비해, 2000년 이후부터는 업무상 질병에 대한 산재보상이 확대되었다는 특징이 있습니다.

이계민 산재보험은 의료보험과 완전히 구분되나요?

이재갑 산재보험은 산재로 판정을 받아야만 산재보상이 지급되는 데 반해, 건강보험은 어느 병원에 가도 건강보험으로 처리됩니다. 근로자가 사고로 다치거나 질병으로 아프면 일단 병원에 가서 치료를 받습니다. 이때에는 우선 건강보험으로 처리됩니다. 그 과정에서 산재보상을 신청하고, 이에 따라 근로복지공단이 재해 조사를 실시해 산재로 판정되면 이후부터는 산재보험으로 처리됩니다. 이미 건강보험에서 병원 진료비가 지급된 경우에는 근로복지공단과 건강보험관리공단이 서로 정산하고, 근로자는 병원에 지급한 자기 부담분을 돌려받습니다.

건강보험은 치료하는 동안 요양급여만 지급되지만 산재보험에서는 치료하는 동안 노무제공을 하지 못하는 경우 요양급여와 함께 휴업급여를 지급합니다. 반면, 건강보험은 모든 병원에서 처리되지만 산재보험은 5,000개 정도의 산재보험 지정 의료기관에서 보험을 처리하므로 산재처리 이후에는 산재보험 지정 의료기관으로 전원해야 합니다. 이후 산재에서 치료종결이 되었음에도 또다시 재발한 경우에는 다시 병원에 가서 산재신청을 하고, 재요양 절차를 거칩니다.

정부주도 사업이나 집행은 근로복지공단에 위탁

이계민 우리나라 산재보험은 정부주도로 되어 있다고 하셨는데, 관련자료를 보면 민간주도로 바뀌었다는 설명이 나옵니다. 지금도 정부주도 아닌가요?

이재갑 지금도 산재보험은 정부주도가 맞습니다. 그런데 민간위탁과 관련해 공공기관에 위탁하는 것도 민간위탁으로 봐야 하는지, 회색지대가 있습니다.

처음 산재보험을 도입했을 때는 정부가 직접 운영해서 보건사회부에서 관장하면서, 보건사회부 안에 노동청을 두고, 노동청 산하의 지방사무소에서 직접 산재보험 업무를 담당했습니다. 보건사회부 노동청이 노동부로 승격되고 나서는 노동부 지방사무소에서 직접 관장했습니다. 즉, 정부가 직접 관장하면서 직접 집행업무까지 했습니다.

그러다가 1993년 「고용보험법」을 제정하면서 1994년에 고용보험을 정부가 할지 공공기관에 맡길 것인지에 대한 논란이 생깁니다. 고용보험은 1995년 7월 1일자로 시행되는데, 고용보험은 고용보험을 통해 고용서비스를 확충하려는 기능을 담당하기 때문에 직접 정부에서 관장하는 것이 옳다고 주장하고, 산재보험의 경우에는 이미 제도가 성숙한 상태라는 점에서 업무를 산하기관에 위탁하자고 이야기되었습니다. 그걸 두고 민간위탁이라는 표현을 쓰기는 하지만 지금도 정부가 주도하는 것은 변함이 없고요. 정책업무는 노동부에서 담당하지만, 과거 노동부 지방사무소에서 하던 집행업무를 근로복지공단에서 한다는 것만 차이가 있습니다.

이계민　근로복지공단은 언제 출범했나요?

이재갑　근로복지공단은 과거에는 근로복지공사였습니다. 근로복지공사 자체는 1970년대에도 이미 있었습니다. 근로복지공사는 산재병원을 운영하고, 일부 근로복지사업을 했습니다. 징수업무는 전혀 안 했고요. 산재보험 업무를 위탁하기 위해 근로복지공사를 재편합니다. 근로복지공사를 해산하고 근로복지공단을 새로 설립하는 내용으로 1995년에 법을 개정했습니다. 병원은 재출연기관의 형태로 산재의료원으로 분리됩니다. 이때 근로복지공단을 만들어서 산재보험이 징수, 적용, 보상 업무까지 맡깁니다.

이계민　그렇다면 공사와 공단은 무슨 차이가 있지요?

이재갑 대개 공사는 공기업적 성격이 있고요. 공단은 위탁업무를 수행하는 측면이 있지요. 근로복지공사 시절에는 산재병원을 운영하는 공기업적 성격이 있었고요. 근로복지공단은 산재보험 업무를 위탁받으니까 공단입니다. 그 근거는 「산재보험법」에 규정되어 있습니다.

산재보험의 보완 방향

'출퇴근 재해' 업무상 산업재해로 인정

이계민 산재보험은 이제 완전한 제도로 정착됐다고 보시나요? 보완해야 할 과제는 없는지요? 발전해야 한다면 무엇을 어떤 방향으로 개선해야 할지 설명해 주십시오.

이재갑 산재보험의 보상수준은 다른 나라에 절대 뒤지지 않는 수준입니다. 그러나 아직도 앞으로 해야 할 일은 많은데요.

당장 해야 할 일로 출퇴근 재해의 문제가 있습니다. 2017년까지는 사업주의 재해보상 책임을 사회보험화하는 것을 기반으로 두다 보니 사업주에게 보상책임을 지우기 어려운 사안에 대해서는 산재인정이 매우 제한되어 운영되었습니다. 근로자는 일을 하려면 출퇴근을 반드시 해야 합니다. 그러나 출퇴근 과정에서 사고가 생기면 사업주에게 보상책임을 묻기는 어려운 상황이 됩니다. 반면에, 근로자 입장에서 보면 일을 하기 위해서는 반드시 출퇴근을 해야 하는데 그 과정에서 사고가 생긴 것에 대해 스스로 모두 책임지라고 하면 억울하지요. 그런데 공무원, 군인, 사립학교 교직원 관련법에서는 출퇴근 재해도 보상해 줍니다. 그쪽에선 보상이 연금법에 들어가 있거든요. 그래서 불형평 문제가 제기되었고 헌법재판소에서는 평등권 위반이라고 해서 「헌법」 불합치 판결이 내려졌습니다. 이에 따라, 지난 2017년 9월 국회에서 출퇴근상의 재해를 업무상 재해로 인정하는 법안이 통과되었습니다.

그래서 2018년 1월 1일부터 출퇴근 재해가 새로이 보상받게 됨에 따라 산재보험에 큰 변화가 생길 것으로 예상됩니다. 현재 우리나라 산재가 연간 9만 건 정도인데, 출퇴근 재해가 약 9만 건 정도 될 것으로 추정됩니다. 그렇다면 산재 건수가 두 배 정도 늘어나는 겁니다. 그리고 출퇴근 재해는 출퇴근 경로상에서 사고가 발생했는지의 여부를 따져봐야 하는 문제가 있습니다. 또한 출퇴근 재해는 대개 자동차 사고와 연결되는데, 그동안에는 자동차 보험에서 처리하면 되었으나 앞으로는 산재보험이 먼저 처리하고 자동차 보험과 구상권 문제를 어떻게 조정할 것인가 하는 과제도 있습니다.

근로복지공단 입장에서는 업무량도 많이 늘어날 테고 새로이 업무 프로세스를 정해야 할 것 같고요. 일반 근로자 입장에서 보면, 그동안 산재는 공장에서 일어나는 일이라고 생각했겠지만 이제는 산재보험이 모든 근로자의 생활에 다가가는 변화를 체감할 것입니다. 이렇게 되면 산재보험의 성격 자체가 사업주의 보상책임을 보험화하는 성격에서 벗어나 완전히 사회보험화됩니다.

이계민 고용형태가 엄청나게 달라지고 사회가 급변하는데요. 이런 변화에는 어떻게 대처해야 하는지요?

이재갑 궁극적으로는 근로자가 일하는 과정에서 다치거나 질병에 걸릴 경우 제대로 치료도 받고 보상을 받는 쪽으로 사회적 보호가 확대되어야 할 것입니다. 실제로 유럽에는 산재보험이 임금근로자에만 적용되는 것을 넘어 아동이 학교에 가다가 학교에서 사고가 발생하는 경우에도 산재보험으로 처리되는 경우가 꽤 많습니다. 산재보험이 임금근로자에만 해당된다는 개념이 아니라 보호를 확대해 가면서 산재보험을 적용하는 경우가 많이 있습니다. 우리나라도 계속 산재보험을 확대하는 형태가 되지 않을까 싶습니다.

디지털 시대, 고용형태 변화와 산재적용 다양화

이재갑　특히, 4차 산업혁명에 따라 디지털 경제가 확대되면 디지털을 이용해 일하는 사람이 더 늘어나는데요. 이분들은 플랫폼 노동에서 보는 바와 같이 일하는 방식이 기존의 임금근로자와는 다르거든요. 현재는 특수형태 근로종사자에 대한 가입 특례제도를 운영하는데, 이 제도로 접근할 때는 어느 정도 한계가 있습니다. 앞으로 나타나는 다양한 고용형태에 대해 산재보험이 이분들을 어떻게 보호해 나갈 것인가가 중요한 과제가 될 것입니다.

　또 의약기술의 발달을 산재보험에서 어떻게 정리해 나갈 것인가 하는 문제가 생기는데요. 의료보험이나 산재보험은 진료비를 요양급여 형태로 병원에 지불해 줍니다. 일반국민은 병원에 가면 건강보험의 진료수가에 따라 진료를 받습니다. 그러나 건강보험에서는 모든 국민을 대상으로 하다 보니 어떤 의료처치에 대해서는 진료수가가 책정되어 있지 않아 비급여가 발생합니다. 산재보험의 경우에는 원칙적으로 비급여가 발생하지 않는 것을 정책목표로 하고 있어서 의약기술의 발달에 맞추어 산재보험수가를 어떻게 확대해야 하는지에 대한 과제가 있습니다. 또한 산재보험의 경우 장해급여를 지불하는데, 의약기술이 발달하면 치료가 종결되는 상태에서 처치되는 의료가 다르거든요. 따라서 기존에 있는 장해등급이 변화하는 의약기술에 발맞추어 변화하지 않으면 곤란해집니다.

이계민　이런 것은 어디에서 주도해서 해야 하는가요?

'사회보험기관 협의체'를 통해 상호업무 보완

이재갑 사회보험이 의료비와 연금을 둘러싸고 제도상 서로 연계된 부분이 있고 제도 간에 서로 안 맞는 부분도 있습니다. 사회보험기관 간에는 그런 협의체가 필요합니다. 특히, 산재보험과 건강보험은 중복되는 업무가 많아 두 기관 간에는 협의체가 구성되어 있습니다.

이계민 지금은 4대 사회보험인데, 우리나라 제도 자체의 사각지대라든가 보완이 필요한 부분에 대해 말씀 부탁드립니다.

이재갑 OECD에서 근무하는 사람들로부터 상병급여에 대해 들어본 적이 있습니다. 우리나라는 모든 사회보험제도를 갖추었는데, 상병급여가 없다고 하더라고요. 한국에서는 상병급여에 해당하는 것이 산재보험에서 휴업급여로만 있지요. 상병급여는 다치거나 병들었을 때 소득을 보전해 주는 급여인데요. 일반 국민의 입장에서 볼 때, 업무상 사고나 병에 걸려서 산재처리가 되면 소득보전이 되지만, 개인적 사고나 병의 경우에는 아무런 도움이 없는 것을 당연하게 생각합니다. 다른 국가에서는 개인적으로 다치거나 아프더라도 소득이 상실되니까 소득을 지원해 주는 제도가 마련되어 있다고 합니다.

이계민 예를 들어 상병급여가 도입되면, 학생이나 주부도 다치거나 병 들 때 급여를 받을 수 있는 건가요?

사회보험 간 기능 연계·조정으로 사회적 보호 확대

이재갑　평소에 일을 하지 않는 분을 대상으로 하는 것은 아니고요. 근로자가 업무상이 아니라 개인적 이유로 회사에 병가를 내고 쉴 때가 해당됩니다. 병가는 무급이고 수입이 없으니까 복지제도가 완비되어 있을 경우에는 일정금액의 급여가 나가는 것으로 알고 있습니다.

이것을 건강보험에서 하지 않는다면 고용보험에서 커버하는 방안을 생각할 수 있습니다. 그렇게 되면 고용보험이 실업한 이후에 소득을 지급하는 제도가 아니라, 부분실업의 경우에도 급여를 제공하고 한발 더 나아가 아파서 일을 못 할 경우에도 급여를 제공하는 형태가 됩니다. 질병과 다르긴 하지만 여성 근로자가 임신·출산·육아 등으로 근로시간을 단축하거나 휴가를 가는 경우 고용보험에서 감소하는 소득을 급여형태로 지원하는 것도 고용보험 기능 확장의 예로 볼 수 있죠.

다만, 외국의 경우에도 사실 상병급여가 복지제도 중 가장 많은 도덕적 해이를 일으킨다고 합니다. 고용보험 쪽에서 실업급여를 엄격히 제한하니까 탈출구가 상병급여가 된다는 것이지요. 아프다고 해서 돈을 받는 식이니까요.

이계민　부작용이 많을 것 같네요. 그럼 없는 게 맞는 것 아닌가요?

이재갑　우리나라 사회보험제도 운영상으로는 하나 비어 있는 제도인데요. 말씀하신 그런 측면이 있습니다. 부정수급이 많이 일어나는 제도입니다.

그러나 이런 측면도 생각해 볼 필요가 있습니다. 근로자 입장에서는 다치거나 아플 때 산재로 인정받아 산재보험의 적용을 받으면 완치될 때까지 혜택이 많은데, 만일 산재로 인정받지 못하면 모든 것을 개인이 부담해야 합니다. 그러니 근로자 입장에서는 산재인정 여부가 굉장히 중요해지고 이러한 측면이 산재보험제도 운영에 부담되는 것도 사실입니다.

이계민　오랜 시간 좋은 말씀 감사합니다.

우리나라 최초의 사회보험인 산재보험제도는 앞서 살펴본 대로 경제성장과 함께 급속한 발전과 선진화를 달성했다고 평가된다. 그러나 아직도 충분한 보상이 이뤄지지 못하는 데다 사각지대도 없진 않은 것이 현실이다. 산재보험은 '업무상의 재해를 신속하고 공정하게 보상'하는 것을 주 업무로 한다. 그러나 과연 '업무상 재해'는 폭넓게 인정되고 보상은 충분히 이뤄지는가에 대한 논란도 아직은 많이 남아 있다. 예컨대 직업병이나 업무상 스트레스로 인한 업무상 질병도 늘어나고 있다. 새로운 기술의 발달이 위험한 산업환경을 조성하여 이전에 없던 새로운 화학·물리적 위험을 만들어내기도 한다.

예기치 않게 일어나는 근로자의 안전과 건강문제는 어떻게 보호할 것인가? 갈수록 다양화되고 치명적으로 변모해가는 직무상 재해를 어떻게 대처해갈 것인가? 이는 여전히 산재보험이 연구하고 발전시켜야 할 과제가 아닌가 싶다.

경제성장과
사회개발은
맞물린 톱니바퀴다

9

대학 재학 중이던 1962년 제14회 고등고시 행정과에 합격해 경제기획원에서 공직을 시작한 이래 경제기획원 실무요직을 모두 거쳤다. 물가총괄과장, 자금계획과장, 종합기획과장과 물가정책 국장, 공정거래 실장을 역임하고 최장수(5년) 경제기획원 차관보 기록도 갈아치웠다. 해운항만 청장, 재무부 차관, 동력자원부 장관, 노동부 장관, 기획예산위원회 위원장, 기획예산처 장관, 경제부총리 겸 재정경제부 장관을 역임했다. 대표적인 개발 연대의 경제관료로 꼽힌다. 전북 부안 출신으로 서울대 경제학과를 졸업하고, 한양대 경제학 박사학위와 전북대 명예철학 박사학위를 받았다.

진념

전 경제부총리

들어가며

"성장과 분배, 무엇이 우선인가?"

한국경제 70년사에서 논란의 중심을 벗어나 본 적이 없는 화두다. 논리는 시대에 따라 변화되어 왔지만 논쟁은 여전히 진행되고 있다. 과거에는 주로 분배보다는 성장이 우선이라는 논리가 우세한 편이었다. '나눠 먹을 파이'를 먼저 키워야 한다는 논리가 설득력을 가졌기 때문이다.

그러나 지금은 상황이 달라졌다. 분배문제에 더 집중해야 한다는 주장은 논쟁의 대상이 되지 못할 정도다. 다만 어떻게 나눌 것인가가 문제다. '보편적 복지다', '선택적 복지다' 하는 논쟁이 그것이다. 누가 더 얼마나 많이 나눠 가져야할 것인가가 문제가 된다.

이런 논쟁을 지켜보면서 나이 지긋한 개발연대를 살아온 사람들이라면 격세지감(隔世之感)을 느낄 것이다.

"아직도 갈 길이 먼데 벌써부터 나눠먹기 타령뿐이란 말인가?"

특히, 개발연대의 경제성장정책을 추진해온 경제부처 관료라면 더욱 감회가 새로울 것이다. 진념(陳稔) 전 경제부총리는 그런 대표적 경제관료 출신의 한 사람이다. 서울대 상과대학 경제학과 4학년에 재학 중이던 1962년에 제 14회 행정고시에서 당시 최연소로 합격, 경제기획원에서 공직을 시작해 1970년대에 물가총괄과장, 자금계획과장, 종합기획과장 등 경제기획원의 핵심 실무과장을 거치고, 1980년대 들어서는 1981~1987년에 경제기획원 물가정책국장, 공정거래실장, 최장수(5년) 경제기획원 차관보를 지냈다. 1988~1991년 해운항만 청장, 재무부 차관, 1991~1993년 동력자원부 장관, 1995~1997년 노동부 장관, 1997년 기아그룹 회장, 1998년 기획예산위원회 위원장, 1999년 기획예산처 장관, 2000년 재정경제부 장관, 2001~2002년 부총리 겸 재정경제부 장관을 지냈다.

---

* 이 장은 이계민 전 한국경제신문 주필이 2018년 7월 3일에 은행회관 뱅커스 클럽에서 진념 전 부총리 겸 재정경제부 장관과 진행한 인터뷰를 토대로 집필하였다.

이계민 전 한국경제신문 주필이 진념 전 부총리 겸 재정경제부 장관과 인터뷰를 진행하였다.

이 정도의 이력이면 한국경제를 이끌어온 경제관료라 자부할 만하다. 그렇다면 그는 경제관료 시절 '성장과 분배', 즉 '성장과 복지'에 대해 어떤 생각을 가지고 있었을까? 성장정책을 앞장서 이끈 경제기획원 관료였기에 당연히 성장주도 세력의 깃발을 들고 고도성장을 역설했을 것으로 짐작되지만 그의 증언은 다르다.

"경제성장과 사회개발은 맞물린 톱니바퀴와 같습니다".

그는 성장과 복지의 조화를 내세운다. '사회복지'라는 말만 꺼내도 "사회주의 하자는 것이냐?"고 질책하던 장·차관을 비롯한 상급자를 설득하고 또 투쟁해서, 4차 경제개발 5개년계획에서 '사회개발'이라는 목표를 처음으로 설정했던 종합계획과장 시절을 그는 대표적인 무용담으로 들려준다.

한국경제의 고도성장 과정에서는 현실적으로 '복지'라는 단어조차 꺼내기 어려웠다. 그러한 성장우선 경제정책을 원동력으로 최단기간에 선진국 문턱에 다다르는 압축성장이 가능했겠지만, 아무리 개발연대라 해도 '사회개발'이라는 국가적 과제를 소홀히 할 수 없었음은 너무도 분명하다.

이런 점에서 한국 사회보험의 역정, 사회안전망의 발전과정을 살펴보는 데 있어 경제성장과 사회개발의 상호관계를 역사적 변천과정과 함께 짚어보는 것도 큰 의미가 있으리라는 생각에 진념 전 부총리의 증언을 들어보기로 한다.

경제성장과 사회개발의 상호발전사

1970년대 후반, '사회개발' 정책과제로 등장

이계민 공직생활 하시면서 주로 경제기획원에서 많이 활동하시고 핵심 경제정책을 다뤄오셨습니다. 특히, 경제개발 5개년계획을 만들면서 실무적으로 경제개발계획도 다루고, 사회개발 계획도 함께 검토하기 시작했는데요. 부총리께서 기억하시기에 경제개발 5개년계획에서 사회개발이 중점적으로 포함되기 시작한 것은 언제인지요?

진 념 1977~1981년을 계획기간으로 하는 4차 5개년계획을 준비하던 1975~1976년입니다. 그동안 1~3차 5개년계획까지 15년간 8%가 넘는 고도성장을 해왔습니다. 그러면서도 우리나라는 대만과 함께 "고도성장을 이루면서 형평성 있는 분배(shared growth)를 실현한 가장 모범적인 국가"라는 평가를 받았습니다. 그러나 1970년대 중반 이후부터 경제성장에 비해 발전하지 못했던 사회복지에 대한 욕구의 증대, 소득분배의 불균형 문제 등이 사회적 갈등으로 불거지기 시작했지요.

그래서 우리도 뭔가를 바꿔야겠다는 생각에, 말로만 하던 복지정책에서 경제 실력에 걸맞은 사회개발 정책을 추진해야겠다고 결심했지요. 그 후 사회개발 문제가 본격적으로 논의된 것이 1975~1976년이고, 실제로 정책에 반영된 것은 1976년에 성안한 4차 경제개발 5개년계획입니다.

이계민 당시 우리 경제가 어느 정도 성장한 것과, 그 성장과정에서 사회갈등이 생긴 것이 사회개발에 눈을 돌려야겠다고 판단한 요인이군요. 그렇다면 두 가지 요인 중에 어느 쪽의 비중이 더 컸다고 보시는지요?

진 념 무엇이 더 중요했다기보다 '15년에 걸쳐 경제가 발전하고 성장해서 힘이 생겼으니, 동시에 사회문제를 해소해서 국민적 역량을 함께 모아야겠다' 이렇게 생각했어요. 굳이 말하자면 동시적인 필요성이라 할 수 있겠죠.

붐비는 한강 난지도 새마을취로사업장 (1980. 6. 20)

　1975~1976년만 해도 반포아파트가 서울에서 가장 좋은 아파트였습니다. 당시 반포아파트 주변에 포장마차가 많이 있었어요. 그때 일자리 없는 노인에게 취로사업이라고 해서 일을 시키고 일당을 지급했지요. 특히, 한강변 청소나 잡초 제거 등도 했거든요. 그런데 이분들이 일이 끝나고 집에 가는 길에 반포아파트 옆 포장마차에 들러 술을 마시면서 이런 이야기들을 했어요.

　"김일성이 내려오면 반포아파트 몇 동 몇 호는 내 거야!"

　경제가 전반적으로 성장했지만 여전히 주거문제 해결이 어려운 사람들이 많았고 상대적 빈곤 문제가 사회적으로 노출되기 시작했던 때여서 이런 극단적인 불만을 토로한 것이죠. 이런 분위기를 그대로 가져가서는 안 되고, 국민의 발전과 개발 에너지를 함께 모아야 한다고 그때 절감했습니다.

이계민 사실 우리나라 현대사를 돌아보면, 복지정책이라는 것이 정치적 변화, 정권의 변화, 선거 등이 있을 때, 혹은 5·16과 같은 정변으로 새로운 정부가 들어설 때에 민심을 얻거나 다독이기 위한 청사진으로 제시되는 경우가 많았습니다. 물론 이런 과정을 통해 복지가 발전한 측면도 있다고 생각합니다.

예컨대 자유당 정부에서 과도정부인 민주당 정부로의 정권이양, 5·16에 의한 군사정부와 제3공화국, 박정희 대통령 서거와 제5공화국 탄생, 그리고 김영삼 문민정부와 김대중 국민의 정부에 이르기까지 수많은 복지 약속과 공약이 있었지요. 그 이후 노무현·이명박·박근혜 정부, 그리고 지금의 문재인 정부도 마찬가지고요, 실제로 정책 변화도 많았지요.

그런데 이러한 격동의 현대사 속에서 사회정책의 변화는 어떤 식으로 전개되었는지 궁금합니다. 사실 진 부총리께서 경제관료 출신이기 때문에 어떤 생각으로 정책구상을 해왔는지가 중요하거든요. 부총리께서는 실무자로서 또는 최고위 공무원으로서 경제개발 정책은 물론 사회개발 정책을 구상하고 실천에 옮기신 것으로 알고 있습니다. 그때그때 가졌던 생각을 말씀해 주시면 경제개발과 사회개발의 역사적 변화의 계기와 원동력을 파악하는 데 도움이 되겠습니다. 특히, 5·16 직후라든가, 5공 출범, 정치 민주화 등의 과정이 중요할 것 같습니다. 5·16 당시에는 공직자였나요?

복지는 정치·경제·사회와 함께 진화한다

진 념 5·16 직후에 정부에 들어갔지요. 말씀하신 대로 우리 사회의 복지정책은 정치·경제·사회적 상황의 변화에 따라 진행되었다고 봅니다. 사회개발을 연구하는 분들은 시대구분을 자의에 따라 하는데, 가령, 해방 이후 1950년대까지는 미국원조에 의존하는 구호(救護) 행정기, 1960년대 초부터 1976년까지는 사회복지시스템의 신흥기, 1977~1997년은 제도확충기, 1998년 이후는 생산적 복지시대라고 말합니다.

물론 예외적 정책도 많지요. 예컨대 「근로기준법」만 해도 1953년에 법이 마련되었습니다. 요즘 주 52시간에 대한 논란이 있는데 당시 이미 주 48시간으로 근로시간을 정해 뒀어요. 해방 이후 남북이 대치하는 상황에서 북한이 노동자 중심 정책을 세우니까 우리도 그에 대응하는 제도를 도입한 거죠. 그런데 이 제도는 일단 도입은 했지만 실행은 반세기 이상 미뤄집니다.

아무리 좋은 복지정책이더라도 그것을 실행할 수 있는 상황이 마련되지 않으면 소용이 없습니다. 가령, 1950년대 후반 자유당 말기를 지나 민주당 정부가 새로 들어서면서, 자유당 정부에 대한 일종의 반작용(counter)이라는 측면과 함께 민심을 얻기 위해 사회복지정책에 대한 프로그램을 무척 많이 만들었어요. 그러나 5·16으로 빛을 못 보고 제3공화국으로 넘어가게 됩니다.

제3공화국 박정희 정부 때는 빈곤을 없애는 것이 제1목표였어요. 경제제일주의를 앞세웠습니다. 물론 제2공화국이라 할 수 있는 민주당 정부 때 수립했던 사회보호 프로그램을 일부 받아들이긴 했지요. 하지만 당시 1인당 소득이 100달러도 안 되었고 국가재정도 형편없었으며 저축률도 3%가 안 되는, 지구상에서 제일 못사는 나라였지 않습니까? 복지정책을 내세우려고 해도 내세울 만한 바탕이 없었습니다. 특히, 제일 큰 문제가 실업자였거든요. 결국, 일자리를 만들기 위해 경제제일주의를 채택했고, 그래서 수출제일주의를 내걸었던 것입니다.

이계민 민주당 과도정부 당시 캐치프레이즈 자체도 '복지국가 건설'이었거든요. 그런 역사자료를 보면서 '먹고살 게 없고, 나라 살림도 전부 미국의 원조로 버텨가는 상황이었는데도 그런 것을 내세웠구나!' 하는 생각을 했습니다.

개발연대, 일자리 위해 '경제제일주의' 추구

진　념　성장이 우선이냐, 복지가 우선이냐가 경제학에서도 유명한 논쟁지요. '선성장 후복지'인지 혹은 '선복지 후성장'인지, 나아가서 '성장과 복지의 조화'인지는 학계에서도 많은 논란의 대상이었어요. 그런데 문제는 복지 프로그램이 아무리 좋아도 이걸 뒷받침할 재정이 없으면 실행이 불가능하다는 것입니다. 그래서 사회보장제도가 미흡하더라도 경제를 우선 성장시킨다는 생각으로 정책에 접근했습니다. 그때는 경제성장이 일자리 문제와 직결되었거든요. 먼저 경제성장률을 높이고 수출을 늘려서 일자리를 만드는 게 복지의 기본이라고 판단해서 그쪽에 집중했던 것입니다.

이계민　3공 시절에는 일자리 창출, 성장, 수출주도 등이 중심이었습니다. 말하자면 파이를 키우자는 것이지 먼저 파이를 나눠 먹으면 안 된다는 것이었고요. 그 과정에서 "경제부처 관료들이 너무 경제 위주로 간다"는 사회부처의 주장도 있었습니다만, 역사적으로는 '제5공화국 정부'[2]가 들어서면서 '복지사회 건설'이라는 캐치프레이즈를 내걸었거든요. 그때 제도적 변화 혹은 법적 기반이 마련이 됐다고 생각하는데 당시를 어떻게 기억하시는지요? 또한 5공정부의 경제개발 정책과 사회개발 정책을 어떻게 평가하시는지요?

진　념　정권이 바뀔 때마다 가장 많이 앞세우는 것은 '국민복지'입니다.
"우리가 골고루 잘살아야 합니다!"

　정치적으로 얼마나 좋은 선전(propaganda)입니까? 그런데 관건은 이것을 얼마나 실천할 수 있느냐, 뒷받침할 수 있느냐는 것이거든요. 그동안 정부가 복지정책을 집행한다고 말은 했지만 정식으로 사회개발이나 형평(equity)의 개념을 도입한 것은 4차 5개년계획 때부터입니다. 4차 5개년계획의 3대 중점과제 가운데 하나로 '사회개발'이 처음으로 포함됩니다. 그때 3대 중점과제가 자립경제 기반확충, 기술혁신, 그리고 사회개발이었습니다. 3대 기조, 혹은 정신은 성장(growth), 효율(efficiency), 형평(equity)이었고요.

　경제개발계획의 변화에서 알 수 있듯이, 경제발전과 사회개발을 같이 중시하자는 생각, 그리고 양적 성장을 넘어서 경제발전과 사회개발의 조화를 지향하는 질적 성장을 이룩하지 못하면 경제발전의 지속가능성도 없어진다는 생각

---

2 1948년 정부수립 이후 자유당 정부가 제1공화국이고, 4·19 혁명에 의한 내각제 민주당 정부가 제2공화국, 그리고 5·16으로 새『헌법』에 의해 탄생한 박정희 정부가 제3공화국이다. 그 후 유신으로 개헌된 간선제 대통령제(박정희 및 전두환 대통령 취임)가 제4공화국이고, 7년 단임의 간선제 대통령제(전두환 대통령)가 제5공화국이다. 한편 1987년 직선제 개헌으로 제6공화국(노태우 대통령)이 출범한 이후에는『헌법』개정 없이 정권교체만 이뤄지고 있다.

에 이르게 된 겁니다. 앞서 얘기했지만 "김일성이 내려오면 반포아파트 몇 동 몇 호는 내 것"이라는 식의 이야기가 오가는 사회환경에서는 경제발전도 불가능하다고 보았지요. 그런 성찰에 기반해 사회개발 개념이 도입되었고, 이와 관련된 주요정책이 4차 개발계획에 포함되었습니다.

"사회개발 채택 안 되면 4차계획 못 만들겠다" 으름장

진 념 사실 4차 개발계획을 만들 당시 저는 경제기획원 경제기획국 종합기획과장을 맡았다가 마지막에는 경제기획관(부국장)을 역임했거든요. 당시 종합기획과장은 경제개발계획을 총괄하는 가장 중요한 자리였지요. 그래서 4차 개발계획을 관리하는 책임을 제가 맡았습니다.

그런데 사회개발의 개념 도입과 정책입안을 설명하고, 윗사람들의 동의를 얻어내는 일이 무척 힘들었습니다. 우선 차관보급에 가서 설명했는데 반응이 의외로 실망스러웠습니다. "우리가 겨우 1,000달러 소득밖에 안 되는데 북유럽처럼 가면 어떻게 하느냐, 영국병에 걸리지 않겠느냐" 이런 식이었거든요.

차관실 역시 부정적 반응이더군요. 설명을 듣고 난 차관께서는 이런 대답을 내놓았죠. "수출산업도 확충해야 하고, 포스코의 철강 생산능력도 연산 103만 톤에서 500만 톤으로 늘려야 하고, 섬유수출도 늘려야 하는데 무슨 사회개발이고, 사회복지 타령이냐?"

그래도 사회개발 개념이 도입되지 않으면 4차 5개년계획을 못 만들겠다고 이틀 동안이나 버텼습니다. 그게 1975년 후반입니다. 사실 일반적으로 정부부처에서 사무관과 과장이 차관에게 대들고 자기주장을 내세우는 것은 상상도 못할 일이지요. 그런데 경제기획원은 개방적인 토론 문화가 있었기 때문에 그게 가능했습니다. 경제기획원 특유의 중요한 문화였지요.

최종적으로 부총리실에 가서도 이틀 동안 토론했어요. 그래서 겨우 "그러면 분배 같은 얘기는 하지 말고, 사회개발의 개념, 형평의 개념으로 접근해서 추진해 보자"는 합의점에 이르렀습니다. 허락해 주신 겁니다.

'물적 성장'에서 '질적 성장'으로 전환하는 모멘텀

진 념 그때 그러한 과정을 거치면서 우리나라 경제성장 내용의 큰 흐름을 '물적 성장 위주'에서 '질적 성장 위주'로 전환하는 모멘텀(momentum)을 만들었다고 생각합니다. 그런데 경제부처는 물론이고 국책연구기관도 이런 변화를 탐탁지 않게 여겼습니다. 당시는 중화학공업 육성에 온 힘을 기울일 때였으니까요. 그들의 주장은 이런 것이었습니다.

"의료보호 등 기본적 사회보장은 이미 실시하고 있고, 도농(都農) 소득격차 해소를 위해 새마을운동을 하고 있다. 뿐만 아니라, 세계은행에서도 한국과 대만은 소득분배가 잘 개선된 고도성장 국가라고 이야기하는데 왜 서두르느냐? 부강한 나라를 만들기 위해서는 아직 갈 길이 멀다."

그런데 박정희 대통령께서는 4차계획 관련 보고를 받으시고 "이제 본격적으로 고민할 때가 됐다"고 인정하고, 사회개발 개념의 도입을 승인했습니다. 대통령의 승인이 떨어지자 상황은 반전됩니다. 그때까지 사회개발 정책 도입에 반대했던 사람들이 갑자기 사회개발에 뛰어들게 된 거죠. 사회개발의 결정적인 분수령은 이렇게 만들어졌습니다.

문제는 그다음이었죠. 대통령의 의중을 파악하고 사회개발에 나서자고 한 것까지는 좋았는데, 정책수단과 방법을 강구하는 정신적 자세(mental)는 바뀌지 않았거든요. 과거 개발연대의 이른바 '고지점령식' 계획경제의 사고방식을 벗어나지 못해 많은 시행착오를 겪었습니다. 이런 사고방식을 전환하는 데는 시간이 한참 걸렸지요.

1975~1976년 당시에 경제기획국 실무 차원에서 이루어진 논의 주제는 이런 것이었습니다. 첫째, 사회개발 개념을 도입해서 국민적 발전 에너지를 하나로 모으려면 어떻게 해야 하나, 둘째, 정부주도의 직접적인 경제계획을 간접적인 유도계획으로 변화시킬 수 있는 방법은 무엇인가, 마지막으로 극심한 인플레이션 속에서 나타난 소득분배의 악화와 사회적 갈등을 어떻게 해소해야 하는가 등이었습니다. 이러한 고민이 4차 5개년계획의 내용을 작성할 때 반영되었지요.

이런 정신을 이어받아 구체적 프로그램을 만든 것은 5공정부입니다. 3공정부가 청산된 뒤, 간선제 대통령제(4공정부)를 거쳐서 개헌을 통한 7년 단임 간선제 대통령으로 5공정부가 새로 탄생합니다. 5공정부는 1982년부터 시작되는 5개년계획을 발표하면서 '복지사회 구현'이라는 큰 캐치프레이즈를 내걸었습니다.

그리고 그 구체적인 내용에 4차계획에서 고민했던 정책들을 녹여 놓았습니

진념 전 부총리 겸 재정경제부 장관

다. 그래서 4차계획까지는 '경제개발 5개년계획'이었는데, 5차계획부터는 '경제사회발전 5개년계획'이라고 정식명칭도 바뀌었지요. 큰 변화였습니다. 결론적으로, 고민은 4차계획 때부터 했고, 구체적 프로그램, 예컨대 국민연금 확대실시, 최저임금제 도입, 의료보험 실시, 「모자보호법」 제정 등이 이뤄진 것은 5차계획 후반기부터입니다.

이계민 경제와 복지의 균형발전을 위해 몸살을 겪고 고민한 것은 4차계획 때이고, 그 열매가 정책으로 나타난 것은 5차계획 때라고 보면 되겠네요.

공정경쟁의 밑바탕, 공정거래법

진 념 1980년대 들어 「공정거래법」을 도입하고 시행하면서 공정경쟁 시대를 열어간 것도 또 하나의 중요한 모멘텀이라고 봅니다.

이계민 「공정거래법」이 사회개발과 무슨 연관이 있나요?

진　념　사회개발은 넓은 의미에서 형평 사회, 공정한 사회, 투명한 사회를 만들자는 것이어서 공정거래제도와 전체적인 궤를 같이한다고 생각합니다. 5차 계획에서는 경제의 안정, 효율, 균형이 목표로 제시됩니다. 이것은 4차계획의 성신을 심화한 것이있고요. 그렇게 해서 1980년대 중반 이후 흑자경제 시대, 자력성장 시대를 이루고 사회개발도 촉진하는 성과를 거두었지요.

이계민　하지만 사회개발의 더욱 결정적인 전기는 1987년 민주화 시대의 개막 아닌가요? 민주화 시기에 노동자의 복지욕구가 폭발하면서 여러 가지 변화가 일어났는데요. 당시 경험하신 사회개발 정책은 어떤 게 있을까요?

진　념　무척 많았지요. 제가 1983~1988년 5년간 최장수 차관보를 하지 않습니까? 그 기간 동안 최저임금제, 의료보험 확대실시, 국민연금 확대실시 등이 이뤄졌습니다. 국민연금도 처음에는 국민복지연금이라고 해서, 한쪽에서는 저축을 늘리자고 하고(재산형성), 다른 쪽에선 부족한 산업자금 조달창구로 활용하자고 했죠. 물론 1980년대 후반 들어 그런 인식도 변화하고, 정치적·사회적 상황도 달라졌어요. 1986~1988년에는 3년 연속 10% 이상 고도성장을 이루면서 자력성장 시대를 열었습니다. 시대변화가 구체적인 정책에 반영되던 시기였죠.

민주화 시대의 복지 아젠다

민주화와 올림픽 시기에 좀더 지혜로웠다면

이계민   1980년대 후반에 자연발생적으로 나타난 게 민주화라고 할 수 있을 텐데, 당시 민주화에 대한 욕구가 과했다고 보시진 않습니까?

진 념   1987년 민주화 과정에서 우리가 좀더 지혜로웠더라면, 또 1988년 서울올림픽 때 좀더 지혜로웠다면 하는 아쉬움이 있지요. 예컨대 일본은 1960년대 초에 도쿄올림픽을 거치면서 경제도 발전했고, 전체적인 사회시스템, 시민의식이 업그레이드됐거든요. 우리도 서울올림픽 때 단합해서 얼마나 잘해냈어요? 그런데 높아진 시민의식 등이 뿌리내리지 못하고 후퇴한 감이 없지 않습니다.

마찬가지로 정치 민주화 과정도 좀더 균형 있게 보완했어야 하는데 그러지 못했거든요. 민주화 시대가 시작된 1987년부터 노사분규가 엄청나게 일어났지요. 그런데 아직도 크게 변하지 않았어요. 1987년이 벌써 몇 년 전입니까? 30년이 넘었는데도 아직도 그 수준을 벗어나지 못했어요. 그건 참 안타까운 일이에요. 당시 「집단적 노사관계법」에 대한 정부의 규제와 압박을 풀자는 것과 일부 근로조건을 개선하자는 것이 주로 주장되었는데, 정치적 목적에서 나온 목소리였죠. 1987년 민주화 이후 노사분규가 심해서 사회가 혼란했고, 1980년대 후반부터 1990년 초까지는 노동개혁을 시도했는데 제대로 이뤄지지 못했고요.

그러다 제가 1995년에 노동부 장관으로 가서 '노사개혁위원회'를 만들어 「노동법」 개혁을 추진했죠. 당시 기본적인 생각은 '과거 정권유지를 전제로 한 집단적 노사관계의 억압은 풀자'는 거였어요. 예컨대 제 3자 개입 금지라든지 복수노조 허용 등은 규제를 풀자는 거죠. 그러나 한편으로는 우리가 지킬 수 없는 「근로기준법」은 현실화하자는 것이었습니다. 지금의 임금체계도 지킬 수 없는 법을 만들어 놓으니 그것을 회피하려다 이렇게 복잡해진 겁니다. 나아가 노동의 유연성을 확보해야겠다고 생각했죠. 고용안정성을 보장하면서 동시에 노동의

국회 환경노동위원회에서 「노동법」 개정안에 대한
여야 의원들의 질의에 답변을 숙의하는 진념(1996. 12. 4)

유연성을 확보해야 국가경쟁력이 있겠다, 그렇지 않으면 기업이 살아갈 길이 없겠다는 문제의식에서 고생하면서 맞춰갔던 거죠. 그런 기조로 정부 개혁법안을 만들어 국회에 제출했습니다.

그런데 이 정부 개혁법안을 국회에서 처리하는 데 문제가 생겼어요. 1996년 12월 26일 국회에서 여당이 단독으로 처리했는데, 정부가 마련한 원안대로 처리했으면 그래도 괜찮았을 것입니다. 「노사관계법」이 완전한 합의하에 개정된다는 것은 기대할 수 없으니까요. 어느 정도 불만이 있어도 큰 틀에서 벗어나지 않으면 그대로 추진됩니다. 그런데 여당에서 정부 안 내용을 바꿔 버렸어요. 당시 정부 안에서 복수노조를 "1997년부터 전국 단위로 허용하고, 사업장 단위는 3년 후에 하자"고 했거든요.

그때는 민주노총이 법적으로 인정을 못 받았던 때인데 국회에서 상급단체도 복수노조 허용을 3년 후로 유예하니 민주노총이 설 땅이 없어지게 된 겁니다. 그렇지 않아도 불만이 많았는데 거기에 불을 붙인 거라 난리가 났죠. 복수노조 허용은 경영계와 노동계가 살얼음판처럼 조심스럽게 넘어가자고 말을 맞춰 놓았는데, 경영자 단체인 전경련에서 여당에 로비를 해서 국회에서는 수정통과가 된 거죠. 복수노조는 절대 안 된다는 것이 전경련의 주장이었습니다.

이계민 그것도 시행을 못 하고 법안이 폐지된 뒤에 1997년 초 노사합의를 통해 새로운 법안을 다시 만들지 않았습니까?

진 념 그랬지요. 그런 아픔을 겪었습니다. 「노동개혁법」파동 당시 노동부 장관을 담당했던 사람으로서 참 안타깝기 그지없습니다. 제가 장관을 하면서는 산업체 안전과 고용훈련, 직업훈련 쪽에 중점을 두고 노력했고, 상생의 노사관계의 틀을 짜는 데 온 힘을 기울였는데, 빛을 못 보고 지금까지 이러고 있으니 참으로 걱정입니다.

이계민 그런 아픔을 겪으면서 김영삼 정부 말년, 그러니까 1997년 말에 국가부도 위기에 몰리는 외환위기를 겪었습니다. 그리고 외환위기의 대처와 극복은 김대중 정부로 넘어와서 이루어지지 않습니까? 진 부총리께서는 그때부터 외환위기 극복의 최전선에서 활약하셨지요.

그런데 학자들은 김대중 정부 때를 이른바 '복지정책의 발전기'로 분류합니다. 외환위기 때문에 사회안전망 없이는 버티기 어렵다는 공감대가 형성되고 그에 대한 대책도 많이 만들어집니다. 그래서 학자들이 복지정책의 발전기로 꼽는 것 같습니다. 부총리께서는 당시 경제정책의 틀을 만드셨고 나중에는 외환위기 극복을 선언한 장본인이신데, 그 당시 중점을 두었던 사회개발 정책의 방향 등을 설명해 주실 수 있는지요?

복지는 정부의 시혜가 아니라 국민의 기본적 청구권

진 념 앞서 우리나라 사회복지의 큰 전환기가 4차 경제개발계획 준비기간이던 1975~1976년이라고 말씀드렸습니다. 그때를 전기로 패러다임의 변화가 이루어졌습니다.

그런데 김대중 정부 때는 추진한 복지정책의 패러다임 자체가 변화를 가져왔습니다. 복지를 '정부가 주는 시혜가 아니라 국민의 기본적 청구권'이라고 보는 것이 김대중 정부 때 이루어진 정책기조의 획기적 변화였습니다.

당시는 외환위기로 수많은 기업이 도산하고 실업자가 넘쳐나던 힘든 시기였습니다. 높은 금리와 환율 등 국가부도 사태 속에서 경제를 추스르고 다시 일어서기 위해 우리 경제구조의 잘못된 점을 인식하고 철저한 자기반성과 '수술'을 통해 새롭게 할 필요가 있었습니다. 동시에 실업자와 같이 어려운 사람을 위한 사회안전망을 만들어 기본적 생계유지를 하도록 해야 했습니다. IMF와 세계은행도 구제금융(stand-by credit)을 지원해 주면서 사회안전망 확충을 요구했고, 그래서 복지제도 확충이 더욱 과감하게 이루어질 수 있었죠.

물론 복지정책을 적극적으로 추진하더라도 복지가 '국민에게 무조건 줘야 하는 청구권'이 아니라 '국민의 기본적 청구권'임을 잊지 않아야 합니다. 그렇지 않으면 도덕적 해이가 발생하고 국가재정의 낭비도 초래할 수 있습니다. 저는 복지제도에서 가장 중요한 것은 자조(self-help)라고 봅니다. 사실 복지제도 시행 시에는 항상 도덕적 해이에 대한 우려가 있습니다. 가령 외국에서도 실업급여를 받으려면 일자리를 얼마나 찾았는지, 직업훈련을 얼마나 받았는지에 관한 기록이 있어야 합니다. 이 기록이 없으면 실업급여를 받을 수 없어요. 무엇보다 '생산적 복지'가 중요하고, '자조노력'이 중요하다는 것입니다.

국민기초생활보장법으로 생산적 복지 추진

진 념   그런 고민의 결과로 「국민기초생활보장법」을 새로 만들었습니다. 「기초생활보장법」은 '가난은 국가의 책임'이란 전제하에 많은 제도를 변화시켰지요.

「국민기초생활보장법」은 저소득 국민에게 국가가 생계·교육·의료·주거·자활 등에 필요한 경비를 주어 최소한의 기초생활을 제도적으로 보장해 줄 목적으로 제정된 법입니다. 이 법은 단순히 생계보호대상을 확대하는 데 그치는 것이 아니라 '가난은 국가의 책임'이라는 사회보장에 대한 기본인식을 새롭게 설정하는 제도 변화였지요. 그동안 가난의 책임은 어느 정도 개인들에게 돌리고 근로능력이 없는 빈곤층에 한해 생활보호를 지원해 왔습니다. 그러나 기초생활보장법은 근본적으로 가족의 소득합계가 최저생계비 이하인 저소득층에 대해서는 근로능력 유무와 상관없이 '최저생계비'를 정부가 지원해 준다는 것입니다. 2000년 10월 1일부터 시행됐는데 그 결과 기초생활보호대상자가 대폭 늘어 150만 명에 이르게 됐습니다. 또 국민연금제도 개선을 통해 국민연금가입대상자도 2배 이상 늘어났고, 의료보험의 통합운영, 고용보험 및 산재보험의 확대 실시 등이 이루어져 복지제도의 확충이 이뤄졌습니다.

다만 사회보장 정책의 구체적 추진방향으로는 '생산적 복지'를 내세워 복지는 확충하되 근로의욕을 저하시키지 않도록 하는 여러 가지 제도 변화도 추진했지요. 당시 이런 노력과 함께 이른바 사회적 합의 기구로 발족했던 노사정협의회를 통해 고용의 유연성을 확보하려고 노력했습니다. 기업이 어려우면 인력조정을 할 수 있는 길을 터주자는 취지였습니다. 즉, 기업이 경영위기를 맞으면 '정리해고'를 통해 직원을 해고할 수 있도록 유연성을 보장해 주자는 것이었죠. 물론 생산적 복지를 기본정신으로 삼고 출발했기 때문에 과거의 정책과는 다릅니다.

이계민   그때 고용보험이 큰 역할을 한 것으로 압니다. 제도는 1995년 7월부터 시행됐지만 큰 역할은 못 하다가, 외환위기 이후 제도를 1년에 4번씩이나 고치면서 적용대상을 넓히고, 실질적 소득보전 기능을 높였지요. 고용보험이 뿌리내릴 수 있는 기반이 그때 만들어진 것으로 압니다.

고용보험이 외환위기 극복에 효자 노릇

진　념　제가 노동부 장관일 때 고용보험을 공식적으로 시행했습니다. 그런데 그게 이른바 'IMF 사태'라 불리는 외환위기를 맞아 위기극복에 효자 노릇을 했지요.

이계민　김대중 정부의 '생산적 복지' 이후 복지정책은 어떻게 진행되었나요?

진　념　노무현 정부 때는 복지와 경제성장이 같이 가자고 하면서 '참여복지'를 지향했죠. 기초생계비 보장범위를 넓혀 주었습니다.

이계민　근래 들어 사회복지정책과 관련된 큰 이슈 중에 하나가 '보편적 복지'와 '선택적 복지'에 대한 논란입니다. 이 논란이 본격화된 것은 언제인지요?

진　념　이명박 정부 후반기로 기억합니다. 이명박 정부 시기에 오세훈 서울시장이 무상급식 문제에 대응했을 때가 하이라이트 아니었을까요? 그에 앞서 김대중 정부와 노무현 정부의 차이는 이렇습니다. 김대중 정부는 '생산적 복지'를 말하면서도 '작은 정부'를 표방했거든요. 그런데 노무현 정부는 '참여복지'라고 해서 '확대 정부'를 추구하면서 공기업 직원도 늘렸거든요. 현 정부가 공공부문 일자리를 83만 개 만들자고 하는 것과 맞닿아 있다고 봅니다.

이계민　태생이 경제관료라고 할 수 있는 진 부총리께서는 선택적 복지와 보편적 복지의 논란에 대해서는 어떻게 생각하시는지요? 지금도 논란이 많은데요.

진　념　그간의 역사를 돌아보면, 경제발전 단계, 사회적 환경, 정치적 선동 등이 맞물려서 복지와 성장 사이를 오갔습니다. 개발 초기에는 상당기간 동안 일자리 창출이 곧 복지라고 생각했고, 그래서 경제제일주의, 수출제일주의에 집중했습니다. 그런데 경제성장이 어느 정도 이루어진 시점에서는 사회불평 등에 대한 갈등이 심화되었기 때문에 이를 개선하기 위한 노력을 많이 했습니다. 사회학자의 분석을 보더라도 일반적으로 1인당 소득이 1만 달러를 넘어서 면 시민사회 의식이 달라진다고 해요. 그런 과정이 진행되면서 "보편적 복지로 가야 하는 것 아니냐"는 주장이 자연스럽게 대두되었습니다. 그래서 논쟁이 붙었던 것이 2000년대 후반이었지요.

선택적 복지와 보편적 복지

진 념 그런데 저는 '선택적 복지와 보편적 복지 중에 무엇이 옳으냐'의 이분법적 생각으로는 복지문제를 해결할 수 없다고 봅니다. 성장동력을 확충하면서 미래에도 투자해야 하는 분야는 보편적 복지로 가고, 약자를 보호하고 나누기가 필요한 분야는 선택적 복지로 가야 한다고 개인적으로 생각합니다. 예컨대 아동보호나 출산, 교육 같은 것은 보편적 복지로 가야 합니다. 국공립 어린이집을 최소한 전체의 50% 이상 확충해서 양질의 영유아 교육을 보장하고 교사의 일자리를 만드는 것은 보편적 복지를 통해 충분히 가능하고 그렇게 가야 합니다.

　또 하나, 병역의무도 한번 생각해 봅시다. 대학을 졸업하고 취직을 못 해서 군에 입대하려는 젊은이가 많은데, 군대 입장에서도 지원자는 많아 수용하기 어려우니까 체중등급을 완화해 면제하기도 합니다. 이런 것은 말이 안 돼요. 우선, 국민에게 성스러운 군복무 기회를 안 주는 것이 문제입니다. 아울러 비만관리는 사회적 비용이 크게 듭니다. 마지막으로 군에서 직업훈련 프로그램을 적극적으로 운영하지 않는 것도 문제입니다. 군대에서 6개월간만 직업교육을 시켜도 사회에서 1~2년 넘게 교육시키는 효과가 있을 겁니다. 요즘 일본에 인력난이 심하다는데, 군에서 일본어교육을 시켜 일본에서 취업하도록 할 수 있게 하면 얼마나 좋겠어요? 군복무 기간을 줄인다고 하지 말고, 성스러운 병역의무를 필하고 네트워크를 만들어서 산업전사화할 수 있는 역량을 키워 주는 게 정부의 역할 아닌가요? 예컨대 추가경정예산을 해서라도 군에서 10만 명의 IT 인력을 양성하겠다면 누가 못하게 하겠어요.

지금 모든 고등학교가 무상교육한다고 하지요. 왜 고등학교 전체를 밀어주어야 하지요? 그렇게 해서는 안 됩니다. 지난 정부에서 잘한 것 중 하나가 마이스터고등학교[3]입니다. 마이스터고 가서 기술 배우고 취직하고 이후에 대학에 가려면 갈 수 있습니다. 이런 학교를 정부에서 지원해 주는 것이 필요합니다. 일반 사립고등학교 같은 곳에 정부가 왜 돈을 대줍니까?

영유아나 저출산 등의 분야는 국민 기본생활과 성장잠재력에 도움이 되므로 보편적 복지로 가고, 그 밖의 분야는 선택적 복지로 가야 합니다. 획일적 정책으로는 4차 산업혁명 시대에 대응할 수 없습니다.

미래의 복지 방향

복지확대보다 효과성 제고가 시급

이계민   이제 마무리하면서 한두 가지만 더 여쭤보겠습니다.

진 념   앞서 했던 얘기에 조금만 보태겠습니다. 복지나 노동정책에서 돈을 쓰는 것은 어쩔 수 없지만 어떻게 쓰느냐의 문제가 가장 중요합니다.

중소기업이나 청년고용대책이라면서 모든 부처에서 유사한 대책과 예산을 쓰고 있습니다. 어떠한 대책인지, 얼마나 효과가 있는지 등을 엄격히 따져 효과가 없는 것은 없애고 잘되는 것은 더 지원해야 합니다.

아울러, 새로운 제도를 도입하는 것도 좋지만 효과적으로 관리하는 것이 중

---

3 유망분야의 특화된 산업수요와 연계하여 예비 마이스터(young meister)를 양성하는 특수목적 고등학교로 2008년부터 설립을 추진, 2017년 현재 27개 산업분야에 47개교가 지정되어 있다.

요합니다. 지금 제기되는 새로운 문제, 예컨대 1인가구 수 급증, 황혼이혼 급증, 노약자 질환 같은 문제는 악성 사회적 불안 요소거든요. 여기에 대해 강력한 대책을 강구해야 한다고 봅니다.

특히, 그러한 제도 보완의 출발로 우리나라 가족시스템을 재건해야 하다고 봅니다. 논란의 여지는 있지만 우리나라 가족제도가 정말 좋았는데 이것이 붕괴되면서 사회불안정과 사회갈등, 범죄 등을 야기한다고 믿습니다. 물론 돈만 가지고는 안 되는 일이지요. 미국이나 캐나다, 영국 등 해외에 나가 있는 우리 동포들은 지금의 우리 사회보다 훨씬 가족적입니다. 가족제도라는 우리의 좋은 유산을 왜 붕괴시키느냐는 것이죠. 정신적·의식적 부문에서 아쉬움이 있습니다.

이계민 노령화, 저출산 등 사회변화에 따라 복지수요는 늘고, 사회보험의 역할도 커지면서 특히 재정문제가 심각합니다. 우리나라 4대보험에도 여러 재정문제가 발생하고 있는데 이에 대해서는 어떻게 생각하시는지요?

진 념 우리나라가 선진국에 비해서는 뒤늦게 사회보험제도를 만들었고 미흡한 점이 많죠. 그러나 짧은 역사에 비해서는 정책이 비교적 잘 실행되고 있다고 봅니다. 사회보험 운용은 국민세금 운용이나 마찬가지거든요. 아직은 거버넌스가 올바르게 세워지지 않았다고 봅니다. 쉽게 얘기해서 예산을 국회에서 심의하는데요. 건강보험이나 실업보험의 경우 재정이 문제가 되면 돈을 더 내라고 하는데, 쓰는 것부터 투명하게 규율해 주는 시스템이 분명히 전제되어야 하거든요.

예컨대 정부가 일방적으로 실업급여를 늘리겠다고 결정하는 건 아니라고 봐요. 실업급여의 재원은 누가 내나요? 기업과 근로자가 출연해서 만든 겁니다. 그런데 왜 정부가 더 줄지, 혹은 오래 줄지를 결정합니까? 실업급여의 경우 급여를 무작정 늘리기보다는 실업급여와 직업훈련 등의 효과를 비교하는 과정이 필요합니다. 또한 프로그램을 과감하게 정리해야 합니다. 투명하고 책임 있는 관리체제가 우선 정비되어야 한다고 봅니다.

실업보험뿐만 아니라 전체적인 사회복지와 관련해서 우리나라가 '중(中)부담 중(中)복지'로 가야 한다고 봐요. 차라리 앞으로 5년이면 5년, 10년이면 10년 동안 장기적으로 어떠한 복지정책으로 가겠다는 방향을 세워 놓고 복지정책의 내용을 투명하게 설명하고 국민의 양해를 구해야 합니다. '중부담 중복지'로 사려면 우선 그에 상응하는 투명성과 책임성, 진정성을 갖고 체제를 정비하는 것이 꼭 필요한 과정이라고 봅니다.

자조노력 없는 복지, 도덕적 해이와 재정낭비 초래

이계민 마무리로, 지금 우리나라 사회개발과 경제개발 정책이 균형 있게 추진되고 있다고 보십니까?

진 념 복지정책 원칙에 대해 사회적 합의가 필요한 시대입니다. 어려운 사람을 도와주는 것은 당연한데, 어떤 방법으로 도와줄지, 자조노력을 어떻게 정립(built-in)할지 고민해야 합니다. 자조노력 없는 복지는 도덕적 해이를 조장하고 재정낭비만 가져올 뿐입니다.

또 하나, 청년들이 건강한 사회활동을 할 수 있도록 자질과 능력을 개발해 주는 데 더 큰 노력을 경주했으면 합니다. 아무리 좋은 복지혜택이 있더라도 자기가 좋아하는 자리에서 일을 구해서 일하고 소득을 얻는 것보다 좋은 게 없어요. 왜 젊은이들이 포기하겠습니까?

저는 방탄소년단을 좋아하는데 K-pop에 답이 있다고 봐요. 한국적 다이내미즘을 꽃피울 수 있는 생태계 조성이 중요하다는 거죠. LPGA에서 한국 낭자들이 얼마나 잘합니까. 경쟁을 통해 실력을 배양하는 것이 중요합니다. 젊은이를 위해 그런 생태계를 어떻게 만들어줄 것인지, 이런 문제를 고민해야 합니다. 지금 당면한 고용문제는 하루아침에 해결될 문제가 아닙니다. 그러나 생태계 조성의 방향으로 가면 젊은이들이 희망을 가질 수 있어요. 각 분야에서 열심히 할 수 있는 분위기를 만들어 주고 생태계를 조성해 주면 되는 겁니다.

이계민 생태계를 만들어 주어야지 지원이 능사가 아니라는 결론이군요?

진 념 성장과 복지의 논쟁은 어제오늘의 일이 아니고 우리나라만의 일도 아닙니다. 항상 대립하고 갈등할 수밖에 없지만 이것을 큰 추세로 봐야 합니다. 경제부처 사람은 '성장'을 우선하고 복지정책 하는 사람은 성장은 생각도 안 하고 '복지'만 내세운다고 이분법적으로 생각하면 안 됩니다. 살아 움직이듯 어떻게 하면 최적의 성장과 복지정책의 균형을 맞출 것인가 고민하는 것이 정치인의 책무고 국민도 따라야 하는 것입니다.

이하는 지난 2000년 8월 7일 개각에서 진념 전 부총리가 재정경제부 장관으로 처음 임명됐을 때 〈매일경제〉에 소개된 프로필 일부다. 어찌 보면 좋은 면만 부각한 소개 같지만 여기서 그의 정책관을 엿볼 수 있다. 몇 대목만 소개하면서 이 글을 마무리하고자 한다.

'행정의 달인', '정통파 경제관료', '철저한 원칙주의자', '직업이 장관인 사람'. 진념 신임 재정경제부 장관에 따라붙는 수식어다. 누구보다도 공무원 조직을 잘 이해하고 통솔할 수 있다는 평가와 더불어 원칙을 절대 굽히지 않는 철저한 소신을 지닌 것으로 유명하다.
　'역대 정권의 부침과 지역색에 관계없이 고위관료 생활을 계속해온 유일한 인물'이라고 주변에서는 평가한다. 진 장관은 1940년 전라북도 부안 출생으로 지난 1963년 서울대 경제학과를 졸업했다.
　경제기획원 출신 특유의 논리와 유연한 사고가 진 장관의 장점이라고 꼽는 데는 누구도 주저하지 않는다. 이 때문에 아랫사람 입장에서는 항상 '모시기 편한 장관'으로 인식되었다. 진 장관은 본인의 경제정책 철학을 "인본주의에 기반을 두고 시스템을 중시하는 정책"으로 요약한다. 무엇보다 사람을 중시하는 경제정책을 펼치겠다는 소신이 담겨 있다.
　사람을 통한 정책보다는 시스템을 중시하는 정책을 추구한다. 조직으로서의 체계가 갖춰져 있으면 사람이 언제 떠나더라도 제 역할을 할 수 있기 때문이다.

한국 사회보험의 미래 과제

사회복지제도는 왜 발전하는가

자본주의 산업화와 사회복지제도의 발전

사회복지제도가 왜 발전할 수밖에 없는가에 대한 이론은 학자에 따라, 또는 시대에 따라 여러 갈래로 설명된다. 그중에도 가장 대표적인 것이 '산업화 이론'[1]이다. 산업화 이론은 자본주의 산업화와 사회복지제도 확대의 인과관계를 논리적으로 설명하는 이론이다. 산업화 이론은 두 갈래로 나뉜다.

하나는 자본주의 산업화가 낳은 사회적 위험에 대응하기 위해 국가가 불가피하게 사회복지를 발달시켜야만 한다는 논리다. 학자들은 이를 '사회적 관점에 초점을 맞춘 산업화 이론'이라고 부른다. 다른 한편으로는, 산업화의 부작용 치유를 위한 수동적 대응이 아니라 산업화를 달성하거나 앞당기기 위해 필요한 적극적 대응이라는 시각이다. 이를 '경제적 관점에 초점을 맞춘 산업화 이론'이라고 이름 지었다. 이 두 가지 논리를 주장하는 이유는 다음과 같다.

---

1 심상용 · 심석순 · 임종호, 2016, 《사회복지발달사》, 학지사, 17~22쪽.

사회적 관점, 산업화의 부작용 치유

우선 사회적 관점의 산업화 이론은 첫째, 노동시장에서 노동력의 상품가치를 잃게 되면 노동자와 그 가구는 소득이 중단되거나 상실되는 위험에 처하기 때문이다. 예컨대, 산업재해나 산업구조 변화, 실업, 은퇴, 상해 등이 노동력 상실의 위험이 된다. 이에 대처하기 위해 사회복지제도 실시가 불가피하다는 것이다.

둘째, 급속한 산업화와 도시화로 인해 개별 가구나 소규모의 공동체 차원에서는 근본적 대처가 불가능한 범죄문제, 주택문제, 위생문제 등이 빈발하기 때문에 국가개입이 필요하다는 것이다.

셋째, 산업화는 가족 및 인구구조에 일대 변화를 초래한다. 산업화와 도시화로 인구이동이 가속되며 핵가족화가 확대되고, 의학기술의 발달로 수명이 연장되고, 출산율 저하에 따른 고령화 현상이 나타난다. 또 사별 이외에도 이혼과 동거 등 가족해체로 인해 한부모가구와 단독가구가 증가하는 등 다양한 가족형태가 증가한다. 그 결과, 소득보장, 교육투자, 양육과 양로에 대한 서비스 등 전통적 가족기능으로는 충족할 수 없는 다양한 사회적 욕구가 출현한다. 이에 대한 대처 역시 국가의 몫이다.

넷째, 여성의 경제활동 참여 확대로 인해 전통적 성역할 분담을 지속하기 어려워져 국가의 개입이 필요해진다. 여성의 노동시장 참여로 부족해질 수밖에 없는 가족기능을 사회적으로 보충하지 않으면 여성은 일터와 가족에서 이중부담을 지며, 일·가정 양립에 어려움을 겪을 수밖에 없다. 따라서 가사와 양로에 대한 보충적 서비스 제공이 불가피하다.

결론적으로 산업화에 따른 부작용과 문제점을 치유하기 위한 국가의 대응이 필요하다는 관점이다.

경제적 관점, 산업화 필요에 능동적 대응

반면, '경제적 관점의 산업화 이론'은 산업화의 필요에 부응하기 위한 능동적 대응이라는 시각이다.

첫째, 산업화 촉진을 위해서는 질병, 산업재해, 실업 등 사회적 위험에 대한 부담을 사회적으로 분산시키기 위해 국가주도로 질병보험, 산재보험, 실업보험 등 사회복지제도를 운영해야 한다는 것이다. 즉, 양질의 노동력 공급과 노동력의 원활한 재생산을 위해 국가의 개입은 불가피하다는 입장이다.

둘째, 새로운 기술을 갖춘 숙련노동력 공급이 부족하면 노동력에 대한 수요가 충족되지 못해 산업구조의 변화가 지체되고, 자본주의 경제발전은 어려움에 처한다. 따라서 국가가 직업훈련 등 적극적 노동시장의 책임을 떠맡아야 한다.

셋째, 자본주의 경제는 주기적 불황이나 공황을 겪을 수밖에 없다. 따라서 이러한 경제적 파국을 막고 경제의 선순환을 유도하려면 유효수요를 창출하기 위한 국가의 개입이 불가피하다. 이때 사회복지제도는 노인, 실업자, 빈곤계층 등 취약계층의 구매력을 높여줌으로써 경기회복을 돕는 자동 안전장치의 기능을 한다.

넷째, 사회복지제도는 국가의 조세수입을 확대해 국가역량을 신장시키는 선순환 효과를 발휘하기도 한다. 정부가 적자재정 편성 등 팽창적 재정정책으로 사회복지정책을 확대하면, 소득분배를 개선해 서민경제를 활성화하는 효과를 발생시킨다. 그 결과, 산업정책과 사회복지정책에 소요되는 재원을 더욱 확충하는 상생효과를 거둘 수 있다.

그러나 이러한 두 가지 측면의 분석은 동전의 앞뒷면과 같은 불가분의 관계라고 말할 수 있다. 결론을 한마디로 요약하자면 경제성장, 즉 산업화와 사회복지는 상호보완적이고 어느 한쪽으로 치우침 없이 균형 있게 추진되어야 국가발전과 국민복지 향상에 최대효과를 발휘할 수 있다.

이는 지금까지 우리가 살펴본 한국의 사회복지제도, 좁게는 사회보험제도의 발전과정에서도 충분히 확인할 수 있다고 생각한다.

경제성장에 따른 사후적 보완이든, 국가발전을 위한 능동적 대책이든 종래와는 다른 사회보험제도의 도입이나 기존 제도의 질적 내실화가 시급히 요청되는 상황이 아닌가 싶다. 특히, 우리 사회는 지금까지와는 다른 사회환경, 즉 저출산·고령화사회라는 어쩌면 생소할 정도로 급격히 변화하는 시대를 맞고 있다. 이러한 시대적 변화에 어떻게 대응할 것인가? 국가적 대토론이 필요한 시점이다.

새로운 시대, 사회보험의 방향

저출산·고령화 사회의 도전

저출산·고령화는 경제성장과 함께 대부분의 선진국이 경험하는 사회경제적 현상이다. 저성장 단계로 진입하기 시작한 한국경제에서 저출산·고령화는 국가경제 및 지역경제의 미래에 가장 큰 영향을 주는 핵심적 요인의 하나로 등장했다.

지난 2016년 12월 통계청이 발표한 〈장래인구추계: 2015~2065년〉에 따르면 우리나라의 총인구는 2015년 현재 5,101만 명에서 점진적으로 증가하여 2031년에는 5,296만 명에 달해 정점을 찍고, 2032년부터 감소하기 시작, 2065년에는 4,302만 명으로 1990년 수준으로 줄어들 것으로 전망됐다.

경제활동 측면에서 가장 중요한 생산가능인구는 2016년을 정점으로, 2020년대부터 연평균 30만 명씩 감소, 2065년에는 2,062만 명 수준으로 현재보다 40% 이상 줄어드는 결과를 가져올 것으로 집계됐다. 연령구조별 인구구성을 2015년과 2065년을 비교해 보면 생산가능인구 비중은 73.4%에서 47.9%로 줄어들고, 65세 이상 고령인구 비중은 12.8%에서 42.5%로 늘어날 것으로 나타났다.

그 결과, 생산가능인구 100명당 부양해야 할 인구 비중인 총부양비는 2015년 36.2명(노인 17.5명)에서 2065년에는 108.7명(노인 88.6명)까지 늘어날 전망이다. 유소년인구 100명당 고령인구 수인 노령화 지수는 2017년부터 100명을 넘고, 2065년에는 442.3명으로 4.4배 높아질 것으로 예측됐다.

한마디로 일할 사람은 줄어들고, 부양해야 할 노인은 크게 늘어나는 현상이 급속히 이뤄지고 있다. 우리나라는 2000년 고령화사회에서 2018년 고령사회, 2026년 초고령사회 진입이 예측되어 일본보다 더 빠른 속도로 고령화되고 있다.

더구나 기대수명은 계속 늘어나고 출산율은 답보상태여서 사회경제적 구조의 변화를 파악하고 이에 대한 다양한 사회정책의 대안 강구가 시급하다. 특히, 일본의 경우 급속한 고령화가 장기침체의 주요원인 중 하나였음은 잘 알려진 사실이다. 한국도 예외는 아니라 이미 저성장 시대에 접어들었다고 봐도 무리가 아니다.

새로운 복지를 이끌 실천적 리더십 필요

사회보험제도별 개선방안은 이미 앞장에서 소개한 바 있다. 그러나 이러한 전문가적 분석이나 이론적 대응책 마련이 중요한 것이 아니라 경제사회구조의 변화에 신속하게 대응하는 실행력이 무엇보다 중요하다.

사실 우리는 사회복지 후발국으로서 그동안 선진국이 사회복지를 발전시키는 과정에서 겪었던 수많은 성공과 실패 사례를 참고할 수 있다. 우리의 경제성장이 그러한 선례를 잘 활용해 압축성장을 이뤘듯, 사회복지 내지 사회보험제도의 발전도 선진국의 경험을 활용하면 경제발전과 사회복지를 함께 이루지 못할 이유가 없다고 본다.

문제는 이를 실행할 국가적 역량이다. 정치는 국가정책 추진의 최상위에 자리한다. 제아무리 좋은 정책이라고 해도 제때 입법화되지 못하면 효과를 발휘할 수 없다. 과연 지금 우리의 정치구조와 정치인에게 그런 기대를 할 수 있는가? 참으로 안타까울 뿐이다.

사회보험의 창시자로 알려진 독일의 비스마르크는 정치적 지도력으로 독일을 통일하고 사회복지제도를 확충했다. '복지병'을 앓던 영국은 대처라는 걸출한 지도자가 사회정치적으로 엄청난 반대를 무릅쓰고 원칙을 지켜나가 결국 나라를 다시 세웠다.

한국에는 그런 지도자가 언제쯤 나타날지 독자가 함께 생각해 보길 바라면서 글을 마치고자 한다.

4대보험 일지

1. 국민연금의 진화

1973. 12. 1	「국민복지연금법」 제정
1974. 1. 14	국민복지연금제도 시행 보류
1986. 12. 31	「국민연금법」 제정
1987. 8. 18	국민연금관리공단 설립
1988. 1. 1	국민연금제도 시행
	- 근로자 10인 이상 사업장 당연적용
1989. 3. 31	「국민연금법」 1차 개정
	- 임의적용 사업장, 지역가입자 및 임의 계속가입자의 탈퇴절차 간소화
	- 장해연금 수급요건 일부 완화
	- 반환일시금 수급요건으로 국적상실 및 국외이주 추가
	- 갹출료 납부기한 변경
1992. 1. 1	당연적용 대상 사업장 5인 이상 사업장으로 확대적용
1993. 1. 1	연금보험료 3%에서 6%로 상향조정
	퇴직전환금제 시행
1993. 4. 1	농어민연금도입 준비위원회 구성
1993. 12. 31	「공공자금관리기금법」 제정, 공포
1994. 3. 14	농어촌지역 국민연금 제1차 모의적용 실시
1994. 11. 21	농어촌지역 국민연금 제2차 모의적용 실시

1995. 1. 5	「국민연금법」3차 개정
	- 농어촌지역 거주자 및 도시지역 거주 농어민까지 국민연금 당연적용 확대
	- 유족연금 수급권자의 처의 수급혜택 확대
	- 사망일시금 제도 및 청문제도 도입
1995. 7. 1	농어민 및 농어촌 지역에 대한 국민연금 확대적용
1995. 8. 29	효도연금 보내기 운동 추진
1996. 4. 30	국민연금 도시지역 확대 실무추진단 구성
1997. 6. 16	국민연금제도개선 기획단 발족
1998.12. 31	「국민연금법」7차 개정
	- 도시지역 거주자까지 가입대상자 범위 확대
	- 급여수준 조정(70% → 60%)
	- 수급연령 조정(60세 → 65세, 2013년부터 5년 단위 1세씩 높임)
1999. 2. 5	도시지역 주민 일제신고 기간 운영
2000. 1. 1	도시지역 확대 내실화 사업(미신고자, 납부예외자) 실시
2000. 7. 1	지역가입자 연금보험료 변경 적용(3% → 4%)
2000. 7. 3	지역가입자 특례노령연금 지급
2000.12. 23	「국민연금법」12차 개정
	- 27세미만 무소득자 적용제외
	-기본연금액 신청시 A값 산정기준 조정
	-연금 지급 시기 조정(매달 말일)
2003. 5. 31	국민연금기금 100조 원 돌파
2003. 7. 1	근로자 1인 이상 사업장 당연적용 확대(1단계)
2004. 7. 1	사업장가입자 당연적용 확대(2단계)
2005. 1. 1	사업장가입자 당연적용 확대(3단계)
2007. 4. 25	「기초노령연금법」제정
	- 연금신청, 이의신청, 상실신고서 접수
	- 기초수급자 관리 지원
2007. 7. 23	「국민연금법」20차 개정
	- 국민연금 소득대체율(급여수준) 조정
	(2008년 60%에서 2009년부터 0.5%p씩 하향조정해 2028년 40%로 낮춤)
	- 중복급여제도 개선
	- 명칭변경(국민연금관리공단 → 국민연금공단)

2. 국민건강보험의 진화

1959. 10. 1   보건사회부 의정국, '건강보험제도 도입을 위한 연구회'(목요회) 결성

1960. 12. 15   정부, 전국종합경제회의 개최(~12.19)

      - 7개 분과 500여 명 참석한 대단위 종합학술대회

      - 고용 및 생활수준 분과, 정부에 '사회보장심의위원회' 설치 제의

1962. 3. 30   사회보장심의위원회(사보심) 설치

      - 4개반(종합반, 노동반, 의료보험반, 공적부조반)으로 구성

1962. 7. 28   국가재건최고회의 의장, '사회보장제도의 확충에 관한 지시각서' 시달

1963. 11. 5   「사회보장에 관한 법률」 제정

      - 사회보장의 일반원칙과 사보심의 설치근거 규정

      (1999년 이후 「사회보장기본법」으로 대체)

1963. 12. 16   「의료보험법」 제정, 공포

      - 국가재건최고회의 심의 의결

      - 4개 피용자조합, 8개 자영자조합에서 임의보험제도 운영 시작

1965~1975   임의의료보험조합 인가

1970. 8. 7   「의료보험법」 1차 개정

      - 가입자 범위확대: 근로자, 군인, 공무원 등 전 국민

      - 피용자 의무적용

      - 의료계반발과 재정부담 등의 이유로 시행 유보

1976. 12. 22   「의료보험법」 2차 개정

      - 전 국민을 대상으로 강제적용과 임의적용을 병행하되 강제적용 범위를 일정 규모 이상의 사업장부터 단계적으로 확대

      - 공무원, 군인 및 「사립학교교직원연금법」에 의한 대상자와 「생활보호법」 적용을 받는 자 제외

      - 피보험자는 제1종 피보험자(근로자 및 사용자)와 제2종 피보험자(일반주민 및 제1종 이외의자)로 구분

1977. 7. 1   강제적 의료보험제도 시행

      - 500인 이상 고용 사업장 대상

      - 근로자(피보험자) 116만 명(피부양자 194만 명) 486개 조합 설립

1977. 12. 31   「공무원 및 사립학교 교직원 의료보험법」 제정

1979. 1. 1   공교의료보험 시행

      - 피보험자 총 70만 명(국가 및 지방공무원 약 63만 명, 사립학교 교직원 약 7만 명)

및 부양가족 290만 명

1979. 7. 1 「의료보험법」3차 개정)
- 300인 이상 사업장 근로자 적용 확대
- 요양지정기관 및 심사지급업무 일원화
- 협의회에 진료비심사위원회 설치

1980. 1. 1 「공교의료보험법」개정)
- 공교의료보험 적용대상 확대
- 장기하사 이상 군인 및 군인가족 약 45만 명, 사립학교 경영기관 직원 및
  부양가족 약 2,000명 추가 적용

1980. 2. 20 보건사회부, '의료보험조합 통폐합 추진계획' 수립
- 3,000명 미만의 사업장 조합 해산 후, 3,000명 이상 사업장 중심으로
  공동조합 설립 결정

1980. 7. 12 보건사회부, 1차 조합 통폐합
- 경인지역 3,000명 미만 조합 통폐합으로 92개 조합 폐쇄

1980. 8. 18 국가보위비상대책위원회, '저소득층에 대한 의료시혜 확대방안' 발표

1980. 9. 30 보건사회부 장관, 의료보험 관리운영체계 일원화 방안 검토 지시
- 직장의료보험조합 통폐합 계획 추진 보류

1980. 10. 15 보건사회부, 대통령 업무보고
- 의료보험제도 및 관리운영체계 일원화

1980. 10~11 경제계, 한국노총, 전국의료보험 협의회 일원화 방안 반대성명
- 한국노총은 1981년 8월 직장의료보험 통합에 '찬성의견'으로 변경

1980. 12. 31 「농어촌 등 보건의료를 위한 특별조치법」제정, 공포
- 농어촌 등 소외지역에 의료인력과 보건의료망 확보

1981. 1. 1 100인 이상 사업장 의료보험 당연적용
- 16인 이상 사업장 임의가입 권장

1981. 4. 4 「의료보험법」4차 개정
- 지역의료보험 시범사업 착수, 요양취급기관 지정조항 개정 등
「공교의료보험법」2차 개정
- 공무원, 교직원, 군인 퇴직연금 수급자 의료보험 적용확대
- 적용 피보험자가 여성인 경우 시부모까지 피부양자 포함

1981. 4. 6 보건사회부, 2차 조합 통폐합 추진
- 3,000명 미만 단독조합 233개 통폐합으로 186개 조합 완료

1981. 5. 2 보건사회부, 제2종 의료보험 시범사업 세부계획안 수립

1981. 7. 1	제2종 의료보험 1차 시범사업 실시(홍천군, 옥구군, 군위군)
	연금수급자 의료보험 적용 실시
1981. 12. 1	직종의료보험조합 설립 최초 인가
	- 문화예술인조합, 이미용조합
1982. 7. 1	제2종 의료보험 2차 시범사업 실시(강화군, 보은군, 목포시)
1984. 12. 31	「의료보험법」 및 「공교의료보험법」 개정
	- 피부양자범위 확대(장인·장모 포함)
	- 동일상병 요양급여 연간 180일로 확대
1986. 1. 1	외래진료비 본인부담정액제 실시 및 표준보수월액상한제 폐지
	종합병원 진료 시 진찰료 전액 본인부담, 진찰료 외 진료비 50~55% 부담
1987. 4. 1	16인 이상 사업장 의료보험 당연적용 조치
	한약재 한방의료보험 급여적용
1987. 4. 20	보건사회부, '전 국민 의료보험 추진 계획안' 발표
1988. 1. 1	농어촌지역 의료보험 전국 확대실시(134개 조합 설립)
	- 3차 및 특수진료기관에 한해 예탁제 실시
	공교의료보험 및 의료급여 진료비 심사
1988. 7. 22	5인 이상 사업장 근로자 의료보험 실시
1989. 3. 9	「국민의료보험법」(「의료보험통합법」) 국회 본회의 통과
1989. 3. 24	노태우 대통령, '국민의료보험법안'에 대한 거부권 행사
	- 임시국회에서 여야 합의로 통과시켰으나 무산
1991. 5. 3	의료보장쟁취공동위원회, 국민의료보험법안 재의결 청원 국회제출
1994. 1. 7	「의료보험법」 8차 전문 개정
	- 1, 2, 3차 또는 특수진료기관 지정 명문화
1994. 7. 1	요양급여기간 연장(동일 상병 연 180일 → 65세 이상 210일)
1995. 1. 1	요양급여기간 연장(일반국민 180일 → 연 210일)
1995. 11. 18	피부양자 인정기준 범위 확대
	- 계부, 계모, 생부모, 생자녀, 외조부모, 외손자녀, 3촌 이내 방계혈족 등
1995. 12. 30	「사회보장기본법」 제정
1996. 1. 1	요양급여기간 연장(일반국민 210일 → 연 240일)
	- 65세 이상, 등록장애인, 국가유공자 중 상이자 급여기간 제한 폐지
	급여일수를 제한받지 않는 연간 보험급여비 확대
	- 65세 이하 120만 원
	CT(전산화 단층촬영) 보험급여 적용

1996. 11. 30	국민회의 · 자민련 '국민건강보험법안' 공동발의
	- 의료보험조직 2단계 통합
1997. 1. 1	요양급여기간 연장(일반국민 240일 → 연 270일)
	장애인의료보장구 4종 보험급여
	공수이식 보험급여 확대
1997. 10. 30	신한국당 '국민의료보험법안' 제출
	- 공교공단이 지역조합 흡수 합병
1997. 11. 18	'국민의료보험법안' 국회 본회의 통과
1997. 12. 31	「국민의료보험법」 제정, 공포
	- 교직원의료보험조합과 지역의료보험 통합, 재정은 별도 구분
1998. 1. 1	요양급여기간 연장(일반국민 270일 → 연 300일)
1998. 8. 8	「국민건강보험법」 입법예고
1998. 10. 21	국민의료보험관리공단 출범(61개 지사 27개 민원실)
	- 지역조합(227개)과 공교공단 통합(단, 재정은 분리)
	「국민의료보험법」 시행
1998. 12. 3	복지부, 국민건강보험법안 국회 상정
1998. 12. 23	국회 보건복지위원회, 국민건강보험법안(대안) 단일안 마련
	- 정부와 각 정당이 제출한 안을 단일화시켜 복지위 통과
1999. 1. 6	「국민건강보험법」 국회 본회의 통과
	- 직장조합을 포함하여 의료보험 완전통합
1999. 2. 8	「국민건강보험법」 제정, 공포
1999. 12. 31	의료보험 통합 6개월 연기 확정
2000. 7. 1	국민의료보험관리공단과 직장조합(139개 조합) 완전통합
	- 의료보험연합회 해산
	- 국민건강보험공단 및 건강보험심사평가원 출범
	국민건강보험제도 시행
	건강보험수가 9.2% 인상
	피부양자 부양요건 축소
	- 3촌 이내 방계혈족 인정기준 삭제
	노인의료비 부담, 진찰료 처방료 통합에 따른 진료비 상승 고려, 본인부담 저장
	- 외래본인부담 경감대상 조정(70세 → 65세)
2000. 8. 1	의약분업 실시
2000. 9. 1	건강보험수가 6.5% 인상

2001. 7. 1   5인 미만 사업장 근로자 직장가입자 적용확대 및 편입

소득요건 완화

- 배우자 및 남자가 60세 이상인 부부 및 남편이 없는 55세 이상 여자의 소득
  요건 당연인정 삭제

- 사업소득, 임대소득 확인토록 강화

2002. 1.19   「국민건강보험 재정건전화 특별법」 제정, 시행

- 2006년 말까지 유효한 한시법

2002. 3. 1   건강보험료율 6.7% 인상

2002. 4. 1   건강보험수가 2.89% 인하

2003. 7. 1   직장재정과 지역재정 통합

- 실질적 건강보험 완전통합

5인 미만 사업장 직장가입 적용확대

- 시간제근로자, 공무원, 교직원 중 80시간 이상 근무자

2004. 1. 1   공공근로자 건강보험 직장가입자 허용

건강보험료 6.75% 인상, 건보수가 2.65% 인상

2004. 3.22   복지부, 공적노인요양보장제도 실행위원회 및 실무기획단 설치

2004. 7. 1   본인부담상한제 실시

- 6개월간 법정본인부담액 12만 원 초과 300만 원 이하 시 금액의 50% 환급,
  300만 원 초과 시 상한제 적용

2005. 1. 1   건강보험료율 2.38%, 건보수가 2.99% 인상

MRI 보험급여

5대 암검사를 국가암조기검진사업과 병행실시

2006. 12. 30   「국민건강보험법」 개정

- 국고지원 규모는 전체보험료 예상수입의 20%이며, 이 중 14%는 일반회계,
  6%는 국민건강증진기금에서 지원(2011년까지 시행하는 한시규정)

2007. 1. 1   건강보험료 6.5%, 건보수가 2.3% 인상

지역·직장보험료 등급제 폐지 및 상하한선 신설(지역부과요소별 점수제 시행)

녹색인증제 폐지

2008. 7. 1   노인장기요양보험제도 시행

2010. 4. 1   임신출산 장려비 지원금 확대

2011. 1. 1   4대보험 징수통합 시행

영유아 건강검진 사후관리 강화

항암제 보험급여 확대

2011. 12. 31	건강보험에 대한 국고지원(전체 보험료 예상수입의 20%) 기간 5년 연장
2012. 6. 18	종합소득 4,000만 원 초과 피부양자 지역가입자로 전환
2014. 9. 12	건강보험적용 병산 확대(6인실 → 4인실)
	상급종합병원 일반병상의무 확보 비율 50%에서 70%로 상향조정
2016. 7. 1	치과 틀니 및 임플란트 보험급여 확대
	결핵치료 본인부담금 전액 면제
	'치매전담형 장기요양기관' 제도 도입
2017. 1. 23	복지부, 보험료 부과체계 개편안(3년 주기 3단계 개편안) 발표
	- 1단계 2018년, 2단계 2012년, 3단계 2024년 시행

3. 고용보험의 진화

1961. 12. 6	「직업안정법」 제정(1962. 1. 1 시행)
	- 법 제2조 5항에 '정부가 행할 업무' 가운데 하나로 '실업보험사업과 이에
	관련된 사항'이라고 명시
1981. 4. 8	노동청이 노동부로 승격
1987. 12	노동부, 일본 고용보험제도 연구
1989. 9. 25	한국노총, 국회에 고용보험제도 도입 청원
	- 이후 1990년까지 여야 정당과 간담회를 갖고 「고용보험법」 제정 요구
1990. 12. 26	정부, 제7차 경제사회발전 5개년계획 중 고용보험제 준비를 위한
	'고용보험소위원회' 구성
1991. 8. 23	정부 제7차 경제사회발전 5개년계획 심의회에서 '고용보험제도의 도입 등
	직업안정제도의 확충방안' 의결
1992. 3	정부, 7차 5개년계획에 '직업안정제도의 확충방안' 마련,
	7차계획 후반부에 시행방침 확정
1992. 3	노동부, 고용보험정책 시행 준비업무 시작
	(직업안정국장 조순문, 공용정책과장 정병석)
1992. 5. 18	한국노동연구원과 학계인사 30명으로 '고용보험기획단' 구성,
	실시방안 연구 착수
1993. 4. 1	노·경총, 1993년도 '중앙노사임금합의'에서 한 자릿수 임금인상에 동의하는
	대신 고용보험제의 조기시행을 정부에 건의

1993. 4	김영삼 정부, 신경제 5개년계획의 중점 추진과제 중 하나로 '고용보험 실시' 방침 결정. 노·사·정 및 학계인사들로 '고용보험 실무작업반' 구성
1993. 5. 18	고용보험연구기획단, '고용보험 실시방안' 확정, 정부에 제출
1993. 7. 30	「고용보험법」, 「고용정책기본법」, 「직업안정법」 등 4개 고용관련 법률안을 입법예고
1993. 10. 28	정부, 고용보험법안 국회 제출
1993. 12. 1	「고용보험법」, 국회 본회의에서 만장일치 통과
1993. 12. 27	「고용보험법」 공포(시행령, 규칙 등 만들어 1995. 7. 1 시행)
1994. 3. 30	노·경총 간 사회적 합의에서 고용보험제 30인 이상 사업장 적용을 정부에 건의
1995. 7. 1	고용보험제 시행 - 원칙적으로 모든 사업장을 적용대상으로 하되 경제사정 등을 감안하여 적용 제외 사업장을 시행령에서 정하기로 함. - 이에 따라 실업급여 적용대상은 상시근로자 3인 미만 사업자, 그리고 고용안정사업과 직업능력개발사업은 상시근로자 70인 미만 사업자에 대해서는 적용을 배제하도록 하였음. 결국 실업보험은 근로자 30인 이상, 고용안정과 직업능력개발사업은 근로자 70인 이상 사업자를 대상으로 실시하고 점진적으로 적용범위 확대
1996. 10. 31	노동부, 고용보험 전산망 구축 완료
1996. 12. 30	「고용보험법」 개정 - 지정업종, 지역이 아닌 경우에도 고용조정 지원대상으로 확대 - 65세 이상 고령자 적용 제외
1997. 5. 8	고용보험 시행령 개정 - 우대지원 대상이 되는 기업범위 확대 - 창업교육훈련지원금 지급 - 채용장려금, 적응훈련지원금, 재고용장려금 지급
1998. 1. 1	고용보험 적용 확대 - 1997년 말 외환위기로 경제위기와 실업자 양산이 나타남에 따라 고용보험 적용대상 확대 - 실업급여 대상은 기존의 상시근로자 30인 이상에서 10인 이상으로, 고용안정사업 및 직업능력개발사업은 종래의 70인 이상에서 50인 이상으로.
1998. 2. 6	노사정위원회, '경제위기 극복을 위한 노사정 공동선언문' 채택 - 「고용보험법」 개정을 포함한 90개항의 합의사항 및 21개항의 2차 과제 정리
1998. 2. 12	「고용보험법」 시행령 개정, 고용보험 적용범위를 5인 이상 사업장으로 적용 확대

1998. 3. 1	노동부, 실업급여 5인 이상 사업장 적용 확대
1998. 3. 26	정부 종합실업대책 발표
	- 총 재원을 노사정 합의 5조 21억 원에서 7조 9,000억 원으로 증액
	- 공공근로사업 확충, 실직자 생계지원, 영세중소기업 고용안정 지원,
	직업훈련 지원확대 등
1998. 9. 17	「고용보험법」 개정
	- 적용대상에서 제외된 단기고용근로자의 범위 축소
	(3개월에서 1개월 이내의 기간 동안 고용되는 자로 변경)
	- 이직 시 고액금품수령자에 대해서 실업신고일로부터 3개월간 구직급여
	지급을 유예할 수 있게 함.
1998. 10. 1	노동부, 고용보험 적용을 전 사업장으로 확대
	- 근로자를 1인 이상 고용하는 모든 사업장 및 임시·시간제근로자까지 고용
	보험 적용 실시
1999. 2. 26	4대 사회보험 통합추진기획단 전체회의
	- 차후 여러 차례 회의를 열었음.
1999. 7. 1	재고용장려금제도, 장기실업자고용촉진장려금 제도 신설
	급여 초기임금인상액을 7만 원에서 6만 원으로 하향조정
1999. 12. 29	사회보험통합추진기획단 최종건의안 제출
	- 2 대 2의 단계적 통합방안을 제시
	- 관리조직통합과 신축성을 부여하는 1안과 통합시기를 2003년으로
	확정하는 2안을 함께 제시
2000. 1. 1	국가 및 지방자치단체의 고용보험 적용
	- 국가 또는 지방자치단체에서 직접 행사하는 사업에 종사하는 근로자에
	대해 고용보험 적용
2000. 1. 28	4대보험 내실화 방안 발표
	- 대통령 신년사의 후속조치 일환으로 고용, 산재보험 내실화 방안 발표
2004	일용직도 실업급여 지급대상에 포함
	- 적용범위의 확대 완결
2005. 1. 1	고용보험과 산업재해보상보험의 보험료 통합징수 개시
2006. 1. 1	「고용보험법」 개정 시행 주요내용
	- 자영업자 고용보험 임의가입제도 도입
	- 건설 일용근로자 수급자격 인정 특례
	- 고용안정사업과 직업능력개발사업 통합운영

- 육아휴직급여 신청기한 6개월에서 12개월로 연장

2007. 4. 27 장기 실업자 등에 대한 창업촉진지원사업 신설

신규고용촉진장려금의 개선

고령자고용촉진장려금 중 정년연장장려금 도입

2008. 3. 21 별정직 및 계약직 공무원 고용보험(실업급여) 임의가입제도 실시

- 시행령 9월 제정으로 실시는 2009년 1월 1일부터.

2009. 1. 1 중소기업신규업종진출 지원금, 재고용장려금, 중장년훈련수료자채용장려금 폐지

2009. 4. 1 고용유지지원금 지급요건 완화 및 지원수준 상향

2010. 2. 8 고용유지지원금의 지원수준 조정

단시간일자리 창출 지원사업 실시

2011. 1. 1 보험료산정 기준을 '임금'에서 '소득세과세대상 근로소득(보수)'로 변경

보험료 징수업무 국민건강보험공단에서 수행

2011. 4. 1 실업급여 보험료율 9/1,000에서 11/1,000로 상향조정

2012. 1. 13 자영업자의 고용보험실업급여 제도 가입 인정 및 피보험자격 이중취득 금지

조항 신설

2012. 1. 20 고령자 고용연장 지원금 지원기간 연장

60세 이상 고령자 고용지원금 신설

2013. 7. 1 실업급여 보험료율 11/1,000에서 13/1,000으로 상향조정

2013. 9. 25 65세 이후 새롭게 고용되거나 자영업을 개시한 경우에만 실업급여 적용 제외

2014. 9. 25 보험료납부대행기관을 통한 신용카드, 직불카드 보험료 납부 가능

2014. 10. 1 육아기 근로시간 단축 급여액 40/100에서 60/100로 상향조정

4. 산재보험의 진화

1962. 2. 20   보건사회부 '사회보장제도심의위원회(사보심) 규정' 제정

　　　3. 10   사보심 편성 완료

　　　　　　　분야별 연구반 구성: 종합반, 공적부조반, 의료보험반, 노동보험반,

　　　5   사보심 노동보험반, 노동자재해보상보험(노재보험)제도 우선 도입 결정

　　　7. 28   국가재건최고회의 의장, '내각 지시각서' 하달:

　　　　　　　"…실업, 질병, 노령의 생활 위협으로부터 국민을 보호하기 위하여 우리나라
　　　　　　　에 적합하고 용이한 보험을 선택 착수할 것"

　　　12. 26 사보심 노동보험반, '노재보험 실시안' 작성:

　　　　　　　*내부심의 중 노재보험을 산재보험으로(「산업재해보상보험법」으로 법률명칭
　　　　　　　변경, 이하 산재보험)

1963. 9. 1   노동청 신설(보건사회부 노동국이 승격)

　　　　　　　초대노동청장에 정희섭 보건사회부 장관 겸임

　　　9. 17   국무회의에서 산업재해보상보험(안) 및 사회보장에 관한 법률 동시 의결

　　　11. 5   「산업재해보상보험법」 및 「사회보장에 관한 법률」 공포, 시행

1964. 7. 1   「산업재해보상법」 시행(500인 이상 광업·제조업 대상)

1965. 4. 1   「산업재해보상보험법」 시행령 제1차 개정, 시행

　　　　　　　적용 확대: 인원 200인 이상 광업, 제조업에 전기·가스업, 운수보관업 추가

1966. 1. 1   「산업재해보상보험법」 시행령 제2차 개정, 시행

　　　　　　　적용 확대 : 인원 150인 이상, 업종은 전년과 동일

1967. 1. 1   「산업재해보상보험법」 시행령 제3차 개정, 시행

　　　　　　　적용 확대 : 인원 100인 이상, 단 기존 적용대상산업으로 연간 연 25,000인
　　　　　　　이상의 근로자를 사용하는 업체

1968. 1. 1   「산업재해보상보험법」 시행령 제4차 개정, 시행

　　　　　　　적용 확대 : 인원 50인 이상, 다만 기존 적용대상산업으로 연간 연 13,000인
　　　　　　　이상의 근로자를 사용하는 업체

1969. 1. 1   「산업재해보상보험법」 시행령 제5차 개정, 시행

　　　　　　　적용 확대: 적용업종에 건설업, 서비스업, 수도·위생설비업, 통신업을 추가하고
　　　　　　　인원은 그대로 연 13,000인 이상, 다만 건설업은 총 공사금액(2,000만 원 이상)
　　　　　　　으로 인원 50인 이상

1969. 7. 14 「산업재해보상보험법」 시행령 제6차 개정, 시행

　　　　　　　건설공사에서 적용단위를 공사단위(공사계약금 2,000만 원 이상)별로 변경

1970. 1. 1	(1969. 11. 10)「산업재해보상보험법」제1차 개정 및 시행령 7차 개정, 시행
	장해급여 및 유족급여에 연금제도 채택
	적용업종 축소 : 금융업·보험업·증권업을 제외대상으로 규정
1972. 1. 1	(1971. 11. 19 시행령 8차 개정으로) 적용 확대
	- 인원 30인 이상, 다만 기존 적용대상산업으로 연간 연 8,000인 이상의
	근로자를 사용하는 업체
	- 적용업종에서 법개정 때 제외된 금융, 보험, 증권업 이외에 도소매업과
	부동산업을 추가로 제외
1973. 3. 13	「산업재해보상보험법」 2차 개정(비상국무회의)
	임금변동 순응제 도입
1973. 7. 1	(1973. 6. 23 시행령 9차 개정으로) 인원 16인 이상,
	기존 적용대상산업으로 연간 연 4,200인 이상의 근로자를 사용하는 업체
1974. 8. 13	재단법인 한국 근로복지공사 창립
1976. 1. 1	적용 확대 : 광업, 제조업, 중화학, 석탄, 석유, 고무 또는 플라스틱제조업은
	상시 5인 이상의 근로자를 사용하는 사업으로 확대
1981. 4. 8	노동청이 노동부로 승격
1982. 7. 1	적용 확대: 인원 16인 이상(5인 이상 업종은 종전과 같음. 업종, 유기사업은
	연간 연인원 2,700인 이상, 건설공사금액 4,000만 원 이상)
1986. 5. 9	「산업재해보상보험법」 개정, 법 제1조 '목적'에 '재해예방'을 신설
9. 1	적용 확대: 인원 5인 이상의 적용업종 베니아판제조업 등은 24개 업종을 확대,
	여타 업종은 10인 이상으로.
1987. 1. 1	적용 확대 : 인원 5인 이상 적용업종으로 목제품제조업 등 20개 업종을 확대,
	여타 업종 전년과 같음.
1988. 1. 1	적용 확대: 인원 5인 이상 적용업종으로 전기, 통신, 수도, 가스업 등 20개
	업종을 추가. 그러나 농업,어업,도소매업,금융보험업,서비스업 등은 여전히
	적용 제외
1989. 4. 1	적용 확대 :「산업재해보상보험법」의 적용범위를 종전 「근로기준법」의 적용
	을 받는 사업'에서 '모든 사업'으로 확대(일부 업종 제외, 업종 전년과 같음)
1991. 4. 11	농업, 임업, 도소매업, 부동산업 등을「산재보험법」의 적용대상에 추가
1994. 12. 22	법개정으로 근로복지사업의 범위 확대
	「근로복지공사법」 폐지해「산업재해보상보험법」에 흡수
1995. 5. 1	근로복지공단 설립
	산재보험업무 노동부로부터 위탁수행

1996. 1. 1	적용 확대: 교육서비스업, 보건 및 사회복지사업, 부동산임대 및 서비스업종 중 연구 및 개발업 추가
1998. 1. 1	법개정을 통해 우리나라 기업의 해외진출에 따른 위험부담을 덜어 주고 해외 파견 근로자의 재해를 보상하기 위해 해외파견 근로자에 대한 특례조항 신설
1998. 6. 24	금융보험업을 당연적용 대상으로 추가
1999. 12. 31	법개정을 통해 당연적용 사업장을 5인 이상에서 1인 이상으로 확대 산재보험사업에 '재활, 사회복지촉진' 포함. 기준임금제 도입. 유족연금 의무화 간병급여, 후유증상진료제도, 최고보상한도, 장의비 최고한도, 고령자 휴업 급여, 상병보상연금 감액제도 도입
2000. 6. 27	시행령 개정 통해 전 사업장 산재보험 적용 시행
2001. 7. 15	'산재보험 재활사업 5개년 계획 및 세부 실천사업' 선포식
2004. 7. 1	'산재보험제도 발전위원회' 출범(산재보험 출범 40년)
2005. 3	'산재보험제도 혁신방향' 발표: "일하는 자의 업무상 재해에 대해 신속, 공정 한 보상, 사회복귀를 촉진하는 것을 기본방향으로 전반의 혁신을 추진하고 이를 통해 업무상 재해에 대한 사 회안전망으로서의 역할 강화"
2006. 1	'산재보험제도 개선방안' 발표
2006. 3	'산재보험 재활사업 중기발전계획'(2006~2008년) 확정
2007. 12. 14	「산업재해보상보험법」 개정 - 업무상 재해의 기준 관련 법체계 정비 - 업무상 질병판정위원회 설치 - 산재보험의료기관 평가제도 도입
2008. 7. 1	「국민기초생활보호법」 상 수급자 및 특수형태 근로종사자에 대한 적용 확대, 부분휴업급여 시행
2010. 5. 20	진폐에 대한 보험급여의 종류를 진폐보상연금 및 진폐유족연금 등으로 변경
2011. 1. 1	고용ㆍ산재보험료 산정기준 변경(임금 → 보수) 보험료 징수업무를 국민건강보험공단에서 수행
2014. 7. 1	산재보험 시행 50주년

이계민

경희대 경제학과를 졸업하고, 서강대에서 경제학 석사학위를, 경희대에서 경제학 박사학위를 받았다. 〈일간 내외경제〉 기자, 〈한국경제신문〉 증권·경제부장, 편집국장, 논설실장, 전무이사 주필을 거쳤으며 〈한경닷컴〉(온라인 한국경제신문) 대표이사 사장도 지냈다. 한국신문방송편집인협회 부회장, 규제개혁위원회 민간위원(행정사회분과 위원장), 정부투자기관 운영위원회 민간위원, 우리금융지주 비상임 이사, 한국무역보험공사 비상임 이사, 경희대 경제학과 겸임교수 등을 역임하였으며, 현재 KT 비상임 이사와 국가미래연구원 연구위원으로 활동하고 있다. 저서로는 《시장경제를 읽는 눈》이 있다.

육성으로 듣는 경제기적 V

코리안 미러클 5

한국의 사회보험, 그 험난한 역정

2019년 3월 28일 발행
2019년 3월 28일 1쇄

기획 및 집필_ 육성으로 듣는 경제기적 편찬위원회
발행자_ 趙相浩
발행처_ (주) 나남
주소_ 10881 경기도 파주시 회동길 193
전화_ 031) 955-4601 (代)
FAX_ 031) 955-4555
등록_ 제 1-71호(1979. 5. 12)
홈페이지_ www.nanam.net
전자우편_ post@ nanam.net

ISBN 978-89-300-8986-9
ISBN 978-89-300-8985-2 (세트)

경제주역들의 생생한 육성을 통해 한국 경제발전,
그 기적의 역사를 만난다

최고 경제전문가 집단 '육성으로 듣는 경제기적 편찬위원회'에서 펴낸 한국 경제사

〈코리안 미러클〉은 한국 경제발전을 이끈 경제원로들, 경제 브레인 KDI, 그리고 경제전문 언론인으로 구성된 '육성으로 듣는 경제기적 편찬위원회'가 펴낸 한국 현대 경제사이다. 세계 최빈국에서 시작해 숱한 위기를 이겨내고 글로벌 경제대국으로 도약한 한국경제. 그 기적의 순간들을 풍부한 체험적 스토리와 함께 다시 만난다.

코리안 미러클

크라운판 | 568면 | 35,000원

코리안 미러클 2
도전과 비상

크라운판 | 552면 | 35,000원

코리안 미러클 3
숨은 기적들

1권 중화학공업, 지축을 흔들다
2권 농촌 근대화 프로젝트, 새마을 운동
3권 숲의 역사, 새로 쓰다

크라운판 | 각 권 244~436면 |
1권 26,000원 · 2권 20,000원 · 3권 20,000원

코리안 미러클 4
외환위기의 파고를 넘어

크라운판 | 752면 | 39,000원

코리안 미러클 5
한국의 사회보험,
그 험난한 역정

크라운판 | 416면 | 26,000원

모험과 혁신의
벤처생태계 구축

크라운판 | 448면 | 28,000원

나남
nanam

Tel. 031) 955-4601
www.nanam.net